# 치유비니요가

**THE HEART OF YOGA:**
**DEVELOPING A PERSONAL PRACTICE (REVISED EDITION)**
by T. K. V. Desikachar

# 치유비니요가

## 1:1 맞춤식 치유요가의 정수(精髓)

# THE HEART OF YOGA

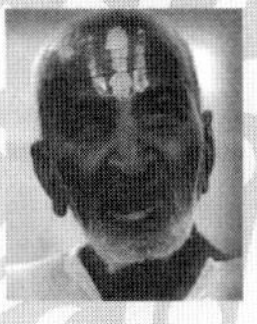

DEVELOPING
A PERSONAL
PRACTICE (REVISED EDITION)

T. K. V. Desikachar 저 | 조옥경 역

학지사

스리 크리슈나마차리아
(Śrī T. Krishnamacharya)

이 책을 크리슈나무르티(Krishnamurthi)에게 바친다.
그는 훌륭한 요가 수련생이 되는 방법을 가르쳐 주었다.

# 역자 서문

코로나-19 사태로 말미암아 국내뿐만 아니라 전 세계가 사회적, 문화적, 경제적으로 전례 없는 위기를 맞고 있다. 이 위기 상황이 언제쯤 끝날지 갈수록 불투명하기만 하다. 2003년 사스, 2005년 메르스에 이어 코로나 바이러스와의 시간을 다투는 방역전쟁은 우리의 미래가 밝지만은 않을 것임을 예고한다. 이 바이러스들은 치료약과 백신 개발에 많은 시간이 걸리는 신종 바이러스라는 점에서 사람들을 더욱 불안과 공포로 몰아넣고 있다. 특히 이번 코로나-19 바이러스는 기저질환이 있거나 평소 면역력이 약한 사람들에게 치명적으로 작용하기 때문에 우리 각자가 위생수칙과 방역수칙을 철저히 준수해야 한다. 또한 평소 면역력을 강화하는 데도 세심하게 주의를 기울이는 것이 절실해졌다. 요가는 평소 건강과 활력을 유지하고 웰빙을 가져다주는 건강한 라이프 스타일에 속한다. 이 책은 셀프케어뿐만 아니라 타인을 위해서 요가를 어떻게 치유 방법으로 활용할 것인지를 구체적으로 안내하는 지침서다.

이 책을 저술한 T. K. V. 데시카차르(Desikachar) 박사는 현대요가를 여는데 중추적인 역할을 한 티루말라이 크리슈나마차리아(Tirumalai Krishnamacharya)의 아들이자 비니요가의 개발자이다. 요가수련을 하는 사람이라면 대부분 아쉬탕가 요가의 스승 파타비 조이스(Pattabhi Jois), 아헹가 요가를 창시한 B. K. S. 아헹가(Iyengar)를 알고 있을 것이다. 그러나 이들 요가의 거목들을 배출한 크리슈나마차리아를 알고 있는 사람은 드물다. 크리슈나마차리아는 이 두 사람 외에도 데시카차르와 헐리우드 요가의 원조 격인 인드라 데비(Indra Devi)도 배출한

분이시다. 2001년에 발행된 『요가 저널(Yoga Journal)』은 "티루말라이 크리슈나마차리아라는 이름을 거의 들어본 적이 없겠지만 당신이 수련하는 요가에 영향을 미치고, 그런 요가를 창시하기까지 한 사람은 바로 그다."라고 그를 간략하게 소개하였다.

이 책의 저자인 데시카차르는 자신의 아버지를 스승으로 모시고 아버지가 일생 동안 배우고 익힌 요가의 정수를 수십 년 동안 직접 전수받을 수 있는 행운을 누린 분이다. "사람을 요가에 맞추지 말고 요가를 사람에게 맞추라."는 아버지의 핵심 가르침에 따라 그는 누구나 똑같은 방식으로 실시하는 표준화된 요가가 아니라 개개인의 체질, 성격, 요구에 맞는 개별화된 비니요가를 창시하였다. 'vini'란 '차용' '활용' '적용'을 의미하는 산스크리트어다. 비니요가는 개별화에 초점을 둔 맞춤식 요가 스타일로서 개인의 수준에 맞춰 아사나의 움직임을 단계별로 분할해서 순서대로, 연속적으로 실시하는 요가를 말한다. 이 책의 저변에는 그런 차별화, 적용의 원칙이 일관되게 흐르고 있다.

비니요가의 핵심 키워드인 빈야사 크라마(vinyasa krama)란 무엇일까? 'vi'는 '순서', 'niyasa'는 '위치하다', 'krama'는 '연속' '단계'를 의미한다. 따라서 빈야사 크라마는 "특정 목표에 도달하기 위해 아사나의 움직임을 여러 단계로 분할해서 일련의 흐름으로 연속해서 실시"하는 방법을 말한다. 특정한 목표를 정해서 그 방향으로 나가다 보면 예상치 못한 온갖 장애에 부딪히기 마련이다. 그런 장애들은 수련생 각자가 처한 조건, 환경, 역량, 기호에 따라 다르다. 따라서 목표는 동일해도 거기에 도달하는 방법은 마땅히 다를 것이다. 그동안 요가는 최종 목표, 예를 들면 완성 자세를 주로 강조하여 그 자세를 누가 빨리, 정확하게 완성했는지에 따라 수련의 수준을 평가하는 일이 흔했다. 즉, 그 사람이 목표에 도달하기까지 거쳐야 하는 길고 지루한 과정을 소홀히 했던 것이다. 수련이란 꾸준히 실천하는 반복적인 훈련(sādhana)임을 기억한다면 진정한 의미의 수련과는 거리가 있었던 셈이다.

이 책에서 제시하는 빈야사 크라마식 요가는 최종 목표로 삼고 있는 요가의 여러 테크닉에 어떻게 도달할 수 있는지를 구체적이면서도 상세하게 알려 주고 있다. 더구나 진행과정을 서술하는 태도가 자상하면서도 친절하다. 예를 들어, 부록에서 제시하고 있는 네 가지 수련은 그 수련의 주요 테마인 아사나를 위해 움직임과 호흡을 어떻게 준비하는지, 중심 주제의 아사나에 도달한 다음 어떤 과정을 통해 일상의 상태로 돌아오는지를 잘 보여 주고 있다. 빈야사 크라마의 원리는 치유과정에도 그대로 적용된다. 질병을 앓거나 심신이 불편해지면 우리는 보통 가능하면 빨리 정상으로 되돌아가겠다는 욕심으로 조급해진다. 그런 급한 마음에 오히려 되돌릴 수 없는 부작용을 맞기도 한다. 치유란 오랜 세월 쌓아 두었던 불건강하고 부적절한 몸과 마음의 습관으로부터 벗어나는 과정이다. 특정 질병으로 드러나기까지 시간이 걸렸듯이 회복의 과정에도 그만큼의 시간이 걸리기 마련이다. 그러므로 빈야사 크라마 원리를 염두에 두고 인내심을 갖고 목표를 향해 한 발 한 발 나아가야 한다.

이 책의 3부에는 크리슈나마차리아 전통의 파탄잘리 요가수트라가 수록되어 있다. 대부분의 요가수트라는 철학적, 사변적인 것에 머물러 고급 수행자들조차도 이해에 어려움을 겪는다. 이와는 달리 데시카차르가 해설한 요가수트라는 주로 힐링과 치유의 관점에서 접근하고 있기 때문에 누구나 쉽게 따라갈 수 있다는 장점이 있다. 주로 앞부분에서 막혀 요가수트라를 완독하기 어려웠던 대중에게 비교적 쉽게 설명해 주는 요가수트라를 소개하게 되어 기쁘다.

한국 요가 인구가 2백만 명을 훌쩍 넘었다. 앞으로 요가 인구는 전 세계적으로 더욱 늘어날 것으로 예상되고, 한국의 경우 요가 관련 산업도 수조 원에 이를 것으로 예상된다. 지금은 양적 팽창을 기반으로 질적 향상에 노력을 기울일 때다. 일반 대중 사이에서는 생활체육으로서의 하타요가가 인기를 끌고 있었지만, 최근 집 안에서의 활동이 많아지면서 보다 정적인 라자요가에 대한 관심이 증가하고 있다. 비니요가는 인생의 시기에 따라서 서로 다른 스타일의 요가를 단계별로 수련하는 크라마를 실시할 것을 권한다. 젊은 시절에는 힘과 유연성을 기르는 스르스티 크라마(srsti krama), 성인이 되면 스트레스를 해소하고 건강을 유지하는 락사나 크라마(raksana krama), 신체와 정신이 쇠퇴해 가는 노년에는 치료 중심의 치킷사 크라마(cikitsa krama)를 실시할 필요가 있다는 것이다.

이것이 바로 크리슈나마차리아에서 데시카차르로 이어지는 요가수련의 정수이다.

고전요가가 추구하는 정신을 현대식으로 재해석해서 독창적인 현대요가를 소개하는데 크게 기여한 이 귀중한 책을 번역해서 소개할 수 있어서 개인적으로는 가슴 벅차다. 이 책을 통해 현대요가의 르네상스를 열어 준 위대한 스승 크리슈나마차리아를 소개할 수 있어서 특히 그렇다. 요가를 사랑하고 아끼는 사람들이 이 책을 통해 요가의 기본 정신을 되새길 수 있으면 좋겠다.

2021년

과천에서 조옥경

100세를 축하하는 자리에서
인드라 데비(Indra Devi)와
함께하고 있는
스리 크리슈나마차리아

# 축원

스리 데시카차르(Śrī Desikachar)가 저술한 이 책은 요가의 이론과 실천에서 더없이 소중한 정보의 원천이다. 이 책은 수련생과 교사 모두를 위한 것이다. 탁월한 스승 스리 데시카차르는 그가 살았던 시대의 최고 스승 중 한 사람이었던 자신의 아버지 스리 크리슈나마차리아가 이어 온 요가의 계보를 이어받았다. 스리 크리슈나마차리아의 수업에 들어간 것은 행운이었으며, 거기에서 나는 유일한 외국인이자 유일한 여성이었다.

이 책이 앞으로 요가의 모든 열렬한 지지자를 안내하고 그들에게 영감을 주기를 바란다.

- 가슴에서 우러나오는 축복, 광명, 빛과 더불어 인드라 데비 -

T. K. V. 데시카차르

100세가 된 스리 크리슈나마차리아와
그의 아들 T. K. V. 데시카차르

# 서문

뛰어난 요가 스승이신 스리 데시카차르에 대해 쓸 수 있는 기회가 주어진 데 대해 감사를 느낀다. 그의 가르침의 중요성을 강조하기 위해 몇 마디 쓰는 것은 큰 기쁨이 아닐 수 없다.

스리 데시카차르는 얼마나 좋은 사람인지! 사람들은 그에게 매력을 느끼고 그와 함께 있는 것이 즐겁기만 하다. 그가 보여 주는 단순성은 그의 성격이 가진 독특한 특성이다. 어떤 경우에도 그는 가식을 부리지 않는다. 오늘날의 세계를 상당히 많이 알고 있음에도 불구하고 그토록 겸손한 사람을 만난다는 건 활기를 불어넣는 일이다. 단순성이 수반되는 겸손은 매우 소중한 자질이다. 그는 실로 이런 자질을 살아냈던 보기 드문 사람이다.

스리 데시카차르가 엔지니어링 분야에서 학위를 따려고 대학에서 보냈던 세월은 요가의 길에 장애가 되지 않았다. 그렇기에 그가 현재 하는 작업에서 그를 가장 많이 도운 것은 무엇인지 물었을 때 그는 "엔지니어링 공부지요."라고 대답하였다. 그런 훈련이 그의 빛나는 지성을 자극한 듯했으며, 후일 이것은 그에게 자신의 가르침을 명쾌하고 정확하게 전달하는 능력을 부여하였다. 스리 데시카차르는 말할 때 우리 각자가 알아들을 수 있고 따를 수 있는 언어로 자연스러우면서도 쉬운 방식으로 표현하였다. 그는 가벼운 발걸음으로 당신을 향해 다가갔으며, 기쁨에 찬 그의 미소는 그의 가슴이 열려 있다는 것을 알려 주었다.

언젠가 그가 나와 내 친구들에게 챈팅을 해 줄 때 나는 소중한 선물을 받았다. 그의 분명한 소리는 섬세하지만 강력한 흐름을 타고 있었으며, 사랑스러운 그의 목소리에서 나오는 리듬을 따르고 있었다. 그 소리가 내는 진동으로 생긴 매혹적인 분위기가 방 안에 가득 찼으며, 그가 떠난 후에도 오랫동안 그곳에 남아 있었다.

요가수련의 핵심은 호흡이다. 왜냐하면 각각의 자세, 움직임은 호흡에서 나오기 때문이다. 스리 데시카차르는 이를 깨닫도록 우리를 도와주었다. 균형 잡힌 이런 결합이 우리의 몸과 마음에 조화와 질서를 주었다.

매우 특별한 이런 요가의 가르침을 전달하는 그의 방식은 독특하였다. 그는 주제에 대해서, 자신의 지식을 전달하는 사람에 대해서 엄청난 존경심을 갖고 있었다. 그는 당신을 문 안으로 밀어 넣는 게 아니라 아주 부드럽게 그 문으로 안내했는데, 이 문은 결국 예기치 않게 당신이 들어올 수 있도록 열린다.

- 이탈리아 플로렌스에서 반다 스카라벨리(Vanda Scaravelli) -

# 차례

## 제2부 요가의 이해

## 제4부 요가의 시

1925년, 대학 공부를
마쳤을 때의
크리슈나마차리아

크리슈나마차리아의
개인 교사 중 한 사람인
스리 바기사
브라흐마탄트라
파라칼라 스와미
(Śrī Vageesa
Brahmatantra
Parakala Swami)

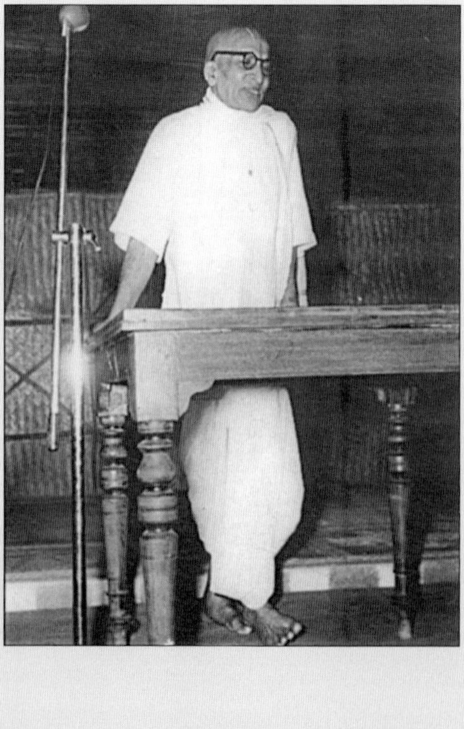

마드라스에서 가르치고 있는
크리슈나마차리아

# 들어가며

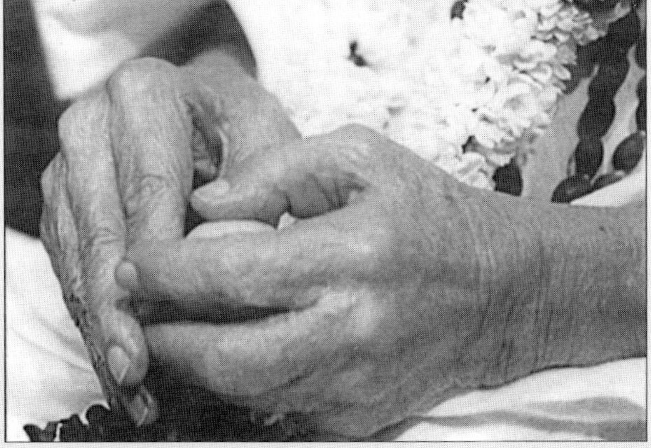

100세의
크리슈나마차리아

크리슈나마차리아의
또 다른 개인 교사인
스리 크리슈나
브라흐마탄트라
스와미
(Śrī Krishna
Brahmatantra Swami)

치유하는
크리슈나마차리아의 손

# 스리 크리슈나마차리아의 생애와 요가

## T. K. V. 데시카차르와의 대담

84세의 크리슈나마차리아

티루말라이 크리슈나마차리아(Tirumalai Krishnamacharya)는 1888년 11월 18일 남인도 마이소르주에 있는 마을에서 태어났다. 그는 19세기 남인도의 유명한 현인이자 **요가 라하샤**(Yoga Rahasya)[1)]의 저자이면서 바이슈나바(Vaishnava)[2)] 구루들의 계보를 잇는 최초의 교사 나타무니(Nathamuni)[3)]에 그 근본 뿌리가 있는 가계에서 태어났다.

1) 역자 주. 요가 라하샤는 4개의 장으로 구성되어 있으며, 각 장은 117, 64, 42, 44개의 슬로카로 되어 있다. 1장은 서문, 2장은 요가의 적절한 적용, 3장은 성찰, 4장은 인간을 구성하고 있는 부분과 전체에 대해 언급하고 있다. 요가의 적용방법, 즉 요가의 비니요가가 구체적으로 언급되어 있다는 점에서 다른 요가수트라와 차이가 있다.

2) 역자 주. 힌두이즘은 크게 시바파, 샥티파, 비슈누파, 스마르타파로 구분된다. 비슈누파는 비슈누 신을 최고의 신으로 섬기며, 이를 신봉하는 사람들을 바이슈나바라고 한다.

3) 역자 주. 823~924 AD에 살았던 것으로 추정되는 비슈누파의 유명한 신학자로서 타밀의 12명 현인들이 지

크리슈나마차리아는 마이소르주에 있는 브라흐마탄트라 파라칼라 무트(Brahmatantra Parakala Mutt)[4]의 학생이 되기 전에 아버지로부터 최초로 산스크리트어와 요가에 관한 가르침을 받았는데, 이 학교는 가장 존경받는 브라만들의 학교로 유명하다. 12세에 이 학교에 입학한 그는 베다 경전을 공부하고 베다 의식을 습득하는 동시에 마이소르 왕립대학(Royal College of Mysore)에서 수학하였다. 18세가 되어 그는 바나라스로 이사했으며 그곳 대학에서 산스크리트어, 논리학, 문법을 공부하였다. 마이소르로 돌아온 그는 파라칼라 무트 학장인 스리 크리슈나 브라흐마탄트라 스와미로부터 베단타 철학의 기초를 철저히 학습하였다. 그 후 그는 인도 고대 철학체계이자 요가의 기초인 상키아(Sāṃkhya)[5]를 배우기 위해 또 다시 북쪽으로 갔다. 1916년 그는 히말라야로 갔으며 카일라스 산자락에서 자신의 스승 스리 라마모한 브라흐마차리(Śrī Ramamohan Brahmachari)를 만났는데, 이 스승은 티베트 마나사로바 호수(Lake Manasarovar) 근처에서 가족을 꾸리고 살고 있는 박식한 요가 수행자였다.

크리슈나마차리아는 스승과 함께 7년 넘게 살았으며, 스승은 그의 삶의 방향에 엄청난 영향을 끼쳤다. 뿐만 아니라 요가의 메시지를 전파하고 치유자 및 병자들을 위한 조력자로 자신이 가진 역량을 활용하는 위대한 과업을 그에게 부여하였다. 그 결과 크리슈나마차리아는 학문적 경력을 쌓지 않고 남부로 돌아와 인도의 전통 힐링 체계인 아유르베다(Āyurveda)와 니야야(Nyāya),[6] 즉 탐구의 도구 및 타당한 지식을 통해 얻을 수 있는 분별력에 중점을 두는 베다학파 논리학을 공부하였다. 1924년에 그는 마이소르로 돌아왔다. 그곳에서 진보 성향을 띤 왕이 그에게 요가학교를 열 수 있는 기회를 주었다. 왕 스스로도 크리슈나마차리아의 가장 열렬한 지지자였다. 1933년부터 1955년까지 크리슈나마차리아

---

은 4,000개의 시구인 Nalayira Dviya Prabhandam을 집대성하였다.

4) 역자 주. 인도 남서부에 위치한 카르나타카주에 있는 바이슈나바 사원을 말한다.

5) 역자 주. 인도 육파철학의 하나로 푸루샤와 프라크리티의 이원론을 채택하여 인간과 우주를 설명한다. 이성적 사유를 바탕으로 요가의 철학적 토대를 마련하므로 이 둘은 서로 쌍으로 이루어 언급된다.

6) 역자 주. 니야야란 '규칙''방법''판단'을 의미하는 산스크리트어로 인도 육파철학의 하나에 속한다. 논리학, 방법론, 인식론의 체계를 통해 인도철학 발전에 기여하였다.

는 그 학교에서 요가를 가르쳤으며, 자신의 최초 저서 『요가의 비밀(Yoga Makarandam)』을 저술하였다.

이즈음 남인도 밖으로 그의 명성이 퍼져 나갔다. 1937년에는 최초 서양 학생이 요가를 공부하기 위해 크리슈나마차리아에게 왔는데, 그중 한 명이 인드라 데비다. 후에 크리슈나마차리아의 처남이 된 B.K.S. 아헹가(Iyengar)도 이미 칭송이 자자한 스승으로부터 최초로 요가를 지도받았다. 1939년과 1940년에 크리슈나마차리아는 프랑스 의료팀의 방문을 받았는데, 그들은 경험 많은 요가 수행자가 자신의 심장박동을 마음대로 멈출 수 있는지를 입증하고 싶어 했다. 크리슈나마차리아에게는 이런 식의 검사가 매우 놀라웠고, 한편으로는 꽤나 성가신 증명이었음에도 불구하고 의심에 찬 과학 세계의 눈앞에 요가를 증명해 보려는 책임감에서 이를 기꺼이 수행하였다.

얼마 지나지 않아서 크리슈나마차리아의 관심사와 작업은 환자를 치료하는 쪽으로 기울었으며, 아유르베다와 요가를 치유의 매개체로 삼았다. 그는 점점 더 유명해졌으며, 1952년에는 마드라스로 오라는 부름을 받고 심장병으로 고통받는 유명 정치인을 치료하게 되었다. 크리슈나마차리아는 마침내 가족과 함께 마드라스에 정착하였다.

인도 제자들뿐 아니라 더 많은 서양인이 공부를 위해 마드라스로 몰려왔다. 이런 가르침을 유럽에 전파한 제라드 블리츠(Gerard Blitz)는 비이원론 스승인 장 클라인(Jean Klein)과 마찬가지로 크리슈나마차리아를 찾았던 최초 사람들이다. 1976년 크리슈나마차리아의 아들이자 가장 친밀한 제자인 T.K.V. 데시카차르는 크리슈나마차리아 요가 만디람(Krishnamacharya Yoga Mandiram)을 설립했는데, 이곳은 병자를 치료하기 위해 요가를 이용하고 인도인과 모든 외국인에게

크리슈나마차리아의 후원자이자 제자였던 마이소르의 마하라자 크리슈나라젠드라 워도야르 4세(Krishnarajendra Wodoyar IV)

부자피다사나(bhujapīdāsana)를 보여 주는 24세의 B.K.S. 아헹가

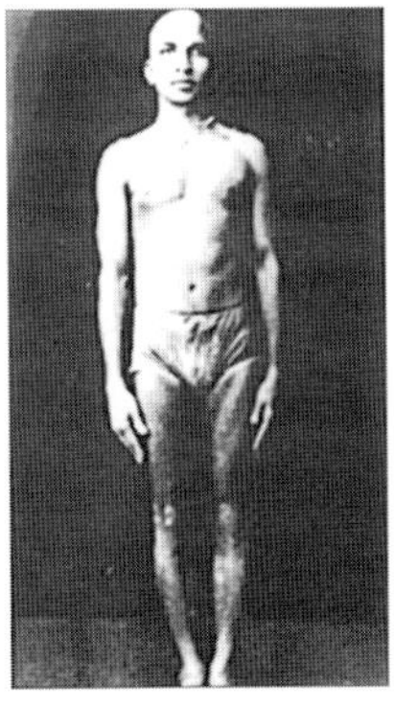

사마스티티(samasthiti)를 실시하는 46세의 크리슈나마차리아

요가를 가르치는 기관이다. 1989년 죽음이 다가오기 6주 전까지 크리슈나마차리아는 주변에 모인 사람들을 가르치고 그들에게 영감을 불어넣었다.

**질문:** 크리슈나마차리아의 아들이자 제자로서 당신은 틀림없이 그와 가장 가까운 사람이면서 그를 가장 잘 아는 사람이겠군요. 산스크리트 학자이자 치유사이고 요기였던 크리슈나마차리아에 대해서 말씀해 주시겠어요?

**대답:** 아버지가 산스크리트 학자가 된 가장 큰 이유는 가족의 전통 때문이었습니다. 먼 옛날 아버지의 조상들은 조언자로서 잘 알려져 있었으며 왕에게까지 조언을 해 주었지요. 지금으로 말하면 아버지의 할아버지는 소위 수상이라고 부를 수 있겠지만, 그 당시 수상의 지위는 현재 우리가 아는 것 같은 정치적인 위치에 있지는 못했습니다. 오히려 그는 옳고 그름을 통치자에게 말해 주는 조언자였지요. 이런 목적을 위해서 이 학자들은 당연히 고대 경전을 공부했는데 이런 경전들은 모두 산스크리트어로 기술되어 있습니다. 따라서 그 당시 그런 환경에서 자란 사람에게는 산스크리트 학자로 성장하는 게 아주 자연스러웠으며, 그런 환경에서 아버지는 산스크리트어에 능통하게 되었지요. 오늘날 영어가 테크놀로지 언어이듯 산스크리트는 이런 집단을 위한 언어였습니다.

정규교육을 받으면서 아버지는 베다의 지류를 설명하는 고전 경전을 충분히 읽고 공부할 수 있을 정도로 산스크리트어를 배워야만 했습니다. 요가는 그런 지류 중 하나일 뿐이지만 아버지께서는 요가에 특별한 관심을 보이셨는데, 왜냐하면 역사적으로 볼 때 아버지 가족들은 요가와 연루되어 있었기 때문입니다. 아버지 조상 중 한 분은 유명한 요기 나타무니였습니다. 요가에 대한 관심은 이런 가족사를 관통하는 실과 같아서 아버지는 단지 그것을 집어 들었을 뿐입니다. 아버지의 첫 번째 스승은 할아버지였지요.

인도 북부에서 위대한 스승들과 함께 공부할 때, 아버지는 이런 관심사를 폭넓게 추구했고 히말라야의 마나사로바 호수 지역에 계신 특별한 스승 라마모한 브라흐마차리를 만났습니다. 아버지는 스승 옆에서 거의 8년 동안 머물렀습니다. 라마모한 브라흐마차리는 그에게 **요가수트라**를 가르치셨고 요가를 통해 어떻게 환자들을 돕는지를 가르치셨지요. 아버지께서 해 오신 작업에서 독특하게 보이는 것들 상당수는 이 스승으로부터 전수받은 것입니다.

이 같은 가족 전통을 가진 사람이 위대한 산스크리트 학자가 되거나, 베다가 우리에게 제공하는 문학과 종교에 능통한 것은 당연한 일입니다. 그러나 스승께서 "너는 요가의 메시지를 전해야 한다."고 말씀하셨기 때문에 아버지는 요가지도자가 되기로 마음먹었지요. 아버지는 산스크리트, 논리학, 베단타 그리고 그 밖의 분야에서 교수가 되라는 제안을 수없이 거절했습니다. 아버지는 자신이 배운 모든 것에 깊이 몰입했으며 마침내 구루가 되었지요. 그 일은 쉽지 않았고 실제로 내적인 갈등도 겪으셨지만 아버지는 그 일을 해내셨어요.

또 한 가지 중요한 점은 종교에 대한 관심, 특히 비슈누파라는 자신의 전통에 대한 관심을 통해서 아버지는 남인도 위대한 요기들의 가르침을 만나게 되었다는 사실입니다. 이런 사람들을 **알바르**(alvar)라고 하는데, 이것은 '통치하려고 우리에게 온 사람들'이라는 뜻입니다. 알바르는 다른 사람들의 마음을 안내하며 신의 화신으로 간주됩니다. 갓난아이일 적에 그들에게 위대함이 깃드는데, 대다수는 브라민 혈통에서 나오지만 때로는 단순한 농부 가족에서 나올 때도 있어요. 그들은 탁월한 사람들로서 세상에 태어납니다. 아버지는 이런 스승들의 저서들을 공부했는데, 이 저서들은 우리가 주로 사용하는 타밀어로 되어 있어서 인도 남부에서 이해되는 그대로 요가의 의미를 발견할 수 있었습니다. 아버지께서는 이런 방식으로 히말라야에 계신 스승으로부터 배운 위대한 가르침과 타밀 스승인 알바르로부터 전해진 남부의 위대한 가르침을 결합시킬 수 있었습니다.

1954년, 서양 제자를 가르치는 크리슈나마차리아

**질문:** 그 당시 이런 길을 걷는 사람은 히말라야로 가서 거기에서 반드시 스승과 살아야만 했나요?

**대답:** 아닙니다. 이것은 아버지의 개인적인 결정이었어요. 아버지는 인도 사유의 다양한 시스템인 베다 다르샤나(Vedic darśana)[7]에 대해서 모조리 배우고 싶다고 결심하셨는데, 왜냐하면 스승들은 아버지의 일부 관점을 수용하지 않았기 때문이지요. 아버지가 마이소르에서 상키아와 미망사(Mīmāṃsā)[8]에 관한 강의를 듣고 계실 때, 그는 인도 최고 대학으로 가서 인도 사유의 다양한 학파들에 관해 배울 수 있는 모든 것을 배우겠다고 맹세하였습니다. 그 당시 이런 것들을 공부할 수 있는 최적의 장소는 오늘날 바라나시 또는 바나라스로 알려진 카시(Kashi)였기 때문에 아버지는 그곳으로 가셨지요. 아버지는 운이 좋아서 거기로 갈 수 있는 기회를 잡았는데 그곳에 계신 선생님들이 그의 특별한 재능을 인정했기 때문입니다. 아버지가 강가나스자(Ganganath-Jha)라는 이름의 선생님을 만난 것은 바나라스였으며, 그는 아버지에게 북쪽에 거주하는 위대한 요가 스승을 찾아가 볼 것을 권유했습니다. 이 때문에 아버지는 티베트로 가셨지요. 반드시 그럴 필요는 없었지만 거의 우연에 가까운 일이라고 볼 수 있지요.

**질문:** 치유자로서의 크리슈나마차리아는 어떤 분이신가요?

**대답:** 사람들 대부분은 요가를 순전히 영적 훈련으로 보지만 아버지에게 요가는 다른 것들도 포함하고 있다는 것이 분명했어요. 아버지에 관해 저술한 전기물에서 아버지는 학창시절에도 병든 사람들에 대한 관심이 남달랐다는 점을 언급하고 있습니다. 당뇨병을 앓고 있는 영국 총독을 봐 달라는 요청을 받은 적이 있다고 아버지께서 직접 저에게 말씀하신 적이

---

7) 역자 주. 다르샤나란 정통 힌두철학의 6개 학파 및 영성과 구원론에 관한 문헌들을 말한다. 베다 다르샤나는 베다에 관한 철학적 사유 및 이를 서술한 문헌들을 지칭한다.

8) 역자 주. 미망사란 '성찰''비판적 탐구'를 의미하는 산스크리트어로 베다 경전의 의미를 성찰하는 명상 전통을 말한다.

있어요. 아버지는 그를 도울 수 있었으며 그 후 북쪽 카일라스산에서 공부를 이어 가기 위해 떠났습니다.

치유 능력은 아버지 자신의 배경으로부터 온 게 틀림없어요. 당뇨병과 그 밖의 질환들을 치료하는 방법에 대해 아버지에게 최초로 팁을 주신 분은 아마도 할아버지였을 겁니다. 왜냐하면 나타무니의 **요가 라하샤**에서 우리는 환자 치료에 요가를 이용하는 것에 관한 언급을 수없이 발견할 수 있기 때문입니다. 영적 깨달음으로 가는 여정에서 질병은 장애가 됩니다. 그렇기 때문에 질병에 대해 뭔가를 해야만 하지요. 요가를 통해 질병을 치료하는 방법은 수없이 많습니다. 때로는 만트라(mantra)가 필요하고, 때로는 식생활의 변화가 필요하며, 때로는 특정 아사나(āsana)가, 때로는 프라나야마(prāṇāyāma)가 필요합니다. 아마도 아버지는 어린 시절에 이 모든 것에 관해 들었으며, 거기에 대해 더 많은 것을 배우고 싶었을 겁니다. 아버지로부터 분명해진 사실은 치유에 대해 더 많이 배우고 싶다면 아유르베다에 관해 배워야만 할 거라는 점입니다. 그래서 그는 벵갈에 계신 크리슈나 쿠마르(Krishna Kumar)로 불리는 저명한 스승에게 갔으며, 아유르베다를 배우기 위해 그와 함께 지냈습니다. 아버지는 건강이 좋아지기 위해 요가를 활용하는 방법에 관한 나타무니의 가르침을 아는 것은 물론 아유르베다에 관한 온갖 지식을 마침내 손안에 넣게 되었습니다. 이렇게 해서 그는 개인의 조건에 관한 정보에서 맥박이 갖는 중요성을 알게 되었지요. 아버지는 이것을 스승들로부터 배우는 동시에 그 주제에 관한 오래된 경전을 공부하면서도 배웠습니다. 아버지는 항상 자신에게 찾아온 모든 사람의 맥박을 쟀으며, 그가 내게 가르쳐 준 최초의 가르침은 사람의 맥박을 재는 방법

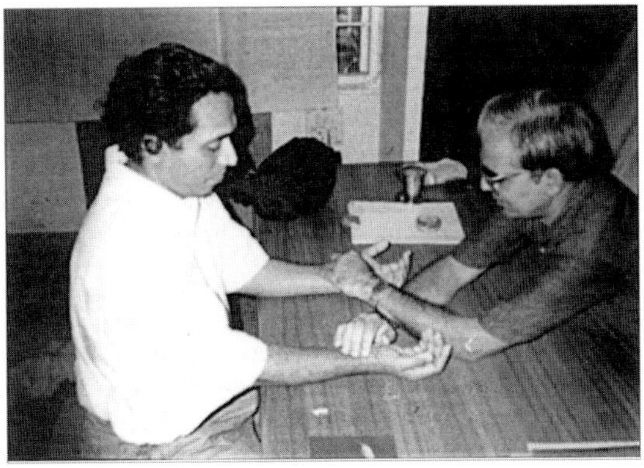

맥박에 근거해서 진단하는 데시카차르

이었습니다. 맥박을 재고 아유르베다와 나타무니의 요가식 건강 시스템을 활용함으로써 조건을 진단하는 일은 아버지가 신체적, 정신적, 영적 웰니스에 대해 조언할 때 사용했던 수단입니다. 따라서 그가 때로 기적을 행했던 건 놀랍지 않지요.

**질문:** 크리슈나마차리아 요가가 독특한 점은 무엇인가요?

**대답:** 요가에 대한 아버지의 가르침을 독특하게 만드는 것은 아버지가 고집스럽게 각 개인과 그 사람의 독특성에 주의를 기울인 데 있습니다. 우리가 개인을 개별적으로 존중한다면 그건 당연히 각 개인이 현재 어디쯤 와 있는지 항상 점검하는 일부터 시작한다는 것을 의미합니다. 결단코 선생의 욕구가 아니라 학생의 욕구를 출발점으로 삼아야겠지요. 여기에는 서로 다른 접근들이 수없이 필요합니다. 모든 사람에게 단 한 가지 접근이 있는 게 아닙니다. 요가를 가르치는 최근 방식은 모든 사람의 문제에 **한 가지** 해법이 있고 모든 질환에 **한 가지** 치료가 있다는 인상을 줍니다. 그러나 요가는 우선 마음에 영향을 미치는데 각 개인의 마음은 서로 다릅니다. 각 개인의 문화와 배경도 실로 다르지요. 각각의 경우에 아버지는 필요하면서도 유용하게 보이는 것을 선택했습니다. 그것이 때로는 요가 자세일 수도 있고 때로는 기도일 수도 있는데, 사람들에게 특정 요가수련을 중단하라고까지 말한 적도 있습니다. 그 후에 치유가 일어났지요. 말해 줄 수 있는 이야기는 무수히 많지만 모든 이야기는 요가를 개별적으로 접근할 필요성을 보여 줍니다. 내가 개별 레슨만 제공한다는 뜻은 아니지만, 나는 수련생 각자가 자신만의 요가 방식을 발견할 수 있는 수업 분위기를 만듭니다. 아마도 수련생들 각자는 똑같은 질문을 들고 오겠지만 오늘의 모습은 어제의 모습과 다르고 지난주 모습과도 다르다는 사실을 인식해야만 합니다. 이것이 아버지가 전해 주신 가장 중요한 메시지이고, 현재 대부분의 장소에서 가르치고 있는 것과는 근본적으로 상충하는 내용입니다.

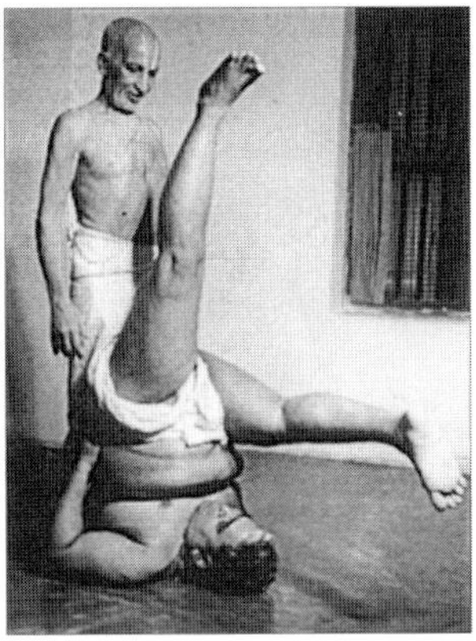
에카 파다 사르방가사나(eka pāda sarvāngāsana)를 실시하는 크리슈나마차리아와 제자

개개인은 스스로를 요가에 맞출 필요가 없고 각 개인에 맞추어 요가수련을 조정해야 한다는 것이 아버지 가르침의 본질입니다. 한 발자국 더 나가서, 이로써 아버지식 접근이 오늘날 도처에 널린 여타의 접근들과 구분된다고 말하고 싶은데, 이런 접근에서는 모든 것이 잘 조직화되어 있어 특정 구조에 당신 스스로를 맞추어야만 합니다. 크리슈나마차리아 요가에서는 구조화가 전혀 없을 뿐만 아니라 개개인이 자신의 구조를 발견해야만 합니다.

이는 요가의 여정에서 사람마다 진전의 의미가 다르다는 것을 의미합니다. 특정 목표를 고의로 설정함으로써 이런 진전을 방해해서는 안 됩니다. 요가는 개인에게 봉사하는 데, 정보를 주기보다는 변용을 초대함으로써 봉사하는 것입니다. 각각은 전혀 다른 문제입니다. 예를 들어, 이 책은 여러 주제에 관한 정보를 제공하지만 변용을 일으키기 위해서는 각 주제를 개인마다 다르게 설명할 겁니다. 아버지는 요가에서 개인에게 접근할 때 그 어떤 곳에서 찾을 수 있는 것보다 더 많은 방법을 가르쳐 주셨습니다. 누가 누구를 가르치는지, 언제 무엇을 가르치는지는 수련을 시작할 때 던져야 할 질문입니다. 그러나 이 모든 질문 아래에는 무엇보다도 중요한 질문이 있습니다. 호흡의 힘을 어떻게 활용할 수 있을까? 이런 질문은 매우 예외적인 질문인데, 그 어떤 곳에서도 호흡에 그토록 주의를 기울이지 않기 때문입니다. 우리의 작업은, 이렇게 표현해도 될지 모르겠지만, 호흡이 기적의 약임을 증명하고 있습니다.

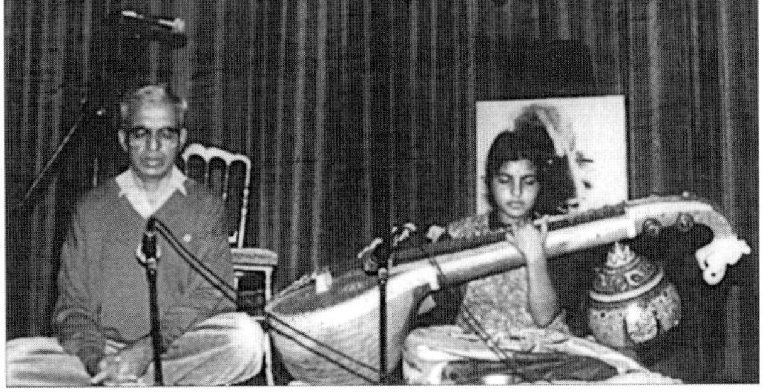
1992년 독일에서 비나를 연주하는 열 살 난 딸 메칼라(Mekhala)와 챈팅을 하는 데시카차르

**질문:** 당신 아버지처럼 당신은 호흡과 함께 소리와 만트라를 많이 사용합니다. 만트라는 인도 전통에 속하는데 서구에 사는 우리가 크리슈나마차리아 요가의 이런 측면에 부합할 수 있을까요?

**대답:** **만트라**라는 말을 정확히 이해해야만 합니다. 만트라는 힌두 상징이기보다는 훨씬 더 보편적인 것입니다. 그것은 개인의 마음을 더 높은 차원으로 데려갈 수 있는 것입니다. 소리 자체는 상당한 힘을 갖고 있으며 목소리가 미치는 영향력은 엄청납니다. 연설가가 말하는 방식을 통해 청중을 어떻게 사로잡는지 생각해 봅시다. 인도 전통에서 우리는 소리의 이런 성질을 이용해 왔습니다. 우리는 산스크리트 단어를 쓰지만 당신의 언어 또한 소리로 되어 있습니다. 인도에서는 만트라를 사용하는데, 우리의 종교 전통에 따르면 만트라는 수많은 사람에게 큰 의미를 갖기 때문입니다. 그러나 나는 만트라를 무분별하게 사용한 적이 없습니다. 우리는 항상 개인이 따르는 전통 내에서 작업할 수 있습니다. 보편적인 사실은 소리가 우리에게 강력한 영향력을 행사할 수 있다는 겁니다. 우리의 작업은 이런 사실을 반복해서 입증하고 있습니다.

**질문:** 당신의 요가수련을 지성적으로 구조화하는 개념, 즉 빈야사 크라마(viṅyāsa krama)[9]에 관해 말해 주시겠어요?

**대답:** 먼저, 나는 '지성적(intelligently)'이라는 말이 무슨 뜻인지 묻고 싶습니다. 아마도 당신은 머리서기가 머리에 혈액을 더 많이 공급한다는 주장에 익숙할 겁니다. 머리로 혈액이 충분히 공급되지 않는다고 느끼는 사람은 자신에게는 머리서기가 최고 자세라고 결론을 내릴 겁니다. 그러나 우선 여기에 대해서 충분히 생각해야만 합니다. 직립 자세로 걷는다는 이유만으로 우리 모두가 머리로 공급되는 혈액이 부족해서 고통받고 있

---

9) 역자 주. 아쉬탕가 요가나 비크람 요가에서와 같이 아사나 사이사이를 부드럽게 연결하는 현대요가 스타일을 빈야사라고 하고, 크라마란 단계를 의미한다. 따라서 빈야사 크라마란 단계별로 아사나를 부드럽게 연결시켜 이어 가는 요가 진행방식을 말한다.

나요? 누군가는 이런 생각에 지나치게 사로잡혀 매일 머리서기를 수련할 뿐 아니라 아침에 일어나서 가능하면 맨 먼저 머리서기 자세를 실시한다고 가정해 봅시다. 온갖 사람들과 작업했던 경험에 비추어 보면, 이런 사람은 마침내 목에 엄청난 문제가 생겨 고생한 다음 결국 그 부위가 매우 긴장되고 굳어져 목 근육 전체에 혈액 공급이 줄어드는데, 이는 그들이 바라는 것과는 정반대의 결과를 낳는 셈입니다.

요가수련에 지성적으로 접근한다는 것은 시작 전에 수련하고 싶은 자세의 다양한 측면에 관해 분명하게 이해하고, 원치 않는 효과를 줄이거나 없앨 수 있는 방식으로 준비하는 방법을 알아야 함을 의미합니다. 한 가지 예로, 머리서기와 관련된 질문은 이렇습니다. 내 목이 준비되었는가? 자세를 하면서 호흡을 잘할 수 있는가? 내 등은 전체 다리의 무게를 들어 올릴 수 있을 만큼 충분히 강한가? 수련에 지성적으로 접근한다는 것은 자세건 호흡이건 당신이 원하는 모든 결과를 알고 적절하게 준비하고 수정하는 걸 의미합니다. 하늘에 닿고 싶으면 뛰는 것만으로는 충분치 않습니다. 지성적으로 접근한다는 것은 목표를 향해 한 발 한 발 작업하는 것을 의미합니다. 외국으로 여행하고 싶으면 우선 여권이 필요합니다. 그다음에는 방문을 원하는 나라의 비자가 필요하지요. 거기에 가고 싶다는 단순한 사실만으로는 여행할 수 없습니다. 모든 학습은 이런 식의 패턴을 따릅니다.

**질문:** 크리슈나마차리아는 요가수련에서 아사나의 중요성을 어떻게 보고 있나요?

**대답:** 아버지는 요가를 단순한 신체훈련으로 본 적이 없습니다. 요가는 최상에 도달하는 것 이상이고, 아버지에게 그것은 신이었습니다. 그래서 아버지에게 요가란 신과 하나가 되기 위해 신으로 이끌어 줄 수 있는 단계를 밟는 걸 의미합니다. 이런 여정은 그 길을 따르는 사람들에게 상당한 것을 요구합니다. 강한 의지, 신뢰와 끊임없이 노력하는 능력 같은 것을

1940년, 바라드바자사나(bharadvājasana)를 보여 주는 크리슈나마차리아의 제자 코하푸르의 마라하자(marāhājah of Kolhapur)

말입니다. 그 길에서 질병은 분명 좋은 친구는 아닌데 주의를 산만하게 만들 수 있기 때문이지요. 신에게 헌신하지는 않고 신체의 고통만 생각할 수 있습니다. 물질적 신체와 관련된 요가의 단계는 우리가 온전한 길로 갈 수 있게 해야 하며 그 반대여서는 안 됩니다. 신체를 모든 활동의 중심에 두거나 신체를 모조리 허용하지 않는 문제가 아닙니다. 어떤 사람에게 요가란 자세의 수련을 통해 다시 건강해지는 것을 의미할 수 있습니다. 어떤 사람에게 요가란 죽음을 준비하는 데 도움을 발견하는 것을 의미할 수 있는데, 이는 분명 자세 수련을 통해서가 아니라 죄책감이나 비난의 느낌이 사라진 평화로운 마음 상태에 도달하는 방법을 찾는 것을 통해서 일어납니다. 이 경우 나는 기도를 가르칩니다. 어린아이에게는 상당 정도의 신체적 노력이 흥미를 주기도 하고 유의미하기도 합니다. 그렇지만 80세가 된 노인에게 머리서기나 연꽃 자세를 왜 가르쳐야 합니까?

요가란 일차적으로는 누군가를 더 지혜롭게, 사물을 이전보다 더 잘 이해할 수 있게 만드는 데 목적을 둔 수련입니다. 아사나가 여기에 도움을 준다면 멋지지 않습니까! 그렇지 않은 경우는 다른 수단을 찾을 수 있습니다. 목표는 항상 박티(bhakti),[10] 아버지 언어로 표현하면 최고의 지성인 신께 접근하는 겁니다.

**질문:** 크리슈나마차리아께서 가르칠 때는 항상 오래된 경전과 밀접하게 관련을 짓습니다. 옛 성현들의 저술에서 적절하게 인용한 내용을 참고하지 않는 설명은 거의 없었습니다. 그의 가르침에서 가장 중심이 되는 경전이 있습니까?

**대답:** 아버지와 관련해서 가장 중요한 요가 경전은 항상 파탄잘리 **요가수트라**

10) 역자 주. '애착, 사랑, 헌신, 숭배, 순결'을 뜻하는 산스크리트어로서 인격신을 향한 사랑과 헌신을 의미한다.

(Patañjali Yoga Sūtra)이였습니다. 분명 다른 경전들도 유용하지만 그의 마음에는 **요가수트라**의 적절성에 관해서 한 점의 의혹도 없었습니다. 그에게 중요했던 또 다른 경전은 나타무니의 **요가 라하샤**였습니다. 그 경전은 실천적 절차를 암시하고 있습니다. 그 책은 요가를 각 개인에 어떻게 맞출 수 있을지의 문제에 상당한 관심을 보이는 책입니다. 예를 들어, 요가 자세에서 호흡하는 방법에 관한 상세한 정보를 상당량 담고 있습니다. **요가 라하샤**는 **요가수트라**가 제공하지 않는 풍부한 정보를 담고 있지요. 게다가 나타무니 경전은 박티, 신에 대한 헌신을 무척 강조하고 있습니다. **바가바드 기타**(Bhagavad Gītā) 또한 위대한 요가 경전입니다. 최고의 힘으로 가는 길은 삶에서 우리의 의무를 수행하는 걸 무시하거나 거부하는 것을 의미하지 않는다는 것을 그 경전은 강조합니다. 이것이 **바가바드 기타**가 갖는 독특성입니다. **바가바드 기타**는 우리가 추구하는 것이 삶으로부터 도피하는 일이 되어서는 안 된다고 말합니다. 베다를 중시하는 사람들에게 **바가바드 기타**는 중요한 경전입니다. 그 경전은 우파니샤드(Upaniṣad)로부터 나온 수많은 내용을 이해하기 쉽게 언급하고 있으며, 놀랍게도 호흡 기법과 영양 같은 것들에 관한 중요한 힌트를 담고 있습니다. 세부사항에 있어서 **바가바드 기타**는 **요가수트라**보다 더 선명하고 정확합니다. **하타요가 프라디피카**(Haṭha Yoga Pradīpikā)[11] 같은 경전에는 훌륭한 정보가 상당수 있지만 핵심적인 경전은 여전히 파탄잘리 **요가수트라**입니다. **요가수트라**를 이해하는 것은 일생에 걸친 작업입니다. 매번 읽을 때마다 더 많은 것을, 무언가 다른 것을 볼 수 있습니다. 나는 아버지와 함께 그 경전을 8번 공부했으며, 내 생각에 아버지는 그 경전을 일생에 걸쳐 지속적으로 공부했습니다. 나와 함께 **요가수트라**를 공부할 때마다 아버지는 거기에 관해서 무언가 새로운 내용을 말씀해 주셨습니다. 1984~1986년에 저술된 이 경전에 관한 아버지의 마지막 주석

---

11) 역자 주. 15세기 스와미 스바트마라마가 산스크리트어로 저술한 하타요가에 관한 대표적인 경전이다.

서는 이전에는 결코 표현하지 않으셨던 생각을 담고 있습니다. 1961년에 나는 아버지와 함께 **나비차크라**(nābhicakra)[12]에 관련된 경구를 공부했는데,[13] 그의 후기 주석에는 똑같은 경구에 얼마나 많은 정보를 추가했던지 놀랍기만 합니다! **요가수트라**는 신체건 호흡이건 마음이건 모든 수준에서 영감을 불어넣는 경전입니다.

더 많은 세부사항을 다루면서 박티 주제를 강조한 나타무니의 **요가 라하샤**와는 달리 **요가수트라**는 아버지에게 정수를 담은 경전이었습니다.

**질문:** 크리슈나마차리아는 결혼해서 여섯 자녀를 두었습니다. 그의 가족 생활에 대해 간단히 말씀해 주시겠어요?

**대답:** 아버지는 관심을 많이 기울이는 분이셨습니다. 우리 모두가 요가를 하길 원하셨으며, 자신이 알고 계신 모든 걸 우리가 알길 원하셨습니다. 그와 동시에 그는 우리의 욕구를 돌볼 시간을 내셨습니다. 내가 여섯 살이었을 때 우리를 극장에 데려가셨던 기억이 납니다. 그러나 아이들은 어쨌든 엄마와 훨씬 가깝지요. 원하는 것이 있을 때 우리가 통상 찾는 분은 어머니셨습니다.

**질문:** 요가는 가족에게 어떤 역할을 했나요?

**대답:** 좋든 싫든 우리는 모두 요가를 했습니다. 어머니와 세 여동생을 포함해서 모두가 아사나를 했습니다. 어머니가 어린 여동생을 임신하셨을 때 자세와 호흡, 명상을 하셨던 모습이 기억납니다. 고백하면 나는 관심이 가장 적은 사람이었지요. 그러나 주변에 아버지가 계시면 아사나를 수련하는 척했습니다. 남동생은 전문가였고요.

**질문:** 그 시대의 유행과는 달리 당신 아버지는 여성을 위한 요가를 홍보하기

---

12) 역자 주. 나비란 '배꼽'을 의미하므로 나비차크라는 배꼽에 위치한 차크라를 말한다.
13) 요가수트라 3.29.

위해 많은 일을 하셨으며, 당신 어머니는 요가수련을 규칙적으로 실천했던 것으로 압니다.

**대답:** 그렇습니다. 어머니가 어떻게 그렇게 많이 배우셨는지 나는 모르겠습니다. 어머니는 집 안에서 가르치시는 아버지로부터 습득했음에 틀림없습니다. 나는 아버지가 실제로 어머니를 가르치시는 걸 본 적이 없지만, 어머니는 우리가 실시하는 모든 수련을 수정해 줄 수 있었습니다. 어머니는 학교교육을 많이 받지 못하셨지만 모든 경전을 외우셨습니다. 이모도 요가에 능통했지요. 이모는 아버지가 강연 여행을 떠나실 때면 아버지를 동반하곤 했습니다. 내 여동생은 수업에서 아버지를 도왔고, 막내 여동생은 현재 요가를 가르치고 있습니다. 여성 지도자들 중 일부는 아버지의 예전 제자인데 여기에는 제 아내도 포함됩니다. 잘 알려진 미국 요가지도자 인드라 데비는 1937년에 아버지와 함께 요가를 공부했습니다.

크리슈나마차리아와 그의 가족

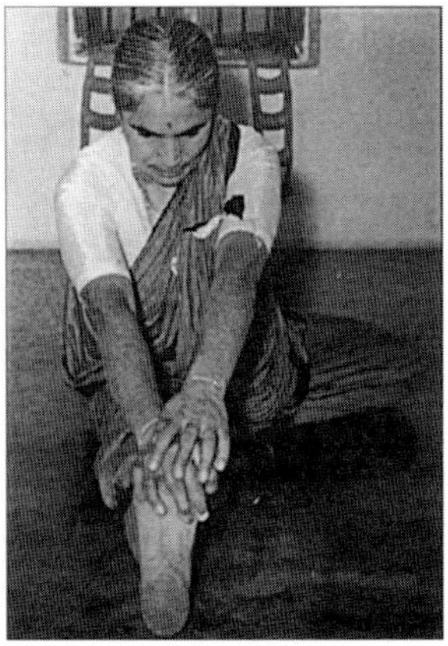

마하무드라(mahāmudrā)를 보여 주는 크리슈나마차리아의 아내 나마기리암마(Namagiriamma)

**질문:** 당신 아버지께서 산야신(sannyāsin)[14]의 삶보다는 가족을 꾸리는 삶을 선택했다는 건 흥미롭습니다. 산야신에 대한 그의 태도는 어떤가요?

**대답:** 산야신이 된다는 것은 당신 스스로를 전적으로 더 높은 힘, 즉 신께 바친다는 걸 의미합니다. 내 생각에 아버지는 그걸 보여 주셨던 위대한 예였

대중 강연에서 바라드바자사나를 여동생, 남동생과 함께 시연하는 소년 데시카차르

14) 역자 주. 세속적인 삶을 포기하고 금욕적인 삶을 꾸려 가는 수행자를 말한다.

1983년, 그들의 성스러운 실 의식(brahmopadeśam) 행사에 손자 부샨(Bhushan)과 카우스텁(Kausthub) 그리고 이들의 어머니 메나카(Menaka) 여사와 함께 참여한 크리슈나마차리아

습니다. 그 자신이 일하는 게 아니라고 느꼈다는 점에는 조금의 의심도 없습니다. 그는 스스로를 힘없는 존재로 보았으며, 그를 통해 일하는 건 언제나 자신의 스승이나 신의 힘이었습니다. 아버지는 자신이 말하고 행하는 것은 모두 스승과 신으로부터 온 것이라고 항상 주장하셨습니다. 아버지는 결코 무언가를 발견했다고 주장하신 적이 없지만, 항상 "그 무엇도 내 것이 아니다. 그 모든 것은 스승이나 신으로부터 온 것이다."라고 말씀하셨습니다. 내게는 그것이 산야신입니다. 산야신이면서도 무언가를 스스로 발견했다고 말할 수는 없습니다. 산야신이 된다는 것은 당신이 행하는 모든 것을 스승이나 신의 발 아래 놓는다는 뜻입니다. 아버지가 그런 예였지요. 아버지를 만났던 사람들은 그가 스승의 신발을 지니고 다니면서 신발을 머리 위에 놓는 것을 종종 보았는데, 이것은 자신은 매우 작다고, 스승의 발보다 작게 느낀다고 말하는 한 가지 방법이었습니다. 나는 아버지가 탁월한 산야신이었다고 생각하지만 그럼에도 불구하고 그는 또한 가장이셨습니다. 가족과 함께 사는 것과 진정한 산야신 정신 속에서 사는 것 사이에서 그는 전혀 모순을 느끼지 않았습니다.

오렌지색 복장을 입고서 한 장소에 결코 오랫동안 머물지 않고 떠돌아다니며 음식을 구걸하는 의미의 산야사(sannyāsa)는, 아버지의 견해로는 우리 시대에 더 이상 맞지 않습니다. 위대한 학자인 마누(Manu)는 칼리유가(kaliyuga)[15] 시대에 산야사는 불가능하다고 말하곤 했습니다. 아버지의 스승은 아버지에게 가족을 꾸려야만 한다고 말씀하셨으며, 나타무니는 가족의 삶을 살아가는 것이 가장 중요한 부분이라고 말씀하셨습니

15) 역자 주. 세상이 순환하는 4단계 중 마지막 단계를 의미한다. 나머지 3단계는 크르타 유가, 트레타 유가, 드바파라 유가이다.

다. 그 말은 아이를 낳는다는 뜻만이 아니라 다른 사람들처럼 살아가고 책임을 져야 한다는 뜻입니다. 우파니샤드조차도 정식 용어가 가진 의미에서의 산야사를 고집하지 않습니다. **바가바드 기타**는 산야사에 큰 가치를 부여하지 않습니다. **기타**에서 아르주나(Arjuna)[16]는 삶 속으로 뛰어들고 자신이 맡은 임무를 회피하지 말아야 한다는 것을 알게 되었습니다. **산야사**의 길을 선택하기 위해 세상에서 해야 할 모든 과업을 수행한 사람들에게는 그것이 적절할지 모르지만 이런 사람은 많지 않습니다. 전통적인 의미에서의 산야사는 현시대에는 이제 불가능합니다.

**질문:** 당신은 25년 이상을 아버지와 함께 공부했습니다. 어떤 연유로 아버지의 제자가 되셨나요?

**대답:** 우선, 내가 아버지와 함께 25년 동안 공부했다고 말하는 것은 정확하지 않습니다. 그렇게 말하면 마치 내가 온종일 공부하는 대학에 다니는 학생 같다는 인상을 줍니다. 그렇지 않아요. 나는 아버지와 함께 다 자란 성인으로서의 삶을 25년 동안 살았는데 그 기간 동안 나는 아버지와 함께 공부도 했습니다. 아버지와 더불어 이런 식으로 공부한다는 것은 외국에 가서 그곳 사람들의 언어, 관습, 습관에 서서히 익숙해지는 것과 같습니다. 나는 그런 식으로 아버지로부터 배웠습니다. 아버지는 내게 우파니샤드 같이 중요한 경전을 이해하는 방법을 가르쳐 주셨습니다. 나는 이 경전을 암송하는 방법과 해석하는 방법을 배웠습니다. 내가 배워야 할 것을 말해 주셨고, 내가 가르쳐야 할 것을 정해 주셨습니다. 예를 들어, 내가 유럽 요가

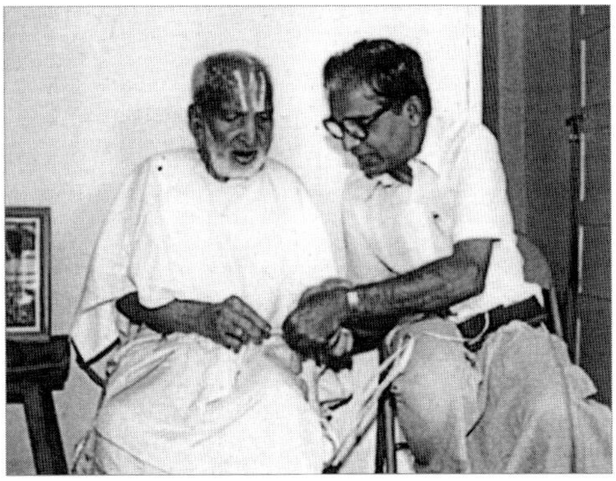

데시카차르와 함께 있는 100세의 크리슈나마차리아

16) 역자 주. 고대 인도 대서사시 마하바라타의 주인공으로서 바가바드 기타에서 크리슈나 신과 함께 중심적인 역할을 한다. 판다바 형제들의 삼남으로서 용감한 전사의 전형으로 알려져 있다.

대중 강연에서 파드마 마유라사나(padma mayūrāsana) 시범을 보이는 젊은 데시카차르

연합(European Union of Yoga)의 초청을 수락할지 여부에 의문이 생겼을 때, 그는 "스위스 요가 콘퍼런스로 가거라!"라고 하셨고 그래서 나는 그곳으로 갔지요. 거기에 가서 크리슈나무르티를 가르치라고 내게 말씀하셔서 나는 그렇게 했으며, 아버지는 내가 어떻게 해야 할지 알려 주셨습니다.

그와 함께 살고, 그와 함께 있고, 그를 보고, 그와 함께 먹는 등의 생활은 내 삶에서 가장 중요한 면이었습니다. 나는 아버지와 함께 공부도 했는데, 이로써 나는 지금 **요가수트라**에 나오는 이런저런 내용을 당신에게 설명할 수 있게 된 겁니다. 그렇지만 내 설명은 아버지께서 하셨던 말씀 이상으로 그와 함께 살았던 내 경험, 그와 공유한 내 삶을 담고 있습니다. 그 모두가 내게는 위대한 선물이었습니다. 치료, 가르침, 가족의 삶 등 모든 것이 우리 집에서 일어났습니다. 그것이 아버지와 함께한 내 '공부'의 핵심입니다.

**질문:** 크리슈나마차리아의 지도는 어땠습니까? 그가 당신을 어떻게 가르쳤으며, 당신은 무엇을 배웠습니까?

**대답:** 나는 아사나를 배웠지만 그 작업을 위해서는 오로지 약 6개월만 필요했습니다. 나는 25세였고 매우 유연했습니다. 강연하실 때 그는 종종 나를 데려갔고, 아사나의 특정 세부사항들을 설명할 때 나는 청중에게 아사나 시범을 보여야 했습니다. 그는 내가 아사나를 어떻게 실시해야 하는지 말씀하셨고, 나는 말씀대로 따랐습니다.

내게는 아사나가 어렵지 않았으며, 내가 실시하는 아사나 수련은 그의 교육에서 중요한 부분이 아니었습니다. 경전을 공부하고, 맥박 재는 법을 배우고, 환자들과 작업하고, 요가를 가르치기 위한 중요 원리들을 배우는 데 훨씬 더 많은 시간이 걸렸습니다. 나는 우선 가르쳐야만 했으며 그런 다음 질문을 했습니다. 예를 들어, 임산부에게 요가를 가르치는 방법을 몰라서 아버지께 여쭈었으며 그는 내게 조언을 해 주셨습니다. 그는 내 제자들을 면밀히 관찰했고 그들과 함께하는 나의 작업도 면밀하게 관찰했습니다. 그가 돌아가신 1989년까지도 나는 조언을 구하는 일을 망설이지 않았으며, 그는 항상 내게 답을 주셨습니다.

라마야나(Ramāyāna)[17] 시 구절을 공유하는 모습

내가 처음 아버지와 함께 공부를 시작했을 때, 그는 때때로 "그때 네가 가르쳤던 것은 틀렸다."라고 말씀하셨습니다. 그는 수련생들 앞에서 이런 말씀을 하셨는데 나는 조금도 수치스럽지 않았습니다. 그와는 반대로 그렇게 해서 오류를 피할 수 있었다는 것이 행복했습니다. 이런 식의 수련 때문에 학생들이 중단하는 일은 없었습니다. 오히려 스승으로부터 조언을 들을 수 있는 훌륭한 행운으로 간주했습니다. 학생들의 웰빙이 항상 우리 가르침의 핵심이었으며, 내 자신이 충분히 알지 못했기 때문에 아버지께 조언을 구해야만 할 것 같다고 말하는 데에 아무런 문제가 없었습니다. 아버지는 항상 아주 친절하셨으며 해야 할 바를 말씀해 주셨습니다. 이런 방식의 가르침은 선생으로부터는 친절이, 학생에게는 상당한 겸양이나 겸손함이 요구됩니다. 그와 함께 살고, 그가 작업하는 것을 관찰하면서 경험할 수 있고, 병나셨을 때 아버지 스스로를 치료하고, 음식을 준비하고 다른 의식들을 수행하는 이 모든 것이 내가 아버지로부터 받을 수 있었던 진정한 요가교육이었다고 말할 수 있습니다.

물론 경전을 공부하기도 했는데 여기에는 아사나 테크닉보다 훨씬 더

17) 역자 주. 마하바라타와 더불어 고대 인도의 대서사시이다. 코살라 왕국의 전설적인 왕인 라마의 일생을 담고 있다.

시간이 걸렸습니다. 왜냐하면 일단 이것을 이해하면 거기에 대해서는 더 이상 할 말이 없기 때문이지요. 경전은 당신의 수련에 내용을 부여하고 당신이 하고 있는 것을 이해할 수 있게 합니다. 어떤 경전을 공부하는 일은 필수였는데 여기에서도 선생과 제자 간의 관계는 분명했습니다. 우선 그가 선택한 경전을 암기해야만 했지요. 경전을 특별한 방식으로 암송했습니다. 거기에는 특정한 규칙이 있었으며, 그것을 배우면서 듣고 반복하는 일종의 게임이었습니다. 그것을 암기해야만 설명해 주셨는데, 각 제자에게 적절하다고 생각되는 방식으로 설명해 주셨습니다. 이런 교육은 스승과 함께 살 경우에만 가능합니다. 이런 방식이야말로 옛날에는 스승이 실제로 오래된 경전을 전수하는 유일한 방법이었습니다.

**질문:** 요즘에는 스승과 그렇게 가까이 사는 일은 쉽지 않습니다. 우리는 무엇을 할 수 있을까요?

**대답:** 아버지가 자신의 길을 가기 위해 겪으셨던 분투와 요가를 배우는 데 있어서 내가 겪었던 안락함 간에는 엄청난 차이가 있다는 사실을 나는 압니다. 그는 집을 떠나 주변 사람들 그리고 주변 문화와는 동떨어진 북쪽 티베트로 가셨고 그곳에서 8년을 거주하셨습니다. 내 경우에는 배움을 위해 몇 발자국조차 뗄 필요가 없었습니다. 우리는 같은 집에서 살았으니까요. 처음에 나는 일과 공부로 시간을 구분했는데, 이렇게 하면서 빠뜨린 것이 있을지 모르지만 아버지는 이런 방식을 원하셨습니다.

요즘 시대에는 반드시 스승과 함께 살 필요는 없다고 생각합니다. 오히려 우리만의 환경 속에서 일해야만 하며, 그런 다음 때때로 스승을 참고삼아 만나야 합니다. 기준점을 갖는 건 절대로 필요합니다. 우리에게는 앞에서 거울을 들고 비춰 주는 누군가가 필요합니다. 그렇지 않으면 우리는 잽싸게 우리 자신이 완전하며 모조리 알고 있다고 상상하기 시작합니다. 이런 개인적 연결을 책이나 비디오로 대체할 수는 없습니다. 신뢰에 기반을 둔 관계, 진정한 관계가 있어야만 합니다.

**질문:** 스승과의 관계에 대해 말씀해 주시겠어요?

**대답:** 아버지는 나의 스승이셨고 매우 다정한 사람이었지요. 우리 둘 사이에는 50년이라는 연령차가 있었으므로 차이 또한 엄청납니다. 아버지의 교육과 배경은 나와는 상당히 달랐지만, 나와 작업하실 때 아버지께서는 항상 내 수준으로 내려오셨다는 사실이 기억에 뚜렷이 남아 있습니다. 나는 서구 교육을 받은 사람이고, 그는 전통적인 스승이었지요. 그는 내가 다르다는 걸 알았기 때문에 가르침을 내게 맞춰 주셨습니다. 우리가 다른 사람들에게 선생으로서 무엇을 할 수 있는지에 대해 나는 아버지의 예를 하나의 훌륭한 모범으로 삼고 있습니다.

부자 관계는 사제 관계와 다름에도 불구하고 내가 아들이라는 사실이 결코 그 관계를 방해하지 않았습니다. 우리는 다른 가족원 및 그 밖의 사람들과 같은 집에서 살았습니다. 나는 더디게 배웠고 종종 어리석은 짓을 했지만 그럼에도 불구하고 그는 결코 내가 부족하다는 표시를 내지 않았습니다. 그는 "네게는 내가 가진 배경이 없구나."라는 말로 나를 격려하셨고 그는 인내심 있게 나를 위해 꾸준히 애쓰셨습니다.

**질문:** 거기에도 부자(父子) 관계가 있었나요?

**대답:** 스승인 경우 그는 스승으로서 행동했습니다. 내가 제시간에 오길 기대하셨지요. 앉으라고 말씀하시면 나는 앉곤 했는데 그것이 인도 전통이었습니다. 아버지는 사제 관계와 부자 관계를 구분하는 능력을 갖추셨지요. 나는 부자지간에 함께하는 일들을 자연스럽게 하면서 상당 시간을 아들로서 보냈습니다.

아버지와 아들

**질문:** 요즘에는 비이원론의 이해에 관심이 높습니다. 어떤 스승들은 그것만이 필요하다고 말합니다. 당신의 아버지가 가르친 방식과 아드바이타 베단타(Advaita Vedānta)[18)]에는 어떤 차이가 있나요?

**대답:** 아버지가 아드바이타에 대해 말씀하신 내용을 인용하면 "advaita는 a와 dvaita의 두 부분으로 되어 있다." 따라서 advaita를 깨달으려면 우선 dvaita를 깨달아야 합니다. 바꾸어 말해, 비이원론을 깨달으려면 우선 이원론을 깨달아야만 합니다. 우리는 우리가 처한 상황이라는 현실에서 출발해야 합니다. 우리 대부분은 이원론 안에서 살고 있습니다. 하나가 되기 전에, 비이원을 알기 전에 이원성을 수용하고 거기에서 출발해야만 합니다. 생각해 보세요. 하나만 존재한다면 '아드바이타'라는 말이나 개념은 존재하지 않았을 겁니다. '아드바이타'라는 개념 자체가 두 개를 함의하고 있지요. 요가는 둘을 연결시키고 이런 연결을 통해서 둘이 하나가 되는데, 그것이 아드바이타입니다. 따라서 요가는 아드바이타를 향한 단계입니다. 둘을 인식해야만 둘을 하나로 엮을 수 있는데, 그렇지 않으면 '아드바이타'라는 개념조차 하나의 대상이 되고 맙니다. 내가 비이원론자라고 말하는 순간 나는 **아드바이타**라는 말을 하나의 대상으로 만들어 버리면서 내 속에서 분열을 창조합니다. 요가는 이런 위대한 깨달음을 현실로 만드는 방법이자 접근입니다. 이 때문에 아드바이타 베단타의 위대한 스승께서 **요가수트라**에 주석을 달았으며, 이와 동시에 요가의 중요성을 설명하고 **나다**[nāda(소리)]와 **반다**[bandha(신체 잠그기)] 같은 것의 중요성을 강조했습니다. 그는 아드바이타로 불리는 목표를 달성하기 위한 중요 수단으로서 요가를 언급했지요.

**질문:** 오늘날 볼 수 있는 영적 조직의 다수는 자신이 추천하는 일부 길로서 특

---

18) 역자 주. 영적 깨달음으로 향하는 고전적인 인도식 여정의 하나로서 힌두철학의 한 학파를 지칭한다. 이 학파에서는 참자아인 아트만은 최고의 형이상학적 실체가 브라흐만과 동일하다고 가정한다. 그들은 아트만과 브라흐만은 동일하다는 지식을 통해 깨달음을 성취한다고 믿는다.

정 형태의 요가를 가르칩니다. 그렇지만 이 요가수련의 다수는 당신 아버지가 추천한 내용과는 완전히 다르거나 특정 측면만을 강조하는 듯 보입니다.

**대답:** 한 개인이 무엇을 인식하는지가 제일 중요합니다. 이런 위대한 조직들이 제공하는 내용을 통해 누군가가 더 행복해진다면 그 사람에게 멤버십은 올바른 것입니다. 내게는 그런 조직에 속함으로써 엄청난 혜택을 누리는 훌륭한 친구가 있습니다. 그들은 내 제자는 아니지만 아버지 방식으로 수련하는 요가를 배웠지요. 이런 조직에서 지내는 그들의 삶은 요가수련을 통해 훨씬 더 풍부해지고 밝아졌습니다.

**질문:** 매우 다양한 요가수련을 가르치고 있으며, 수많은 종류의 요가에 대해서도 말합니다. 왜 그런가요?

**대답:** 요가는 고정되어 있지 않기 때문입니다. 요가는 창조입니다. 당신이 가르치는 방식과 내가 가르치는 방식이 다를 거라는 것을, 내가 가르치는 방식이 아버지께서 가르치셨던 방식과 다르다는 것을 나는 알고 있습니다. 우리 모두는 요가에 대해서 그리고 요가가 우리에게 왜 중요한지에 대해서 경험이 서로 다르고, 배경이 다르며, 관점도 다릅니다. 따라서 요가교육은 동일한데 사람이 다르면 발견하는 것 또한 다르다는 사실은 전혀 놀랍지 않습니다. 우리 요가원에서도 서로 다른 각각의 지도자들은 자신들이 갖고 있는 고유의 관점과 우선 사항 그리고 요가에 대한 관심의 정도에 따라 가르치는 방식이 서로 다를 겁니다. 각자는 자신만의 관점에 따라 동일한 가르침도 다르게 받아들인다고 **요가수트라**는 말하고 있습니다. 이런 현상은 전혀 잘못된 것이 아닙니다. 그래서 그런 현상이 생긴 거지요.

**질문:** 그러나 크리슈나마차리아의 제자인 몇몇 스승은 모두 매우 다른 교육 방법을 보이는데, 이런 현상은 좀 남달라 보입니다.

**대답**: 여기에 대해서 다음의 두 가지로 질문할 수 있습니다. 얼마나 오랫동안 아버지와 관계를 맺었는가? 가르치라는 요구를 받을 때 얼마나 많은 것을 스스로 해 나가야만 했는가? 나와 아버지 관계는 아주 오래 지속되었습니다. 1960년부터 아버지 생애 거의 막바지까지 그의 삶의 여러 단계에서 서로 다른 사람들을 가르치는 것을 나는 관찰했습니다. 아버지는 사람들의 욕구, 연령, 건강 등에 따라 가르치는 방법을 달리하셨습니다. 이것은 내게 많은 교훈이 되었지요. 게다가 그 30년 동안 나는 그의 가르침이 가진 많은 측면과 접촉했습니다. 나는 매일매일 실질적인 문제에 부딪혔으므로 그의 가르침 상당 부분을 흡수할 수 있었고, 이와 동시에 항상 질문과 사례를 갖고 그에게 돌아갈 수 있었습니다. 내가 가르칠 때 아버지께서는 그런 식으로 나를 돕곤 했지요. 당신 사례를 예로 들어봅시다. 당신이 건강 문제를 안고 있다면 나는 아버지를 찾아가 쉽사리 도움을 청할 겁니다. 그러므로 현재 가르치고 있는 사람들[19]이 즐길 수 없었었던 엄청난 내용에 접할 수 있었습니다. 그들은 요구에 따라 달리 교육하는 방식을 발견했으며, 그것 또한 좋은 일입니다.

**질문**: 집단 상황에서도 요가를 가르칠 수 있나요? 아니면 항상 지도자와 일대일 관계로 요가를 가르쳐야 하나요?

**대답**: 집단수업 상황에서 많은 것을 가르칠 수 있습니다. 똑같은 관심이나 어려움을 공유하는 사람들을 위한 집단지지는 매우 도움이 될 수 있습니다. 여기 **만디람**(Mandiram)에서 혈관우회로술을 받은 환자들이나 집단을 가르치는 경우처럼 말입니다. 하지만 아버지가 말씀하신 대로 우리는 마술사가 아닐뿐더러 많은 사람을 한꺼번에 다루는 일은 쉽지 않습니다. 어떤 변화를 가져오는 것이 요가의 목적이며, 이때 지도자가 기준이 됩니다. 당신은 항상 지도자가 말하는 내용을 기억합니다. 책에서 읽

19) 역자 주. 크리슈나마차리아의 다른 제자들을 말한다.

거나 지도자가 수업에서 말한 것이 아니라 지도자가 당신에게만 말한 내용을 기억하는 것이지요. 당신에게는 교사가 필요하고 친밀감이 필요합니다. 요가는 친밀한 것입니다. 한 사람이 백만 사람을 상대하는 곳에는 요가가 존재할 수 없습니다. 스승과 제자, 두 사람 사이에 요가가 있는 겁니다. 우파니샤드는 이런 내용을 아주 아름답게 언급하고 있습니다. 교육에서는 제일 먼저 선생이 필요하고, 두 번째는 학생이 필요합니다. 배움은 두 사람 사이에서 일어나야 합니다. 학생에게 적합한 내용을 지속적으로 가르치는 일을 통해서 교육이 일어납니다.

**질문:** 때로는 요가가 한 가지 목표를 성취하기 위한 길고도 고된 과업으로 묘사됩니다. 어떻게 생각하시나요?

**대답:** 목표가 무엇이냐에 따라 다르겠지요. 사람들은 자주 단순한 이유 때문에 요가를 시작합니다. 그리고 그들은 더 자주 참여하는 단계별 수련으로 나아갑니다. 각 단계는 개인마다 현재 어디쯤 왔는지 그 현실에 맞춰져 있기 때문에 즐거움을 줄 수 있습니다. 아버지가 말씀하신 것처럼 단계별로 나아간다면 문제가 생기지 않을 겁니다. 각 단계를 즐겨 보세요. 한꺼번에 수많은 단계를 뛰어넘으려 애를 쓰는 건 문제를 일으킬 수 있습니다.

**질문:** 누구나 요가수련을 할 수 있나요?

**대답:** 원하는 사람은 누구나 요가수련을 할 수 있습니다. 누구나 호흡할 수 있듯이 누구나 요가를 할 수 있습니다. 그러나 모든 종류의 요가를 모조리 할 수 있는 사람은 아무도 없습니다. 요가는 그 사람에게 올바른 요가일 필요가 있습니다. 학생과 선생이 만나서 그 사람이 수용할 수 있고 그 사람에게 적절한 프로그램을 결정합니다.

**질문:** 세상에는 구루로 알려진 스승들이 수없이 존재합니다. 대다수는 인도인

이지만 그렇지 않은 사람도 있습니다. 현재 대중은 **구루**라는 말에 대해서 나름대로 이해하고 있습니다. 요가전통에서 보면 구루란 무엇인가요?

**대답:** 구루는 추종자를 거느리는 사람이 아니라 내게 길을 보여 줄 수 있는 사람입니다. 숲속에서 길을 잃었다고 가정해 봅시다. 그렇다면 나는 누군가에게 "이 길이 집으로 가는 길입니까?"라고 물어볼 겁니다. 그 사람은 "네, 이 길로 가세요."라고 말할 것이고, 나는 "감사합니다."라고 말하고 내 길을 갈 겁니다. 그것이 구루입니다.

오늘날 구루는 추종자를 거느리며 제자들은 마치 피리를 부는 사람인 양 그를 따른다는 이미지가 세상에 퍼져 있는데, 그런 것은 좋지 않습니다. 진정한 구루는 당신에게 길을 가르쳐 줍니다. 당신은 당신의 길을 가고 있으므로 스스로는 독립해 있는데, 왜냐하면 당신은 자신이 위치한 장소를 알고 있을 뿐 아니라 감사를 느끼기 때문입니다. 나는 항상 자연스럽게 나의 구루에게 감사를 표하고 그 관계를 즐길 수 있지만 주변에 머물면서 그를 따라다닐 필요는 없는데, 그럴 경우 나는 내 자신이 처한 장소에서 벗어나기 때문입니다. 구루의 목적지를 따라가면 또다시 당신 자신의 길을 잃어버리게 됩니다. **스바다르마**(svadharma)[20]라는 요가 개념은 '당신 자신의 의무' 또는 '당신 자신의 길'을 의미합니다. 다른 누군가의 의무를 이행하려고 애쓴다면 문제가 발생합니다. 구루는 당신 자신의 다르마를 발견하도록 도와줍니다.

**질문:** 당신 아버지는 구루였습니까?

**대답:** 그는 한 번도 그렇게 말씀하신 적이 없지만, 많은 사람은 그렇게 생각했습니다.

**질문:** 왜 그는 스스로를 구루라고 말하지 않았을까요?

---

20) 역자 주. sva란 '자기자신의', dharma란 '의무'를 의미하며, svadharma란 '자기 자신의 의무'라는 뜻이다.

**대답:** 까다로운 질문이군요. 그렇지만 그가 내 아버지이셨기 때문에 말할 수 있습니다. 구루는 "내가 구루다."라고 말하지 않습니다. 가르침이라는 생각을 거부한 구루에 관해서 언급한 우파니샤드의 위대한 이야기가 있습니다. 분명하고 현명한 사람의 성질 중 하나는 "나는 분명하고 현명하다." 고 말할 필요가 없다는 겁니다. 그렇게 말할 필요가 없는 거지요. 그 사람은 길을 알고 있고 길을 보여 줍니다. 꽤나 단순한 일입니다. 겸손은 명백한 사람의 성질에 속하며 그런 사람은 누군가에게 증명할 필요를 느끼지 못합니다. 아버지는 그런 사람이셨습니다.

크리슈나마차리아 요가 만디람에서 아사나를 실시하는 어린이들

어린아이들의 교사를 가르치고 있다. 이것은 만디람에서 중요한 활동이다.

**질문:** 1976년에 크리슈나마차리아 요가 만디람이 마드라스(현재 첸나이)에 세워졌습니다. 그곳에서는 어떤 일을 수행하나요?

**대답:** 우리는 기본적으로 세 가지 일을 수행합니다. 첫째, 우리는 도움을 찾는 누구에게나 열려 있습니다. 우리를 찾는 사람 중에는 문제를 안고 있거나 병을 앓고 있는 사람들이 있습니다. 여기는 아버지의 전통을 따릅니다. 스승으로서 살았던 그의 삶을 통해 그는 온갖 종류의 질환으로 고통받는 사람들로부터 거듭거듭 조언과 도움을 요청받았습니다. 이렇듯 환자들과의 작업에 집중하는 것이 만디람 활동의 큰 부분인 것은 우리가 의도했던 바는 아니지만, 현재 우리는 보건부로부터 그런 기관으로 인정받고 있습니다.

둘째, 요청이 있으면 누구나 지도해 줍니다. 요가에 대해 알고 싶은 사

데시카차르의 가르침

람은 누구나 여기로 와서 배울 수 있습니다. 지도라는 말은 아사나 지도만을 의미하지 않습니다. 만디람의 요가지도는 인도의 영적, 문화적 유산 전체에 대한 배움을 포함하고 있습니다. 베다 경전을 암송하는 수업이 있으며 우파니샤드, **요가수트라**, **요가 라하샤** 같은 중요한 고대 경전에 관한 수업도 있습니다.

셋째, 연구와 스터디 프로젝트입니다. 우리는 우연한 기회에 어떻게 요가의 다양한 측면을 더욱 면밀하게 연구할 수 있을까를 스스로에게 묻기 시작했습니다. 우리가 하는 작업을 어떤 방식으로든 다른 시스템들과 제대로 비교할 수 있게 하려고 이런 일을 합니다. 요통 치료와 정신적인 문제를 앓고 있는 사람들과의 작업에 관한 연구를 수행하는 것이 한 예입니다. 작업 중에 있는 또 다른 프로젝트로는 내 아버지의 가르침을 대중에게 제시하는 방법이 있습니다.

1966년,
크리슈나마차리아

아르다 다누라사나
(ardha dhanurāsana)를
실시하는 그의 아들 슈리바스얌
(Shribhasyam)과 함께 있는
크리슈나마차리아

트리코나사나(trikonāsana)를
실시하는 학생과 함께하는
크리슈나마차리아

# 제1부
# 요가수련

학생이 사르방가사나(sarvāngāsana)를 보여 주는 동안 강의를 하는 크리슈나마차리아

우티타 파르스바 코나사나 (utthita pārśva koṇāsana)를 보여 주는 46세의 크리슈나마차리아

비마사나(vimānāsana)를 보여 주는 젊은 데시카차르

스바스티카사나
(svastikāsana)를
보여 주는
크리슈나마차리아

바즈라사나(vajrāsana)
변형 자세를 보여 주는
크리슈나마차리아

사마스티티(samasthiti)를
취하는
크리슈나마차리아

# 01

# 요가: 개념과 의미

우선, **요가**라는 용어가 가진 수많은 의미를 이해하는 데 도움이 되는 몇 가지 생각을 나누고 싶다. 요가는 총괄적으로 **다르샤나**(darśana)[1]로 부르는 인도식 사유의 여섯 가지 근본 체계에 속한다. 나머지 다섯 가지 다르샤나는 **니야야**, **바이세시카**(vaiśeṣika), **상키아**, **미망사** 그리고 **베단타**(vedānta)이다.[2] **다르샤나**는 '보다'로 번역되는 산스크리트어 어근 dṛs에서 파생된 용어다. 그러므로 **다르샤나**는 '봄' '시야' '관점', 또는 '특정한 방식으로 봄'을 의미하기도 한다. 이런 의미들 이외에도 또 다른 의미가 있는데, 이를 이해하기 위해서는 우리 자신의 내면에서 볼 수 있는 거울 이미지를 떠올려야 한다. 사실 위대한 경전들은 모두 우리가 스스로를 더 잘 인식할 수 있는 기회를 주는 특유의 보는 방식(ways of seeing)을 소개하고 있다. 가르침에 익숙해질수록 우리는 내면을 더 깊이 들여다보게 된다. 여섯 가지 다르샤나 중 하나로서의 요가는 인도 문화에서 가장 오래된 기록인 베다에 그 기원을 두고 있다. 요가는 인도의 위대한 현자 파탄잘리(Patañjali)[3]에 의해서 **요가수트라**를 통해 특

1) 역자 주. 다르샤나는 힌두철학의 여섯 개 학파와 그 경전들을 말한다.

2) 산스크리트어의 발음에 대한 안내는 264~266쪽에 있다.

3) 역자 주. 수많은 산스크리트 저서의 저자로 알려져 있으며, 요가의 이론과 수행을 망라하는 요가수트라를 저술한 기원전 2세기 인물로 추정된다.

별한 다르샤나로 체계화되었다. 이 작업의 뒤를 잇는 그 밖의 중요한 요가 경전들이 있지만 파탄잘리 **요가수트라**는 분명 가장 중요한 경전이다.

**요가**라는 용어에 대해서 서로 다른 수많은 해석이 수 세기 동안 전해져 내려왔는데, 그중 하나는 '함께 모으다' '결합하다'라는 뜻이다. **요가**라는 단어의 또 다른 의미는 '마음의 가닥을 함께 묶는다'이다. 처음 볼 때는 이 두 가지 정의가 매우 달리 보이지만 실제로는 동일한 것을 말하고 있다. '함께 모으다'는 의미는 **요가**라는 용어를 물질적으로 해석한 것이지만, 마음의 가닥을 모은다는 의미에서, 그 한 예를 들면 실제 수련에 들어가기 전에 우리의 생각을 요가 세션 쪽으로 방향을 돌린다는 뜻이다. 정신의 가닥들이 한곳에 모여 의도를 형성하면 신체적 작업을 시작할 준비가 된 것이다.

한 걸음 더 나간 **요가**의 의미는 '이전에는 도달할 수 없었던 것에 도달한다'이다. 이런 생각의 출발점은 오늘은 할 수 없는 무언가가 존재한다는 것이며, 우리가 그런 욕망을 행동으로 옮길 수단을 발견한다면 그 단계가 요가가 된다. 사실 모든 변화는 요가다. 예를 들어, 몸을 앞으로 구부려서 발가락에 닿는 방법을 발견하거나, 경전의 도움으로 요가라는 단어의 의미를 배우거나, 토론을 통해 우리 자신이나 다른 사람들을 더 잘 이해하는 방법을 찾으면 이전에는 결코 닿을 수 없었던 지점에 도달한 셈이다. 이런 각각의 움직임과 변화가 바로 요가다.

요가의 또 다른 측면은 우리의 행위와 관련이 있다. 따라서 **요가**는 우리의 모든 주의가 현재 우리가 관여하고 있는 행위 쪽을 향하는 방식으로 행위함을 의미한다. 예컨대, 글을 쓰고 있는 동안 내 마음의 일부는 내가 말하고 싶은 것에 대해 생각하지만 다른 부분은 전혀 다른 무언가를 생각한다고 가정해 보자. 글쓰기에 더 많이 집중할수록 이 순간 나는 내 행위에 대해 더 많이 신경 쓰게 된다. 정반대의 일이 일어날 수도 있다. 엄청난 주의력으로 글을 쓰기 시작하지만 글을 계속 써 내려가면서 주의가 흔들리기 시작한다. 내일 해야 할 계획에 대해 생각할 수 있고 저녁으로 무슨 요리를 할까를 생각할 수도 있다. 겉보기에는 주의력을 갖고 행동하는 것처럼 보이겠지만 실제로는 눈앞에 놓인 과제에는 주의를 거의 기울이지 않는 것이다. 나는 기능하지만 현존하고 있지 않다. 요가는 모든 행위, 모든 순간에 항상 현존하는, 실제로 존재하는 상태를 만들려고 노력한다.

주의를 기울이면 각 과제를 더 잘 수행하는 동시에 우리가 하는 행위를 의식할 수 있는 이점이 있다. 이와 더불어 오류를 범할 가능성이 더 적어지면서 주의는 더 잘 발달하게 된다. 우리의 행위에 주의를 기울이면 우리는 습관에 갇힌 죄수에서 벗어난다. 어제 했다는 이유만으로 오늘도 할 필요는 없다. 그 대신 우리의 행위를 새롭게 고려할 가능성이 생기며, 따라서 무분별한 반복을 피할 수 있다.

**요가**의 고전적 정의의 다른 한 가지는 '신성과 하나가 되다'이다. 신, 알라, 이슈바라(Īśvara)[4] 또는 그 무엇이건 신성에 대해 어떻게 이름을 붙여도 상관없다. 우리보다 더 높고 큰 힘이 존재한다는 이해로 우리를 더 가깝게 인도하는 그 모두가 요가다. 그 높은 힘과 조화를 이룬다고 느낄 때 그 또한 요가가 된다.

따라서 우리는 **요가**라는 단어의 의미를 이해하는 방식이 수없이 많다는 사실을 알게 되었다. 요가의 뿌리는 인도식 사유에 있지만 그 내용은 보편적이다. 왜냐하면 삶에서 원하는 변화를 만들 수 있는 수단에 관한 것이기 때문이다. 요가를 실제로 수련하는 일은 각 개인을 각기 다른 방향으로 데려간다. 요가의 길을 따르기 위해서 신에 대한 특정한 생각에 동의할 필요는 없다. 요가수련을 위해 우리에게 유일하게 필요한 것은 행위를 하면서 우리의 행위에 주의를 기울이는 것이다. 우리 각자에게는 스스로 선택한 방향에 세심한 주의를 기울일 것이 요구되는데, 그럼으로써 우리가 어디로 가고 있는지, 어떻게 거기에 도달할 수 있는지 알게 된다. 이런 주의 깊은 관찰로 말미암아 무언가 새로운 것을 발견할 수 있다. 이런 발견이 신에 대한 더 나은 이해로 이끌지, 더 큰 만족감으로 이끌지, 또는 새로운 목표로 이끌지는 완전히 개인적인 문제다. 요가의 신체훈련인 **아사나**를 논할 때 **요가**라는 용어의 의미가 함의하고 있는 다양한 생각을 우리 수

4) 역자 주. 힌두이즘 학파마다 그 의미가 조금씩 달라지지만 보통은 신, 최상의 존재, 인격신, 참자아를 의미한다.

련에 어떻게 포함시킬 수 있을지를 살펴볼 것이다.

요가수련을 어디에서, 어떻게 시작할 것인가? 언제나 신체 수준에서 시작해야만 할까? 우리가 어디서 시작할지는 개인적 관심사에 달려 있다고 말하고 싶다. 요가를 수련하는 방볍은 수없이 존재하며, 한 가지 길에 대한 관심은 점차 다른 길로 안내할 것이다. 따라서 **요가수트라**를 공부하거나 명상으로 시작할 수도 있다. 아사나를 수련하면서 신체 경험을 통해 요가를 이해할 수도 있다. 또한 우리의 내적 존재의 움직임으로 호흡을 느끼면서 프라나야마[5]로 시작할 수도 있다. 어디서, 어떻게 수련을 시작할지에 관해서 정해진 규칙이란 없다.

책이나 요가 수업은 종종 요가를 공부하기 위한 필수요건들이 있다는 인상을 준다. 담배를 피우지 말아야 한다거나, 채식주의자가 되어야 한다거나, 우리가 가진 모든 세속적인 물건을 포기해야 한다는 말을 들을 수 있다. 우리 내면에서 저절로 일어나면서 요가의 결과로 그럴 수 있다면 그런 행동방식들을 칭송하는 것은 좋지만 외부에서 강제된 것이라면 바람직하지 않다. 예를 들어, 일단 요가수련을 시작하면 많은 흡연자는 습관을 포기한다. 수련의 결과로 담배를 더 이상 피고 싶지 않은 것이다. 요가를 수련하기 위해서 흡연을 포기하는 게 아니다. 우리가 처한 곳에서 우리만의 방식으로 시작할 수 있으며, 어떤 일이건 일어날 수 있다.

아사나건, 프라나야마건, 명상이건, **요가수트라** 공부건 간에 요가 공부를 시작하면 배우는 방식은 똑같다. 더 진전할수록 우리 존재의 전일적 성질을 더 잘 의식하게 되면서 우리는 몸, 호흡, 마음, 그 이상으로 되어 있음을 깨닫는다. 아사나를 출발 삼아 요가 공부를 시작한 대다수 사람은 신체훈련만이 유일한 의미가 되어 거기에 집중해서 아사나를 계속 더 많이 배운다. 우리는 이런 사람을 한쪽 팔만 강화하고 다른 팔은 약하게 두는 사람에 비유할 수 있다. 이와 마찬가지로 요가에 대한 생각을 지성적으로 접근하는 사람들이 있다. 그들은 훌륭한 책을

5) 역자 주. '프라나의 확장' 또는 '호흡 조절'로 번역되는 산스크리트어로 보통 특정한 결과를 낳기 위해 의도적으로 호흡을 변화시키는 일련의 기법들을 말한다.

저술하고 **프라크리티**(prakṛti)[6]와 **아트만**(ātman)[7] 같은 복잡한 개념에 대해 눈부실 정도로 말할 수 있지만, 저술하거나 말할 때 단 몇 분 동안이라도 똑바로 앉아 있을 수가 없다. 따라서 이 점을 잊지 말자. 어떤 출발점에서도 요가를 시작할 수 있지만 완전한 인간이 되기 위해서는 우리가 가진 모든 측면을 포함시켜야만 하고 그것들을 단계별로 실시해야만 한다. 파탄잘리 **요가수트라**에서는 인간 삶의 모든 측면을 강조하는데, 여기에는 타인과의 관계, 행동, 건강, 호흡 그리고 우리의 명상적 길이 포함된다.

6) 역자 주. 상키아 학파의 핵심 개념으로서 사트바, 라자스, 타마스라는 세 가지 성질을 지닌 원초적 물질을 말한다.

7) 역자 주. '내적 자아' 또는 '영혼'을 의미하는 산스크리트어로서 베단타 학파에서는 이것을 제일 원리인 참자아로 간주한다.

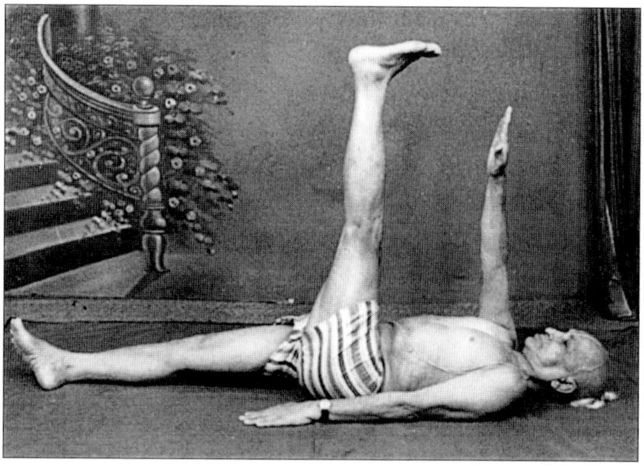

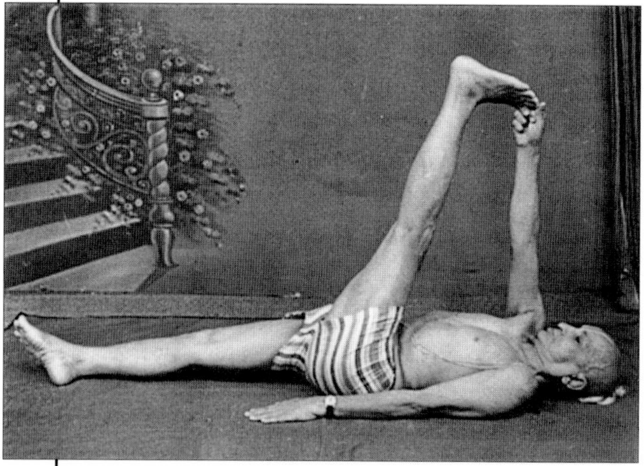

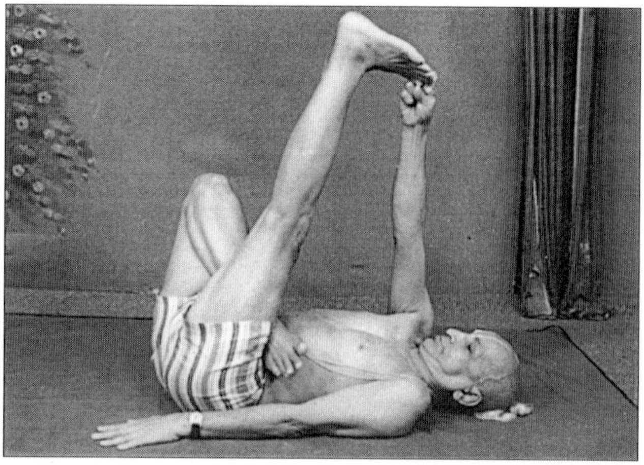

에카 파다 우르드바
프라스르타 파다사나
(eka pāda ūrdhva prasṛta
pādāsana) 변형 자세를
보여 주는
크리슈나마차리아

# 02 요가수련의 기초

요가를 설명하기 위해서 나는 그 어떤 요가 경전보다도 나 자신이 선호하면서도 요가수련의 길잡이가 되는 파탄잘리 **요가수트라**에서 표현된 생각들을 참고한다. 어떤 면에서 **요가수트라**는 그 어떤 경전보다 보편적이다. 왜냐하면 그것은 마음에 대해서, 즉 그 성질이 무엇이고 우리가 어떻게 마음에 영향을 줄 수 있는지에 초점을 맞추고 있기 때문이다. **요가수트라**에서 정의 내린 바와 같이 요가는 산만함이나 중간에 끊어짐 없이 마음의 방향을 잡을 수 있는 능력이다. 그런 과정은 집중되고 생산적인 삶을 살아가기 위해 모든 사람에게 이로움을 준다는 사실은 누구도 부정할 수 없을 것이다. 다른 요가 경전들도 신, 의식 그리고 기타 개념들에 대해서 말하고 있는데, 이런 개념들은 여러 철학과 종교들이 반드시 수용하거나 그것들과 일치하지 않을 수 있다. 요가를 모든 인간이 접근할 수 있는 길로 이해하는 내 입장에서 보면, 논의는 완벽히 자연스럽게 **요가수트라**에 근거하고 있을 텐데, 정확한 이유는 마음의 성질에 관한 질문은 보편적인 성질을 띤 질문이기 때문이다. 신이나 최상의 존재에 대해서 말하는 것은 그런 개념을 수용하건 거부하건 상관없이 사람들을 종종 불안하게 만든다. 파탄잘리 **요가수트라**는 예외적으로 개방적인 태도를 보이는데 이런 태도가 이 경전을 그토록 심오하게 만든다. 그렇다고 신개념을 부정하지도 그 누구에게도 강요하지 않는다. **요가수트라**가 그 어떤 경전보다도 요가를 더 알기 쉽게 만드는 것은 바로 이런 이유 때문이라고 나는 생각한다.

## 지각과 행위

파탄잘리 **요가수트라**에 나오는 중요한 개념은 우리가 사물을 지각하는 방식과 관련이 있는데, 그것은 우리가 살아가면서 왜 항상 어려움에 빠지는지를 설명해준다. 어떻게 그런 문제를 만들고 있는지를 안다면 그런 문제들로부터 우리를 해방시킬 방법도 배울 수 있을 것이다.

우리의 지각은 어떻게 작동하는 걸까? 우리는 종종 상황을 '정확하게' 보고 있으며 그런 지각에 따라 행동했다고 결론짓는다. 그러나 사실 우리는 스스로를 속이고 있으며, 따라서 우리가 저지른 행위는 우리 자신이나 타인에게 불행을 안겨 줄 수 있다. 실제 상황은 명확한데도 불구하고 그 상황에 대한 우리의 이해에 의심을 품으면서 우리가 취할 수 있는 행동이 이로움에도 불구하고 아무런 행동도 취하지 않는 것 또한 곤란한 상황이다.

**요가수트라**는 경험 스펙트럼의 두 극단을 설명하기 위해 **아비디아**(avidyā, 무지)라는 용어를 사용한다. 아비디아는 말 그대로 '부정확한 이해'를 의미하며, 그릇된 지각이나 오해를 말한다. 아비디아는 거친 것과 정묘한 것을 혼동한다. 아비디아의 반대말은 **비디아**(vidyā), 즉 '정확한 이해'다.[1]

그렇다면 우리 속 깊이 뿌리내리고 있는 이 무지는 무엇인가? 무지란 수없이 많은 무의식적 행위, 수년간 기계적으로 행해 온 행동과 지각 방식들이 축적된 결과로 이해할 수 있다. 이런 무의식적 반응의 결과로 마음은 습관에 점점 더 의존함으로써 어제의 행위를 오늘의 규범으로 삼는다. 행위와 지각에서 나타나는 그런 습관화를 **삼스카라**(saṃskāra, 잠재인상)라고 부른다. 이런 습관이 마음을 아

---

1) 요가수트라 2.3-5.

비디아로 덮어 버리는데, 이는 마치 얇은 막으로 의식의 투명성을 희미하게 만드는 것과 같다.

확신이 없다면 주어진 상황을 분명하게 이해하지 못할 뿐만 아니라 보통은 결단력 있게 행동하지 못한다. 하지만 이해가 분명하면 우리는 행동할 것이고 그 행동은 잘될 것이다. 반면에, 아비디아의 특징은 피상적인 지각이다. 올바로 보았다고 생각해서 특정한 행위를 했는데 나중에 가서야 잘못을 범했고 내 행위가 이롭지 않았음을 인정해야만 할 경우가 있다. 따라서 우리에게는 두 가지 수준의 지각이 있다고 할 수 있다. 한 가지는 우리 안에 깊숙이 자리 잡고 있으면서 무지의 막으로부터 자유로운 반면, 다른 한 가지는 피상적이면서도 아비디아로 인해 희미해져 있다. 색깔을 정확히 보려면 우리 눈이 투명하고 깨끗하면서 색깔로 얼룩져서는 안 되듯이 우리의 지각은 수정처럼 깨끗한 거울처럼 되어야 한다. 요가의 목표는 정확하게 행동하기 위해 아비디아의 막을 점차 줄이는 데 있다.

## 아비디아의 종류

우리의 지각이 잘못되었거나 희미해졌다는 느낌을 즉각적으로 또 직접적으로 느끼는 경우는 드물다. 아비디아는 거의 아비디아 자체로 표현되지 않는다. 사실상 아비디아 특징 중 하나는 숨어 있다는 것이다. 여러 종류의 아비디아가 가진 특징을 밝혀내기는 훨씬 쉽다. 이것들이 우리 안에서 살아 움직인다고 인지하면 아비디아의 존재를 인식하는 게 가능하다.

첫째, 아비디아는 우리가 종종 에고로 부르는 것이다. 그것은 "나는 다른 사람보다 더 잘해야만 해." "내가 가장 위대하다." "나는 내가 옳다는 걸 알아." 같은 생각을 하도록 우리를 몰아댄다. **요가수트라**는 이것을 '**아스미타**(asmitā, 에고)'라고 부른다.

둘째, 아비디아는 요구로 드러나는데, 이것을 '**라가**(rāga, 애착)'라고 한다. 오늘 무언가를 원하는데, 필요해서가 아니라 그것이 어제 만족을 주었기 때문이다. 내게 필요한 에너지를 공급하는 맛있는 과일주스 한 잔을 어제 마셨는데 내 안에 있는 무언가는 오늘 "달콤한 주스를 또 한 잔 마시고 싶어."라고 말한다. 실제로 오늘은 그것이 필요 없고 내게 좋지 않을 수도 있는데 말이다. 우리는 우리에게 없는 것을 원한다. 이미 가진 것으로는 충분치 않고 더 많은 것을 원한다. 포기해야만 하는 것들을 간직하고 싶어 하는데 이것이 라가다.

셋째, 아비디아인 **드베샤**(dveṣa, 거부)는 어떤 면에서는 라가와는 정반대다. 드베샤는 사물을 거부하는 모습으로 스스로를 표현한다. 곤란한 경험을 한 적이 있고 그걸 반복하는 게 두렵다는 이유 때문에 그것들이 또 다시 고통을 일으킬 거라 가정하고 사람, 생각, 그 경험과 관련된 상황을 거부한다. 드베샤는 또한 우리에게 친숙하지 않는 것을 거부하게 만드는데, 부정적이건 긍정적이건 그것을 경험한 적이 없음에도 그렇게 한다. 이런 형태의 거부가 드베샤의 표현이다.

넷째, 아비디아에는 공포에 해당하는 **압히니베샤**(abhiniveśa, 공포)가 있다. 아마도 이것은 가장 내밀한 아비디아로서 일상생활의 여러 수준에서 이것이 표현되는 걸 볼 수 있다. 우리는 불확실성을 느끼며 삶에서 우리가 차지하는 위치에 회의감을 품는다. 사람들이 우리를 부정적으로 판단할 것으로 가정하고 두려움에 싸이며 생활방식이 망가지며 불안정해진다. 이 모든 느낌이 아비디아의 종류인 압히니베샤의 표현이다.

이 네 가지 종류의 아비디아 각각이 또는 결합해서 우리의 지각을 탁하게 만든다. 이들을 통해 아비디아는 우리의 잠재의식 속에서 끊임없이 활동하며 이런 활동의 결과로 불만족으로 끝이 난다. 수업 중 아사나를 수련할 경우 우리는 스스로를 다른 사람과 비교하는 경향이 있다. 우리보다 더 유연한 누군가에 주목하면서 비교할 경우 불만족이 생긴다. 그러나 아사나 수련은 스포츠 대회가 아니다. 왜냐하면 앞으로 더 많이 숙일 수 있는 사람이 반드시 다른 사람보다 요가수련에서 더 진보한 것은 아니기 때문이다. 그런 비교는 우월감이라는 느낌에 의존하는 만족감 또는 열등감에서 우러나는 불만족으로 이끈다. 그런 불만족은 우리를 종종 무겁게 짓눌러서 지속적으로 괴롭히면서 우리를 내버려 두지

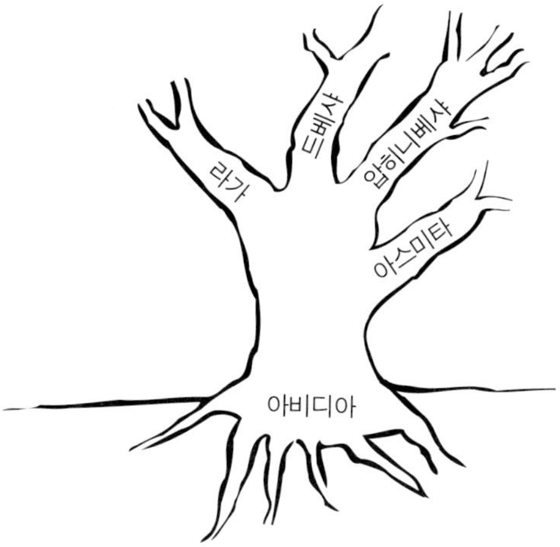


**[그림 2-1]**
사물들의 진정한 모습을 인식하지 못하도록 방해하는 장애물의 근본 뿌리는 아비디아다. 아스미타(에고), 라가(애착), 드베샤(거부), 압히니베샤(공포)가 장애물이다.

않는다. 양쪽 경우 모두 우리가 갖는 느낌의 근원은 숨어 있다.

아비디아가 오랫동안 지속되는 또 다른 예를 들어 보자. **요가수트라**에 대해 토론하는 도중에 실수를 저질렀다고 가정해 보자. 보통 나는 실수를 인정하고 사과하곤 한다. 내 친구 한 명이 이 위대한 경전에 대한 내 견해가 틀렸다고 말할 경우 나는 깊은 곳에서 고통을 느낄 것이다. 아마도 아스미타의 영향을 받아 내 친구가 틀렸고 나는 옳음을 증명하려 할 것이다. 또는 압히니베샤가 나를 몰아세워 그 상황으로부터 완전히 철수하게 할 수도 있다. 어느 쪽이건 비판을 수용하고 그 상황으로부터 배우는 대신 내게 도전장을 내미는 것을 거부하는 셈이다.

아비디아의 종류가 많아지면 올바르지 않은 방향으로 움직일 기회가 많아지는데, 왜냐하면 우리는 사물을 주의 깊게 따져 보거나 건전한 판단을 내리지 못하기 때문이다. 아무튼 문제가 발생했다고 지각하면 아비디아가 작용했다고 가정할 수 있다. 요가는 아비디아의 영향력을 줄여 진정한 이해가 일어날 수 있게 한다.

우리는 아비디아의 존재보다 그 부재를 통해 그것을 더 잘 인식한다. 무언가를 정확하게 보면 우리 내면에서 심오한 평화가 생기며 긴장도, 불안 정도, 동요도 사라진다. 예컨대, 천천히 말하는 걸 의식하고 있을 때 거기에는 고요함이 솟아나는 샘물이 있음을 느낀다. 비디아, 즉 분명한 이해는 우리 내면에 있다. 그러나 무엇을 말하는지 확신하지 못하는 경우 나는 너무 빠르게 말하는 경향이 있다. 불필요한 단어를 사용하면서 이미 말한 문장을 끊을 수도 있다. 따라서 이해가 분명해지면 우리는 깊은 곳에서 고요함과 평온을 느낀다.

## 항상성과 변화

요가식 개념에 동의할 경우, 우리가 보고 경험하고 느끼는 것은 모두 환상이 아니라 진실되면서 실재한다. 꿈, 아이디어, 환상을 포함해서 모든 것이 실재하며 아비디아마저도 실재한다. 이런 개념을 '**사트바다**(satvāda)'라고 한다.

요가에서 볼 때, 우리가 보고 경험하는 온갖 것이 참될 뿐만 아니라 실재한다 해도 형상과 내용은 모두 끊임없이 변하는 상태에 있다. 이 지속적인 변화 개념을 '**파링마바다**(pariṇmavāda)'라고 한다. 오늘 사물을 보는 방식이 반드시 어제 보았던 방식일 필요는 없다. 왜냐하면 그 사이에 상황, 상황과 맺고 있는 우리의 관계 그리고 우리 자체도 모조리 변했기 때문이다. 끊임없는 변화라는 개념이 시사하는 바는 아비디아가 존재한다고 해서 실망할 필요는 없다는 것이다. 나빠진 상태는 항상 더 좋은 쪽으로 변할 수 있다. 물론 언제나 사태는 악화될 수 있다! 삶에서 어떤 일이 일어날지는 결코 알 수 없기 때문에 주의를 기울이는 것이 중요하다. 사태가 좋아지거나 악화되는 건 상당 정도 우리 자신의 행동에 달려 있다. 규칙적인 요가수련이 추천하는 사항들은 다음의 원리, 즉 수련을 통해 매 순간 현재에 머무는 방법을 배울 수 있으며 그럼으로써 예전에는 불가능했던 많은 것을 성취할 수 있다는 원리를 따른다.

요가는 우리 내면 깊숙한 곳에는 그 어떤 것과도 구별될 뿐 아니라 변치 않는 무언가가 실재한다는 개념에 동의한다. 우리는 이런 원천을 **푸루샤**(puruṣa) 또는 **드라스트르**(draṣṭṛ)로 부르는데, 그 의미는 '보는 것' 또는 '정확하게 보는 것'이다. 강에서 수영할 때 둑을 볼 수 없으면 흐름을 알아채기 어렵다. 강물을 따라 너무 많이 내려가서 그 흐름을 보는 것이 거의 불가능할 수 있다. 그러나 단단한

지면이 있는 둑으로 가면 강이 어떻게 흘러가는지 훨씬 쉽게 볼 수 있다.

푸루샤란 볼 수 있는 위치를 의미한다. 그것은 정확성을 갖고 지각할 수 있게 하는 우리 속에 내재하는 힘이다. 요가수련은 이렇듯 방해받지 않고 보는 일이 일어나게끔 분위기를 조성한다. 마음이 아비디아로 덮여 있는 한 우리의 지각은 희미해진다. 우리가 진정으로 이해하고 있음을 아는 것은 깊은 내면에서 고요함을 느낄 때이며, 이런 이해는 우리를 올바른 행위로 이끌어 줌으로써 삶에 강하면서도 긍정적인 영향을 미친다. 아비디아가 줄어든 결과로 생긴 이런 진정한 이해는 보통 저절로 일어나지 않는다. 몸과 마음은 특정 패턴의 지각에 익숙해 있으며, 이는 요가수련을 통해 점차 쉽게 변한다. 처음 요가수련을 시작할 때 사람들은 명료함과 모호함의 파도를 번갈아 경험한다고 **요가수트라**에서는 언급하고 있다. 즉, 우리는 명료한 시기를 거치지만 그다음에는 마음과 지각의 명료함이 매우 떨어지는 시기가 나타난다.[2] 시간이 지나면 모호함은 점차 줄어들고 명료함이 더 커질 것이다. 이런 변화를 인식하는 것이 우리가 진전했음을 측정하는 한 가지 방법이다.

누군가는 이렇게 물을 수 있다. "어떤 사람이 더 좋아지려고 요가를 시작한다면 그것은 아스미타(에고)의 표현입니까?" 그런 질문은 아비디아의 의미에 관해 중요한 사항을 발견하도록 안내한다. 아비디아에 빠지기 쉬운 우리는 그것을 직접적으로나 간접적으로 알아챌 때 거기에 대해 무언가를 해야만 한다는 것이 분명해진다. 우리가 밟는 첫 단계는 종종 더 좋아지거나 더 많은 성취감을 느끼는 것이다. 그것은 "나는 가난해. 그렇지만 부자가 되고 싶어."라거나 "의사가 되고 싶어."라고 말하는 것과 별반 다르지 않다. 실제로 스스로를 개선시키고 싶지 않은 사람이 있을지 의문이다. 우리의 첫 단계가 더 좋아지려는 욕망에서 나왔고, 따라서 에고에 뿌리를 두고 있어도 그건 여전히 올바른 단계다. 왜냐하면 그것이 우리를 요가 사다리의 첫 단으로 이끌어 가기 때문이다. 게다가 자기개선이라는 처음 설정한 목표에 영원히 머물 수는 없다. **요가수트라**에 따르면,

---

2) 요가수트라 3.9.

아비디아를 인지하고 정복하며 그 효과를 누리는 것은 우리를 더 위로 올라갈 수 있게 만드는 사다리에 불과하다. 무언가를 더 좋게 만들려는 목표는 사다리의 첫 단일 수 있다. 요가를 수련함으로써 집중력을 기르고 독립적이 되는 능력이 점차 향상된다. 건강은 물론 우리가 맺는 관계 그리고 우리가 행하는 모든 것이 개선된다. 이 첫 단, 즉 자기개선을 향한 욕망보다 더 높은 곳에서 시작할 수 있다면 요가가 필요 없다.

이 사다리를 어떻게 올라갈 수 있을까? 파탄잘리 **요가수트라**에서는 올라가는 데 도움을 주는 세 가지를 추천하고 있다.

첫째, **타파스**(tapas, 고행)다. 타파스는 어근 tap, 즉 '열을 가하다' 또는 '정화하다'에서 파생되었다. 타파스란 우리 스스로를 건강하게 유지하고 우리 자신을 내면적으로 정화하는 수단을 말한다. 종종 타파스를 속죄, 고행, 엄격한 식이요법으로 설명한다. 그러나 **요가수트라**에서의 의미는 아사나와 프라나야마 수련, 즉 요가의 신체훈련과 호흡훈련을 말한다. 이런 훈련은 우리 시스템 내에서의 막힘과 불순물을 제거하는 데 도움을 줄 뿐만 아니라 그 밖의 혜택도 제공한다. 아사나와 프라나야마를 수련함으로써 우리는 시스템 전체에 영향을 줄 수 있다. 금을 정제하기 위해 열을 가하는 것과 동일한 원리다.

둘째, 요가 상태를 발견할 수 있는 수단은 **스바디야야**(svādhyāya, 자기탐구)다. **스바**(sva)란 '자기'를 의미하고, **아디야야**(adhyāya)는 '연구 또는 탐구'로 번역된다. 스바디야야의 도움으로 우리는 스스로를 알게 된다. 우리는 누구이며, 무엇인가? 우리는 세상과 어떤 관계를 맺고 있나? 우리 스스로를 건강하게 유지하는 것만으로는 충분치 않다. 우리가 누구인지, 다른 사람들과 어떻게 관계 맺는지를 알아야 한다. 그런 일은 쉽지 않은데 몸과 마찬가지로 마음에 대해서도 우리는 깨끗한 거울을 갖고 있지 못하기 때문이다. 그러나 특정 경전을 읽고 공부할 때, 경전에 관해 토론하고 성찰할 때, 우리 마음이 반영되어 있음을 볼 수 있다. **요가수트라**, 성경, **마하바라타**(Mahābhārata),[3] 코란 같은 위대한 업적들의 경우에

3) 역자 주. 라마야나(Rāmāyaṇa)와 더불어 산스크리트어로 서술된 고대 인도의 대서사시. 쿠루크쉐트라 전쟁에서 두 집단의 사촌들과의 갈등과 전쟁을 그렸으며, 카우라바와 판다바 왕자 간의 왕권 다툼을 주제로

는 특히 그렇다. 이런 경전들을 공부함으로써 우리는 스스로를 볼 수 있다.

셋째, 요가 상태에 접근하기 위해서 **요가수트라**에서 제시하고 있는 방법은 **이슈바라프라니다나**(īśvarapraṇidhānā, 신에의 헌신)다. 이 용어는 보통 '신에 대한 사랑'으로 번역되지만 이는 또한 행위의 특정한 성질을 의미한다. 프라나야마와 아사나를 수련하고, 스스로를 건강하게 유지하고, 스스로에 대해 성찰하는 것이 우리 행위의 전부는 아니다. 우리는 또한 경력을 쌓고, 자질을 갖추며, 정상적인 생활을 이루기 위한 온갖 행위들을 수행해야 하며, 가능하면 이 모든 일을 제대로 수행해야만 한다. 그럼에도 불구하고 우리 행위의 결실을 결코 확신할 수 없다. 이런 이유로 우리의 기대로부터 다소간 초연하면서 행위 자체에 주의를 더 기울이는 것이 좋다.

종합해서 말하면, 건강, 탐구, 행위의 질이라는 세 가지 존재 방식이 인간이 기울이는 노력의 스펙트럼 전체를 망라하고 있다. 건강하고, 우리 자신에 대해 더 잘 알고, 행위의 질을 개선할 경우 오류를 범할 가능성은 적을 것이다. 아비디아를 줄이기 위해 세 가지 뚜렷한 영역에서 작업할 것을 추천하는 바다. 이 모두를 합쳐 **크리야 요가**(kriyā yoga), 즉 행위의 요가라고 한다. **크리야**란 '수행하다'를 의미하는 단어 'kr'에서 파생되었다. 요가는 수동적이지 않으므로 삶에 적극적으로 참여해야만 한다. 이것을 잘 수행하기 위해서 우리 자신을 대상으로 작업할 수 있다.

요가란 두 가지를 하나로 결합하는 상태라고 나는 이미 설명하였다. 나는 요가는 행위에 주의를 기울이는 것을 의미한다고도 말했는데, 예전에는 도달할 수 없었던 지점이나 자세를 성취하고 싶을 때 요가가 필요하다. 행위의 요가, 즉 크리야 요가는 존재의 한 상태로서 요가를 성취하기 위한 수단이다. 크리야 요가는 요가의 일부분에 불과하지만 삶의 모든 측면에서 더 좋은 상태로 변화할 수 있도록 이끌어 주는 요가의 실천적 분야다.

---

삼고 있다.

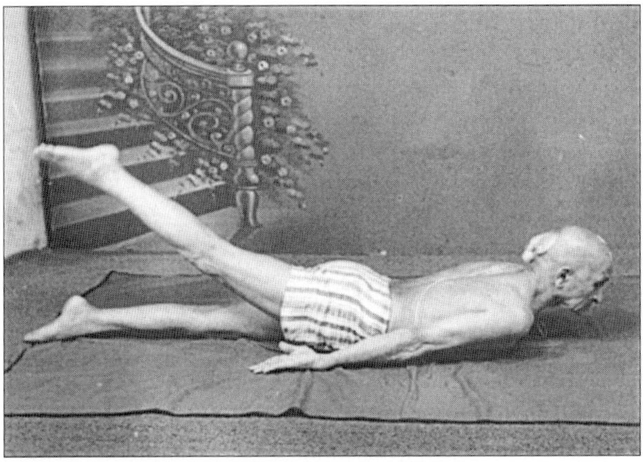

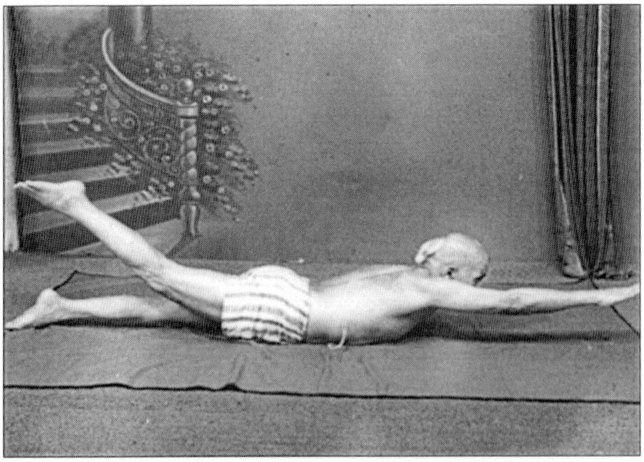

살라바사나
(śalabhāsana) 변형
자세를 취하는
크리슈나마차리아

# 03

## 아사나 수련의 원리

요가수련은 요가라는 단어가 가진 수없이 다양한 의미를 경험할 기회를 준다. 우리는 이미 한 지점에서 다른 지점으로, 이전에는 닿지 못했던 곳보다 더 높은 지점을 향한 움직임으로 요가를 설명하였다. 이런 변화가 아사나 수련을 통해서 오든 공부나 독서를 통해서 오든 또는 명상을 통해서 오든 상관이 없다. 그것도 여전히 요가다.

수련에서 우리는 몸, 호흡, 마음에 집중하는데 감각은 마음의 일부에 포함된다. 이론적으로 볼 때 몸, 호흡, 마음이 서로 독립적으로 작동하는 것처럼 보여도 요가의 목적은 그들의 작동을 결합하는 것이다. 사람들이 요가로 보는 것은 우리의 수련 중 주로 신체적인 측면에 한정된다. 사람들은 우리가 어떻게 호흡하는지, 호흡과 신체 움직임을 어떻게 조정하는지를 거의 알아차리지 못한다. 그들은 우리의 탄력성과 유연성만 보는 경향이 있다. 어떤 사람들은 우리가 얼마나 많은 아사나에 숙달했는지, 또는 머리서기를 몇 분 동안이나 유지할 수 있는지 알고 싶어 한다.

이런 외적 모습보다 훨씬 더 중요한 것은 자세와 호흡을 **느끼는** 방식이다. 다음에 나오는 오래된 원리는 몇 세대에 걸쳐 등장했던 위대한 요가 스승들께서 개발한 것이다. 이런 원리들은 아사나와 호흡 그리고 무엇보다도 이들이 서로 어떻게 관련되는지를 상세하게 설명하고 있다. 그것들은 또한 뒷장에서 설명할 호흡 기법 프라나야마를 위한 지침이 된다.

아사나란 무엇인가? '자세'로 번역되는 **아사나**라는 단어는 '머물다' '존재한다' '앉다' '특정 자세를 확고히 하다'를 의미하는 'as'라는 산스크리트 어근으로부터 파생되었다. 아사나에는 두 가지 중요한 성질, 즉 **스티라**(sthira, 안정됨)와 **수카**(sukha, 편안함)가 있다고 파탄잘리 **요가수트라**는 설명하고 있다.[1] 스티라는 한결같음과 기민성을, 수카는 한 자세에 편안하게 머무는 능력을 말한다. 어떤 자세를 수련하건 두 가지 성질이 같은 정도로 존재해야 한다. 사진을 찍기 위해 다리를 교차해서 앉을 경우 다리가 아파서 나중에 곧장 다리를 다시 뻗어야 한다면 수카와 스티라는 없는 것이다. 스티라의 한결같음과 기민성이 있어도 안락함과 가벼움이라는 수카도 있어야 하며, 양쪽 모두 특정 시간 동안 존재해야 한다. 이 두 가지 성질이 없다면 아사나는 존재할 수 없다. 특정 아사나를 특정 기간 동안 수련하고, 그것을 수련할 때 기민하면서도 스트레스를 받지 않을 경우에만 요가의 이 원리가 충족되는 것이다. 다음 수칙들은 스티라와 수카를 모두 갖춘 상태에서의 아사나 수련을 보장해 준다.

## 현재 상태에서 시작하기

어느 한 자세를 취하거나 긴장이 느껴지는 동작을 할 때 긴장 이외에는 아무것도 느끼지 못한다. 다리를 교차시킨 자세로 앉을 경우 우리에게 떠오르는 생각은 아마도 오로지 불편한 발목에서 일어나고 있는 통증으로 향할 것이다. 이 경우 우리는 실제 노력 중인 아사나를 실시하고 있다고 볼 수 없다. 분명코 이 특정 자세를 실시할 준비가 아직 안 된 것이다. 따라서 우선 더 쉬운 자세를 수련할 필요가 있다. 이 단순한 생각이 요가수련 전반에서의 기초가 된다. 아사나

1) 요가수트라 2.46.

를 계속해서 수련하면 한결같음, 기민성, 전반적인 안락함을 점차 더 많이 성취할 것이다.

아사나 수련에서의 이 원리를 현실로 만들고 싶으면 먼저 있는 그대로의 자신을 수용해야만 한다. 허리가 뻣뻣하다면 이런 사실을 인정해야만 한다. 꽤 유연하지만 호흡이 무척 짧거나, 호흡에는 문제가 없지만 몸에는 무언가 문제가 있을 수 있다. 아사나는 편안하지만 마음은 어딘가 전혀 다른 곳에 가 있을 수 있다. 그 또한 아사나가 아니다. 우리의 출발점을 인식하고 그것을 수용하는 것을 배운다면 아사나에 필수적인 성질들을 발견할 수 있다.

## 호흡과 움직임의 결합

요가는 몸과 마찬가지로 호흡을 포함하는 수련이다. 호흡의 성질은 지극히 중요한데 그것이 우리의 내적 느낌을 표현하기 때문이다. 통증을 느끼면 호흡으로 드러나고, 주의가 산만해지면 호흡조절을 놓친다. 호흡은 내적 신체와 외적 신체 간의 연결고리다. 오로지 몸, 호흡, 마음이 조화로울 때만 아사나의 진정한 성질을 깨달을 수 있다.

개인의 출발점에 대한 인식은 호흡을 포함해서 몸에 관한 탐구에서 시작된다.[2] 이를 위해서는 들숨을 가능한 한 길게 들이쉬는 것같이 단순한 호흡훈련을 이용한다. 이런 방식으로 확장 부위가 가슴인지, 복부인지 그리고 호흡과 더불어 늘어나는 곳인지 관찰할 수 있다. 몸의 현재 상태를 탐구하기 위해서 팔, 다리, 몸통을 역동적으로 움직인다. 예를 들어, 요가 초보자에게 팔을 들어 올리고 내리라고 지시하였다고 하자. 그런 다음 이렇게 묻는다. "팔을 움직이니 맨 먼저 등이 늘어나나요? 아니면 다른 몸 부위가 늘어나나요?" 어떤 사람은 움직임을 통해 등이 늘어났다고 대답할 것이고, 어떤 사람은 주로 어깨가 늘어난 것을

2) 우리는 이 과정을 크리야 요가의 세 가지 측면 중 하나인 스바디야야라고 부른다. 스바디야야는 내 자신에 대한 탐구에 기여하는 모든 것을 지칭한다. 2장과 요가수트라 2.1을 보라.

알아차릴 것이다.

이 상황에서 사람들의 경험이 달라지는 이유는 큰 움직임은 사람에 따라 달리 시작되기 때문이다. 등이 뻣뻣한 사람은 팔에서 움직임을 개시하는 노력이 어깨에서 시작됨을 알아차리지만, 더 유연한 사람들은 척추에 가까운 견갑골에서 움직임이 시작되는 것을 알아차릴 것이다.

이런 식으로 몸을 관찰하는 것이 뻣뻣함을 일으키고 결국에는 몸에서 활력 에너지 흐름을 방해하는 움직임 및 자세와 관련된 불편하거나 비효율적인 습관을 변화시키는 첫 단계다. 이런 식의 탐구에는 발견의 여정에서 수련생을 이끌어 줄 수 있는 지도자가 필요하다. 지도자가 이런 일을 할 수 없을 경우 수련생은 요가를 오해할 위험이 있을 뿐만 아니라 좌절감마저 느낄 수 있다.

요가수련의 첫 단계는 호흡과 몸을 의식적으로 연결시키는 것이다. 아사나를 수련할 때 호흡이 모든 움직임을 이끌도록 허용함으로써 이를 성취한다. 호흡과 움직임을 올바로 연결 짓는 것이 아사나 수련 전반의 기본이다. 들숨에 팔을 들어 올리고 날숨에 팔을 내리는 단순한 훈련은 호흡과 움직임이 결합된 리듬을 찾는 데 도움을 준다.

우리는 보통 호흡을 의식하지 못한다. 호흡은 자동적인 과정으로서 의지력이나 자유의사가 필요치 않다. 호흡과 움직임이 통합되기 위해서 마음은 그들의 연결을 주의 깊게 따라가야만 한다. 이렇게 할 때 들숨과 날숨은 더이상 자동적으로 일어나지 않고 의식적인 과정이 된다. 호흡과 움직임의 자연스러운 연결을 발견하는 것은 아사나 수련에서 가장 중요하다. 이를 위해서는 특정 움직임으로 증폭되거나 용이해지는 것이 들숨인지 날숨인지 정한 다음, 그 호흡이 우리가 집중하고 있는 움직임과 결합된 호흡인지를 확인할 필요가 있다.

앞에서 설명한 팔 움직임의 예를 계속 들어 보자. 자연스러운 호흡 리듬은 팔을 들어 올릴 때 들숨을 쉬고 팔을 내릴 때 날숨을 쉰다는 사실을 보여 줄 것이다. 또한 들숨과 날숨 길이는 얼마나 빨리 팔을 들어 올리고 내릴지를 결정할 것이다. 이런 단순한 움직임을 훈련하면서 우리는 요가의 기본 원리 한 가지, 즉 행위에 온전히 몰입하는 것을 배울 수 있다.

의식적으로 연출한 호흡은 호흡과 움직임의 자연스러운 조화를 지원하고 강화한다. 예를 들어, 자연스러운 날숨에서 갈비뼈는 가라앉고, 횡격막은 올라가며, 복부 앞면은 척추를 향해 뒤쪽으로 움직인다. 모든 전굴에서 내적으로는 동일한 움직임이 일어난다. 즉, 갈비뼈는 내려가고 복부는 척추 쪽으로 밀려난다. 따라서 자연호흡을 강화하려면 신체의 주된 움직임이 전굴인 모든 훈련에서 숨을 내쉰다. [그림 3-1]은 전굴의 움직임과 연결된 호흡 사이클을 보여 주는 예다.

드비파다 피탐(dvipāda pītham, 테이블자세)이나 부장가사나(bhujaṅgāsana, 코브라자세) 같은 후굴 자세를 실시할 때 갈비뼈 움직임으로 인해 가슴이 들어 올려지고 척추가 뒤로 휜다. [그림 3-2]에서와 같이 의도적으로 후굴을 들숨과 결합함으로써 움직임을 더 쉽고 효과적으로 만들 수 있다(날숨에서만 실시하는 전

**[그림 3-1]**
(1) 웃타나사나(uttānāsana, 서서 실시하는 전굴)와 (2) 차크라바카사나(cakravākāsana, 고양이 자세) 변형 자세에서 보여 주는 전굴에서의 자연호흡

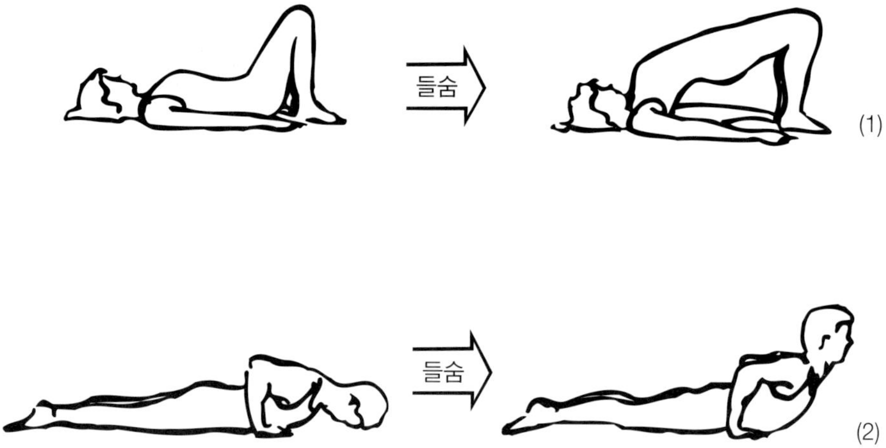


**[그림 3-2]**
(1) 드비파다 피탐과
(2) 부장가사나에서
보여 주는 후굴에서의
자연호흡

굴과는 반대로 특정 후굴에서는 숨을 자유롭게 내쉬거나 들이쉴 수 있다. 여기에 대해서는 나중에 논의할 것이다).

비틀기는 특정 호흡 패턴과 밀접한 관련이 있다. 척추와 갈비뼈가 회전함에 따라 그들 사이의 공간이 줄어들며 복부 부위가 약간 눌리는데 그러는 동안에 횡격막은 위쪽으로 움직인다. 따라서 [그림 3-3]이 보여 주는 바와 같이 비틀기 시작을 날숨과 결합하면 호흡의 자연스러운 패턴을 따라가게 된다.

호흡과 움직임을 연결하는 규칙은 기본상 단순하다. 몸을 수축할 때는 숨을 내쉬고 몸을 확장할 때는 들이쉰다. 자연스러운 호흡 패턴에 변화를 줌으로써 아사나에 특정한 효과를 주길 원할 때만 예외를 적용한다. 앞에서 언급한 바와 같이 주의를 기울이지 않은 채 숨을 들이쉬고 내쉬지 않도록 한다. 대신에 호흡이 움직임을 개시하게끔 하는데 호흡의 길이가 움직임 속도를 결정할 것이다. 시간이 지나면 호흡과 움직임을 이렇게 통합하는 것이 매우 자연스러워진다.

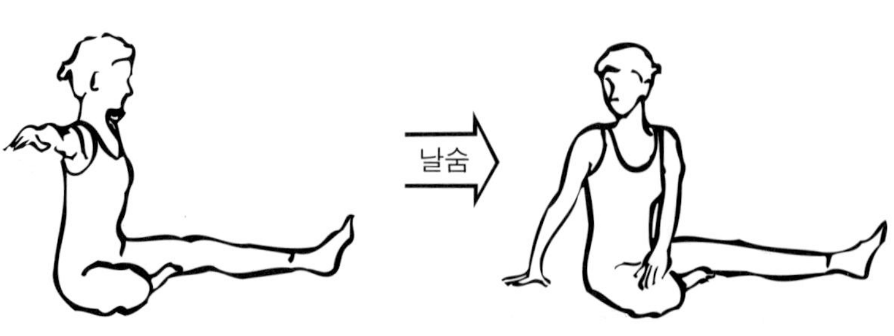


**[그림 3-3]**
자연호흡의 리듬에
따라 마첸드라사나
(matsyendrāsana, 절반
척추 비틀기)를 날숨과
함께 시작한다.

호흡과 움직임을 의식적으로 자각함으로써 무심결에 반복하는 행위를 피하는 다양한 방법이 있다. 한 가지 좋은 방법은 매 움직임의 끄트머리에 짧은 정지(pause)를 도입하는 것이다. 예를 들어, 숨을 들이쉬면서 팔을 들어 올린 후에 잠시 정지할 수 있으며 날숨에 팔을 내린 후에 정지할 수 있다. 매 움직임 끝에 정지하는 것은 움직임과 호흡 모두를 의식할 수 있도록 돕는다. 주의를 놓치면 우리의 수련은 기계적으로 되고, 그렇게 되면 더 이상 요가수련이 아니다.

## 충분한 호흡

아사나 수련을 하는 동안 호흡을 매우 의식적으로 하는 것을 목표로 삼을 수 있다. 이와 동시에 들숨과 날숨 모두를 평상시보다 더 충분하고 깊게 하는 것에도 목표를 둘 수 있다.

[그림 3-4]는 호흡 사이클 동안 횡격막의 움직임을 보여 준다. 들숨 시 횡격막은 휴식 위치(A)에서 아래로 움직인다(B). 허파가 채워지면 횡격막은 휴식 위치로 돌아간다(C). 그 과정에서 깊은 들숨으로 인해 갈비뼈가 올라가 흉곽이 확장된다(B). 따라서 횡격막은 아래쪽으로 움직이고 이 부위의 척추가 약간 똑바로 된다. 깊은 날숨에는 정반대 현상이 일어난다. 복부 앞면이 척추 쪽으로 움직이고 횡격막이 올라가며 척추는 출발지점으로 되돌아간다.

사람들은 종종 가슴을 확장하지 않은 채 복부로만 숨을 쉰다. 어떤 사람들은

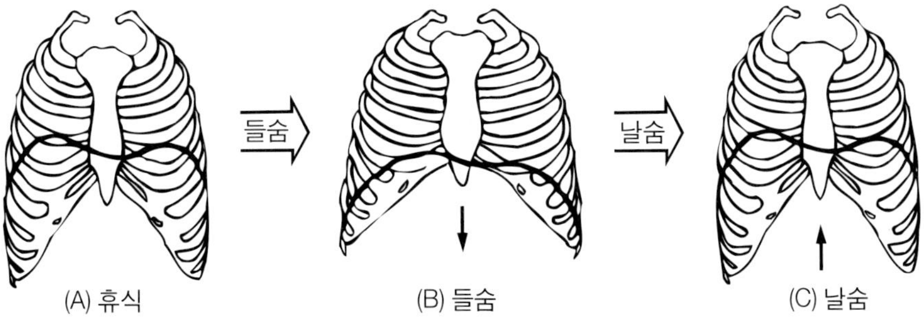


**[그림 3-4]**
호흡 사이클 중 횡격막과 흉곽의 움직임

횡격막을 전혀 사용하지 않아서 호흡이 가슴 상부에만 제한된다. 매우 긴장한 사람이나 천식을 앓는 사람은 호흡할 때 복부나 가슴을 전혀 움직이지 않기도 한다. 충분히 호흡하는 테크닉은 들숨에 가슴과 복부를 의식적으로 확장하고, 날숨에 복부를 의식적으로 수축하게끔 하는 것이다. 다음에 기술된 이런 단순한 호흡 기법은 호흡과 움직임의 통합과 더불어 요가수련의 질을 심화시키는 수단이다.

나는 숨을 들이쉴 때 먼저 가슴을 채우고 그런 다음 복부를 채우고, 숨을 내쉴 때 우선 복부를 내려놓고 마지막으로 가슴 부위에 있는 허파 위쪽 엽을 비우라고 제안한다.[3] 이는 많은 요가 수업에서 가르치는 호흡 방법과는 반대되는 방법이다. 내가 제안하는 테크닉은 척추를 늘이고 등을 뻗어 주는 장점이 있다. 숨을 들이쉬기 시작한 순간 갈비뼈는 올라가고, 갈비뼈가 부착된 척추는 위쪽으로 늘어나면서 약간 세워진다. 처음에 배로 호흡한 후에 가슴으로 호흡하는 전혀 다른 호흡 기법을 쓰면, 복부가 너무 팽창해서 가슴 확장을 제한하며 그 결과 척추가 충분히 늘어나지 않는다. 그뿐 아니라 가슴이 올라가는 운동으로 횡격막이 자유롭게 움직일 수 있는 여지가 생기지 않고 그 대신 복부 기관이 아래로 눌린다. 우리는 몸의 움직임을 도우면서도 척추의 신장을 방해하지 않는 호흡에 관심이 있기 때문에 가슴에서 복부로의 이런 호흡이 활용하기에 가장 좋다고 생각한다. 양쪽 방법을 실험해 보고 그 차이를 느껴 보자.

## 호흡은 몸의 지성

숨이 들어오고 나갈 때 호흡을 **느낄** 수 있음을 좀 더 탐색해 보자. 이렇게 하면 아사나를 수련하는 동안에 호흡의 질이 개선된다.

---

3) 요가에서 오랜 전통을 갖고 있으면서 매우 오래된 경전에서도 언급하고 있는 호흡의 방향에 대한 이런 식의 이해는 흥미롭게도 호흡에 관한 신경생리학적, 역학적 근거에 관한 최근의 연구 결과와 일치한다. John B. West 박사가 저술한 『호흡생리학: 요점(Respiratory Physiology: The Essentials)』(Baltimore: Williams & Wilkins, 1990)을 참고하라.

아사나를 수련하는 동안에 주의는 호흡이 움직이는 중심점으로 향해야 한다. 예컨대, 숨을 들이쉴 때 가슴 상부에서 배꼽까지 움직이는 것이 주된 움직임이다. 숨을 내쉴 때 주로 복부에서 움직임이 일어나는데, 이런 움직임에 주의를 기울인다. 호흡을 의식적으로 따라가는 것은 일종의 명상으로써 이때는 움직임과 완전히 하나가 되도록 노력한다. 이것은 우리가 앞에서 논의했던, 행위를 향한 주의와 같다. 여기에 숙달된 사람은 어떤 활동을 하건 거기로 주의를 돌릴 수 있다.

호흡할 때 미세하고 부드러운 느낌을 만들기 위해서 목구멍에서 일어나는 호흡의 흐름을 제한하여 호흡의 부드러운 소리를 만들어 본다. 그것은 마치 목구멍에 밸브가 있어 호흡 조절을 위해 밸브를 약간 닫는 것과 같다. 소리는 이런 조절 수단이 되며 이 소리는 아주 부드러워져서 마침내 어떤 노력도 필요치 않거나 어떤 긴장감도 생기지 않는다. 이런 테크닉에 숙달되면 들숨과 날숨 중에 소리가 발생한다. **웃자이**(ujjāyī)로 알려진 이 테크닉은 호흡이 깊어지고 길어질 때 호흡 소리를 들을 수 있을 뿐만 아니라 호흡을 느낄 수 있게 한다.

이 테크닉에는 두 가지 장점이 있다. 첫째, 호흡의 흐름에 더 가까이 가면 아사나 수련을 하면서도 더 기민해질 수 있다. 둘째, 아사나를 언제 중단할지 또는 언제 변화를 주어야 할지를 소리가 알려 준다. 부드럽고, 고르며, 조용한 소리를 내는 데 성공하지 못하면 우리 자신의 수련 한계를 넘은 것이다. 따라서 호흡의 질은 아사나 수련의 질을 가장 분명하게 보여 주는 표시다.

수련을 활기차게 만들고 심화시킬 수 있는 또 다른 기법은 날숨과 들숨 사이 그리고 들숨과 날숨 사이에 일어나는 자연스러운 정지 시간을 늘리는 것이다. 숨을 내쉰 후에 숨을 참고 움직임을 멈추며 숨을 들이쉰 후에도 똑같이 한다. 숨을 참는 시간의 길이는 매우 중요하며 들숨 후나 날숨 후에 호흡을 너무 오래 참으면 몸에서 반작용이 일어난다.

이런 식의 수련을 안전하게 도입하기 위해서는 방식이 어떻든 숨 참는 일이 분명코 들숨이나 날숨을 방해하지 말아야 한다. 예컨대, 통상적인 방식으로 아사나를 수련할 경우 5초 동안 편안하게 숨을 들이쉬고 5초 동안 숨을 내쉴 수 있다. 그런 다음 날숨 후에 5초 동안 호흡을 참을 수 있다. 이렇게 하면 다음번 들숨에서는 이전보다 더 빨리 숨을 들이쉰다는 걸 알아차릴 수 있다. 이것은 아직 이런 호흡 정지 테크닉을 도입할 준비가 안 되었음을 나타내는 분명한 징후다. 너무 무리하게 숨을 참으면 들숨이나 날숨 또는 두 숨 모두가 부정적인 영향을 받는다. 이 테크닉을 사용하기 전에 테크닉을 사용할 준비가 되었는지 확인하자. 요가란 스스로를 판단 없이 관찰하는 훈련임을 기억하자.

아무리 아름답게 아사나 수련을 해도, 몸이 아무리 유연해도, 몸-호흡-마음이 통합되지 않는다면 요가를 한다고 주장하기 어렵다. 요가란 과연 무엇일까? 그것은 우리가 내면에서, 우리 존재의 깊은 곳에서 경험하는 그 무엇으로서 외적인 경험이 아니다. 요가에서 우리는 모든 행위를 할 때 가능하면 행하는 모든 것에 주의를 기울이도록 노력한다. 무용이나 연극과는 달리 요가에서 우리는 타인들이 바라보는 그 어떤 것을 만들지 않는다. 다양한 아사나를 수련하면서 우리가 무엇을 하고 있는지, 그것을 어떻게 하고 있는지 관찰한다. 우리는 관찰자인 동시에 관찰 대상이다. 수련할 때 우리 자신에게 주의를 기울이지 않는다면 그것을 요가로 볼 수는 없다.

비라바드라사나
(vīrabhadrāsana)를
보여 주는 79세의
크리슈나마차리아

파스치마타나사나
(paścimatānāsana)를
하면서 브름하나
(bṛmhaṇa)와
랑가나(laṅghana) 원리[1]를
보여 주는
크리슈나마차리아

1) 역자 주. 요가치킷사(yoga cikitsa, 요가테라피)의 기본 원리로서 강화법과 정화법을 각각 의미한다. 강화법은 에너지와 활력을 보충하는 것이고, 정화법은 몸에 쌓인 독소나 노폐물을 배출하는 것을 말한다.

# 04
# 요가수련의 세심한 구성

훌륭한 요가수련에 필요한 스티라와 수카의 성질, 즉 지속적인 기민성, 존재의 가벼움과 편안함을 어떻게 실현할 수 있을까? **요가수트라**는 **스티라수카**(sthirasukha) 개념을 보여 주기 위해 인도 신화에서 따온 아름다운 이미지를 언급하고 있다. 그 이야기는 뱀의 왕인 아난타(Ananta)가 바다 위에 떠 있고 똬리를 틀고 있는 그의 긴 몸은 비슈누 신이 누울 수 있는 안락한 의자가 되었다. 뱀의 수천 개 머리는 보호막 역할을 하는 우산처럼 비슈누 위로 올라가서 밖으로 뻗어 있다. 그 우산 위에 지구가 안식하고 있다.

뱀의 몸체는 부드럽고 온화해서(수카) 신을 위한 긴 의자가 되는 것은 물론 지구 전체를 지지할 수 있을 만큼 충분히 단단하고 안정감이 있다(스티라). 우리는 아사나 수련에 이와 똑같은 부드러움과 안정성의 성질을 부여하도록 노력해야 하는 동시에 이 성질들을 개발하는 과정에서 노력이 점점 덜 들도록 해야 한다.

스티라와 수카를 달성하기 위해서 요가수련은 목적에 맞아야 할 뿐만 아니라 잘 구조화되어야만 한다. 삶의 다른 일들과 마찬가지로 아사나를 수련할 때도 시작의 출발점이 있다. 시작 순간에 우리 전 존재가 처한 조건이 수련의 출발점이다. 따라서 그 조건은 우리 구조 전체에 대해 가능하면 많은 것을 알게끔 도와 줌으로써 수련을 우리 능력에 맞게끔 개발하여 단계별로 진전할 수 있게 한다.

**요가수트라**에서 표현된 아이디어에 따라 요가수련을 개발하는 것이 **빈야사 크라마** (viṅyāsa krama)로 지칭되는 행위다. 'krama'란 '단계'를, 'nyāsa'는 '위치한다'를 뜻하며, 접두사 'vi'-는 '특정한 방식으로'로 번역된다. 빈야사 크라마라는 개념이 우리에게 말해 주는 것은 그저 단계를 밟는 것으로는 충분치 않으며, 단계는 우리를 올바른 방향으로 데려갈 필요가 있을 뿐 아니라 올바른 방식으로 구성되어야 한다는 것이다.

따라서 빈야사 크라마란 올바로 구성된 요가수련 코스를 말한다. 그것은 수련을 위해서 점진적이면서도 지성적인 코스를 구성하는 것과 연관된 요가의 기본개념으로서, 아사나 수련을 하든, 프라나야마를 하든, 또는 요가의 다른 측면들을 다루든 간에 이를 채택하는 것이 중요하다. 우리가 있는 곳에서 수련을 시작하면서 특정 목표를 바라볼 필요가 있다. 그럴 경우 그 목표를 실현하는 방향으로 우리를 이끌어 주고, 그런 다음에는 우리를 점차 일상생활로 되돌아가게 만들어 줄 단계를 선택한다. 그러나 매일매일의 수련은 우리가 시작했던 바로 그 지점으로 우리를 되돌려 놓지는 않는다. 수련은 우리를 변화시킨다.

바마나(Vamana)로 불리는 나이든 유명한 요기는 빈야사가 없다면 요가 아사나를 완성할 수 없다고 말한 것으로 유명하다. 빈야사 크라마라는 개념은 요가 수련뿐만 아니라 일상 삶의 모든 과업을 수행할 수 있게 하는 유용한 안내자다.

아사나 수련에서 스티라와 수카의 성질을 실현하기 위해서는 우선 당신이 수련하기로 선택한 아사나에 대해서 몸, 호흡, 주의(attention)를 준비할 때 여기에 필요한 단계를 이해해야 한다. 당신은 이 아사나 수련으로부터 발생할 수 있는 문제들의 단기 또는 장기적인 위험이 있는지도 고려해야만 하는데, 그럴 경우 호흡과 신체의 균형에 필요한 자세를 결정해야만 한다.

## 반대 자세

모든 행위에는 부정적인 효과와 긍정적인 효과가 있다고 요가는 가르친다. 이런 이유로 우리의 행위에 주의를 기울이는 것이 그토록 중요한 것이다. 우리는 어떤 효과가 긍정적이고 어떤 효과가 부정적인지를 인식해서, 긍정적인 것은 강조하고 부정적인 것은 중화시키려고 노력할 수 있어야 한다. 아사나 수련에서 이 원리를 따를 때, 우리는 엄청난 노력이 드는 특정 아사나가 갖는 부정적 효과의 가능성에 균형을 주기 위해 자세들을 이용한다. 중화시키는 이런 자세들을 반대 자세(counterpose) 또는 **프라티크리야사나**(pratikriyāsana)[2)]라고 부른다.

물구나무서기를 예로 들어 보자. 시르사사나(śirṣāsana), 즉 물구나무서기를 하지 않으면 하루를 잘 보낼 수 없다는 사람들이 많다. 아침에 일어나서 제일 먼저 또는 저녁 잠들기 전 10분 동안 물구나무서기를 실시하고는 매우 만족해한다. 아무튼 그들은 아사나를 위한 준비는 하지 않은 채 그저 머리로 선 후에 수련을 끝마친다. 종종 이 자세에 숨겨진 부정적인 효과가 앞으로 일어날 것을 오랫동안 눈치채지 못한다. 물구나무서기는 통상적으로 몸에 가해지는 중력의 효과를 반전시키기 때문에 이 자세를 실시하는 건 좋지만, 물구나무를 서는 동안에는 몸 전체 무게가 목에 걸린다. 머리 무게만을 감당하도록 고안된 우리의 좁은 목은 이제 몸 전체를 지탱해야만 한다. 따라서 물구나무서기를 실시한 후에 균형을 주기에 적합한 훈련을 함으로써 부정적인 효과의 가능성을 상쇄하는 것이 매우 중요하다. 그러지 않으면 어지럼증을 느낄 수 있고, 시간이 지나면서 목이 만성적으로 뻣뻣해지거나, 더 안 좋은 경우에는 목의 척추가 퇴화되거나, 정렬이 불량해져 척추 사이의 신경을 누를 수 있는데, 이는 엄청난 통증을 유발한다. 물구나무서기 효과의 균형을 잡기 위해 반대 자세를 사용하는 데 있어 신중을 기하지 않는 사람들에게 불행히도 이런 일이 꽤나 자주 일어난다.

---

2) 'prati'란 '~에 대항해서, 정반대의'라는 뜻이고, 'kṛ'는 '행한다'라는 뜻이다.

이런 방식으로 수련할 경우 손상이 얼마나 많이 일어날 수 있는지 나는 거듭 거듭 절실히 느끼곤 한다. 적절한 아사나 수련이란 특정 목표를 향해 한 단계씩 전진하는 일에 그치지 않는다. 수련의 해로운 효과를 전혀 경험하지 않고 일상생활을 편안하게 재개할 수 있는 자세로 돌아와야 한다.

반대 자세의 필요성에 관해 쓰는 동안 재미난 이야기 한 가지가 떠올랐다. 내게는 두 명의 남자 형제가 있다. 어릴 적 우리 정원에는 코코넛 나무가 아주 높이 자라고 있었다. 형님은 나와 동생에게 이처럼 큰 나무에 오를 수 있는 방법을 알고 있다고 거듭 말했고, 우리는 그에게 보여 달라고 요청했다. "올라가 봐, 올라가 봐."라고 외치며 우리가 얼마나 그를 비웃었는지 지금도 기억이 난다. 마침내 형은 나무에 올라갔다. 올라가는 건 쉬웠지만 형님은 떨어지지 않고 내려올 방법을 알지 못했다. 주변에 형님을 도울 수 있는 사람이 없는 탓에 형님은 오랫동안 나무 위에 갇혀 있었다.

아사나 수련도 마찬가지다. 나무에 오르는 것만으로 충분치 않으며 내려올 수도 있어야 한다. 물구나무서기를 할 때 아무 문제 없이 정상 위치로 돌아올 수 있어야 한다. 목에 가해진 압박을 해소하기 위해 어깨서기(sarvāngāsana) 같은 반대 자세로 균형을 잡아 주는 게 중요하다.

어떤 아사나건 간에 어디에서 긴장이 느껴지는지에 따라 다양한 반대 자세가 가능하다. 자세를 취한 후 어느 부위건 과도한 긴장이 느껴질 때마다 반대 자세로 그 긴장을 완화할 수 있도록 노력해야 한다. 즉, 긴장을 완화하는 가장 단순한 아사나를 실시해야 하는 것이다. 강력한 전굴의 반대 자세는 부드러운 후굴이다. 반대로 강력한 후굴 후에는 단순한 전굴이 뒤따를 것이다. 다시 한번 말하지만, 반대 자세를 수련하는 이유는 몸을 정상 상태로 되돌리는 데 있으며, 어떤 긴장도 다음 자세나 일상의 업무로 전이되지 않도록 확실히 하기 위한 것이다.

이중 효과라는 원리를 준수하고, 이에 따라 세션 중에 아사나 순서를 결정하는 한 가지 방법은 수련에 빈야사 크라마를 도입하는 것이다. 빈야사 크라마라는 단계별 자각은 또한 개별 아사나 수련은 물론 장시간에 걸친 수련 전개의 일부분이 되어야 한다.

## 세션 디자인

이제 우리는 아사나 세션의 순서를 구성하는 방법을 살펴볼 것이다. 세션을 전개하는 방법은 우리의 즉각적인 필요와 장기 목표 그리고 수련 후에 어떤 활동을 할 것인가에 달려 있다. 테니스를 치려고 몸을 준비하기 위한 목적으로 고안된 아사나 코스는 정신적으로 부담이 되는 환경에서 기민하게 깨어 있는 사람을 돕는 코스와 다를 것이며, 만성불면증을 가진 사람을 잠들기 전에 깊이 이완하도록 돕는 수련과도 다를 것이다.

아사나는 셀 수 없이 많고 아사나에 대한 책도 그만큼 많다. 어떤 자세를 수련할지 어떻게 정할 수 있을까? 가능한 아사나 목록은 끝이 없는데, 왜냐하면 자세에 관한 한 몸의 엄청난 유연성은 거의 무한한 가능성을 허용하기 때문이다. 많은 아사나를 수련하는 것이 좋은지, 몇 개 아사나만 수련하는 것이 좋은지, 어떤 아사나가 가치 있는지 결정하는 것은 전적으로 수련생에게 달려 있으며, 그의 라이프 스타일과 목적을 고려해야 한다. 사람이 달라지면 아사나도 달리할 필요가 있다. 예컨대, 많은 사람은 다리가 경직되어 있기 때문에 선자세를 상당히 수련할 필요가 있다. 이와는 달리 맵시 있는 유연한 다리를 가진 댄서는 아주 유연하기 때문에 선자세에 노력을 많이 기울일 이유가 없다. 아사나 수는 상당히 많지만 그것을 모두 수련할 필요는 없다. 수련의 방향을 찾고 우리 욕구에 맞는 아사나 순서를 정해서 그것을 통해 아사나 수련에서 발견할 필요가 있는 성질들을 발견하는 것이 훨씬 더 중요하다. 지도자는 선택에서 도움을 줄 수 있는 중요한 자원이다.

어디부터 수련을 시작할지는 매일매일 다를 수 있다. 처음에는 효과를 보기 어려울 수 있지만 진정한 요가를 수련하는 데 더 많이 참여할수록 우리 자신을 어떻게 관찰하고 우리 자신만이 갖는 출발점을 발견하는 방법을 매번 더 잘 이해할 것이다. 수련을 시작하는 상황은 끊임없이 변한다. 어제 무릎을 다쳐 아침에 가부좌를 할 수 없다고 가정해 보자. 그럴 경우 나라면 무릎을 느슨하게 하는

데 도움이 되는 훈련을 할 것이다. 수련을 시작하기 전과 수련이 진행되는 내내 지속적으로 컨디션을 검토하는 것이 중요하다. 예컨대, 선자세에서 몸을 앞으로 숙이는 경우 다리와 허리가 경직되어 있는지 느낄 수 있을 것이다. 몸에 주의를 기울인다면 이런 것들을 쉽게 발견할 수 있다. 우리 자신을 일단 이런 식으로 관찰하고 출발점을 인식한다면 최대의 효과를 낼 수 있도록 수련을 발전시킬 수 있다.

한 세션을 어떻게 시작할지 결정할 때 반드시 따라야만 하는 특정한 원리가 있다. 아사나를 실시하기 전에 몸이 그 아사나를 실시할 준비가 되었는지 확인해야 한다. 예컨대, 몸을 관찰하거나 다리가 제대로 준비되기도 전에 아침에 일어나 맨 먼저 가부좌로 앉으려 한다면 무릎이 쉽게 손상될 것이다. 부드러운 워밍업을 한다면 몸이 풀려 준비 상태가 될 것이다. 후굴이나 비틀기로 수련을 시작하는 것은 좋지 않다. 수련을 가장 단순한 자세로 매번 시작해야만 하며, 자연스럽게 몸을 앞으로 숙이거나 팔이나 다리를 들어 올리는 아사나가 적당하다. 가장 단순한 자세로 시작해서 점차 더 어려운 자세로 나아간다.

[그림 4-1]은 수련을 시작하기 좋은 몇 가지 아사나를 보여 준다. 여기에는 타다사나(tadāsana, 산자세), 웃타나사나(uttānāsana, 전굴), 아파나사나(apānāsana, 숨을 내려놓는 자세), 팔을 들어 올린 바즈라사나(vajrāsana, 번개자세)가 포함되어 있다. [그림 4-2]는 수련을 시작해서는 안 되는 아사나를 보여 준다. 여기

(1) (2) (3) (4)

**[그림 4-1]**
수련을 시작하는 아사나
(1) 타다사나
(2) 웃타나사나
(3) 아파나사나
(4) 팔을 들어 올린 바즈라사나

(1) (2) (3) (4)

**[그림 4-2]**
수련을 시작해서는 안 되는 아사나
(1) 시르사사나
(2) 트리코나사나
(3) 다누라사나
(4) 할라사나

에는 시르사사나(머리서기), 트리코나사나(trikonāsana, 삼각자세), 다누라사나(dhanurāsana, 활자세), 할라사나(halāsana, 쟁기자세)가 포함된다.

아사나를 수련하는 방법에는 두 가지가 있다. 호흡의 리듬에 따라 아사나를 취하고 푸는 움직임을 반복하는 것이 **동적** 수련이다. **정적** 수련에서는 동적 수련에서와 똑같은 방식으로 자세를 취하고 푸는데, 호흡과 더불어 지속적인 움직임을 유지하는 것이 아니라 특정 수의 호흡 사이클 동안 자세를 유지한다. 이때 호흡, 몸의 특정 부위, 또는 양쪽 모두에 주의를 두는데, 이는 특정 아사나를 수행하는 목적에 따라 달라진다. 동적 움직임은 그 자세에 몸이 부드러우면서도 점진적으로 익숙해지도록 한다. 이런 이유로 아사나를 유지하기 전에 우선 아사나를 동적으로 수련하는 것이 언제나 더 좋다.

동적 형태의 수련에서 얻을 수 있는 중요한 이점이 있다. 예컨대, 정적 수련으로 아사나를 긴 시간 동안 유지하려 할 경우, 많은 아사나는 초보자에게 큰 문제를 일으킨다. 또한 경험 많은 요가 수련자라도 실제로 자세에 몰입하면서 그것이 갖는 가능성을 탐색하기보다는 정적 수련을 하면서 종종 자세를 고정하는 데 주의를 두는 습관에 사로잡힌다. 동적 수련에는 신체의 특정 부위로 호흡을 보내서 그 효과의 강도를 높일 수 있는 가능성이 훨씬 더 많다. 따라서 아사나를 동적으로 수행하는 것은 어려운 정적 자세를 준비하는 데 도움이 될 뿐 아니라 특정 아사나의 수련을 강화하거나 수련에 특정한 방향을 제시해 준다. 이런 온갖 이유 때문에 동적 아사나 수련은 초보자건 더 숙련된 수련자건 간에 모든 요가 세션의 필수적인 요소가 되어야 한다.

[그림 4-3]과 [그림 4-4]는 동적 수련 순서를 보여 준다. [그림 4-3]에서는 파스치마타나사나(paścimatānāsana, 앉은 전굴자세)를 지속적으로 실시하는데, 수련생은 1단계에서 2단계 그리고 다시 1단계로 호흡의 리듬을 따라 몇 번 순서를 반복하면서 유연하게 움직인다. 이런 식으로 몸을 준비한 후 앉은 전굴자세로 들어가 자세를 유지하면서 지속적으로 호흡하는 것이 합리적이다. 시간이 지나면 자세를 유지하는 동안에 일어나는 호흡의 수를 점차 늘려갈 수 있다.

[그림 4-4]가 보여 주는 순서는 더 격렬한 수련이다. 파르스바 우타나사나(pārśva uttānāsana, 선 전굴자세)에서는 들숨에 1단계에서 2단계로, 날숨에 2단계에서 3단계로 움직인다. 그런 다음 들숨에 2단계로 돌아오고 날숨에 3단계로 돌아오며, 이 패턴을 몇 사이클 반복한다[(3), (2), (3), (2)]. 마지막으로 날숨에 1단계로 돌아온다. 각 사이클마다 순서 전체[(1), (2), (3), (2), (1)]를 반복하는 것은 이 자세를 힘이 덜 들게 동적으로 수련하는 방식일 것이다.

동적 수련 세션의 경우 반복 횟수는 개인적인 욕구와 필요성에 따라 달라진다. 선 전굴자세를 수련할 때 다리가 피로하거나 허리가 아플 수 있다. 그런 증상들은 한계를 초과했으며, 한계에 도달했다는 신뢰할 수 있는 첫 신호가 되기에는 너무 늦었다는 분명한 표시다. 호흡만이 우리가 스스로를 너무 밀어붙였다는 초기 경고가 될 수 있다. 앞에서도 언급했지만, 우리가 호흡을 고요하게 따라갈 수 있다면 우리 자신의 신체 역량이 가진 한계 내에 머물 수 있다. 목에서

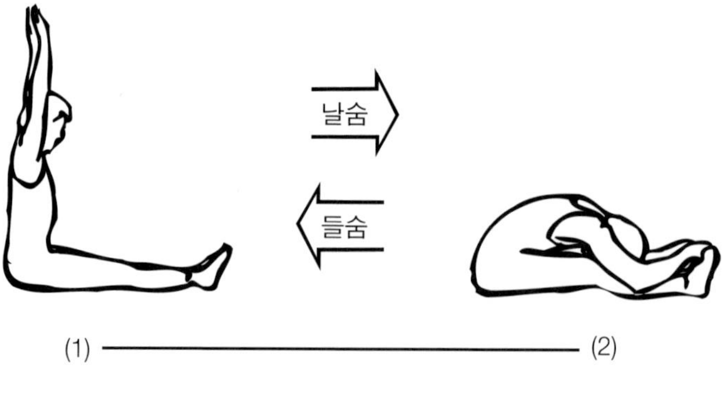


**[그림 4-3]**
파스치마타나사나의 동적 수련

**[그림 4-4]**
파르스바 우타나사나의 동적 수련

부드럽고 고른 소리를 유지하지 않은 채 코나 입을 통해 빠르게 호흡해야 하는 순간 수련을 멈추어야 한다(비대칭 자세의 경우 한쪽당 호흡수가 같아야 한다). 어떤 자세가 주어지건 스태미나를 점차 축적해서 반복 횟수를 늘릴 수 있다.

연속적인 자세에서 어느 한 아사나를 유지하고 싶을 경우, 그 아사나를 우선 동적으로 반복한다면 더 많은 것을 성취할 수 있다. 특정 아사나를 장기 목표로 세울 경우, 동적 변형 자세를 실시하는 것은 그 목표를 달성하는 여정에서 가장 크게 도움을 줄 것이다. 가능할 때마다 동적으로 반대 자세를 취해야만 몸에 새롭게 긴장이 생기는 위험을 줄일 수 있다.

## 적절한 반대 자세의 예

다음은 반대 자세를 선택함으로써 요가수련에 균형을 잡아 주는 효과의 원리들이 어떻게 적용되는지 보여 준다.

앞에서 언급했듯이 머리서기 효과를 중화시키기 위해서는 다양한 반대 자세가 필요하다([그림 4-5]를 보라). 굽은 등을 가진 사람들은 시르사사나를 할 때 허리를 위한 자세를 반대 자세로 실시하고 싶을 텐데, 머리서기는 허리를 상당히 긴장시킬 수 있기 때문이다. 여기에는 아파나사나(1)가 적합하다.

머리서기 수련에는 어깨서기(사르방가사나)(2)도 필요한데 이는 목에 가해지

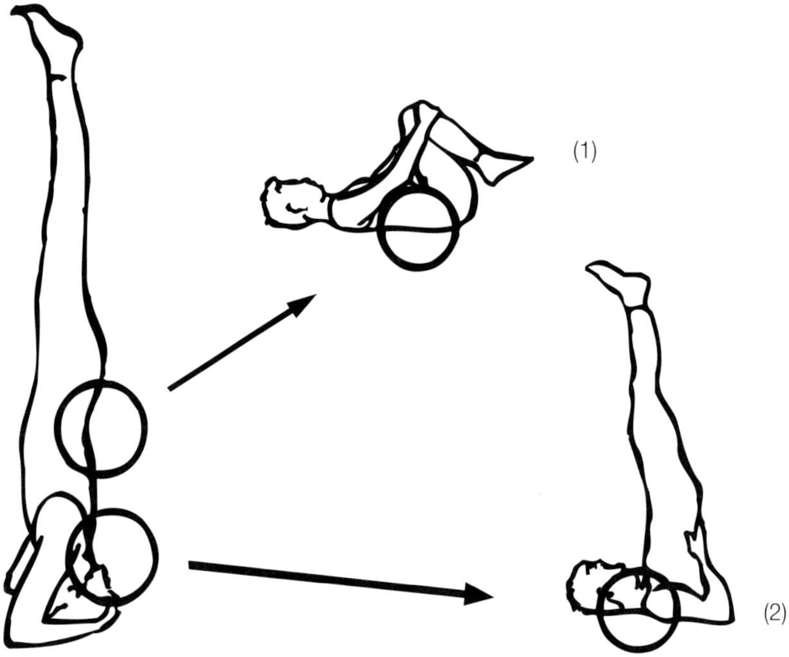


**[그림 4-5]**
머리서기의 반대 자세:
(1) 아파나사나,
(2) 사르방가사나

는 압력을 해소하기 때문이다. 어깨서기 자체는 매우 힘든 정적 자세이기 때문에 그것 또한 코브라자세(부장가사나) 같은 반대 자세가 필요하다. 자세와 반대 자세가 서로 뒤를 잇는 이런 순서는 수련에서 중요한 부분이다.

[그림 4-6]은 웃타나사나 후에 가능한 반대 자세를 보여 주고 있다. 웃타나사나 수련 후 다리에서 긴장이 느껴질 때는 그때마다 쪼그려 앉는 웃카타사나(utkaṭāsana)(1)가 도움이 될 수 있다. 차크라바카사나(cakravākāsana)(2)는 웃타나사나에서 생기는 허리 통증에 도움이 될 수 있다. 또는 송장자세인 사바사나(śavāsana)(3)에서 허리를 쉬게 하는 것도 좋을 것이다. [그림 4-7]은 몇 가지 아사나와 각 아사나에 대한 반대 자세의 예를 보여 준다.

좋은 요가수련은 멋대로 실시하는 것이 아니라 특정한 원리를 따른다는 사실이 분명해졌을 것이다. 우리의 수련에 지성적인 구조를 제공하는 원리는 다음과 같다.

**[그림 4-6]**
웃타나사나의 반대 자세:
(1) 웃카타사나,
(2) 차크라바카사나,
(3) 사바사나

- 당신이 처한 위치에서 시작하라.
- 세션을 시작할 때 워밍업을 해서 몸 전체를 풀라.
- 아사나를 실시하기 전에 적절한 반대 자세를 확실히 알고 있을 뿐 아니라 그것을 수행할 수 있음을 확인하라.
- 아사나를 유지하기 전에 동적으로 아사나를 수련하라.
- 주된 아사나 후 즉시 반대 자세를 수련하라.
- 반대 자세는 주된 아사나보다 단순함을 확인하라.

연속되는 두 가지 단순한 아사나를 예로 들면서 이 원리를 분명히 해 보자. 다음에 오는 아사나 순서가 특정 사람에게 이로움을 줄지의 여부는 수많은 요인에 달려 있는데, 여기에는 척추의 구조와 유연성 그리고 다리와 엉덩이의 유연성이 포함된다. 이 순서를 한 예로서 고려하되, 주의 깊게 구성한 수련은 당신 특유의 구조와 특정 목표를 고려해야 한다는 사실을 인지하라.

**[그림 4-7]**
(1) 다섯 가지 주된 아사나와
(2) 각 아사나에 대한 반대 자세

[그림 4-8]은 앉은 전굴자세 파스치마타나사나에 접근하는 짧은 순서를 보여 준다. 우리는 사마스티티(samasthiti)인[3] 선자세(1)에서 시작해서 몸과 호흡에 접촉한다. 그런 다음 웃타나사나(2)를 동적으로 수련함으로써 워밍업을 하되 이 순서를 몇 번 반복한다. 이런 전굴은 파스치마타나사나를 위한 첫 번째 준비 과정이다. 그런 다음 파르스바 웃타나사나(3)를 4번 반복하는데 한 호흡을 참는 데서 출발해서 두 호흡, 세 호흡, 마지막에는 네 호흡을 참는다. 그런 다음 다른 쪽도 반복해서 실시한다. 이런 방식으로 다리 스트레칭을 점차 늘려갈 수 있다. 다리 작업에 대한 반대 자세로서 우리는 차크라바카사나(4)의 동적 버전을 수행함으로써 다음번 자세까지 긴장이 이어지지 않도록 한다. 그런 다음 사바사나(5)에서 잠시 쉬어 준다.

이제 우리는 주된 아사나인 파스치마타나사나(6)를 수련할 준비가 되었다. 처음에는 동적으로 실시하여 정적 자세를 준비한다. 이 훈련에서 호흡을 느끼는 데 도움이 되기 위해서는 숨을 들이쉴 때 위쪽으로 뻗어 주고 내쉴 때 앞으로 숙인다. 자세에서 가능한 작업 한 가지는 등을 뻗어 줄 때 등에서 일어나는 들숨의 움직임을 느끼는 것이다. 그런 다음 숨을 내쉴 때 척추 쪽으로 향하는 배의 움직임을 느끼되 확장감을 잃지 않은 채 앞으로 숙인다. 파스치마타나사나를 동적으로 실시한 후 그 자세에서 몇 차례 호흡하는 동안 머물러서(7) 몸과 호흡 모두에 주의를 기울인다.

앉은 전굴자세의 반대 자세로서 드비파다 피탐(8)을 이용할 수 있는데, 그 목적은 둔부를 열어 주고 강력한 전굴을 보상하기 위해서다. 사바사나(9)에서 길게 휴식하면서 아사나 수련을 마친다.

다음의 아사나 순서는 후굴을 위한 부드러운 수련의 한 예다. 준비 과정과 반대 자세가 없으면 후굴은 경련, 통증 그리고 여타의 문제를 일으킬 수 있다. [그림 4-9]가 보여 주고 있는 아사나 순서는 후굴인 살라바사나(śalabhāsana, 메뚜기자세)를 위한 훌륭한 준비 과정과 마무리 훈련이다.

---

3) 역자 주. 'sama'는 '동일한' '균등한' '균형 잡힌'을 의미하고, 'stithi'는 '서다'를 의미하는 산스크리트어이다. 현대요가에서는 보통 선자세를 지칭한다.

**[그림 4-8]**
워밍업 훈련 순서와 파스치마타나사나의 반대 자세

이 순서에 제시된 모든 훈련은 동적으로 수련한다. 워밍업(1)은 호흡과 움직임을 연결시키는 단순한 훈련이다. 그러나 팔을 위로 뻗으면 척추가 약간 움직이기 때문에 허리를 이미 부드럽게 해 주는 셈이다. 그 후에 아파나사나(2)를 하면 허리를 풀어 주는 데 도움이 된다. 그런 다음 처음에 했던 부드러운 허리 움직임을 반복하는데, 이번에는 약간 다르게 누워서 무릎을 구부린 상태에서 실시한다(3).

드비파다 피탐(4)은 더 강한 훈련이다. 이 아사나에서는 매 들숨마다 약간 더 높이 들어 올리면서 매우 주의 깊게 행한다. 여기서도 등은 분명 작용하지만 다리가 이를 도와준다. 드비파다 피탐 후에 짧게 휴식한다(5). 차크라바카사나(6)는 드비파다 피탐을 할 때 일어날 수 있는 등의 긴장을 해소할 수 있다.

허리를 더 많이 준비하려면 부장가사나를 단순하게 변형시킨다(7). 마침내 살라바사나의 단순한 변형(8)을 실시할 준비가 되었다. 이제 등이 다리와 몸통을 지지해 주어야 한다. 이 자세 전에 실시한 모든 훈련을 통해서 준비가 완성되었다.

살라바사나 후에는 무릎을 굽히고 발을 바닥에 둔 상태에서 다시 짧은 휴식을 취해서(9) 등을 이완한다. 살라바사나의 프라티크리야사나 또는 반대 자세는 허리를 이완시키는 아파나사나(10)다. 휴식을 하면서(11) 순서를 끝낸다.

## 호흡

아사나 수련에서는 들숨과 날숨을 여러 방식으로 강조할 수 있다. 호흡은 네 부분으로 구분된다.

- 들숨
- 날숨

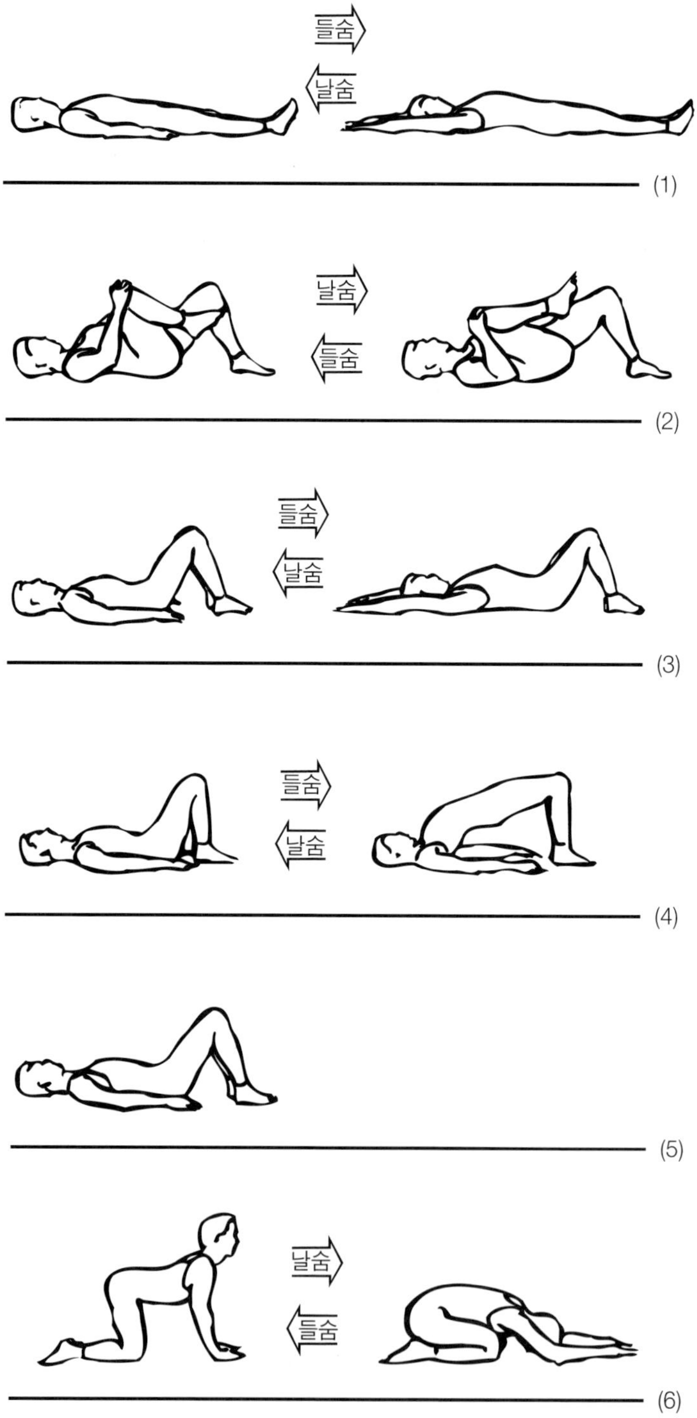


**[그림 4-9]**
살라바사나를 위한
워밍업 훈련과
반대 자세 순서

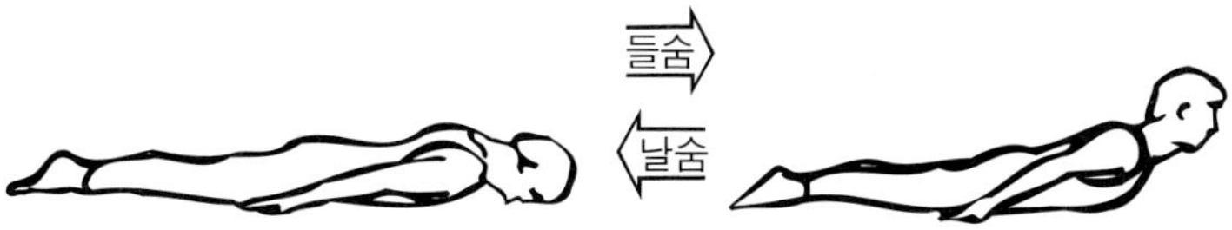


(7)

(8)

(9)

(10)

(11)

- 들숨 후 정지
- 날숨 후 정지

자세가 주는 효과를 강화하기 위해서는 아사나 수련을 할 때 호흡의 정지를 이용한다. 복부가 묵직하고 불편해서 그 부위를 가볍게 만드는 데 도움을 주기 위한 방편으로 앉은 전굴자세를 실시한다고 가정해 보자. 가장 단순한 형태의 아사나, 즉 느린 호흡 리듬에 맞추어 동적으로 아사나를 실시할 수 있다. 아니면 보통 때와 마찬가지로 날숨에 전굴하면서 복부를 수축할 수 있지만 금방 다시 올라오기보다는 그 자세에 머물러서 몇 초 동안 호흡을 참을 수 있다. 날숨 후에 호흡을 참는 것은 복부에서의 아사나 효과를 강화한다. 반대로 특정 아사나에서 들숨 후에 호흡을 참는 것은 가슴 부위의 효과를 강화한다. 다음은 요가수련에서 일종의 규칙으로 적용되는 원칙들이다.

- 긴 들숨 그리고 들숨 후의 호흡 정지를 강조하면 가슴 부위에서 일어나는 호흡의 효과를 강화한다.
- 긴 날숨 그리고 날숨 후의 호흡 정지를 강조하면 복부 부위에서 일어나는 호흡의 효과를 강화한다.
- 전굴자세는 날숨 후의 호흡 정지를 돕는 반면, 후굴자세는 들숨 후의 호흡 정지를 돕는다.

날숨을 늘리거나 날숨 후에 호흡을 정지하는 훈련을 산스크리트어로 **랑가나**(laṅghana)라고 하는데 이는 '단식하다' 또는 '줄이다'라는 뜻이다. 랑가나는 제거 과정을 지원하며 기관, 특히 복부 기관에 활력을 줌으로써 신체를 정화하는 효과가 있다. 예컨대, 횡격막 아래 부위에 문제가 있는 사람이 랑가나 수련을 하면 도움이 될 수 있다.

들숨을 늘리거나 들숨 후에 호흡을 정지하는 훈련을 **브름하나**(bṛmhaṇa)라고 하며 '확장하다'가 가장 적절한 번역어다. 브름하나 수련은 신체에 에너지를 주고 열을 가하는 효과가 있다. 에너지가 부족한 수련생의 수련에는 브름하나 요소를 도입해야 한다. 브름하나를 도입하기 전에 날숨을 늘리는 능력을 갖추어야 하는데, 배설하지 않은 채 열이 지나치면 에너지 패턴이 교란되기 때문이다. 새로운 에너지를 받기 위해서는 우선 낡고 더 이상 쓸모없는 것들을 놓아 버려야 한다.

[그림 4-10]은 아사나에 적용된 랑가나와 브름하나의 원리를 보여 준다. 영웅자세 또는 비라바드라사나(vīrabhadrāsana)(1)는 그 성질상 브름하나 방식으로 작용하는 아사나다. 긴 들숨 후에 짧게 호흡을 정지하면서 수련하면 더 크게 확장되는 방향으로 작용할 것이다. 앉은 전굴자세(2)는 랑가나 원리를 자연스럽게 적용할 수 있는 아사나다. 천천히 의도적으로 숨을 내쉬면서 실시하고 그 후에 호흡을 정지하면 아사나 효과가 강화된다.

준수해야 할 매우 중요한 규칙 한 가지가 있다. 호흡의 정지로 인해 뒤따라 일어나는 들숨이나 날숨의 길이가 줄어들면 수련을 중단한다. 아직은 이 수련을 실시할 준비가 안 된 것이며, 그 대신 당신은 그렇게 되도록 노력할 수 있다.

순환계와 관련해서 맥박이 갑자기 증가할 경우에는 호흡을 참아서는 안 된다. 심장박동과 호흡은 상호 의존하므로 호흡이 불량하면 맥박은 증가하게 되어 있다. 이런 규칙에는 심리적인 이유도 존재한다. 대다수의 사람은 자신의 심장에 매우 과민해서 맥박이 빠르게 증가하면 불안해질 수 있다. 호흡의 정지가

(1)

(2)

**[그림 4-10]**
브름하나-영웅자세(1)에서 확장 효과를 주는 호흡 정지; 랑가나-앉은 전굴자세(2)에서 수축 효과를 내는 호흡 정지

우리를 불편하게 만들어서는 안 되며 호흡의 질을 고요하게 관찰할 수 있어야 한다.

랑가나와 브름하나 원리는 적절한 지식과 이해가 있을 때만 이로움을 주는 방향으로 이용할 수 있다. 특정한 환경을 주의 깊게 고려하지 않으면서 이 원리를 적용해서는 안 된다. 프라나야마에 관해 논할 때 이 주제를 더 상세하게 다룰 것이다.

## 휴식에 관해서

요가수련을 계획하는 방식에서 또 다른 중요한 요인이 되는 아사나 사이사이의 휴식에 대해 몇 마디를 덧붙여 보자. 숨이 가빠지거나 호흡을 더 이상 조절할 수 없을 때마다 마땅히 휴식해야 한다. 그러나 호흡이 고요하고 규칙적일지라도 몸의 특정 부위가 피곤해지거나 쑤실 수 있는데 이 부위에도 휴식이 필요한 것이다. 특정 아사나를 12회 수련하겠다고 마음먹었는데 6회 후에 피로감을 느낀다면 즉각 중단하고 고요 속으로 들어가야 한다. 휴식과 관련해서 따라야 할 한 가지 규칙은 휴식이 필요할 때는 휴식한다는 것이다.

한 종류의 아사나에서 다음 종류의 아사나로 전환하는 방법으로도 휴식을 취한다. 예컨대, 다누라사나 같은 강한 후굴과 파스치마타나사나 같은 강력한 전굴 사이에는 반드시 휴식이 필요하다. 휴식할 필요를 못 느껴도 자신에게 휴식을 주어야 한다. 휴식은 자세의 효과를 느낄 수 있는 기회를 제공할 뿐 아니라 근육이 균형으로 돌아올 수 있는 시간을 준다. 우리가 든 예에서처럼 다누라사나를 실시한 후 휴식하지 않으면 뒤이어 실시하는 전굴에서 등에 무리가 생길 수 있다. 이런 일을 피하려면 휴식을 취하면서 근육과 몸 전체의 반응을 관찰해야만 한다.

또 다른 예 한 가지를 들어 보자. 머리서기를 할 때 기분이 좋아지는 사람들이 많다. 그러나 그 후에 바닥에 누우면 가슴에서 일종의 압박감을 알아챌 수 있다. 머리로 서면 복부 무게가 가슴에 쏠려 갈비뼈를 압박한다는 것을 알고 있지만 휴식할 때까지는 압박을 전혀 느끼지 못할 수 있다. 가슴에서 일어나는 느낌은 오로지 갈비뼈의 반응으로서 반대 자세를 실시하기 전에 휴식을 취하면 이것이 해소될 것이다. 일반적으로는 강력한 자세와 똑같이 힘겨운 반대 자세 사이에는 휴식을 취해야만 하는데 머리서기와 어깨서기가 그 예이다. 그러나 반대 자세가 아주 단순한 경우에는 휴식 없이 곧장 자세를 취할 수 있다.

프라나야마를 수련하기 전에도 휴식 시간이 필요하다. 프라나야마에서 우리의 주의는 주로 호흡을 향하지만, 아사나 중에는 다양한 신체훈련에 따라 호흡이 달라진다. 아사나는 몸에 주의를 두게끔 만들기 때문에 아사나 후에 휴식을 취해서 정신적으로 프라나야마를 준비하는 것이 좋다. 프라나야마 전에 얼마나 오래 휴식할지는 방금 전까지 얼마나 많은 아사나를 수련했는지에 달려 있다. 15분 동안 아사나를 실시했다면 2~3분간 휴식을 취하는 게 좋지만, 아사나 수련을 1시간 이상 실시한 경우에는 프라나야마로 들어가기 전에 적어도 5분은 휴식해야 한다.

워밍업과 반대 자세를 포함해서 특정 아사나 수련 전체를 진행하는 순서의 예를 제시했는데, 그러나 중요한 점은 훌륭한 강사의 자질에는 책은 결코 미칠 수 없다는 점을 인식하는 것이다. 자기발견과 요가를 통해 당신의 몸과 마음에 대해 더 큰 통찰을 얻는 최선의 방법은 지도자의 조언을 구하는 것이다.

요가수련은 본질적으로 자기탐색을 위한 수련이다. 아사나와 프라나야마는 우리 자신에 대해 특정한 것을 발견하도록 도울 수 있지만, 불행히도 우리는 우리 자신의 지각을 항상 신뢰할 수는 없다. 사태를 보는 우리의 습관적인 방식이 매 경험마다 다르게 보는 것을 어렵게 만든다. 우리의 습관적인 방식이 자기이해를 제한하는 것이다. 지도자의 지각은 우리 고유의 조건화에 구속되지 않기 때문에 그는 종종 우리 안에 숨겨진 역량이 무엇인지 볼 수 있다.

요가에 관한 책들은 그 출발 수준이 서로 다르다. 요가 경험이 거의 없는 사람은 자신의 조건에 가장 잘 맞는 아사나를 선택할 때 어려움을 겪는다. 어떤 자세가 가장 유용하며, 어떤 부분에서 수련생에게 안내가 필요한지 알아내는 데는 훌륭한 지도자의 역할이 중요하다. 지도자는 우리 자신을 아는 데 도움을 주고 더 큰 자기발견으로 향하는 길을 실행할 때 우리를 고무시킨다. 책은 지도자가 보내는 격려를 지원할 수 있을 뿐이다.

크리슈나마차리아의 요가 가르침을 더 많은 대중에게 소개할 목적으로 나는 이 책을 저술하기로 했다. 물론 내가 기술한 아사나 순서는 개인적인 욕구를 고려하지 않았다. 이 일반적인 순서를 당신의 목적에 맞게 바꾸어야 한다.

사람들은 종종 모든 사람이 따라 할 수 있는 일반적인 아사나 순서가 있는지 묻는다. 물론 그런 순서는 있으며, 일반적인 방식의 아사나 순서에 대해서도 생각해 볼 수 있다. 사태를 단순하게 만들려면 요가수련을 특정 개인과 그 사람의 개인적 욕구에 맞추어야만 하며 이에 따라 일반적인 플랜을 절대시해서는 안 된다는 사실을 잠시 잊자. 어떤 아사나에는 특정한 사람들을 위한 특별한 준비 과정이나 반대 자세가 필요하거나 아사나 순서에는 가끔씩 휴식을 주어야 한다는 사실도 잠시 잊어버리자. 우리는 이미 여기에 대해 충분하게 논의했다. 이제 지구와 관련된 몸의 위치와 척추의 기본 움직임에 따라 아사나를 분류할 수 있는 방식으로 주의의 초점을 옮겨 보자.

우리는 아사나를 선자세, 등을 바닥에 대고 실시하는 자세, 역자세, 배를 깔고 엎드려서 실시하는 자세(후굴), 마지막으로 앉거나 무릎 꿇는 자세로 구분할 수 있다. 이 중 어떤 아사나를 골라야 하며 어떤 순서로 실시하는 것이 합리적일까?

일반적인 순서에서 [그림 4-11]은 제안된 자세들 중 일부를 보여 주고 있다. 수련을 시작할 때는 워밍업이 되고, 몸을 유연하게 만들며, 몸 전체를 사용하는 훈련이 필요하다. 이를 위해서는 서서 실시하는 아사나가 제일 좋다. 이런 아사나는 발목, 무릎, 골반, 척추, 어깨, 목, 어느 정도는 손목까지도 포함해서 모든 관절을 풀어 주는 데 적합하다. 골반, 무릎, 발목에 문제가 있는 사람들이 종종 있으며 여러 이유로 선자세로 시작할 수 없는 사람들도 있다. 그러나 사람들 대부분은 서서 실시하는 아사나로 5~10분 동안 워밍업을 해야 한다.

수련을 시작하는 훈련은 우리의 몸과 호흡 상태를 경험하고 관찰하는 데도 도움을 주어야 한다. 단순하면서도 위험이 없는 방식으로 우리의 육체 상태와 정신 상태를 발견할 수 있도록 수련의 출발을 계획해야 한다. 서서 실시하는 단순한 자세는 이런 기회를 제공한다.

선자세를 실시한 후에는 등을 대고 누워서 아사나를 수련하는 것이 좋은데, 이는 다음에 올 역자세를 위한 준비로서도 유용하다. 역자세는 몸에 가해지는 중력의 영향을 상쇄시키는 데 도움을 줄 뿐 아니라 내적 정화를 위해서도 매우 중요하다. 게다가 머리서기와 어깨서기 같이 잘 알려진 역자세는 정상적인 일

**[그림 4-11]**
일반적인 목적을 위해서 다음 순서로 아사나를 수련할 수 있다. 워밍업을 위한 선자세(1), 등을 바닥에 대고 누운 자세(2), 역자세(3), 배를 바닥에 대고 엎드린 자세(4), 앉은 자세나 무릎 꿇은 자세 (5), 등을 바닥에 댄 휴식(6), 보통 앉은 자세에서 실시하는 호흡훈련(7). 이런 대략적인 개요는 힘겨운 아사나를 위한 준비와 필요한 반대 자세 및 휴식을 고려하지 않았다.

상 자세와 완전히 반대되는 자세에 우리를 둔다. 이런 자세들은 새로우면서도 예전에는 알지 못했던 우리 자신의 측면을 발견할 기회를 준다.

역자세 후에는 배를 깔고 엎드려서 실시하는 일련의 아사나가 이어지는데 이들은 모두 후굴이다. 이 중 어떤 아사나는 특정 역자세에 대한 반대 자세 기능을 탁월하게 수행하는데, 예컨대 코브라자세는 어깨서기 효과에 균형을 주므로 어깨서기 반대 자세로 종종 이용된다.

이런 일반적인 아사나 순서는 앉거나 무릎 꿇는 자세 훈련으로 끝맺을 수 있다. 그런 다음 적절한 휴식을 취하고 프라나야마를 실시하고 직립 자세가 필요한 여타의 훈련을 실시할 수 있다. 개인의 요구에 맞게 고안된 네 가지 일반적인 수련 순서를 부록 2에 제시하였다.

[그림 4-12]는 프라나야마를 준비하기 위해서 최소한으로 요구되는 아사나 수련의 순서를 보여 준다. 웃타나사나(1)를 워밍업으로 수련할 수 있다. 등과 목을 준비하고 호흡의 질을 경험하기 위해서는 그다음에 드비파다 피탐(2)을 수련할 수 있다. 차크라바카사나(3)는 가슴과 등을 열어 준다. 등을 대고 누워서 휴식하면서(4) 아사나 수련을 마무리한다. 어떤 사람들은 프라나야마를 수련하기 위해 다리를 교차하는 단순한 자세(sukhāsana, 수카사나)(5)를 선택할 수 있다. 이것이 불편한 사람들은 의자에 앉는 것이 좋을 것이다. 의자에 앉으면 잃을 것이 전혀 없으며 프라나야마에서 호흡의 질이 안 좋은 영향을 미치지 않는다.

들숨과 날숨 또는 호흡 정지의 길이를 미리 정해 놓은 것 같이 특정 호흡 패턴을 수련하려고 할 경우, 이런 아사나들은 프라나야마 수련을 시작하기 전에 우리의 호흡과 접촉할 수 있다는 추가 이득을 제공한다.

특정 아사나 수련이 수련생의 욕구와 목적에 달려 있는 것과 마찬가지로 수련을 위해서 하루 중 어떤 시간을 택할 것인가도 무엇이 가능한지에 의존한다. 이 점에 있어서 따를 필요가 있는 규칙 한 가지는 요가수련을 시작하려면 식후 2~3시간 정도는 기다려야 한다는 것이다. 속이 빈 상태로 수련하는 것이 가장 좋으며, 하루 일과가 불규칙적인 사람들에게 가장 적합한 수련 시간은 아침 식

**[그림 4-12]**
프라나야마를 준비하는 아사나

사 전이다.

우리의 자유로운 시간, 목적, 욕구를 고려해서 수련을 매일매일 개발해야 한다. 이용 가능한 시간이 짧건 길건 상관없이 수련을 항상 하나의 단위로 계획함으로써 세션이 항상 균형 잡힌 훈련 그룹으로 구성되도록 한다(수련이 중단되거나 시간이 모자라는 위험이 생기면 짧은 아사나 순서를 계획하는 것이 더 좋다). 빈야사 크라마 원리를 고수함으로써 우리가 정한 목적에 부합하는 요가수련을 위해서 점진적이면서도 현명한 코스를 구성한다.

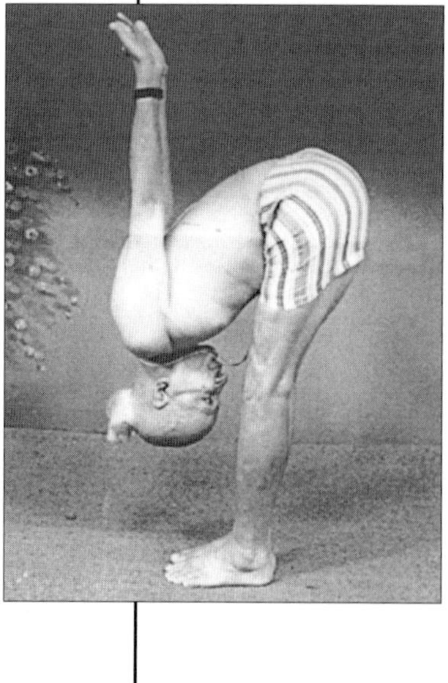

웃타나사나를
실시하는
크리슈나마차리아

# 05 아사나 변형 자세

여러 다양한 방식으로 아사나를 수련할 수 있다고 이미 언급하였다. 이제 나는 특정 아사나에 변형을 줄 수 있는 가능성과 당신이 이것을 왜 해야 하는지에 대해 논하고 싶다.

아사나 변형 자세를 다루는 이유 한 가지는 우리의 육체 역량을 확장시키기 위한 것이다. 대부분의 사람은 특정 결과를 성취하겠다는 기대를 갖고 요가수련을 시작한다. 등을 강화하거나 천식을 치료하거나 통증으로부터 해방되거나 그저 더 많은 활력을 느끼고 싶을 수도 있다. 다양한 방식으로 아사나를 수련함으로써 이런 특정 목적이 달성된다. 예컨대, 어깨가 경직된 사람은 특정 아사나를 변형시켜 부족한 가동성을 다룰 수 있다. 천식을 다루려는 사람은 가슴 열기에 초점을 두고 호흡 사이클을 늘리는 변형된 아사나를 실시할 수 있다. 아사나 변형은 우리의 육체적 욕구를 합리적으로 다룸으로써 최소한의 노력으로 최대의 이득을 얻게 돕는다.

아사나 변형 자세를 수련하는 또 다른 중요한 이유는 주의력을 촉진하는 데 있다. 오랫동안 똑같은 아사나를 몇 번이고 반복해서 수련할 경우 쉽사리 단순한 일상이 되고 마는데, 아사나와 호흡훈련의 선택이 우리의 조건과 목적에 맞게 특별히 계획되고 고안된 경우라도 그렇다. 우리가 하고 있는 일에 두는 주의는 이런 종류의 끊임없는 반복에 의해 계속 감소하며 마침내 지루함이 찾아온다. 아사나에 변형을 줌으로써 주의를 새롭게 환기하고 새로운 경험에 대해 감각을 열어 놓을 수 있다. 주의란 우리가 행하고 있는 것에 충분히 현존하는 존재 상태를 말하며, 이는 우리 몸에서 일어나는 모든 것을 느낄 수 있도록 허용한다. 개방된 주의 상태로 존재하는 것은 예전에는 결코 느낄 수 없었던 무언가를 경험할 기회를 준다. 변형 자세를 실시하지 않고 똑같은 자세를 몇 번이고 반복할 경우 새로운 경험을 할 기회를 잃는다. 기민하게 깨어 있으면서 끊임없이 새로운 자각을 발견하는 일은 올바른 아사나 수련에서 필수적인 요소다. 적절한 아사나 수련은 마음이 완전히 집중되길 요구한다. 새로운 경험을 통해 관심과 주의력을 불러일으킴으로써 이를 자동으로 성취할 수 있다.

## 아사나를 변형시키는 방법

### 형상의 변형

한 가지 아사나를 변형시키는 가장 단순한 방법은 그 형상에 변화를 주는 것이다. [그림 5-1]은 웃타나사나의 몇 가지 변형을 보여 준다.

앞으로 숙인 후에 웃타나사나를 변형시키는 가능성 한 가지는 숨을 들이쉬면서 다리를 펴고 숨을 내쉬면서 다리를 약간 구부려서(1) 다리가 더 열심히 일하도록 만드는 것이다. 발가락 밑과 발가락 아래 둥근 부위에 약간의 패딩이 있는 보조물을 두면 다리를 더 강하게 뻗을 수 있다. 이런 식으로 웃타나사나를 수련하면 허리에 상당한 무리를 주어 어떤 사람에게는 위험할 수 있다. 그렇게 변형하기 전에 당신의 한계를 알아보라.

웃타나사나 도움으로 등을 강화시키고 싶으면 날숨에 충분히 숙인 후에 들이쉬면서 반쯤 다시 일어선다(2). 다리를 약간 구부려서 등 전체가 적당히 관여하게 만든다.

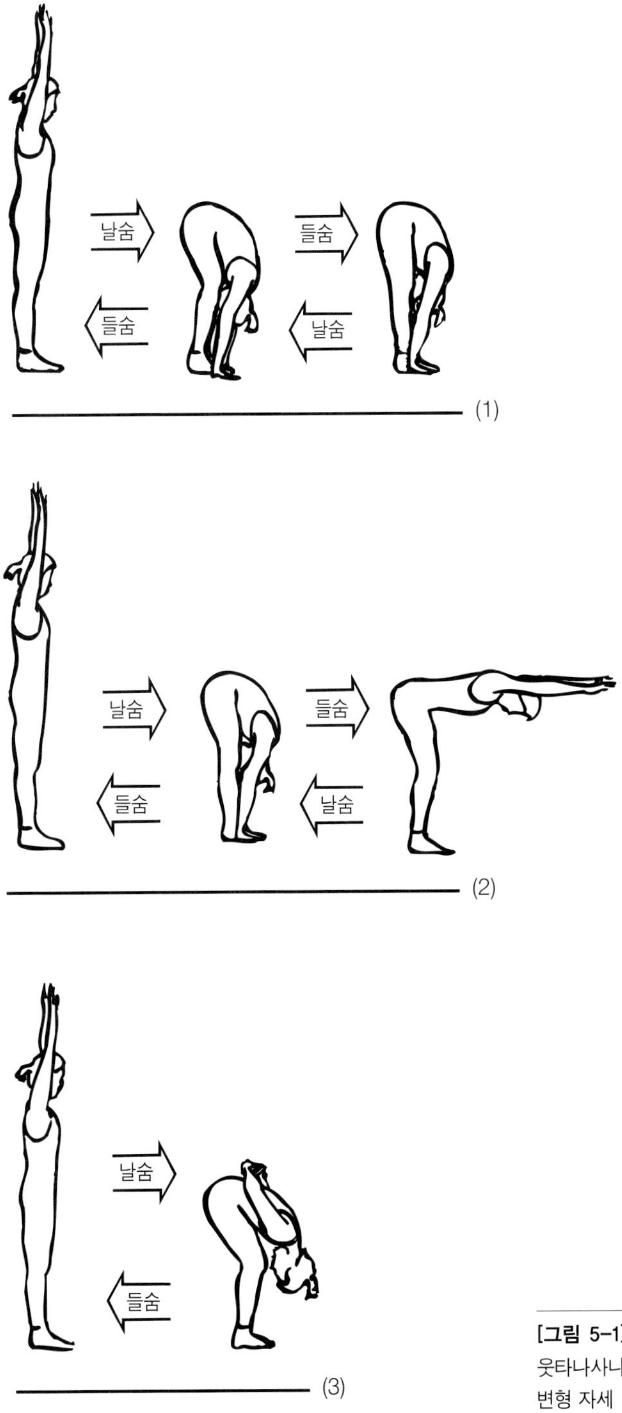


**[그림 5-1]**
웃타나사나의 세 가지
변형 자세

웃타나사나의 세 번째 변형 자세에서는 날숨에 충분히 숙인 후에 허리 뒤에서 두 손을 깍지 끼고 다리를 구부린다(3). 이런 변형 자세는 허리를 상당히 움직이지만 다리를 구부림으로써 등이 과도하게 관여하는 위험을 줄여 준다.

[그림 5-2]는 살라바사나의 몇 가지 변형 자세다. 전통적인 형태의 살라바사나(1)는 많은 이에게 지나친 부담을 주어 유용하지 않지만 이는 매우 효과적이면서 효율적인 아사나이기 때문에 대부분의 요가수련에 추가하는 것이 좋다. 고전적인 살라바사나의 변형을 각자의 요구와 힘에 맞게 선택할 수 있다. 변형 자세를 선택할 때 중요한 요점은 몸을 움직이든 정지하든 간에 호흡이 계속 몸 전체와 연결되게 하면서 당신의 역량 한계 내에서 수련하는 것이다.

살라바사나에서 팔과 다리의 움직임을 변화시킴으로써 등, 복부, 가슴이 하는 일을 강화하거나 줄일 수 있다. 예컨대, 갈비뼈 맨 아래 부분에 두 손을 두고(2) 번갈아 다리를 움직이면서 들숨에 후굴을 하면 허리, 복부, 가슴의 작업이 줄어들면서도 등 상부에서 뚜렷한 곡선을 만들 수 있다. 들숨에 다리와 가슴 모두를 들어 올리면(3) 허리와 복부에서 일어나는 효과가 심화되는 동시에 등 상부와 가슴에도 뚜렷한 곡선이 생길 것이다. 반대쪽 팔과 다리를 들면(4) 몸 양측이 강

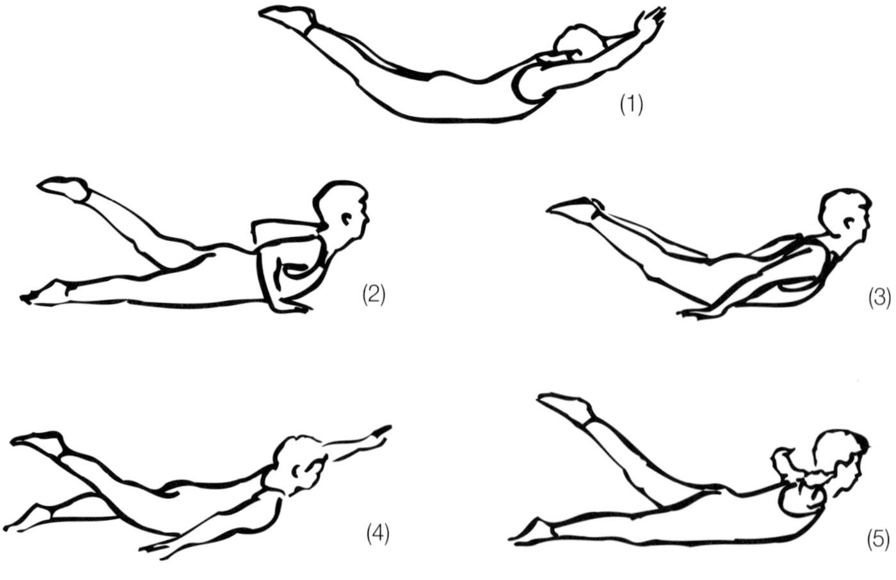


**[그림 5-2]** 살라바사나의 변형 자세

화되고 균형이 잡히며 통합된다. 강화할 때는 허리와 등 상부에 미치는 효과를 강화하기 위해 팔을 이용할 수 있다. 팔을 어깨높이까지 들어 올리면(5) 목과 어깨 근육이 강화되며 이 근육들이 등 근육과 통합되는 것을 촉진한다. 등 상부에 충분한 곡선이 생길 때만 이런 변형 자세를 수련해야 한다.

살라바사나에서 들숨 후에 호흡을 참으면 강화 효과가 매우 커진다. 살라바사나 자체는 깊은 날숨과 날숨 후 정지를 촉진할 것이다. 몸과 호흡에서 각각을 변형시키면 그 아사나의 효과와 기능이 특정 방식으로 변화될 것이다. 여기에서 보여 준 모든 변형 자세에서 다리, 팔, 이마는 날숨에 바닥으로 되돌아온다. 그렇지 않으면 들어 올린 자세에서 날숨을 쉴 수 있는데, 이는 복부 부위에 깊게 작용할 것이다.

다리가 경직된 사람은 [그림 5-3]의 (1)이 보여 주는 바와 같이 전통적인 형태의 파스치마타나사나가 주는 혜택을 누릴 수 있다. 예컨대, 날숨에 무릎을 구부리면(3) 전굴이 깊어질 것이다. 매우 뛰어난 여성 요가 수행자이자 아버지의 최초 서양 제자인 인드라 데비는 아버지가 처음 그녀에게 이런 식으로 파스치마타나사나를 가르치셨다고 내게 말해 주었는데, 이는 그녀의 요구에 맞추어 전통적인 자세를 변형시킨 자세다. 앉는 자리를 높이면(4) 더 깊이 숙일 수 있다. [그림 5-3]의 (2)와 (3)이 보여 주는 바와 같이 팔 위치를 달리하면 등 상부와 어깨를 다룰 수 있으며, 이와 동시에 아사나를 심화시키는 데 도움이 된다. 그러나 전굴

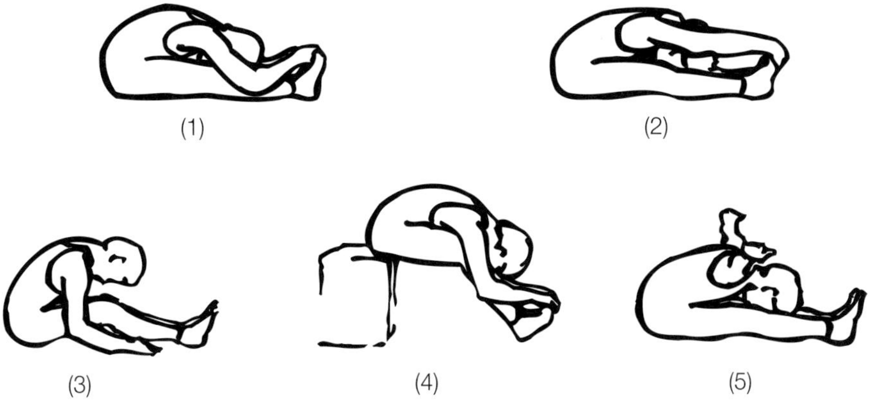


**[그림 5-3]**
파스치마타나사나의 변형 자세

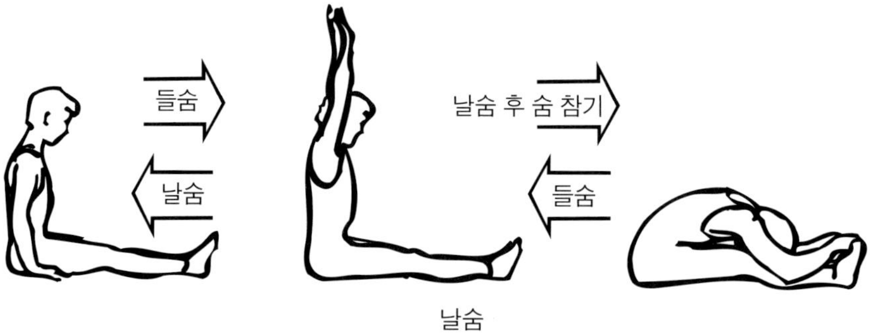


[그림 5-4]
파스치마타나사나에서 호흡의 변형

을 강화하려고 팔 근육을 사용해서는 안 된다. 움직임을 날숨과 연결시키면서 힘을 주지 않고 전굴이 일어나야 한다. 날숨에 전굴을 강화하고 들숨에 이완시켜 몸의 자연스러운 탄력성이 호흡과 더불어 개선되도록 한다.

이처럼 엄청난 수의 아사나 변형 자세가 존재한다. 변형 자세를 수련할 때마다 아사나의 효과와 그에 따른 주의는 서로 다른 부위나 요구로 이동한다. 아사나 변형은 특정의 신체적 문제를 가진 사람들만을 위한 것이 아니다. 이들은 자기발견을 향해 열려 있는 모든 요가 수련생을 도울 수 있다.

## 호흡의 변형

아사나를 변형시키는 또 다른 방법은 호흡에 변화를 주는 것이다. 예컨대, 자유롭게 숨을 들이쉬고 내쉬는 대신 호흡에 방향을 제시하여 들숨과 날숨 길이를 같게 하거나 호흡을 멈출 수 있다.

우리는 보통 각 움직임을 들숨이나 날숨과 일치시킨다. 그러나 때로는 호흡을 참으면서 움직이는 것이 도움이 된다. 이 점을 기억하자. 가슴 부위에서 아사나 효과를 높이려면 들숨에 집중하고, 복부와 허리에 주는 효과를 높이려면 날숨에 집중한다. 따라서 자연스럽게 복부와 허리를 작업하는 자세인 파스치마타나사나에서 호흡에 변화를 주려면 팔을 들어 올릴 때 숨을 들이쉰 다음 숨을 내쉬면서 이 자세를 유지한다. 그러고 나서 앞으로 숙인 다음 숨을 들이쉬지 않은 채 잠시 머문다([그림 5-4]를 보라). 이런 방식으로 날숨의 효과를 강화한다.

[그림 5-5]
부장가사나에서의 호흡 변형

숨을 들이쉬면서 팔을 높이 들고 앉은 자세로 돌아온다. 편안한 호흡 리듬이 유지될 때까지 이 순서를 수없이 반복할 수 있다.

들숨 후에 숨을 참으면 가슴 부위에서 그 효과가 강화되는데, 부장가사나 같은 자세의 혜택을 높이기 위해 이를 이용할 수 있다. 흥미로운 또 다른 변형은 정상적인 호흡 패턴을 역으로 실시하는 것이다. 예컨대, 부장가사나에서 우리는 들숨 대신에 날숨에 상체를 들어 올릴 수 있다([그림 5-5]를 보라). 많은 이가 등보다는 배를 이용해서 부장가사나로 진입한다. 숨을 내쉬면 배가 수축되어 이런 방식으로 배를 쓸 수가 없다. 날숨에 상체를 들어 올리면 자세의 느낌이 아주 달라질 것이다.

일단 호흡을 편안하게 참을 수 있는 우리 자신의 역량을 알면 호흡을 이용하는 방식에서 상상력을 발휘할 수 있다. 등 상부에 주의를 두면서 아사나 수련에 집중하고 싶다고 해 보자. 우리는 이 부위를 작업할 수 있는 부장가사나 또는 살라바사나 같은 자세를 택할 것이며, 이와 동시에 호흡 사이클에서 들숨에 초점을 둘 것이다. 매 들숨을 바로 전 들숨보다 더 길게 늘려 가면서 수련할 수 있다. 또는 들숨 후에 숨을 참는데, 이는 허파의 공기 유입량을 늘려서 가슴을 확장시킬 것이다.

변형 자세에는 특정한 요구를 다루고 주의력을 만들어 낸다는 두 가지 목적이 있다. 들숨이나 날숨 후에 숨을 참으면 몸에 긴장이 높아질 수 있다. 이런 일이 일어나면 긴장이 쌓이는 부위에 주의를 두자. 자각했는데도 긴장이 사라지지 않을 경우에는 천천히 아사나를 풀어 주자.

## 리듬의 변화

많은 아사나는 단계별로 쪼개면(크라마) 질이 새로워질 수 있다. [그림 5-6]은 이런 방식으로 파스치마타나사나를 수련하는 예를 보여 주고 있다. 첫 번째 날숨에서는 몸을 반쯤만 앞으로 숙인다. 거기에 머물러서 숨을 들이쉬면서 등을 뻗는다. 두 번째 날숨에서는 몸을 앞으로 완전히 숙인다. 이런 방식으로 수련하면 주의의 질이 달라질 뿐만 아니라 최종 자세에 도달해서 그 자세를 유지하는 방식도 변한다.

**[그림 5-6]** 파스치마타나사나의 단계별 진행

## 준비 과정에서의 변화

아사나 자체뿐만 아니라 준비하는 과정에서도 변형을 줄 수 있다. 특정 아사나 전에 실시하는 훈련은 우리가 무엇을 경험하며 어디에서 아사나 효과를 느낄 수 있는지에 차이를 가져올 수 있다. 사람들은 종종 특정 아사나를 실시한 후에 전혀 느낌이 없다고 말한다. 근육에 아무런 느낌이 없으면 아무 일도 일어나지 않았다고 생각한다. 이런 상황에서는 아사나 과정에 변화를 주는 것이 도움이 되는데, 몸을 정반대로 움직이는 것이다. 양쪽 아사나 효과에 주의를 기울이면 실제로 무언가가 일어났다는 확신이 새롭게 들 것이다.

## 주의 범위의 변화

아사나를 수련하는 동안 서로 다른 몸 부위에 주의를 둘 수 있는 기회가 있다. 이는 아사나 수련의 질을 상당히 높일 수 있다.

[그림 5-7]은 부장가사나 수련에서 어디에 주의를 둘지에 관해 두 가지 가능성을 보여 주고 있다. 숨을 들이쉴 때 열리는 등 상부에 주의를 둘 수도 있고(1), 바닥에 놓인 다리와 무릎에 계속 주의를 둘 수도 있다(2). 초보자가 이 아사나를 수련할 때는 상체를 들어 올릴 때 다리를 종종 바닥에서 들어 올린다. 다리를 계속 바닥에 두려고 노력하면 등에서 일어나는 작업의 질이 강화된다.

아사나 수련에 새롭고도 이로운 무언가를 제공하기 위한 변형의 예술을 소개하였다. 요가 수업에서 나는 어떤 사람에게는 다리를 충분히 뻗으라 권하고, 다른 사람에게는 똑같은 아사나를 무릎을 구부리면서 실시하라고 권한다. 어떤 사람에게는 들숨 후에 숨을 멈추라고 조언하지만, 어떤 사람에게는 날숨 후에 숨을 멈추라고 조언한다. 특정한 요구에 따라 당신에게 맞게 변형을 주는 것은 중요하다.

변형을 분별없이 도입해서는 안 되며 정당성이 있을 경우에만 변형을 도입해야 한다. 주의를 개발하거나 유지하는 데 도움을 줄 필요가 있거나 특정 신체적 요구를 보조하는 방법으로서 변형을 도입한다.

(1)

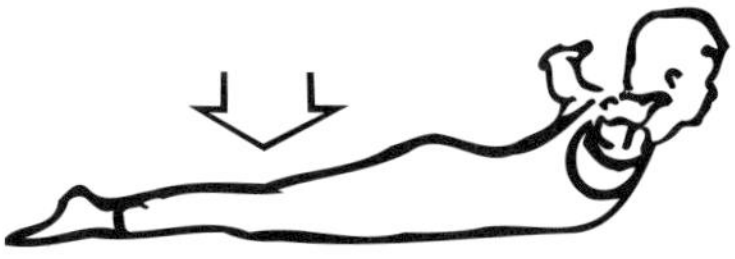
(2)

**[그림 5-7]**
부장가사나에서
주의의 범위를 이동

## 전통 아사나에 대한 존중

모든 아사나의 이면에는 하나의 원리가 있다는 사실을 이해하는 것이 중요하다. 이런 원리를 모르거나 이해하지 못하면 아사나 또는 아사나 변형을 적절히 수행할 수 없을 것이다. 전통적인 자세를 존중하는 지도자는 그런 자세들이 몸으로 구현하고 있는 원리를 인식하는 데 도움을 줄 수 있다. 이 아사나에는 어떤 의미가 있는가? 그 목적은 무엇인가? 그것은 우리에게 무엇을 요구하는가? 배후에 놓인 원리를 이해하게 될 때만이 우리는 아사나를 변형시킬 수 있다.

예컨대, 앉아서 실시하는 전굴 파스치마타나사나는 몸 앞쪽으로 다리를 뻗고 앉아서 머리를 정강이 쪽으로 내리는 자세다. **파스치마타나사나**는 '서쪽을 뻗어 준다'로 번역되는데, 왜냐하면 인도에서는 전통적으로 기도를 하거나 아사나를 수련할 때 동쪽을 바라보는데 이 자세에서는 등이 서쪽을 향한다. 따라서 아사나의 진짜 목적은 등에서 일어나는 호흡의 움직임을 촉진하는 것이다. 파스치마타나사나를 수련하는 사람은 몸 뒷면에서 느껴지는 **파스치마타나**의 효과를 의식해야만 한다. 피부나 근육 수준이 아니라 **내면**, 즉 호흡의 수준에서 그렇게 해야 한다. 파스치마타나사나 수련은 몸 뒷면을 따라 호흡이 흐르도록 허용함을 뜻한다.[1] 그저 조직을 뻗어 주는 문제가 아니라 척추를 통해 흐르는 호흡의 느낌을 경험하는 것이다.

낙타자세인 우스트라사나(uṣṭrāsana)는 무릎을 꿇은 상태에서 실시하는 후굴이다. 두 손을 발 위에 얹고 무릎을 꿇는 것처럼 하여 허벅지를 수직으로 세우는데 그러는 동안 숨을 들이쉴 때마다 가슴을 확장시켜 열어 준다. 이 자세의 원리는 가슴까지 호흡의 움직임을 촉진하는 것이다. 자세를 하는 중에 늑간 근육을 뻗어 줌으로써 가슴에 공간을 만들어 몸 앞면 전체를 열어 준다. 이 자세는 신체 전면 라인 전체에서 호흡의 느낌이 경험되도록 한다.

1) 하타요가 프라디피카(Haṭha Yoga Pradīpikā). 1. 29.

'호흡의 느낌'이란 몸에서 움직이는 에너지 또는 프라나의 느낌을 말한다. 각각의 전통적인 아사나 밑에 깔린 원리는 몸에서 일어나는 프라나의 움직임과 관련해서 특별한 의미를 갖는다. 몸 전체에서 일어나는 느낌과 프라나의 움직임이라는 관점에서 아사나를 이해하는 지도자는 각 수련생의 요구에 맞게 전통적인 아사나를 적용시킬 수 있다. 따라서 수련생은 특정 자세 각각에 내재하는 원리로부터 즐거움을 경험하며 그 혜택을 누린다.

올바른 수련과 적절한 아사나 변형의 핵심은 호흡과 몸 간의 연결을 유지하는 데 있다. 호흡을 통해 우리는 몸 전체와 함께할 수 있으며 아사나의 전개를 관찰할 수 있다. 한 아사나에서 몸을 상대로 분투하기보다는 우리에게 적절한 호흡의 횟수와 호흡률(들숨, 정지, 날숨, 정지)을 모니터하는 것이 좋다. 호흡이 부드러우면서도 지속성을 가지면 아사나는 이로울 것이다.

호흡은 아사나를 변형하는 한 가지 수단이다. 아사나 수련에서 호흡할 때는 몸의 자연스러운 탄력성이 커진다. 몸이 움직이면 호흡이 움직이고, 호흡이 정지하면 몸도 따라서 정지한다. 따라서 호흡과 몸은 하나의 움직임, 하나의 과정이 되는데 이렇게 되면 요가는 매우 강력해진다. 특히 날숨을 길게 하고 날숨 후 멈출 때 호흡과 몸을 이렇게 연결하면 전통적인 아사나 자체만을 성취하는 것보다 요가의 목적에서 볼 때 더 중요한 의미가 있다. 아사나 수련에서 호흡은 매우 중요한 역할을 한다. 아사나를 성취하기 위해서 편안한 호흡의 흐름을 훼손시켜서는 안 된다.

요가수련에서 호흡은 당신 자신을 관찰하는 가장 좋은 수단이다. 몸은 호흡에 어떻게 반응하는가? 호흡은 몸의 움직임에 어떻게 반응하는가? 호흡이 당신의 스승이 되어야 한다.

나디 쇼다나 프라나야마
(nāḍī śodhana prāṇayāma)를
보여 주는
크리슈나마차리아

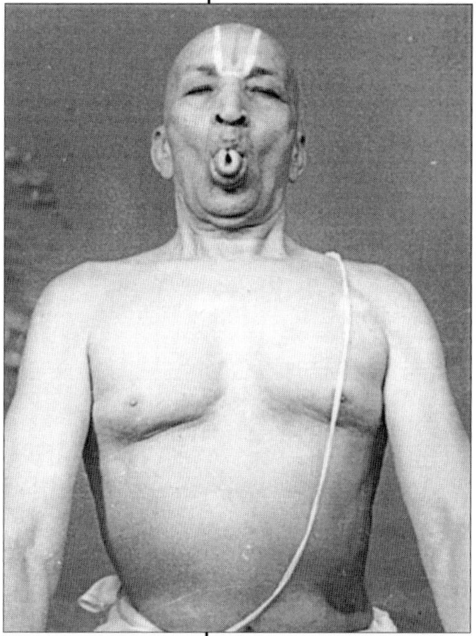

시탈리 프라나야마
(śītalī prāṇayāma)를
보여 주는
크리슈나마차리아

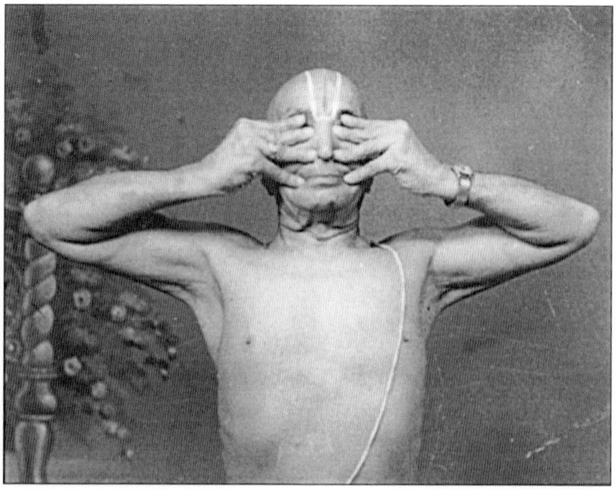

산무키 무드라(ṣaṇmukhi
mudrā)를 보여 주는
크리슈나마차리아

# 06 프라나야마

수카, 즉 편안함, 가벼움과 스티라, 즉 안정되게 깨어 있음에 이르는 데 있어서 요가는 두 가지 길을 제시하고 있다. 한 가지는 몸 안에 있는 매듭과 저항을 풀어 버리는 것이다. 빈야사 크라마 개념을 채택할 때에만 이런 일이 점차 일어난다. 그러므로 수련할 때 올바른 준비를 하고 적절한 반대 자세를 고려하게 된다. 막힘과 저항을 풀기 위해서 우리가 사용하는 방법은 몸에 해롭게 하지 말아야 한다. 우리는 조심스럽게 진행해야 한다. 몸을 억지로 강요할 경우 통증이나 불쾌한 느낌을 경험할 것이며, 장기적으로는 문제들이 좋아지기보다 나빠질 것이다. 몸은 오로지 점진적으로만 아사나를 받아들인다. 부드럽게 진행함으로써 가벼움을 느끼고, 자세를 하는 동안 호흡을 수월하게 함으로써 이로움을 얻는다.

스티라수카 개념을 실현할 다른 한 가지 가능한 도구는 완벽한 자세를 심상화하는 것이다. 이를 위해 우리는 몸으로는 비슈누 신에게 침대를 제공하면서도 머리로는 우주 전체를 운반하는 뱀의 왕 코브라 아난타의 이미지를 이용한다. 신에게 부드러운 잠자리를 제공하려면 아난타는 완전히 이완되어 있어야 한다. 이것이 수카의 느낌이다. 그러나 뱀은 힘이 없거나 약하지 않다. 우주를 지탱하기 위해서는 강하고 안정적이어야 한다. 그것이 스티라의 느낌이다. 이런 특성들이 결합해서 우리에게 완벽한 아사나의 이미지와 느낌을 준다.

아사나가 명상만을 위한 자세라는 일반적인 오해가 있다. **요가수트라**에 관한 브야사(Vyasa)[1] 주석을 보면, 그가 거기에서 열거한 아사나 대부분은 아주 복잡해서 세상에서 가장 최선의 의지를 갖고도 그런 자세로는 디야나(dhyāna)[2] 상태에 도달할 수 없다. 우리는 이런 자세들을 하고 그 느낌이 어떤지 경험할 수 있지만 그 자세에 오랫동안 머물 수는 없다. 거기에 제시된 모든 아사나가 명상을 위한 것이 아니라는 점은 분명하다. 우리가 수련하는 많은 아사나와 다양한 요가 서적에서 설명하고 있는 아사나들은 그 종류가 상당히 다르다. 그것들은 오랜 시간 동안 바르게 앉고 설 수 있게 하고, 일상생활에서 우리에게 부여되는 많은 요구를 훨씬 쉽게 충족시킬 수 있도록 해 주기 때문에 가치가 있다.

아사나의 효과에 대해 **요가수트라**는 매우 흥미로운 주장을 펴고 있다. 우리가 아사나를 완성하면 상반되는 것을 다룰 수 있다는 것이다. 상반되는 것을 다룰 수 있다는 말은 추운 날씨에 반나체로 돌아다니거나 더운 날씨에 따뜻한 양모로 만든 옷을 입는다는 뜻이 아니다. 그렇기보다는 몸에 대해 더 잘 알게 되기 때문에 더욱 민감해지고 적용하는 방법을 배우게 된다는 뜻이다. 우리는 몸의 소리를 들을 수 있고 다른 상황에서 어떻게 반응할지를 알 수 있다.

실천적으로 보면, 우리는 몇 분 동안 편안하게 서 있을 수 있고 편안하게 한동안 앉을 수 있어야 한다. 아사나 수련의 장점 중 하나는 그것이 우리로 하여금 다른 상황에 익숙해지고 다른 요구들에 대응할 수 있도록 도와주는 것이다. 예컨대, 프라나야마 수련을 원할 경우 그 시간 동안 똑바로 편안하게 앉을 수 있어야 한다. 아사나는 프라나야마 수련 동안 몸보다는 호흡에 집중할 수 있도록 돕는다. 우리가 노력 없이 똑바로 편안하게 앉을 수 있다면 그 무엇도 호흡에 집중하는 것을 방해하지 않기 때문이다.

---

1) 역자 주. '편집자'를 의미하는 Vyasa는 대부분의 힌두전통의 존경받는 중심인물이다. 그는 인도 대서사시 마하바라타의 저자로, 베다와 푸라나의 필경사로도 알려져 있다. 파탄잘리 요가수트라에 대한 대표적인 주석서의 저자로도 알려져 있다.

2) 역자 주. 요가수트라에서 제시한 팔지요가의 7번째 단계로서 명상이나 선정으로 번역된다.

## 프라나야마: 요가 호흡훈련

'프라나야마'라는 단어는 두 부분, '프라나(prāṇa)'와 '아야마(āyāma)'로 구성되어 있다. 아야마는 '늘리다' 또는 '확장하다'를 의미하며 프라나야마의 작용을 설명하고 있다. 프라나는 '모든 곳에 편재된 것'과 관련이 있다. 우리 인간을 참고하면, 프라나는 우리 안의 어딘가로부터 끝없이 흘러나와 우리를 채우고 살아있게 하는 그 무엇이다. 그것은 활력이다. 이 이미지를 활용하면 프라나는 중심으로부터 흘러나와 몸 전체를 거친다.

**요가 야즈나발키야**(Yoga Yājñavalkya)[3] 같은 고대 문헌(부록 1을 보라)은, 고민이 있고 불안정하거나 혼란스러운 사람은 프라나가 내부보다 외부에 더 많이 있다고 말하였다. 우리가 아플 때 몸 외부의 프라나 양이 커진다. 그때에는 몸 안의 프라나 질과 밀도는 줄어든다. 몸 안의 프라나가 너무 적은 것은 꼼짝없이 갇혀 있거나 제한된 느낌으로 표현될 수 있다. 그것은 어떤 것을 하는 데 힘이나 동력이 부족한 것으로 보일 뿐 아니라 무기력하거나 심지어 우울해지까지 한다. 프라나가 몸에 부족하면 질병으로 고통받는다. 그리고 마침내 호흡에 장애가 생기는데 이는 매우 다른 형태를 띨 수 있다고 **요가수트라**는 언급하였다.[4] 이와는 달리 더욱 평화롭고 균형 잡히면 몸 밖으로 흩어지는 프라나가 줄어든다. 그리고 모든 프라나가 몸 안에 있으면 이런 증상으로부터 자유로워진다.

프라나가 몸 안에서 충분한 공간을 찾지 못하는 이유는 단 한 가지다. 실제로 거기에 속하지 않는 무언가가 프라나를 강제 퇴출시킨 것이다. 그것을 쓰레기라고 부르자. 프라나야마를 수련하면서 우리가 하려는 일은 이런 쓰레기를 줄

3) 역자 주. 산스크리트어로 저술된 요가의 고전 경전으로서 야즈나발키야와 가르기(Gargi)라는 남녀간의 대화체로 되어 있다. 12개 장과 504 경구로 되어 있는 이 경전에는 요가의 8개 요소를 언급하고 있지만 그 목적은 요가수트라와 다르며 쿤달리니 개념을 다루고 있다.

4) 요가수트라 1.31에서 파탄잘리는 혼란스러운 마음이 가지는 이런 증상들을 두카(duḥkha, 고통의 경험), 다우르마나스야(daurmanasya, 부정적 태도), 앙가메자야트바(aṅgamejayatva, 신체 질병), 스바사프라스바사(śvāsapraśvāsa, 호흡장애)로 불렀다.

여서 프라나를 몸 안에 더욱 집중시키는 것이다.

우리의 마음 상태는 내면의 프라나 질과 긴밀한 관련을 맺고 있다. 호흡의 흐름을 통해 프라나 흐름에 영향을 줄 수 있기 때문에, 호흡의 질은 마음 상태에 영향을 주고 그 역도 마찬가지다. 요가에서는 이런 연결을 이용함으로써 우리 안에 프라나가 집중되어 자유롭게 흐를 수 있게 한다.

다양한 자료는 프라나를 푸루샤(의식)의 친구로 일컫고 있으며, 프라나 흐름 안에서 푸루샤의 작용만을 본다. 만약 우리가 내면에 존재하는 푸루샤의 힘에 의해 어떻게 투명성의 정도가 창조되는지를 기억한다면, 마음과 프라나 사이의 긴밀한 관계가 분명해질 것이다.

프라나를 푸루샤의 발현으로 이해할 수 있으며, 프라나는 몸의 내면과 외면 모두에서 발견된다. [그림 6-1]을 보자. 더 만족한 사람일수록 더 좋다고 느끼고 내면에 프라나가 더 많다. 더 혼란스러운 사람일수록 프라나는 흩어지고 유실된다. '요기'라는 단어의 정의 중 하나는 '프라나가 모조리 몸 안에 있는 사람'이다. 우리는 프라나야마로 그 어떤 프라나도 빠져나가지 않을 때까지 몸 밖에 있는 프라나 양을 감소시키길 원한다.

마음에 어떤 일이 일어나건 호흡에 영향을 준다. 흥분하면 호흡은 빨라지고,

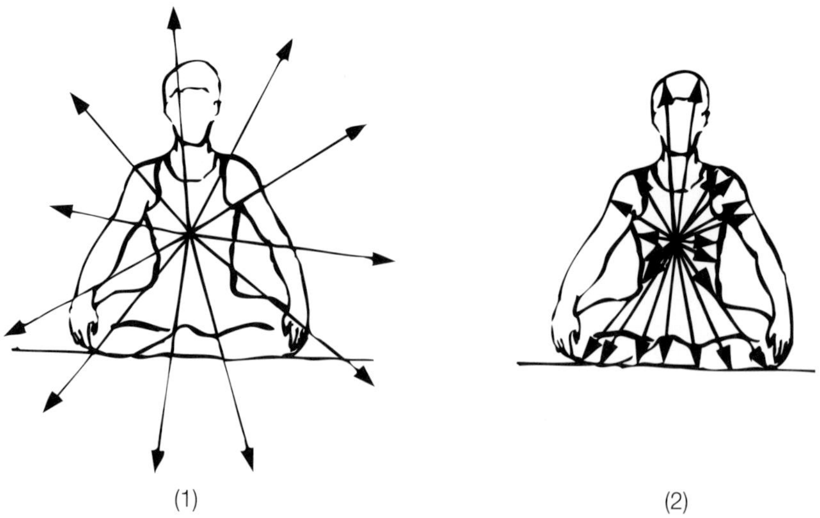

**[그림 6-1]**
병이 들거나 불안한 사람은 프라나가 몸 밖으로 흩어지는데(1), 왜냐하면 내면에 프라나의 흐름을 방해하는 구역이 존재하기 때문이다. 평화롭고 행복한 사람은 몸 내부에 더 많은 프라나를 담고 있다(2).

이완되면 호흡은 더욱 깊어지고 고요해진다. 프라나에 영향을 주려 한다면 마음에 영향을 미칠 수 있어야 한다. 우리의 행동은 종종 마음을 흔들어 프라나가 몸에서 흘러 나가게 만든다. 호흡 패턴을 바꾸면 마음에 영향을 주기 때문에 매일매일의 프라나야마 수련을 통해 우리는 이 과정을 역전시킬 수 있다.

몸 안이나 몸 밖에 존재하는 프라나라는 아이디어는 마음 상태를 지칭하는 상징으로 이해할 수 있다. 마음이 투명한 유리잔처럼 명료할 때는 아무것도 몸을 방해하지 않는다. 그곳에는 쓰레기가 널려 있지 않다. 반면에, 만약 부적절하다고 느껴 망설임, 불만, 무언가를 하는 데 두려움을 느낀다면 우리는 시스템이 막혀 있다고 가정할 수 있다. 이러한 장애는 물질적 신체에서만 일어나는 것이 아니라 마음과 의식에도 존재한다. 우리 안에서 찾을 수 있는 온갖 쓰레기들은 원래 무지, 즉 잘못된 지식으로부터 나온다. 따라서 자신의 모든 프라나를 몸 안에 담고 있는 사람인 '요기'라는 개념은 '자신들의 주인'이라는 뜻이다.

마음과 호흡의 연결이 가장 중요하다. 요가수트라에서는 우리가 프라나야마를 수련하면 마음으로부터 점차 베일이 걷혀 명료함이 자란다고 하였다. 마음은 깊은 명상을 할 수 있는 준비가 된다.[5] **요가수트라**에 따르면, 프라나야마는 호흡에 대한 최고의 자각이라고 말할 수 있다. 나는 내가 호흡한다는 것을 더 잘 의식한다. 나의 들숨과 날숨 그리고 호흡 사이사이 자연스럽게 일어나는 멈춤을 의식한다. 그다음 단계는 이런 질문에 대한 답이 될 것이다. 내 호흡을 어떻게 지속적으로 의식할 수 있을까?

프라나야마를 할 때 우리의 주의를 호흡에 집중한다. 따라서 프라나야마 수련에서는 기민한 마음을 유지하는 것이 매우 중요한데 관찰되는 과정이 매우 정묘하기 때문이다. 아사나 수련을 할 때처럼 몸의 움직임을 볼 수는 없으며, 내면에서 호흡의 움직임을 예민하게 감지하고 느껴야 한다. 호흡이 유일한 역동적 과정이다. 파탄잘리는 주의를 계속 호흡에 둘 수 있는 몇 가지 실용적인 제안을 하였다. 예컨대, 호흡을 느끼거나 들을 수 있는 몸 부위에 집중할 수 있다. 또는

---

5) 요가수트라 2.52.

몸에서 호흡의 움직임을 따라갈 수 있는데, 들숨을 쇄골의 중심에서 느끼면서 흉곽을 통해 타고 내려가 횡격막에 이른 다음 날숨은 복부에서 위쪽으로 따라간다. 호흡에 주의를 두는 또 다른 방법은 숨이 들고 나는 콧구멍 부위를 느끼는 것이다. 특히 목구멍을 부드럽게 조여서 가벼운 소리를 내는 **웃자이**라는 프라나야마 방법을 통해 호흡의 소리를 듣는 것으로도 가능하다.

호흡에 주의를 두게 만드는 이러한 제안들은 수련이 기계적인 것에 머무는 것을 막는 데 도움이 된다. 프라나야마의 목표는 들숨과 날숨을 일정한 관계에 두거나 특정한 호흡 길이를 완성하는 것이 아니다. 만약 이런 훈련이 프라나야마에 집중하도록 돕는다면 정말로 멋진 일이다. 그러나 다양한 방법과 프라나야마 호흡 비율의 진정한 목적의 첫 번째이자 가장 중요한 목적은 우리에게 호흡을 따라가기 위한 수많은 가능성을 열어 주는 데 있다. 호흡을 따라갈 때 마음은 호흡의 활동 안으로 끌려 들어간다. 이런 방식의 프라나야마는 명상이 주는 고요를 향해 우리를 준비시킨다.

호흡은 마음과 프라나에 직접적으로 관련되지만, 숨을 마실 때 프라나가 단순히 우리 안으로 들어온다고 상상해서는 안 된다. 실제로는 그렇지 않다. 프라나는 마음에 긍정적인 변화가 있을 때 몸 안으로 들어온다. 물론 들숨이나 날숨 때마다 우리의 마음 상태가 매번 변하는 건 아니다. 변화는 오랜 시간에 걸쳐 일어난다. 만약 우리가 프라나야마를 수련하고 마음의 변화를 알아차린다면 프라나는 이전에 벌써 몸 안으로 들어온 것이다. 마음의 변화는 주로 다른 사람과의 관계에서 관찰된다. 관계는 우리가 우리 자신을 실제로 더 잘 이해하는지를 가늠하는 진정한 테스트다.

프라나가 없다면 생명도 없다. 숨을 마실 때 프라나가 우리 안으로 들어온다고 상상할 수 있다. 그러나 프라나는 날숨의 배경에 있는 힘이기도 하다. 또한 프라나는 몸에서 다양한 힘으로 변형되고 우리에게 더 이상 필요하지 않은 것을 우리로부터 확실히 제거하는 과정에 관여한다. 이는 육체적 배출 과정에만 관련되지 않는다. 마음을 장애로부터 자유롭게 만들어 우리를 더 큰 명료함으로 이끄는 것이 프라나의 힘이다. 날숨은 이러한 기능을 수행한다. 날숨은 더 이상 필요치 않은 것을 풀어놓고 프라나의 자유로운 흐름에 장애가 되었을지도 모르는 것을 내면에서 제거한다.

## 프라나 형태

프라나에는 다섯 가지 형태가 있으며 그들에 해당하는 신체적 기능에 따라서 명칭이 모두 다르다. 이런 프라나의 형태는 다음과 같다.

- **우다나 바유**(udāna-vāyu): 목 부위, 언어 기능과 관련이 있다.
- **프라나 바유**(prāṇa-vāyu): 가슴 부위와 관련이 있다.
- **사마나 바유**(samāna-vāyu): 몸의 중심 부위, 소화 기능과 관련이 있다.
- **아파나 바유**(apāna-vāyu): 하복부, 배설 기능과 관련이 있다.
- **브야나 바유**(vyāna-vāyu): 몸 전체에 에너지를 분배하는 데 관련이 있다.

우리는 두 가지 형태, 즉 프라나 바유와 아파나 바유에 관심을 둘 것이다.

몸으로 들어가는 것을 프라나, 몸을 떠나는 것을 아파나라고 부른다. **아파나**라는 용어는 또한 하복부와 하복부에서 일어나는 모든 활동을 지칭한다. 아파나는 배설 기능을 하면서 배설에 에너지를 제공하는 프라나 부분을 설명하며, 또한 하복부를 지칭할 뿐만 아니라 프라나의 힘이 평형 상태에 있지 않을 때 거기에 모이는 쓰레기를 말한다. 어떤 사람이 느리고 무거우면 때로 우리는 그에게 아파나가 너무 많다고 말한다. 프라나 에너지로서의 아파나는 우리에게 필요한 것이지만 이런 에너지를 활성화하는 데서 벗어난 쓰레기로서의 아파나는 내부에서 프라나가 발달하는 것을 방해한다. 모든 형태의 프라나가 필요하지만 효과를 보기 위해서는 서로 균형 상태에 있어야 한다. 하복부 부위에 쓰레기가 많은 사람은 거기에서 지나치게 많은 에너지를 소비하므로 이런 불균형을 다루어야 한다. 목표는 효율적이 되도록 아파나를 최소한으로 줄이는 데 있다.

쓰레기로서의 아파나가 축적되는 원인은 다양한데, 일부 원인은 우리가 통제할 수 있다. 요가수련은 이런 불순물을 줄이는 것을 목표로 삼는다. 호흡이 짧거나 호흡을 참을 수 없거나 천천히 호흡할 수 없는 사람은 아파나가 많다고 할 수 있고, 호흡을 잘 조절할 수 있는 사람은 아파나가 적다고 할 수 있다. 아파나가 지나치게 많으면 몸 전체에 문제가 생긴다. 아파나를 줄여서 몸에 더 많은 에너지를 공급할 수 있어야 한다.

숨을 들이쉴 때는 몸 밖의 프라나가 내부로 들어온다. 들숨 중에 프라나는 아파나를 만난다. 날숨 중에는 몸 내부의 아파나가 프라나를 향해 움직인다. 프라나야마는 프라나의 움직임이 아파나 쪽으로, 아파나의 움직임이 프라나 쪽으로 움직이는 것이다. 이와 유사하게, 들숨 후에 숨을 참으면 프라나가 아파나를 향해 움직여서 거기에서 프라나를 유지한다. 날숨 후에 숨을 참으면 아파나가 프라나 쪽으로 움직인다.

## 생명의 불, 아그니

프라나와 아파나의 이런 움직임에서 무슨 일이 일어날까? 요가에 따르면, 몸에는 프라나 바유와 아파나 바유 중간 배꼽 근처에 **아그니**(agni)라는 불이 존재한다. 불꽃 자체는 그 방향이 끊임없이 변한다. 들숨에 호흡이 배쪽으로 움직여 마치 벽난로에서처럼 불꽃을 아래쪽으로 움직이게 만드는 바람을 만들고, 날숨에는 바람이 불꽃을 반대 방향으로 움직이게 만들어 그 바람과 함께 막 타 버린 폐기물을 가져간다. 쓰레기를 태우는 것만으로는 충분치 않고 몸에서 쓰레기를 제거하기도 해야 한다. 날숨이 들숨의 두 배가 되는 호흡 패턴은 날숨 동안에 몸의 막힘으로부터 해방되는데 더 많은 시간을 주는 것에 목적이 있다. 몸의 쓰레기를 줄이기 위해 우리가 하는 모든 행위는 우리 안에 막혀 있는 부분들을 해소하는 방향으로 가는 단계다. 그런 다음 들숨을 통해 불꽃을 다시 아파나로 보낸다. 이전에 타 버린 노폐물이 모두 몸에서 떠나지 않으면, 불꽃은 그 힘의 일부를 소실할 것이다.

특정한 신체 자세는 불과 쓰레기가 만나는 데 도움을 준다. 모든 역자세에서 아그니는 아파나 쪽으로 움직인다. 이런 이유로 요가는 역자세의 정화 효과에 그토록 의미를 두는 것이다. 역자세와 프라나야마 기법을 결합하면 정화가 강화된다.

프라나야마의 모든 측면이 결합해서 아파나를 몸으로부터 제거함으로써 프라나는 내부에서 더 많은 공간을 찾을 수 있다. 노폐물이 배출되는 순간 프라나는 실제로 자신이 속하는 신체 공간을 채운다. 프라나는 고유한 움직임을 갖고 있기 때문에 조절이 불가능하다. 우리가 할 수 있는 것은 프라나가 몸속으로 들어와 몸 전체에 스며들 수 있는 조건을 만드는 것이다.

**요가수트라**는 다음과 같은 사랑스러운 이미지로 프라나 흐름을 설명하고 있다. 계단식 논에 물을 대고 싶은 농부는 물통을 들고 논의 여러 부분으로 물을 옮길 필요가 없다. 그는 맨 꼭대기에서 옹벽을 열기만 하면 된다. 농부가 자신의 계단식 논을 잘 정비했고 아무것도 물의 흐름을 막지 않는다면, 농부의 도움 없이도 마지막 논과 가장 멀리 떨어진 풀잎 하나까지 물이 닿을 수 있을 것이다.[6] 프라나야마에서는 몸의 막힌 곳을 제거하기 위해 호흡과 작업한다. 호흡을 따라가면서 프라나는 스스로 청소된 공간으로 흘러 들어간다. 프라나 흐름이 가능하게끔 이런 식으로 호흡을 이용한다.

푸루샤의 표현으로서 프라나를 이해할 경우, 우리가 푸루샤에 직접 영향을 줄 수 없는 것과 마찬가지로 프라나에 직접 영향을 미칠 수 있는 가능성은 거의 없다. 프라나에 영향을 미칠 수 있는 방법은 호흡과 마음을 통해서다. 프라나야마를 통해 이들을 상대로 작업함으로써 내부에서 프라나가 자유롭게 흐를 수 있는 최적의 조건을 만든다.

6) 요가수트라 4.3.

## 프라나야마의 실천적 측면

마음의 활동이 호흡에 영향을 미치는 것처럼 호흡 또한 우리의 마음 상태에 영향을 미친다. 호흡과 작업할 때 우리가 의도하는 바는 명상에 적합하도록 마음을 고요하게 하고 집중할 수 있도록 호흡을 조절하는 것이다. 사람들은 종종 프라나야마가 위험한지 묻는다. 아사나나 여타 다른 방법들을 수련할 때와 마찬가지로 프라나야마를 안전하게 수련할 수 있다고 나는 확신한다. 의식적인 호흡이 프라나야마다. 프라나야마를 하는 동안 신체 반응에 면밀하게 주의를 기울이는 한 전혀 두려워할 일이 아니다.

호흡에 변화를 주면서 부정적인 신체 반응을 인식하지 못하거나 주의를 두지 않으면 문제가 생길 수 있다. 깊고 고르게 호흡을 하려고 애쓴다면 길고 느린 호흡 중간에 빠르게 호흡할 필요를 느낄 것이라는 점이 금방 분명해질 것이다. 아유르베다 의학에서 중요한 수칙 한 가지는 신체의 자연스러운 충동을 결코 억압하지 말아야 한다는 것이다. 프라나야마 수련 중에라도 그럴 필요성이 있는 경우 숨을 짧게 쉬어야 한다. 실제로 호흡을 조절할 수 있는 사람만 프라나야마를 수련해야 한다. 만성적으로 호흡이 짧거나 그 밖의 다른 호흡장애가 있는 사람은 준비가 될 때까지 프라나야마를 시도해서는 안 된다. 허파의 부피를 늘리고 갈비뼈, 등, 횡격막 근육을 풀어 주는 아사나는 프라나야마를 준비하는 데 도움이 될 수 있다. 예컨대, 후굴 및 전굴의 반대 자세는 프라나야마 준비에 도움이 된다. 적당한 아사나 수련은 프라나야마의 발전을 촉진한다. 프라나야마는 요가를 발견하는 초기에 수련할 수 있고 또 그렇게 해야 하며, 오직 좋은 교사의 안내와 더불어 실시하는 것이 절대로 필요하다.

프라나야마 수련의 목적은 들숨, 날숨, 또는 숨의 정지를 강조하는 것이다. 들숨을 강조하는 것을 **푸라카 프라나야마**(pūraka prāṇāyāma)라고 부른다. **레차카 프라나야마**(recaka prāṇāyāma)는 들숨은 자유롭지만 날숨이 길어지는 프라나야마 형태를 말한다. **쿰바카 프라나야마**(kumbhaka prāṇāyāma)는 호흡 정지에 초점을 둔다. 쿰바카 프라나야마에서는 들숨 후, 날숨 후, 또는 두 가지 숨 모두 후에 숨을 참는다.

어떤 기법을 쓰건 프라나야마에서 가장 중요한 부분은 날숨이다. 날숨의 질이 좋지 않으면 프라나야마 전체 수련이 좋지 않은 영향을 받는다. 누군가 천천히 그리고 고요하게 숨을 내뱉을 수 없다면, 그 사람은 정신적으로나 그 밖의 일로 아직 프라나야마 준비가 덜 된 것이다. 실로 어떤 경전은 이렇게 경고하고 있다. 들숨이 거칠면 걱정할 필요가 없지만 날숨이 고르지 않다면 현재 질병이 있거나 앞으로 질병이 생길 거라는 신호다.

왜 이렇듯 날숨을 강조하는 걸까? 요가의 근본 목적은 불순물을 제거하고 아비디아를 줄이는 데 있다. 이렇게 제거하는 일 한 가지만으로도 긍정적인 결과가 생긴다. 하수도관의 막힘이 제거되면 물은 흐르게 되어 있다. 우리 안에 무언가가 변화가 일어나는 걸 방해한다면, 그 장애를 제거할 필요가 있으며, 그때서야 변화가 일어날 것이다. 날숨이 꽤나 중요한데, 왜냐하면 날숨은 몸에서 불순물을 운반하여 프라나가 들어갈 공간을 더 많이 만들기 때문이다.

프라나야마에 관해 논할 때는 종종 호흡을 참는 걸 강조한다. 그러나 고대 경전들은 호흡 정지에 해당하는 쿰바카만이 아닌 호흡 전체에 대해 말하고 있다. **요가수트라**는 중요도의 순서로 호흡을 언급하고 있다. **바히야브리티**(bāhyavṛtti, 날숨)를 가장 중요하게, **압히안타라브리티**(abhyantaravṛtti, 들숨)를 두 번째로, **스탐바브리티**(stambhavṛtti, 호흡 정지)를 마지막으로 강조한다.[7] 이 세 가지가 모두 프라나야마의 측면들이다. 숨을 참는 것에만 관심 갖지 말라. 호흡 정지 기법 수련을 통해서 요가의 길을 빨리 갈 수 있다고 생각하는 사람이 많다. 그러나 실제로 이런 식으로 강조하면 종종 문제가 발생한다.

프라나야마에서 가장 중요한 원리는 이렇다. 우리 스스로를 비울 때만 새로운 숨을 받아들일 수 있으며 숨을 안으로 끌어당겼을 때만 숨을 참을 수 있다. 숨을 충분히 내쉬고 들이쉴 수 없다면 숨을 어떻게 참을 수 있단 말인가? 호흡

---

7) 요가수트라 2.50.

정지 훈련은 들숨과 날숨을 방해하지 않는 방식으로 실행되어야 한다. 숨을 들이쉬고 내쉬며 참는 우리의 역량이 개선되는 단계에 이를 때 호흡 정지가 중요해지는데, 왜냐하면 숨을 참을 때 호흡이 쉬면 마음도 쉴 수 있기 때문이다.

## 프라나야마 기법

### 웃자이

**웃자이**(ujjāyī, 목구멍 호흡)로 부르는 프라나야마에서는 의도적으로 후두를 약간 조여 공기 통로를 좁힌다. 이렇게 하면 호흡할 때 목구멍에서 약간 소리가 난다. **웃자이**라는 용어는 '목구멍을 청소해서 가슴 부위를 마스터한다.'로 번역된다. 이 호흡 기법이 당신에게 맞는지, 안 맞는다면 어떤 기법이 더 좋은지 결정할 때 교사의 도움을 청해야 한다.

웃자이 호흡에는 여러 가지 변형방법이 있다. 예컨대, 목구멍을 통해 숨을 들이쉰 후 한쪽 콧구멍을 완전히 닫아서 일부만 닫힌 다른 콧구멍으로 숨을 내쉰다. 이런 기법을 **아누로마 웃자이**(anuloma ujjāyī)라고 한다.[8] **빌로마 웃자이**(viloma ujjāyī)로 부르는 프라나야마에서는 콧구멍을 통해 숨을 들이쉬고 목구멍을 통해 숨을 내쉰다. 이 기법은 들숨을 길게 하는 데 쓰인다. 웃자이 프라나야마에서 콧구멍을 통해 호흡을 조절할 때는 동시에 목구멍을 통해 호흡해서는 안 된다는 규칙을 따르는 게 중요하다.

---

8) 아누로마는 정상적인 방식을 따르는 무언가를 말한다. 예를 들어, 베다는 규정된 방식으로 수행되는 의식을 아누로마라고 한다. 하타요가 프라디피카에서는 웃자이를 들숨에서만 목에서 소리를 낸 후 코로 날숨하는 기법으로 서술하고 있기 때문에 이런 식의 호흡을 '아누로마 웃자이'라고 부른다.

## 나디 쇼다나

날숨과 들숨을 모두 길게 하는 기법에서는 콧구멍을 교대로 쓰며 호흡하는데, 목구멍은 전혀 쓰지 않는다. 부분적으로 닫은 왼쪽 콧구멍을 통해 숨을 들이쉬고, 부분적으로 닫은 오른쪽 콧구멍을 통해 숨을 내쉰 다음, 부분적으로 닫은 오른쪽 콧구멍으로 숨을 들이쉬고 부분적으로 닫은 왼쪽 콧구멍을 통해 숨을 내쉰다. 손 무드라(mudrā)[9]를 이용해서 콧구멍 열림을 조절한다. 이런 호흡기법의 명칭이 **나디 쇼다나**(nāḍī śodhana)인데, **나디**란 호흡과 에너지가 흐르는 통로 또는 정맥이며, **쇼다나**란 '정화하다'는 뜻이다. [그림 6-2]는 나디 쇼다나를 위한 손 모양을 보여 준다. 보통은 나디 쇼다나를 수련에 도입하기 전에 오랫동안 웃자이로 작업한다.

감기에 걸렸거나, 콧구멍 통로가 어떤 식으로든 막혔다면 콧구멍 교대 호흡을 수련하지 말아야 한다. 코를 통해 강제로 호흡하면 부작용이 생길 수 있다. 프라나야마에서 따라야 할 중요한 규칙은 어떤 경우라도 강제로 실시해서는 안

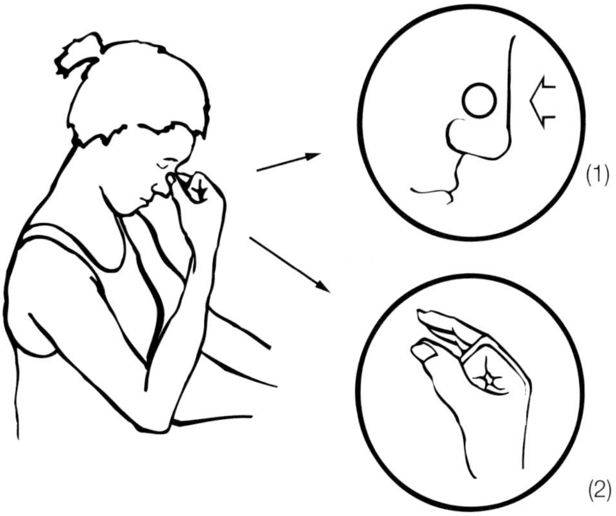


**[그림 6-2]**
나디 쇼다나를 위한 손 모양. 연골이 시작되는 부위(1)가 코 통로에서 가장 좁은 부위다. 부드럽게 압력을 가해 호흡을 조절하기 위해서 엄지와 둘째 손가락을 그 위치에 두고 무르기 무드라(mṛgi mudrā, 사슴 무드라)(2)로 불리는 모양을 취한다. 옆에서 보면 손 모양의 그림자가 사슴의 머리처럼 보인다. 많은 손 무드라는 전통적으로 동물의 이름으로 묘사되고 있다.

9) 역자 주. 힌두교, 자이나교, 불교에서 활용되는 상징적인 자세를 말하며, 몸 전체로 자세를 취하는 경우도 있지만 대부분은 손이나 손가락을 이용한다.

된다는 것이다. 호흡 조절을 위해 콧구멍을 사용할 경우 콧구멍이 막혀서는 안 된다. 콧구멍이 막혔다면 목구멍 호흡을 수련해야 한다.

## 시탈리

매우 유용한 또 하나의 호흡 기법에서는 혀를 사용한다. 들숨 때 혀의 양옆을 말아 올려 일종의 튜브 모양을 만든 다음 이 튜브를 통해 숨을 들이쉰다. 들숨 동안 축축한 혀 위로 공기가 지나가서 목을 식히며 목을 상쾌하게 한다. 혀를 확실히 축축하게 하기 위해 숨을 완전히 내쉬는 동안 구개 쪽으로 가능한 한 혀를 말아 올려 다음 호흡이 첫 호흡만큼 상쾌해지게 한다. 목구멍을 통해 호흡하거나 콧구멍을 통해 교대로 호흡한다. 이 기법을 **시탈리 프라나야마**(śītalī prāṇāyāma)라고 부르는데 **시타**(śīta)란 '차갑게 한다'는 뜻이다.

이런 방법으로 혀를 말아 올리는 게 불가능한 사람은 다른 기법을 통해 동일하게 열을 식히는 효과를 낼 수 있는데, 이때는 숨을 들이쉴 때 입술과 이를 약간 열고 윗니와 아랫니 사이 공간에 혀를 조심스럽게 둔다. 이런 모양을 하면 공기가 혀 위로 흐를 수 있다. 이때도 목을 통하거나 콧구멍을 통해 교대로 숨을 내쉰다. 이런 유형의 호흡을 **시트카리 프라나야마**(śītkarī prāṇāyāma)라고 부른다.

웃자이, 나디 쇼다나, 시탈리 기법은 호흡이 일어나는 몸 부위에 주의를 기울이게끔 돕는다. 이렇게 초점을 맞추는 것은 마음을 모으는 데 도움을 주는데, 어떤 프라나야마 기법을 수련하건 그것이 주는 신체적 효과에 근본적으로 기여한다.

## 카발라바티

**카발라바티**(kapālabhātī)는 특히 정화를 위해 이용되는 호흡 기법이다. 공기 통로에 점액이 많거나 가슴에 긴장이나 막힘을 느끼면 빠르게 호흡하는 것이 종종 도움이 된다. 이 수련에서는 의도적으로 빠르게 호흡하는 동시에 가슴 호흡이 아니라 복부(즉, 횡격막) 호흡만 한다. 카발라바티에서 호흡은 짧고 빠르며 강력하다. 허파를 펌프처럼 이용해서 허파가 공기를 배출할 때 더 많은 압력을 만들어 허파에서 콧구멍까지 이르는 공기 통로로부터 온갖 노폐물이 제거된다. **카발라**란 '두개골'을, **바티**란 '빛을 가져오는 것'을 의미한다. 카발라바티는 머리가 무겁거나 몽롱할 때 실시하기 좋은 수련이다. 부비강에 문제가 있거나 눈 주변에 감각이 없을 때 카발라바티는 이 부위를 정화하는 데도 도움을 줄 수 있다.

### 바스트리카

**바스트리카**(bhastrika)라는 말은 '풀무'를 의미한다. 바스트리카 호흡에서 복부는 마치 한 쌍의 풀무처럼 움직인다. 한쪽 콧구멍이 막혀 있다면, 열린 콧구멍을 통해 빠르게 공기를 빨아들이고 막힌 콧구멍을 통해 강력하게 숨을 내쉰다.

카발라바티와 바스트리카 호흡 기법은 동일한 일반 원리를 공유하는데, 즉 호흡의 힘으로 비강 통로를 정화하는 것이다. 이 기법들을 사용할 때는 분명 매우 주의를 기울여야 하는데, 왜냐하면 호흡이 긴장될 위험이 있기 때문이다. 빠르게 호흡하면 어지러울 수도 있다. 이런 이유로 카발라바티 수련은 항상 느린 호흡으로 정리한다. 빠른 호흡을 너무 많이 하지 않는 것이 중요하며, 몇 번 빠르게 호흡한 후에는 느린 호흡을 몇 차례 실시하면서 긴 날숨을 강조한다.

## 점진적인 프라나야마의 과정

프라나야마 수련을 실시할 때는 한 단계씩 점차 나아가야 한다. 몸이 아니라 호흡 쪽에 주의를 두는 새로운 무언가를 시작하기 때문에 아사나 수련을 마치고 프라나야마를 시작하기 전에는 몇 분간 휴식을 취하는 것이 중요하다. 아사나 수련과 프라나야마 수련 사이의 시간은 그저 몸을 휴식하기 위한 것만이 아니다. 그것은 또한 마음이 한 가지 수련에서 다음 수련으로 이동하는 것을 돕는다. 두 수련 사이에 휴식이 없으면 긴장이 쉽게 일어날 수 있는데, 몸은 즉각 이동할 수 없기 때문이다. 아사나 수련과 프라나야마 수련 간에는 항상 쉬어 주어야만 한다.

프라나야마를 수련할 때, 긴 시간 동안 머물 수 있고 그런 후에는 뻣뻣한 느낌 없이 일어설 수 있는 앉은 자세를 찾는 것이 중요하다. 프라나야마 자세의 중요한 측면은 척추를 똑바로 한 채 유지하는 것이다. 무릎 꿇는 자세가 편하다는 사람도 많으며 어떤 사람들은 연꽃자세로 쉽게 앉을 수 있다. 의자에 앉는 것도 괜찮다(심장질환 같은 문제로부터 회복 중에 있는 사람들은 호흡훈련을 위해 안락의자에 누울 수도 있다). 프라나야마에서 우리는 주로 호흡을 다루기 때문에 프라나야마를 위해 앉을 때 몸이 호흡을 방해해서는 안 된다. 아사나 수련에서 우리는 몸을 가장 중요하게 생각한다. 아사나 수련에서는 호흡을 이용하지만, 프라나야마를 위해서는 가능한 한 몸에 주의를 기울이지 않을 수 있는 자세를 취해야 한다. 프라나야마에서 몸을 향한 유일한 요구는 편안하게 느끼면서 척추를 바르게 유지하는 것이다.

[그림 6-3]은 프라나야마 수련을 위한 몇 가지 가능한 자세를 보여 준다. 파드마사나(padmāsana, 연꽃자세)(1)는 그 자세를 편안하게 유지할 수만 있다면 프라나야마와 반다를 수련하기에 좋은 자세다. 다리를 교차시켜 앉는 여타의 자세들, 즉 싯다사나(siddhāsana)(2)와 수카사나(sukhāsana)(3)는 약간 힘이 덜 들면서도 똑같이 효과적이다. 몇몇 사람들은 비라사나(vīrāsana)(4)로 오랫동안 앉을 수 있지만, 이 자세에서 우리 대부분은 허리 아래쪽이 둥글게 되는 경향이 있다. 바즈라사나(vajrāsana)(5)에서는 허리가 꺼지게 되는 경향이 있다. 프라나야마를 실시하기에 좋은 또 다른 자세는 등받이가 없는 의자에 똑바로 앉는 것이다(6).

앉은 자세의 선택은 프라나야마 수련을 위해 작정한 시간 길이에 의해 결정되어야 한다. 12회 호흡을 할 때 매 호흡마다 5초 들이쉬고 5초 내쉰다고 해 보자. 여기에는 약 3분이 소요될 것이다. 3분 동안 편안하게 앉을 수 있는 자세는 수없이 많다. 5초보다 긴 들숨과 날숨을 포함하는 수련을 계획하고, 호흡 정지

**[그림 6-3]**
프라나야마를
위한 자세

를 수련할 계획을 세울 뿐 아니라 24회 호흡하고 싶다고 하자. 3분 동안 편안히 앉는 자세는 이런 긴 수련에는 적합하지 않을 수 있다. 그럴 경우에는 더 쉬운 자세를 선택해야 한다. 프라나야마 수련 시간이 길수록 우리에게는 더 편하게 앉을 수 있는 자세가 필요하다.

## 호흡 비율

프라나야마에서 서로 다른 호흡 단계의 비율은 매우 중요하다. 나는 이미 서로 다른 호흡 단계가 여러 가지 방식으로 어떻게 강조될 수 있는지를 설명한 바 있다. 프라나야마에서 들숨, 들숨 후 정지, 날숨, 날숨 후 정지 사이의 비율을 고정시키는 것도 가능하다. 비율에 관한 숱한 가능성을 대략 두 범주로 구분할 수 있다.

- 들숨, 날숨, 호흡 정지를 모두 동일한 길이로 한다. 우리는 이것을 **사마브리티 프라나야마**(samavṛtti prāṇāyāma)라고 부른다[**사마란** '동일한'을, **브리티**란 '움직이다'라는 뜻이다]. 이런 유형의 프라나야마는 호흡훈련에 만트라를 사용하는 사람들에게 적합하다. 그들은 들숨, 날숨, 각 호흡의 정지가 동일한 수의 만트라 반복 동안 지속되도록 만들 수 있다.
- 호흡 단계에 따라 길이가 다르다. 우리는 이것을 **비사마브리티 프라나야마**(viṣamavṛtti prāṇāyāma)라고 부른다. 이 수련에서 일반적인 규칙은 날숨이 들숨의 두 배가 되게 하는 것이다.

프라나야마 수련에서 각 개인의 요구에 맞게 적절한 호흡 비율을 찾는 방법이 매우 중요한 이슈가 된다. 항상 똑같은 호흡 비율로 호흡할 수는 없으며, 수련에 주의를 유지하기 위해 새로운 비율이 필요할 수도 있다. 이는 또 다른 급박한 요구를 고려해야 할 필요성이 있기 때문이다. 호흡 비율이 너무 쉬우면 프라나야마 수련이 기계적이 될 것이다. 호흡 비율이 너무 복잡하면 저항이 생겨 그 자체가 문제를 유발할 것이다.

적합한 호흡 비율의 선택은 두 가지 요인, 즉 무엇이 가능하고 우리의 목표가 무엇인지를 고려해야만 한다. 현재 무엇이 가능한지는 들이쉬고, 호흡을 멈추고, 내쉬고, 다시 호흡을 멈추는 것을 우리가 얼마나 잘할 수 있는지에 달려 있다. 아사나 수련 중에 호흡을 관찰함으로써 이것을 쉽게 발견할 수 있다. 특정 자세에서 몸이 요구할 때 호흡이 흔들리는지 살펴봄으로써 우리 호흡의 한계를 올바로 알 수 있다.

우리의 요구에 어떤 호흡 비율이 적절한지 알아보기 위해 서로 다른 아사나에서 호흡을 관찰하는 방법의 예를 들어 보자. 서로 다른 세 가지 자세, 즉 파스치마타나사나 또는 부장가사나 같은 후굴, 사르방가사나(어깨서기)를 선택해 보

자. 어깨서기 자세에서는 목 부위가 제한되고 복부 기관이 횡격막을 누른다. 이 아사나에서 들숨과 날숨을 동일한 길이, 예를 들어 각각 6초로 해 보자. 이제 결과를 이렇게 상상해 보자. 전굴에서 호흡은 편안하고 자유로운데, 후굴에서 들숨과 날숨이 모두 더 짧아졌으며, 어깨서기에서 날숨은 별문제 없지만 들숨이 너무 짧다고 치자. 이 실험에서 우리는 들숨을 길게 하는 데 어려움이 있음을 알 수 있다.

더 설명해 보자. 전굴에서는 날숨을 원하는 만큼 길게 할 수 있는데, 왜냐하면 횡격막과 복부의 수축에 제한이 없어 날숨이 쉬워지기 때문이다. 똑같이 역자세에서는 날숨을 원하는 만큼 늘릴 수 있다. 보통 이 자세에서는 숨을 천천히 내쉬기가 더 어려워지는데, 왜냐하면 횡격막에 가해지는 복부 기관의 무게가 더 쉽게 공기를 밀어내서 날숨의 속도를 높이기 때문이다. 그럼에도 불구하고 날숨을 조절할 수 있다면 프라나야마를 할 때 호흡을 늘리는 일이 쉬울 것이다. 자연스러운 호흡 리듬만큼이나 들숨을 촉진시키는 자세인 부장가사나에서의 짧은 들숨, 어깨서기에서의 짧은 들숨은 호흡 사이클의 들숨 단계가 약간 제한됨을 보여 준다. 아사나는 우리에게 몸에 관해서만이 아닌 많은 것을 말해 준다. 들숨과 날숨의 길이가 동일한 호흡 비율을 정하고 다양한 아사나에서 특정 시간 동안 호흡을 관찰하면 호흡에 대해서도 많은 것을 배울 수 있다.

이 예에서 우리는 날숨이 들숨보다 긴 프라나야마 수련을 디자인할 수 있다. 우리는 1:2 비율로 호흡하기로 정할 수 있는데, 즉 날숨을 들숨의 두 배로 늘리는 것이다. 이렇게 할 때 우리는 허파를 완전히 비우라고 권하는데 이렇게 하면 들숨 용량이 늘어난다. 들숨을 강화하려면 날숨으로 작업해야 한다.

우리 자신의 수련에서 이렇듯 의문을 제기하기 전에 언제나 제일 먼저 더 분명한 사항들을 고려해야 한다. 이제 막 몇 가지 훈련을 마친 요가 초보자이고 이번에는 프라나야마 수련을 원할 경우, 한 달 동안만 수련한 후 들숨 후에 숨을 참을 수 있고, 두 달 후에는 날숨 후에 숨을 참을 수 있다는 식으로 야심에 찬 목표를 세워서는 안 된다. 처음에 우리의 목표는 수련에 더 깊은 관심을 기울이기 위해서 필요한 것이 무엇인지를 찾아내는 데 더 많이 집중해야 한다. 들숨과 날숨 후의 호흡 정지 길이는 서서히 늘려야 한다. 모든 단계에서 올바로 선택한 프라나야마 세션 후에는 몸과 호흡 모두를 편안하게 느끼는 것이 중요하다. 여기에 주의를 기울인다면 마침내 모든 종류의 프라나야마가 가능해지는 수련을 할 수 있다.

우리의 목표는 조만간 무엇이 가능할지를 결정하는 것이다. 그것은 우리의 요구 그리고 요가수련이 취하는 방향과 관련이 있다. 우리가 어디에 있는지를 수용하고 원하는 방향으로 움직여야 한다. 현재 우리가 처한 위치에서 우리가 원하는 위치까지 움직인다는 개념은 요가에 항상 존재한다. 실로 이것이 요가의 한 가지 정의다.

## 프라나야마에서의 초점

프라나야마에서 집중을 유지하는 데 도움을 줄 수 있는 특정 기법이 있다. 호흡에 집중할 때 호흡의 흐름, 호흡 소리, 또는 작업이 대부분 일어나고 있는 곳에 초점을 둘 수 있다. 호흡이 일어나는 위치는 우리가 밟고 있는 호흡 단계에 의해 결정된다. 예컨대, 날숨 동안 그리고 날숨 후 호흡을 참는 동안 우리의 주의는 복부를 향한다. 반대로 들숨과 들숨 후 호흡을 참을 때 주의는 가슴 부위를 향한다.

아주 쉬운 일 같지만 호흡의 움직임을 단순히 따라가는 일은 실제로는 매우 어렵다. 우리가 호흡에 집중하는 순간 호흡은 변하는 경향이 있어서 자연스러운 호흡 비율을 조절함으로써 그 비율을 방해하기 쉽다. 호흡을 따라갈 때 호흡의 느낌에 사로잡히거나 호흡을 그저 관찰하는 두 가지 방향 중 한 방향으로 흐르는 경향이 있다. 호흡을 관찰하기만 할 경우 호흡 자체의 활동에 대해서는 아무것도 할 필요가 없다. 그것은 마치 강물의 흐름을 보는 것과 같다. 이렇게 할 수 있다면 거의 명상 상태에 있는 셈이다. 이런 이유로 때로 우리는 호흡을 그저 관찰하라는 조언을 듣는다. 그렇게 할 때 마음이 가라앉기 때문이다. 이것은 쉽지 않지만 놀라움을 선사한다.

프라나야마에서 집중을 유지하는 데 도움을 주는 다른 기법들이 있다. 이들 중 하나는 내적 응시(internal gazing)로 불리는데, 눈꺼풀을 닫은 채 눈을 한결같은 위치에 두는 수련이다. 우리는 눈을 아주 많이 사용해서 눈을 움직이지 않게 유지하는 일은 쉽지 않다. 보거나, 듣거나, 냄새 맡거나, 맛을 볼 때 이런저런 이유로 눈이 항상 관여하며 그 결과로 눈에 종종 긴장이 쌓인다. 프라나야마에서 눈을 감는 순간은 매우 중요한 순간이다. 내적 응시에서 우리는 마치 배, 배꼽, 코끝, 또는 눈썹 사이 지점을 바라보듯이 눈의 방향을 정한다. 또는 보름달, 떠오르는 태양, 또는 만트라 사인 같은 심상을 눈앞에 두기도 한다.

응시는 훈련이다. 이런 식의 응시를 처음 수련할 경우, 들숨과 날숨 동안에 응시를 실시한다면 두통이 생길 위험이 있다. 숨을 참을 때만 당신이 선택한 방식으로 응시를 시작할 것을 권한다. 호흡을 참을 때 모든 것이 고요해지기 때문에 더 용이하다.

내적 응시는 자연스러운 현상이 아니다. 눈은 보통 감았을 때조차도 끊임없이 움직인다. 내적 응시 기법에서 우리는 눈을 계속 고정된 위치에 두려고 노력한다. 어떤 면에서 이는 다른 감각을 무시하는 것과 같으며 감각을 쉬도록 해주는 효과가 있다.

프라나야마 동안에 주의집중을 유지하는 데 도움을 주는 또 다른 기법은 손과 손가락을 사용하는 것이다. 부처의 그림과 부처상에서 종종 이런 손 모양을 볼 수 있다. 손 모양을 **하스타 무드라**(hasta mudrā)라고 부른다. **하스타**란 '손'을 의미하고, **무드라**에는 수많은 의미가 있지만 여기에서는 단순히 상징으로 이해할 수 있다.

수많은 손 모양이 가능하다. 한 손을 다른 손 위에 두는 것을 **디야나 무드라**(dhyāna mudrā, 명상하는 무드라)라고 부른다. **친 무드라**(cin mudrā)에서는 왼손 엄지와 집게손가락을 원으로 만든다(오른손은 콧구멍에서 호흡을 조절하는 데 사용한다). 프라나야마를 실시하는 중에 마음이 방황하면 손가락이 떨어지는데 이로써 부주의해졌다는 걸 알아차릴 수 있다. 무드라는 이런 식으로 우리가 호흡에 집중하고 있음을 확인하는 방식도 될 수 있다.

이런 집중 기법을 최대로 이용하기 위해서는 하루 수련하는 코스 내내 한 가지 기법을 고수하는 것이 제일 좋다. 수많은 경험에 당신의 자각을 흩트리는 것보다는 한 가지 기법에 주의를 모을 때 무언가를 발견하기가 훨씬 쉽다. 12번의 호흡 코스를 진행하면서 한 초점에서 다른 초점으로 이동한다면 쉽사리 집중을 잃어버릴 것이다.

마지막으로 수를 세는 것에 관해 한마디 언급해 보자. 프라나야마 한 세션 동안 적어도 12회는 호흡해야 한다고 말한다. 숫자 12는 오래된 인도 의식과 관련이 있는데, 여기서는 숨을 들이쉴 때 집게손가락 뿌리에서 시작해서 매번 엄지를 손의 여러 위치에 둠으로써 손가락을 세어 나간다. [그림 6-4]는 호흡을 세는 순서를 보여 준다.

## 프라나야마에 대한 그 밖의 생각

**질문:** 숨을 참는 동안에는 수를 세기가 어렵습니다.

**대답:** 홍미로운 현상이군요. 숨을 참으면 실제로 아무 일도 일어나지 않는 순간이 오는데, 그 순간에 수를 세는 일이 가능해져야 합니다. 만트라를 도

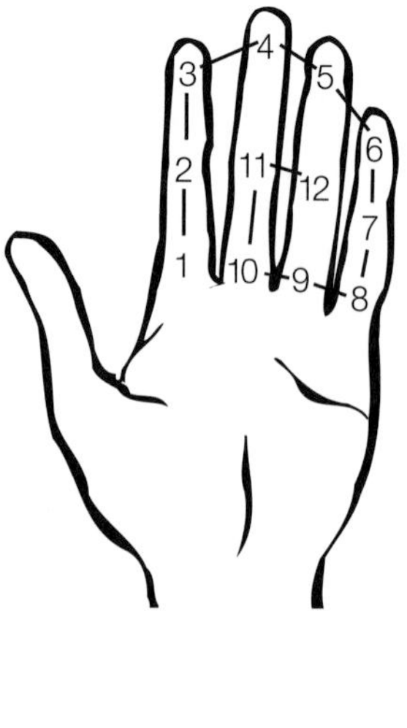


**[그림 6-4]**
프라나야마에서 호흡을 세는 전통적인 방법

입하는 최적의 순간은 들숨이나 날숨이 아니고 숨을 참을 때라고 합니다. 어떤 만트라는 매우 길어요. 숨을 참을 때 만트라를 정확히 암송할 수 있는데, 호흡에 집중할 필요가 없기 때문입니다. 호흡 정지 순간은 명상, 디야나의 순간이라고 하지요.

그래서 당신이 관찰한 현상은 놀랍군요. 아마도 손가락으로 수를 세는 방법을 이용해야 할 겁니다. 정지 길이를 세기 위해서 엄지를 손가락 관절에 둔 다음 숨을 들이쉴 때 초당 한 비트씩 엄지를 관절 위로 리듬감 있게 움직여 보세요. 이 방법이 때로 도움을 줄 수 있을 겁니다. 어떤 특정 기법을 사용하는 것이 궁극의 목적은 아닙니다.

**질문:** 호흡을 세지 않거나 호흡 단계 사이의 비율 없이도 진정 프라나야마를 수련할 수 있나요?

**대답:** 물론이지요. 프라나야마란 호흡과 함께하는 것이 아니겠어요? 그러나 그건 매우 어렵고 그런 이유로 우리에게는 수많은 기법이 필요한 겁니다. 몸은 보통 고유의 리듬을 가지므로 우리는 보통 호흡을 의식하지 못합니다. 수를 세면서 호흡에 몰입하게 되지요. 프라나야마가 지루하다는 말을 하는 사람이 많습니다. 그들은 마냥 앉아서 호흡훈련만 하는 건 매우 어리석은 짓이라고 말합니다. 아사나에는 도전할 것이 더 많아 보이고 눈에 띄는 결과도 만들어 냅니다. 그러나 프라나야마에 완전히 몰입하면 수에 관심을 가질 필요가 있을까요? 수 세기, 호흡 유형, 비율과 기법들은 목표가 아니라 수단에 불과합니다. 목표는 전혀 아무런 기법도 쓰지 않는 겁니다. 그저 호흡과 함께하면서 호흡을 적극적으로 관찰하면 최고 형태의 프라나야마를 수련하는 셈이 되지요. 말은 쉽지만 행하기는 어렵습니다.

**질문:** 날숨 후에 숨을 참는 것에 대해 더 말씀해 주실 수 있을까요?

**대답:** 복부 부위에서 우리의 작업에 집중하길 원할 때 이런 식으로 호흡을 이

용합니다. 날숨 후에 숨을 참는 일은 일반적으로 들숨 후에 참는 것보다 훨씬 어렵습니다.

**질문:** 들숨이나 날숨 후에 호흡을 정지하는 동안 횡격막을 이완할 수 있나요?

**대답:** 정확하게 숨을 들이쉰다면 횡격막을 일부러 이완할 특별한 이유가 없습니다. 그러나 들숨에서 가슴을 너무 들어 올리면, 허파는 자연스러운 한계를 넘어 확장될 것이며 횡격막은 안쪽과 위쪽으로 끌어 당겨질 겁니다. 들숨 후에 목이 약간 조인다고 느낄 경우에는 이런 일이 일어난다는 것을 알게 될 겁니다. 이때가 횡격막을 의식적으로 이완해야 할 때입니다. 반면에, 숨을 내쉬면서 복부를 너무 강하게 수축시키면 공기가 너무 빨리 흘러나와 잘 조절할 수가 없습니다. 마찬가지로 날숨이 아무리 완전해도 날숨 후에 복부가 여전히 수축되어 있다면 들숨 때 공기 흐름을 더 이상 조절할 수가 없습니다. 숨을 들이쉬기 시작하면서 숨이 막히는 소리를 듣거나 느낀다면 복부를 너무 강하게 조였다는 확실한 징후입니다. 이 모든 것을 목에서 느낄 수 있습니다.

과도하게 실시할 때마다 횡격막에 긴장이 생깁니다. 날숨에 복부를 너무 강하게 조이면 횡격막을 일부러 이완시켜야 합니다.

**질문:** 어려운 프라나야마 수련을 위해서 매일 똑같은 방식으로 준비를 해야 하나요?

**대답:** 여러 가지 방식으로 준비를 할 수 있습니다. 분명코 약간 준비를 해 두는 것이 언제나 필요합니다. 특정 호흡 비율을 목표로 삼고 준비로서 아사나를 잘 선택했다면 준비는 비교적 짧을 수 있습니다. 예를 들어, 들숨과 날숨 후에 호흡을 참는 수련을 원할 경우에는 사전에 몹시 힘든 자세를 많이 하지는 말아야 할 겁니다.

**질문:** 아사나 후에 항상 프라나야마를 하나요?

**대답:** 아사나가 몹시 힘들지 않고 호흡을 잘할 수 있도록 돕는다면 아사나 후에 프라나야마를 실시하는 것이 좋습니다. 예외는 있지만 프라나야마 전에 아사나를 하는 것이 일반적입니다.

**질문:** 응시하는 역량을 개발시킬 수 있나요?

**대답:** 물론 그렇습니다. 처음에는 호흡 움직임의 중심, 즉 횡격막 부위를 내적으로 응시합니다. 들숨 중에는 그곳을 응시하고 숨을 참을 때도 그곳을 응시합니다. 숨을 내쉴 때는 눈알을 아래쪽 배꼽을 향해 내리십시오. 숨을 들이쉬건 내쉬건 상관없이 프라나야마 전반에 걸쳐 시선을 동일한 지점에 고정시키는 것이 다음 단계입니다. 그러므로 숨을 참을 때만 응시를 하면서 시작하고, 그다음 숨을 들이쉬고 참을 때 시도해 보십시오. 몇 달이 지나면 프라나야마 수련 전 과정에서 아무런 문제 없이 응시할 수 있게 될 겁니다.

**질문:** 응시 중에는 실제로 눈 근육을 쓰나요? 아니면 그저 상상만 하나요?

**대답:** 응시 중에는 눈 근육을 이완할 수 없는데 근육을 쓰고 있기 때문입니다. 그러나 여러 다양한 응시기법은 그 효과가 각각 다릅니다. 많은 사람은 너무 긴장해서 항상 눈살을 찌푸리고 있습니다. 나는 그들에게 숨을 들이쉬고 내쉴 때 아래를 내려다보라고 권합니다. 눈알을 아래로 내리면 눈썹 사이 부위가 그토록 긴장할 수 없습니다. 눈썹 사이의 지점을 응시하는 것은 근육 긴장을 유발할 수 있습니다. 이 부위에 긴장이 너무 쌓였다면 그런 기법은 적절하지 않습니다. 응시는 점차 수련해야만 하는데 그렇지 않으면 두통이 생길 수 있습니다.

**질문:** 명상 목적으로 촛불 응시라는 요가기법을 사용하나요?

**대답:** 촛불 응시는 외부 응시의 한 형태입니다. 인도에는 매일 아침 특정한 손 모양을 통해 해를 바라보는 관습이 있습니다. 그 배경에 깔린 생각은 태

양 모양과 친숙해져서 프라나야마를 하는 동안 내면의 눈으로 태양을 심상화할 수 있도록 하는 것입니다. **트라타카**(trāṭaka)로 부르는 촛불 응시는 약간 비슷하지만, 이것이 반드시 프라나야마와 연결된 건 아닙니다. 때로 그것은 눈 훈련으로 이용됩니다. 프라나야마에서의 응시는 외부보다는 내부를 향하는데, 프라나야마에서 우리는 내면에 있는 것으로 스스로 방향을 돌리기 때문입니다.

**질문:** 손 모양에 신경 쓰면 프라나야마를 하는 동안 무드라를 유지하는 데 방해가 되지 않을까요?

**대답:** 물론 그렇지요. 정확히 그런 이유로 이 모든 기법을 서서히 수련합니다. 나와 프라나야마를 배울 경우에 나는 이런 기법들을 오랫동안 언급조차 않으며 이 기법들을 점차 주의 깊게 도입할 겁니다. 우리의 에너지를 모으기 위해 노력하는 모든 것은 점진적으로 실행되어야 합니다. 무언가를 너무 빨리 해치워 버리면 그것이 우리를 산산조각 낼 겁니다.

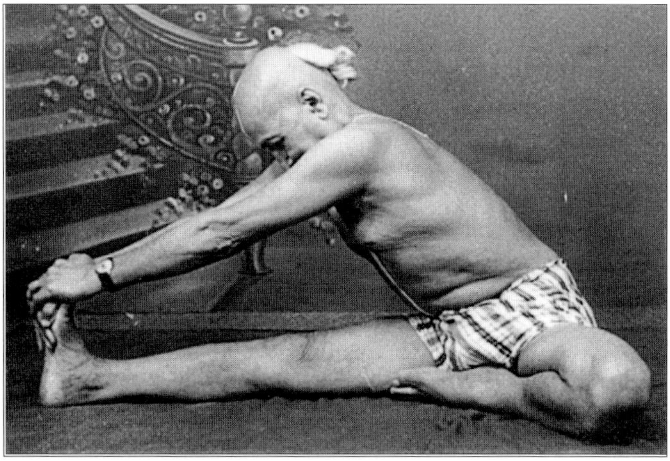

마하무드라
(mahāmudrā)를 보여 주는
크리슈나마차리아

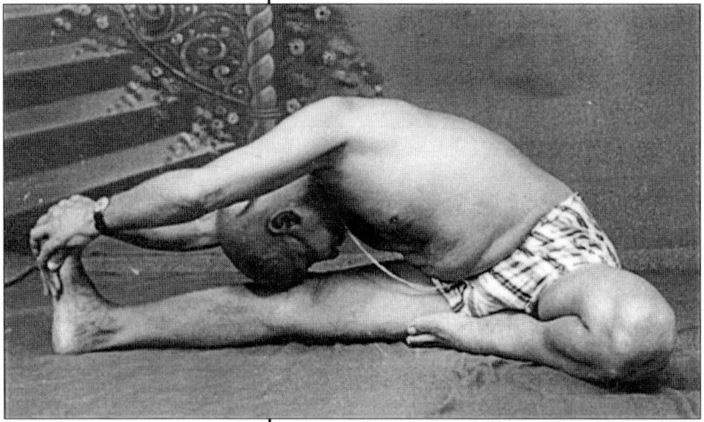

자누 시르사사나
(jānu śīrṣāsana)를 보여 주는
크리슈나마차리아

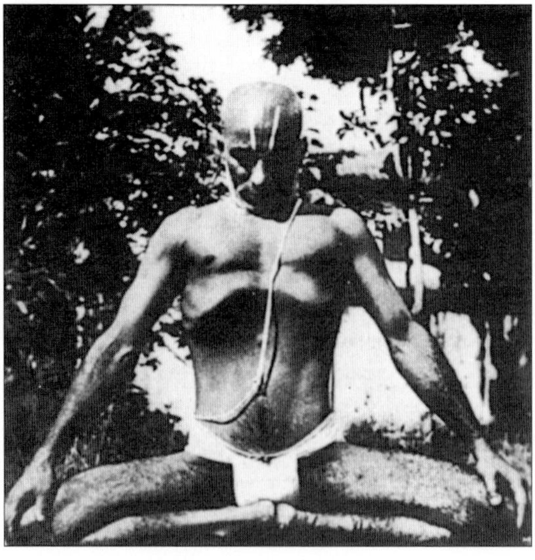

세 가지 반다 모두를 보여 주면서
물라반다사나(mulabandhāsana)를
하는 크리슈나마차리아

# 07 반다

반다는 요가의 정화 과정에서 중요한 역할을 한다. 아그니(삶의 불꽃) 방향을 잡아 주어 몸에서 노폐물을 줄이는 데 프라나야마가 어떻게 도움이 되는지 나는 이미 설명하였다. 반다는 이런 과정이 강화될 수 있는 수단이다. 오래된 경전에서는 반다를 이용함으로써 쓰레기가 쌓여 몸에서 에너지의 흐름을 막고 있는 정확한 위치에 아그니가 갈 수 있다고 말하고 있다. 반다는 불의 효과를 강화한다. **반다**(bandha)라는 용어는 '함께 묶는다' 또는 '닫는다'는 뜻이다. 요가에서 이용되는 방식에서 보면 **반다**에는 '잠그다'라는 뜻도 있다. 반다를 실행할 때 몸통의 일정 부위를 특정한 방식으로 잠근다.

반다에서 가장 중요한 세 가지는 **잘란다라 반다**(jālandhara bandha), **욷디아나 반다**(uddīyāna bandha), **물라 반다**(mūla bandha)다. 잘란다라 반다에는 목과 척추 상부가 관여하며, 이는 척추 전체를 똑바로 세운다. 욷디아나 반다는 횡격막과 골반 바닥 사이 부위에 초점을 둔다. 물라 반다에는 배꼽과 골반 바닥 사이 부위가 관여한다.

## 반다 기법

반다를 배우려면 반드시 교사가 필요하다. 그것만이 이 기법을 안전하게 배울 수 있는 유일한 방법이다. 반다 기법을 배울 때는 언제나 잘란다라 반다부터 시작하고 이를 마스터한 후에도 다른 두 가지 반다를 시도하기 전에 한동안 이 반다를 수련해야 한다.

### 잘란다라 반다

[그림 7-1]은 여기에서 논의했던 세 가지 반다의 위치를 보여 주고 있다. 잘란다라 반다를 시작하려면 척추를 들어 올려 척추를 매우 바르게 한다. 그런 다음 머리를 약간 뒤로 당겨 목을 늘이고 턱을 내린다. 턱을 내리고 등이 똑바르면 잘란다라 반다를 하고 있는 것이다. 모든 아사나는 아니라도 많은 아사나와 함께 이 반다를 실시하는 것이 가능하다.

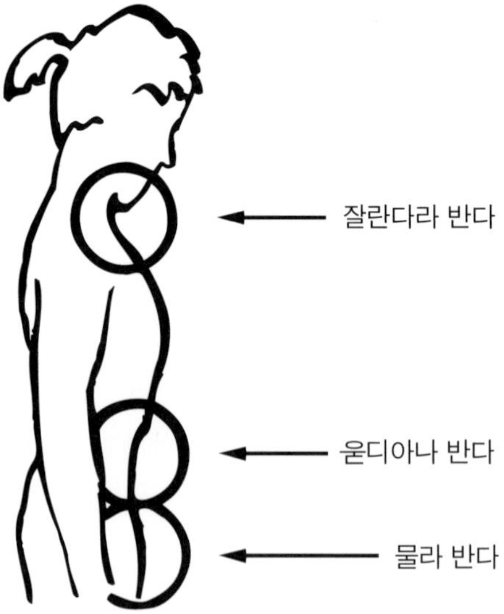


**[그림 7-1]**
잘란다라, 욷디야나,
물라 반다의 위치

## 운디아나 반다

잘란다라 반다를 확실히 잘 수련했을 때만 운디아나 반다를 시도해야 한다. 이 기법에서는 횡격막과 하복부를 들어 올린다. 숨을 내쉬기 시작할 때 복부를 조인다. 날숨의 끄트머리에 복부를 완전히 조여서 위로 그리고 척추 쪽을 향해 끌어당긴다. 이렇게 조이면 횡격막이 올라간다. 이 반다에 숙달되면 배꼽은 척추 쪽으로 움직이고 직장과 허리 근육은 수축한다. 운디아나 반다를 완성하면 복부 전체가 움푹 꺼진다.

이 수련에서 복부의 수축과 이완이 천천히 일어나는 게 매우 중요하다. 예컨대, 날숨 후 10초 동안 호흡을 참으면, 복부를 이완하는 데는 적어도 2초를 써야 한다. 운디아나 반다 후에 복부를 충분히 이완하지 않으면 다음번 들숨이 제한되어 숨이 막히는 경험을 할 것이다. 타다카 무드라(taḍāka mudrā), 아도무카 스바나사나(adhomukha śvānāsana) 같이 일부 쉬운 자세에서 운디아나 반다에 대한 올바른 느낌을 갖기가 좋다([그림 7-2]를 보라).

**[그림 7-2]**
반다를 수련하기 쉬운 자세는 타다카 무드라(1)와 아도무카 스바나사나(2)다. 이 자세에서 반다를 마스터했을 때만 마하무드라(3) 수련을 생각해야 한다.

## 물라 반다

운디아나 반다에서 물라 반다가 생긴다. 복부 상부와 횡격막은 이완하지만 하복부 수축은 유지한다. 달리 표현하면, 배꼽 아래 부위는 계속 수축하고 배꼽 위 부위는 이완한다. 날숨 후에 숨을 참으면서 운디아나 반다로부터 물라 반다로 이동한다. 다음 이어지는 호흡 중에도 물라 반다를 유지할 수 있는데 들숨 때조차 가능하다.

## 반다와 아사나

단순한 아사나에서 반다 수련을 시작해서 몸이 반다에 익숙해질 수 있게 해야 한다. [그림 7-2]에서 이런 아사나를 일부 예시하였다. 가장 쉬운 자세는 등을 대고 누워 팔을 머리 위 바닥에 두는 것이다(1). **타다카 무드라**로 부르는 이 자세에서 운디아나 반다를 수련할 수 있다. 타다카란 인도의 사원 바닥에 있는 큰 웅덩이를 말한다. 이 자세에서 복부가 꺼지는 것은 이런 웅덩이를 연상시킨다. 반다를 수련할 수 있는 또 다른 단순한 아사나는 아도무카 스바나사나(개모양 자세)다(2). 이 자세에서 반다를 쉽게 수련할 수 있는 사람은 누구나 마하무드라(3) 같이 앉은 자세에서 반다를 시도할 준비가 된 것이다. 위대한 무드라 마하무드라는 기본적으로 세 가지 반다가 모두 관여할 때만 이렇게 불린다. 회음부에 발꿈치를 두어 물라 반다를 받쳐 준다.

잘란다라 반다를 제외하면 머리서기 같은 역자세에서도 반다를 실시할 수 있다. 이 아사나에서 반다는 쉬워지는데, 쓰레기를 불까지 들어 올려(운디아나 반다로 한다.) 거기에서 유지하는 것(물라 반다로 한다.)을 이 자세의 신체 역학이 엄청나게 도와주기 때문이다. 모든 역자세에서는 쓰레기가 올라가 불꽃 위에 위치한다. 불꽃이 위로 타올라 쓰레기 쪽을 향하고 쓰레기는 불꽃 쪽으로 내려온다.

어깨서기에서 호흡에 숙달되면 이 또한 반다를 수련하기에 좋은 자세다. 따라서 반다 수련을 위한 최선의 아사나는 몇 가지 역자세와 등을 대고 눕거나 척추를 똑바로 세워 앉는 모든 자세다. 후굴이나 비틀기 같은 아사나에서의 반다 수련은 어렵거나 불가능하므로 피하는 것이 최선이다.

**주의사항**: 아사나 수련 내내 반다를 실시하지 않는다. 다른 모든 요가기법과 마찬가지로 솜씨 좋게 반다를 수련해야 하며 강박적으로 해서는 안 된다. 반드시 좋은 교사의 도움이 필요하다.

## 반다와 프라나야마

앞에서 논의한 아사나에서 세 가지 반다를 편안하게 실시할 수 있을 때만이 프라나야마 수련에 반다를 도입할 수 있을 정도로 충분히 진전된 것이다. 반다가 프라나야마의 정화 효과를 어떻게 강화하는지 생각해 보자. 잘란다라 반다는 척추가 똑바로 되게 몸통을 만든다. 이는 연소될 필요가 있는 쓰레기 쪽으로 프라나 불꽃이 움직이기 쉽게 만든다. 그러면 웃디야나 반다가 쓰레기를 불꽃 쪽으로 들어 올리고, 물라 반다는 쓰레기가 탈 수 있을 만큼 충분한 시간 동안 그곳에 쓰레기가 머물도록 돕는다.

아사나와 프라나야마 수련 동안 이 세 가지 반다를 이용할 수 있다. 결국 들숨, 날숨, 숨 참기라는 전 과정 동안에 잘란다라 반다를 유지할 수 있다. 웃디야나 반다는 날숨 후에 호흡 정지 동안만 실시할 수 있다. 잘란다라 반다와 마찬가지로 프라나야마 수련 전체 동안에 물라 반다를 유지할 수 있다.

날숨 후 숨을 참을 때만 웃디야나 반다를 실시할 수 있으므로 이를 수련하고 싶은 사람에게 가장 중요한 전제 조건은 들숨이나 날숨의 질을 희생시키지 않고 날숨 후에 오랫동안 숨을 참을 수 있어야 한다는 것이다. 이것이 가능하지 않을 경우에는 이 반다를 고려하지 말아야 한다. 잘란다라 반다를 실시하고 싶으면 목이나 등이 긴장되지 않아서 턱을 계속 내리고 있는 동안 아무런 문제도 없이 척추를 곧게 세울 수 있어야 한다. 목이 뻣뻣한데 턱을 끌어당기려 한다면 긴장과 통증이 더 많이 생길 것이다. 카발라바티와 바스트리카 프라나야마에서만 잘란다라 반다를 실시할 수 있다. 시탈리 프라나야마에서는 반다를 실시하지 말아야 하는데, 그 훈련에서는 머리를 위와 아래로 움직이기 때문이다.

프라나야마 중에 반다를 실시하려 한다면 우선 반다 없이 12회 호흡하는 동안 편안하게 유지할 수 있는 호흡 비율, 즉 들숨, 날숨, 숨 참기를 정해야 한다. 그런 다음 점차 반다를 도입한다. 매일매일의 아사나 수련과 마찬가지로 빈야사 크라마 원리, 즉 힘겨운 반다 수련을 한 단계씩 구축하는 원리를 따른다. 그런 다음 점차 정도를 줄여 가면서 단순한 호흡으로 프라나야마 수련을 마친다. 이전 단계에서 진전이 있을 때까지 수련을 강화하되 몸이나 호흡을 강제하지 않으면서 인내심을 갖고 수련한다.

파드마사나 파라브리티
(padmāsana paravṛtti) 를
보여 주는
크리슈나마차리아

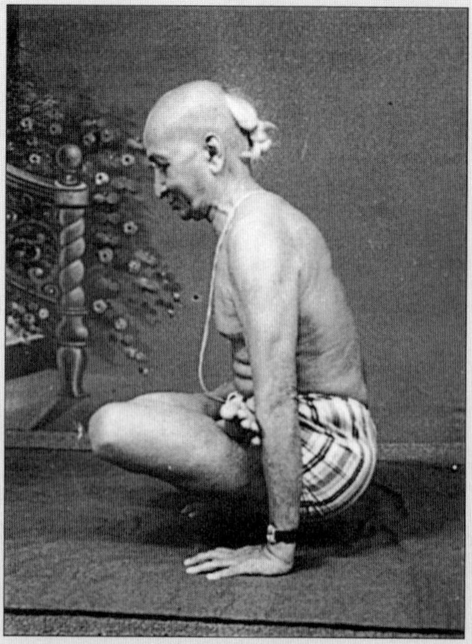

톨라사나(tolāsana)를
실시하는
크리슈나마차리아의
두 모습

# 제2부

# 요가의 이해

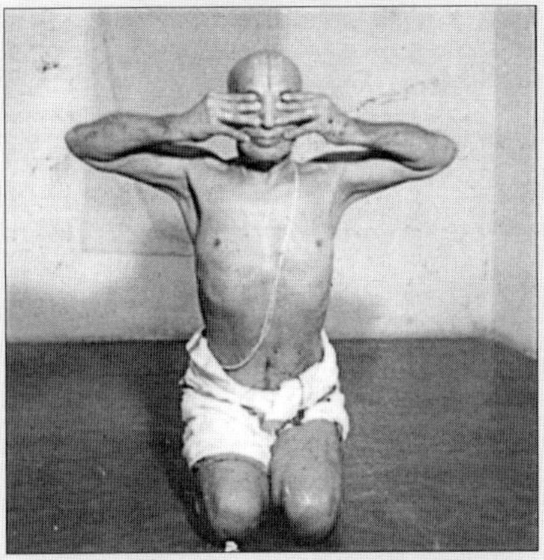

파드마사나
(padmāsana)를
가르치는
크리슈나마차리아

산무키무드라
(sanmukhīmudrā)를
보여 주는
크리슈나마차리아

크리슈나마차리아와
그의 아내
나마기리암마

니라람바 사르방가사나
(niralamba sarvāngāsana)
의 두 가지 변형 자세를
취하는 크리슈나마차리아

# 08

# 가슴을 어둡게 하는 것

요가를 정의하는 방식은 수없이 많으며, 나는 이미 그중 일부를 언급하였다.

- 한 지점에서 더 높은 지점으로 움직이는 것으로서의 요가
- 두 가지를 결합해서 하나로 만드는 것으로서의 요가
- 분리되지 않고 끊어지지 않는 주의가 수반된 행위로서의 요가

요가의 이러한 정의에는 한 가지 공통점, 즉 무언가 변한다는 생각이 있다. 이런 변화는 이전에는 결코 도달하지 못했던 지점으로 우리를 데려가야만 한다. 다시 말해서, 불가능했던 것이 가능해지고, 도달할 수 없었던 곳에 도달할 수 있고, 보이지 않던 것을 볼 수 있게 되는 것이다. 많은 사람이 요가를 선택하는 이유 중 한 가지는 스스로를 변화시키기 위해서다. 즉, 더 분명하게 생각할 수 있고, 더 잘 느낄 수 있으며, 삶의 전 영역에서 어제보다 오늘 더 잘 행동할 수 있게 되는 것이다. 이런 노력에서 요가는 엄청난 도움을 주며, 이런 길을 떠나기 전에 충족시킬 필요가 있는 아무런 선행 요건이 없다. 요가가 인도에서 시작되었다는 이유만으로 요가를 수련하기 위해 힌두인이 되어야 하는 것은 아니다.

반대로 힌두인이라고 해서 반드시 요가를 할 필요는 없다. 요가에는 특정한 신념 체계가 필요하지 않으며, 무언가 믿음을 갖고 있다면 요가는 거기에 도전장을 내밀지도 않는다. 누구나 요가를 시작할 수 있으며, 출발 지점은 그 당시 우리가 어디에 위치하는가에 따라 매우 개별적이면서 개인적으로 결정된다.

우리는 도대체 왜 이런 여정을 시작하는 걸까? 우리는 언제나 우리 자신이나 타인들을 위해서 가장 최선일 수 있는 것을 하고 있지 않다고 느끼기 때문이다. 왜냐하면 우리는 종종 우리 주변의 일들 그리고 우리 안의 일들을 분명하게 인식하지 못함을 알아차리기 때문이다. 왜 이런 일이 생기는 걸까? 무지(아비디아)의 베일이 우리의 지각을 덮고 있기 때문이다. 주어진 순간에 상황을 어떻게 평가하는지에 따라서 우리는 옳을 수도 옳지 않을 수도 있지만 그 당시에는 도무지 알 수가 없었다. 상황에 대한 우리의 관점이 틀렸다면 아비디아가 존재하는 것이며, 뒤따라 일어나는 행위가 아비디아로 덮일 것이다. 아비디아는 이런 식으로 우리의 행위 및 행위의 결과 모두에 영향을 미치며 머지않아 우리는 이런 사실에 맞닥뜨리게 될 것이다. 요가의 관점에서 보면, 모든 것이 실재하며 환상이란 없다는 사실을 우리는 이미 언급하였다. 수많은 문제의 근원인 아비디아마저도 가치가 있으며 실재한다. 우리가 보고 경험하는 일체를 받아들인다. 이런 개념을 사트바다(satvāda)[1]라고 한다. 요가는 또한 모든 것이 변화하고 유동적인 상태에 있다고 주장한다. 내일도 오늘 본 것과 똑같은 방식으로 사물을 보지 않을 것이다. 이런 개념을 **파리나마바다**(pariṇāmavāda)[2]라고 한다.

요가식 사유를 더 따라가면, 사물에는 이렇듯 끊임없이 일어나는 변화를 지각할 수 있는 무언가가 있음을 발견하는데, 그 자체는 변화의 대상이 아니다. 이것이 모든 사물의 진정한 성질, 사물이 끊임없이 변한다는 사실이 포함된 성질을 실제로 보고 인식할 수 있는 우리 안 깊숙이 자리 잡은 푸루샤다. 그러나 푸루샤는 마음을 덮고 있는 아비디아라는 베일에 덮여 있다.

---

1) 역자 주. 변용이나 변화에 대한 힌두 개념으로 최초의 원인을 말한다. 최초의 원인 속에는 그 결과가 잠재적인 힘으로 존재한다.

2) 역자 주. 원인은 끊임없이 그 결과나 효과로 이어진다는 힌두 개념으로서 근본 원인을 제외하고 만물은 유전한다는 의미다.

나는 아비디아가 어떻게 네 가지 서로 다른 방식으로 표현되고 경험되는지를 이미 설명하였다. 첫째, 아스미타, 즉 에고로서 “내가 옳다.” “나는 슬프다.” “나는 요가강사다.”라는 식으로 표현한다. 이것들이 아스미타가 늘어놓는 진술이다. 우리는 변할 수 있는데도 내일이 되면 더 이상 우리에게 속하지 않을 것과 완전히 동일시한다. 둘째, 라가, 즉 우리에게 필요하건 필요하지 않건 무언가를 갖고 싶은 욕망이다. 셋째, 드베샤로서, 이것은 사물을 거부하고 증오의 느낌을 갖는 것으로 표현된다. 넷째, 압히니베샤 또는 공포가 있는데, 죽음이 두려워서 온 힘을 다해 삶에 매달리는 것을 말한다. 이런 것들이 아비디아가 표현되는 네 가지 방식이다.

요가수련의 근본 목적은 아비디아를 줄임으로써 이해가 점차 수면 위로 떠오르게 하는 데 있다. 그렇지만 사물을 분명하게 보고 이해하는지 우리는 어떻게 알 수 있을까? 진실을 볼 때, 일상적인 평소의 이해보다 높은 수준에 도달할 때, 우리 내면 깊숙이 있는 그 무언가는 매우 조용하고 평화롭다. 그때가 돼서 우리에게서 빼앗아 갈 수 있는 건 아무것도 없다는 만족감이 생긴다. 그것은 아름다운 대상을 바라볼 때 생기는 그런 종류의 만족이 아니며 그런 만족을 훨씬 넘어선다. 그것은 느낌과 판단으로부터 자유로운 우리 내면 깊숙이 자리 잡은 만족이다. 이런 만족감의 중심이 푸루샤다.

요가란 특정 지점으로 향하는 움직임이자 거기에 도달한 것을 말한다. 우리가 수련하고 수련을 통해서 진전을 이룰 수 있는 요가를 크리야 요가라고 부른다. **요가수트라**는 타파스(고행), 스바디야야(자기탐구), 이슈바라프라니다나(신에의 헌신)라는 세 가지 요소로 구성된 것을 크리야 요가로 정의한다. 타파스는 참회나 견책을 의미하지 않으며, 육체적으로나 정신적으로 우리를 건강하게 만들기 위해 행하는 것이다. 그것은 내적 정화 과정으로서 우리에게 필요치 않은 것들을 제거한다. 스바디야야는 우리가 어디에 있으며, 우리가 누구이고, 우리가 무엇인지를 점차 발견해 가는 과정이다. 아사나 수련은 정확히 이런 질문에서 출발하며 호흡과 몸을 관찰하는 일이 그 첫 단계다. 시간이 흐르면 우리 자신과 우리의 현재 상태를 더 깊이 이해할 것이라는 희망을 품고 이를 반복해서 실시한다.

이런 방식으로 다음 단계가 무엇인지 인식하게 된다. **요가수트라**에 따르면 모든 종류의 요가수련에는 이런 식의 스바디야야와 밀접하게 연결된다. 이슈바라프라니다나의 문자적 의미는 "겸손하게 신께 복종하다."는 뜻이다. 크리야 요가에서는 신을 수용할지의 여부를 자유로이 선택할 수 있다. 크리야 요가라는 맥락에서 볼 때 이슈바라프라니다나의 의미는 행위에 대해 특정한 방식으로 주의를 기울이는 것과 더 관련이 깊다. 우리는 행위로부터 생겨날 수 있는 결실이 아니라 행위의 질에 가치를 둔다.

우선 목표를 정하고 그런 다음 목표를 마음속에 품고 목표를 향해 일하기 시작하는 것이 우리가 행하는 정상적인 행위 코스다. 그러나 우리의 목표는 변하기도 하고 쉽게 사라지기도 한다. 예컨대, 백만 달러를 벌어들일 필요가 있다고 생각하는 사람이 목표 달성을 위해 2~3년 일했다고 치자. 이 사람은 이런 목표가 실제로는 아무 소용이 없다는 사실을 갑자기 발견함으로써 목표가 의미를 잃고 훨씬 더 중요한 전혀 다른 목표로 바꿀 수 있다. 유연해진 우리는 우리의 기대와 낡은 생각들로부터 일어나는 변화에 여전히 반응할 수 있어야 한다. 우리가 행하는 노동의 결실로부터 거리를 더 둘수록 이런 일을 더 잘 수행할 수 있다. 길을 따라가면서 목표 자체보다는 우리가 밟아온 발자국의 질에 더 집중한다면 자신을 위해 정했던 바로 그 목표에 도달할 수 없어도 실망하지 않을 것이다. 우리 행위의 정신에 더 주의를 기울이고 우리 행위가 가져올 수 있는 결과에 덜 관심을 기울이는 것, 이것이 크리야 요가에서 이슈바라프라니다나가 갖는 의미다.[3)]

아스미타, 라가, 드베샤, 압히니베샤 중 어떤 것으로 드러나는지에 따라 아비디아는 변한다. 그것은 때로는 불안으로, 때로는 집착, 거부, 탐욕 등으로 나타날 것이다. 아비디아의 네 가지 측면은 항상 똑같은 비율로 존재하지 않는다. 보통 네 가지 모두 존재하지만 일반적으로는 한두 가지가 우세하고 나머지는 배

---

3) 행위에 관해 우리가 취하는 태도에 대한 의문은 가장 오래된 요가수트라 주석서인 요가 바샤(Yoga Bhāsya)가 제시하는 이슈바라프라니다나의 핵심적인 정의다. 요가수트라에서는 "이슈바라프라니다나란 일체의 행위를 신께 바치고, 일체 행위의 결실을 향한 욕망을 포기하는 것이다."라고 기술되어 있다.

경에 숨어 있다.

잠시 동안은 겸손해도 자기를 찾는 경향성이 극복된 건 아니다. 특정한 아비디아 형태가 언제 더 분명하게 드러날지 결코 알 수가 없다. 그것은 마치 씨를 뿌리는 것 같아서 물과 비료, 공기를 공급받으면 그것들이 자라나기 시작한다. 모든 씨앗은 가장 잘 자라는 환경과 시기가 각기 다르다. 따라서 욕망(라가)은 우리의 자존감, 우리의 에고(아스미타)가 금지한 것을 하도록 우리를 몰아댈 수 있다. 주목받고 싶은 우리의 욕망(아스미타)이 무척 커져서 우리의 불안(압히니베샤)을 압도하는데, 우리 자신이 얼마나 위대한 영웅인지 증명해 보이고 싶기 때문이다.

아비디아로부터 해방된 것처럼 보일 때라도 잘난 체하며 물러서서는 안 된다. 아비디아의 네 가지 얼굴이 항상 표면으로 드러나는 건 아니기 때문에 그들의 힘과 강도가 계속 변한다는 사실을 인지하고 있어야 한다. 어떤 형태로 나타나건 아비디아가 때로는 잘 보이지 않으며 우리를 압도할 때도 있다. 아비디아 수준은 다양하기 때문에 우리가 하는 행위를 계속 경계하고 방심하지 말아야 하며, 그것이 우리에게 주는 영향을 줄이기 위해 노력을 기울여야 한다. 수년 동안 투명한 마음과 정신을 계속 즐길 수 있는 사람이 있다면 그 사람은 분명 대단히 진전된 것이다. 그러나 아비디아가 지진처럼 그 사람을 갑자기 다시 덮칠 수 있다. 이런 이유로 아비디아가 최소로 줄어들 때까지 요가수련, 즉 더 깊은 이해를 향한 노력이 계속되어야 한다고 강조하는 것이다.

며칠 동안 요가수련과 명상을 하면 잠시 도움이 될 수는 있지만 그 혜택은 영원히 지속되지 않는다. 이는 한 돌멩이에 다른 돌멩이를 얹어야 하는 점진적인 과정이다. 우리는 수련에 지속적으로 참여해야 한다. 왜냐하면 어제보다 오늘이 좀 더 진전했어도 내일이면 한 발자국 뒤로 물러날 수 있기 때문이다. 아비디아의 씨앗이 불타 버려 더 이상 싹이 트지 않을 때까지 끊임없이 활동할 필요가 있다. 씨앗이 남아 있는 한 아비디아의 싹이 틀지의 여부는 결코 알 수가 없다. 요가수련은 이 씨앗들이 발아해서 다시 자라는 걸 막는 데 도움을 준다. 아비디아는 무행위와 밀접한 관계가 있지만 무행위조차도 결과를 낳는다. 우리의 행위가 긍정적인 효과를 낳을지, 부정적인 효과를 낳을지는 그런 효과에 미치는 아비디아의 영향력 정도에 따라 결정된다고 **요가수트라**는 말하고 있다.[4)]

**요가수트라**는 두 종류의 행위, 즉 아비디아를 줄여서 진정한 이해를 가져오는 행위와 아비디아를 늘리는 행위를 구분하였다. 아비디아에게 먹이를 주면 아비디아가 늘어나고, 아비디아를 굶주리게 만들면 줄어든다. 아사나 수련이건 프라나야마건 명상이건 주의 깊은 관찰이건 자기탐구건 특정 질문의 탐색이건 간에 요가에서 우리가 실시하는 모든 것의 목표는 아비디아를 줄이는 데 있다.

## 모든 일에는 결과가 따른다

각각의 행동은 즉각적으로 또는 시간이 얼마 지난 후에 그 효과가 나타난다. 모든 행위에는 결과가 따르는 것이다. 행위로 인해 그 잔여물이 남을 수 있으며 이것이 다음 행위에 영향을 준다. 예컨대, 우리가 친밀하게 대했던 사람은 다음번 만남에서 약간의 우정을 보일 것이다. 이는 처음 한 행위가 다음 행위에 영향을 미치는 끝없이 연속되는 지속적인 과정이다. 이 때문에 모든 행위에 기민하게 깨어 있는 것이 최선이다.

부정적인 결과를 가져오는 행동, 나중에 후회할 수 있는 행동을 방지하려면 어떤 일이 가능할까? 한 가지 가능성은 **디야나**(명상)로서 이 맥락에서는 '성찰'을 의미한다.[5)] 수많은 형태의 성찰이 존재한다. 예컨대, 중요한 결정에 맞닥뜨려서 본능이 제시하는 바와 정반대로 행동할 경우 어떻게 될지 상상할 수 있다.[6)] 당신의 결정이 가져올 결과를 가능하면 현실감 있게 상상해 보자. 그것이 어떤 것이건, 당신이 어떻게 느끼건, 중요한 결정을 내리고 행동을 취하기 전에 마음을 열고, 어느 정도 객관성을 갖고 그 문제를 생각해 볼 기회를 스스로에게 주어야

4) 요가수트라 2.12 ff.

5) 요가수트라 2.11.

6) 요가수트라 2.33과 2.34는 이런 생각을 프라티팍샤바바나(pratipakṣabhāvana)로 제시하고 있다.

한다. 이런 점에서 디야나란 조용하면서도 기민한 고찰이자 명상이다. 목표는 선입관으로부터 당신 자신을 해방시키고, 나중에 후회할 수 있고 새로운 골칫거리(두카)가 될 수 있는 행동을 피하는 것이다.

디야나는 자기충족감을 강화한다. 요가는 우리를 독립적으로 만든다. 비록 우리 중 다수는 심리학자, 구루, 교사, 약물 등에 의존할지라도 우리 모두는 자유를 원한다. 조언과 안내가 도움이 되지만 결국 우리 스스로가 우리 자신이 행한 행위의 가장 좋은 판단자다. 나보다 더 내게 관심을 두는 사람은 없다. 디야나의 도움으로 결정할 때 우리 자신만의 방법과 체계를 발견함으로써 우리 자신의 행동을 더 잘 이해할 수 있다.

의도와는 다르게 행동한다면 어떻게 될지를 숙고하기보다 행위로부터 거리를 두는 방법도 있다. 콘서트에 가거나 산책하거나 생각을 고요하게 만드는 등 어떤 일이건 할 수 있다. 그러는 내내 외부적 압박이 전혀 없을지라도 마음은 무의식적으로 끊임없이 작동한다. 다른 활동을 하면서도 우리는 일정한 거리를 둔다. 시간이 아무리 짧아도 내려야 할 결정을 둘러싼 일체에 대해 마음 쓸 시간은 충분하다. 편안하게 거리를 두면 우리는 더 좋은 결정을 내릴 것이다. 그것을 또 다른 관점에서 더 잘 보기 위해 상황으로부터 거리를 두는 것을 **프라티팍샤**(pratipakṣa)라고 한다. 이 단어는 있을 수 있는 행위의 또 다른 경로를 고려하는 과정을 말하기도 한다.[7] 디야나에 소비하는 시간은 매우 중요한데, 자기성찰을 통해서 행위의 질이 향상되기 때문이다.

아비디아와 밀접하게 관련된 또 다른 개념으로는 두카가 있다. 두카를 설명하기 위해 '고통' '골칫거리' 또는 '질병'과 같은 용어를 사용하지만, 이 단어를 가장 잘 설명하는 것은 구속된 느낌이다. 두카는 꽉 조이는 느낌을 주는 마음의 성질로서 이를 육체적 통증과 비교할 수는 없다. 두카의 엄청난 느낌을 경험하기 위해서 육체적 고통을 느낄 필요는 없다는 것이다. 두카는 마음 수준에서 작동한다. 두카란 행위하고 이해하는 우리의 가능성에서 한계를 경험하는 특정한

---

7) 요가수트라 2.33.

마음 상태에 불과하다. 우리의 느낌을 울면서 표현할 필요는 없지만, 우리는 고통스럽게 묶여 있고 구속된 상태에서 내면 깊숙이 고통을 느낀다.

내면에서 가벼우면서도 열린 감각을 느끼면 우리는 두카의 정반대, 수카로 불리는 상태를 경험한다.[8] '두카'라는 개념은 요가뿐만 아니라 인도의 모든 주요 철학에서 중요한 역할을 담당한다. 시기는 달라도 인간의 삶에는 두카가 존재한다. 우리 모두는 두카를 제거하려는 목적을 가지며, 붓다는 바로 이것을 가르치셨다. 이것이 베단타가 추구하는 것이며, 요가도 이를 달성하려고 노력한다.

## 아비디아에서 생기는 두카

두카와 아비디아는 어떤 관계가 있을까? 아비디아로부터 나온 모든 행동은 항상 이런저런 형태의 두카를 유발한다. 우리는 이기심, 욕망, 증오나 공포로써 아비디아를 볼 수는 없지만 종종 그 결과로 생기는 두카만을 인식할 수 있다. 두카는 수없이 다른 형태로 표현되며, 예전에는 그것이 우리를 어떻게 괴롭혔는지는 결코 알 수가 없다. 우리는 때때로 말 그대로 숨 막히는 것처럼 느끼기도 하고, 때로는 생각과 느낌에서 두카를 인식하기도 한다. 그러나 두카의 형태가 어떻든 우리의 행위가 아비디아에서 나올 때마다 분명코 두카가 생긴다. 투명한 마음이 지지하는 행위는 어떤 두카도 감출 수 없다. 그 결과 부정적인 면이 전혀 없는 행위가 있을 뿐 아니라 좋을 것으로 예상했던 것이 나중에 두카를 가져오는 행위도 있다.

요가의 여정을 따라서 전진하려는 우리의 노력에도 두카가 따라올 수 있다. 무언가 갖고 싶은 것을 볼 때 처음에는 두카가 없었지만 원하는 것을 가질 수 없

8) 문자 그대로 번역하면 이 용어를 이해하는 데 도움이 된다. 요가수트라는 이들을 반복해서 사용하고 있다. kha란 '공간' 같은 것을 의미하며, su란 '행복한''운 좋은' 또는 '좋은'으로 번역된다. 수카의 반대말인 두카를 생생하게 비유하면 어두운 방이다.

을 때는 두카가 장악하기 시작한다. 자신들의 삶을 개선하려는 사람들은 종종 이로 인한 두카 때문에 고통받고 있음을 느낀다. 그들은 진정한 통찰에 너무 목이 마른 나머지 새로운 질의 이해와 행위에 자신들이 원하는 만큼 빠른 속도로 도달하지 못한다.

인도의 위대한 영적 문헌에는 더 좋아지려 노력함에도 불구하고 지나치게 서두른 나머지 거의 아무것도 성취하지 못해서 두카가 일어나 불행해지는 사람들에 관한 이야기가 수없이 많다. 무언가를 더 좋게 변화시키려고 노력했음에도 이런 일이 생기는 것이다.

새로운 환경에서 스스로 편안해질 수 없을 때 우리는 두카에 대해서 말하게 된다. 특정한 것에 익숙해져서 그 밖의 것들은 전혀 원치 않는다고 고집할 때도 두카가 생길 수 있다. 습관이 방해를 받으면 우리는 불편해진다. 습관적인 방식으로 삶을 지속시킬 수 없을 때 우리는 그것을 장애로 경험한다. 이런 형태의 두카는 우리에게 만족감을 주었던 우리 자신의 행위로부터 일어난다.

두카는 다른 방향에서도 일어날 수 있다. 우리에게 이롭지 않다고 인식된 낡은 길을 떠나는 과정은 고통을 주며 두카를 일으킨다. 이런 이유 때문에 때로는 비생산적으로 인식된 특정 행동을 밀쳐내기가 어렵다. 우리에게 익숙한 패턴으로부터 분리되는 것은 매우 고통스러울 수 있다. 왜 그런지 이유를 찾아내서 상황을 극복할 수 있는 것은 우리에게 달려 있다.[9)]

## 구나에서 오는 두카

두카를 이해하려면 요가가 설명하고 있는 마음의 세 가지 성질을 이해해야만 한다. 타마스(tamas), 라자스(rajas), 사트바(sattva)라는 이 세 가지 성질을 총칭해

9) 여기에서 논한 두카의 다른 측면이 두드러지는데, 변화를 인식하거나 수용할 수 없는 데서 파리나마두카(pariṇāmaduḥkha)가, 욕구가 충족되지 못하는 데서는 타파두카(tāpaduḥkha)가, 습관을 포기하기 어려운 데서 삼스카라두카(saṃskāraduḥkha)가 생긴다. 요가수트라 2.15에서는 두카의 여러 가지 원인에 대해서 논하고 있다.

서 **구나**(guṇa)라고 한다.[10)]

타마스란 느낌과 결정에서 무겁고 느린 상태를 말한다. 연설하려는 상황에서 엄청난 무력감이 밀려온다고 가정해 보자. 갑자기 기민하게 깨어 있기가 무척 어렵고 청중도(당신 자신도) 불만족을 느껴 당신은 마침내 두카를 경험할 것이다. 타마스의 의미는 바로 이런 무기력이다. 실제로는 잠들 시간임에도 마음은 '자, 가자! 영화 보러 가자! 영화 보러 가야 해! 어떻게 이 시간에 잠을 자려는 거야!'라고 말할 때는 상황이 전혀 달라진다. 마음의 이런 성질은 행동을 좋아하고 춤추는 것을 좋아한다. 이런 성질을 라자스라고 하며, 이 또한 두카를 일으킨다. 마음의 마지막 성질은 나머지 두 가지 성질이 없는 상태를 말한다. 무거움, 무기력도 없고 짜릿함, 동요도 없으며 투명성만 존재한다. 이것을 사트바라고 하며, 마음의 이런 성질만이 두카를 일으키지 않는다.

이 세 가지 성질에는 고유의 순환주기가 있는데, 때로는 하나가 때로는 다른 하나가 우세해진다. 사트바, 투명성만이 두카를 줄인다는 의미에서 전적으로 긍정적이다. 라자스와 타마스는 모두 두카를 낳는다. 예컨대, 잠이 필요한데 잠을 자고 싶으면 내 마음은 타마스인 것이며 그것으로 족하다. 그러나 강의를 해야 하거나 강의를 듣고 싶을 때 주된 마음 상태가 타마스가 되면 꽤나 곤란해진다.

두카를 일으키는 모든 요소는 우리의 공간과 자유를 제한하여 결국에는 우리 안에서 우리를 구속하는 힘으로 작용한다. 충분히 기민하게 깨어 있으면 우리는 우리 안에 존재하는 이런 힘들의 유희를 항상 인식할 수 있다. 요가수련을 통해서 우리는 내면에서의 이런 움직임을 더 잘 자각하고 그들로부터 생기는 한계를 줄일 뿐만 아니라 미래의 두카를 피하려고 한다. 두카를 인식해서 그것을 직면해야 할 것으로 인식하면 그것을 제거할 방법도 찾을 수 있다. 이 때문에 두카

---

10) 요가수트라는 세 가지 구나라는 개념을 상세하게 제시하고 있지 않지만 2.18에서 언급하고 있으며, 요가수트라에서 이 개념을 끊임없이 가정하고 있다. 상키아 경전에서는 그 개념을 설명하고 있는데, 여기에서 구나는 푸루샤를 제외한 모든 물질에 고유한 세 가지 성질로 구성된다(여기에는 우리의 생각, 감정, 정신활동 전반이 포함된다). 세 가지 구나의 움직임조차도 두카의 원인이 될 수 있다. 요가수트라 2.15를 보라.

를 자각하는 것이 두카로부터 해방되는 방향으로 가는 첫걸음이다.

마지막으로, 그런 장애를 야기하면서 두카를 일으키는 외부 관심사로부터 자유로운 **카이발리야**(kaivalya, 독존) 상태가 있다고 요가는 주장한다.[11] 소중히 여기는 라디오가 생겼다고 가정해 보자. 어느 날 아들이 그것을 부숴 버렸는데, 그가 일부러 그런 일을 하지 않았음에도 불구하고 나는 아들에게 노발대발 화를 낸다. 사실 나는 화를 내지 말았어야 했다. 결국 그건 라디오에 불과하기 때문이다. 사실상 아들의 부주의를 조장하지 말았어야 했지만, 실제 무슨 일이 일어났는지 올바로 보려면 유연하기도 해야 한다. 약간의 융통성이 항상 두카를 줄여 준다.

---

11) 요가수트라 2.25. '카이발리야'라는 개념은 요가의 핵심 관심사다. 요가수트라 마지막 장의 제목은 '카이발리야' 또는 '자유'다.

웃티타(utthita)와
파리브리티(parivṛtti)의
트리코나사나
(trikonāsana) 변형
자세를 실시하는
크리슈나마차리아

# 09

## 행동에는 흔적이 남는다

아비디아에 관한 그릇된 지식이 어떻게 우리 행위에 영향을 미치는지 이미 논하였다. 때로 우리는 사물을 있는 그대로 보지 못하고 오해에서 비롯되어 행동한다. 그런 행위는 종종 부정적인 결과를 즉각 낳지는 않지만 머지않아 우리는 그 효과로 인해 고통받기 시작한다. 그릇된 지각에서 일어난 한 가지 행위는 다음 행위에 영향을 줄 수 있으며, 따라서 우리는 자유가 점차 줄어든다. 우리는 낡아 빠진 똑같은 길을 걸을 뿐이며 그 결과로 말미암아 구속된 느낌, 부자유한 느낌인 두카가 생긴다. 원하는 것을 얻지 못할 때 두카가 일어나는데, 그것은 욕망으로부터 온 것이다. 상황이 변했기 때문에 실제로는 반복될 수 없는 유쾌한 경험이 반복되길 원할 때도 두카가 일어난다. 무언가를 소유하는 습관이 있는데 갑자기 그것을 더 이상 소유하지 못할 때 또 다른 형태의 두카를 경험한다. 이 경우에는 익숙한 무언가를 포기해야만 하기 때문에 일어나는 두카다.

## 두카: 추구하는 사람들의 숙명

어디서나 두카를 발견할 수 있지만 그것을 항상 인식하지는 못하며 두카를 전혀 인식하지 못하는 사람들도 있다고 **요가수트라**는 언급하였다. 두카를 특히 강하게 자주 경험하는 사람들은, 정확히 말해서 투명성을 추구하는 사람들이다. **요가수트라**에 대한 브야사의 주석서는 이런 예를 멋지게 제시하였다(**요가수트라**의 주석서는 부록 1에서 논의했다). 피부에 쌓인 먼지는 해롭지 않지만 작은 티끌이 눈에 들어가면 매우 고통스럽다고 주석서는 말한다. 달리 표현하면, 투명성을 추구하는 사람은 자신이 보는 것이 때로는 매우 불쾌할지라도 눈을 뜨고 있어야만 되기 때문에 민감해진다. 무언가를 추구하는 사람은 타인들이 보거나 느끼기 훨씬 전에 보거나 느낀다. 그 사람은 특별한 통찰력, 특별한 종류의 민감성을 개발한 사람이다. 우리는 이것을 긍정적으로 보아야만 하는데, 이런 통찰력이나 민감성은 차의 경고등처럼 유용할 수 있기 때문이다. 그것은 무언가가 잘못되었고 그것이 무엇인지 찾아내려면 현명해져야 한다고 말한다. 투명성을 찾는 사람은 그렇지 않은 사람에 비해 항상 더 많은 고통을 본다. 고통에 대한 이런 식의 자각은 감수성이 커진 데 따른 결과다. 투명성을 찾지 않는 사람은 자신에게 행복이나 슬픔을 가져오는 것이 무엇인지 알지도 못한다.

마음의 세 부분, 즉 라자스, 타마스, 사트바의 움직임이 어떻게 두카를 일으키지에 관해 이미 언급하였다. 라자스는 활동적이고 격렬하여 우리로 하여금 행동하도록 유도한다. 그것은 때로 마음을 끊임없는 활동 상태로 몰아넣음으로써 가만히 있지 못한다. 그런 상태는 불안과 동요라는 특징을 띤다. 타마스는 라자스와는 반대되는 성질로서 고정되고 움직이지 않으며 무거운 마음 상태다. 사트바는 희고 선명하며 투명한 통찰의 성질이다. 그것은 다른 두 가지 구나 중 어떤 것도 우세하지 않은 상태다. 라자스와 타마스 간의 관계에 따라서 두카의 형태가 달라진다. 마음이 사트바 상태를 성취할 때까지 이 두 가지 구나를 줄이는 것이 우리의 목표다.

두카의 인식은 하나의 과정으로서 7단계로 세분할 수 있다. 첫 번째는 무언가 올바르지 않다는 사실을 이해하는 것이다. 예컨대, 우리 삶에서 습관으로 변한 무언가를 피할 필요가 있다고 느끼거나 정상 코스에서 벗어난 무언가를 행할 수밖에 없다고 느낄 수 있다. 정확히 어떤 행동을 취해야 할지 알지 못하는 경우도 있지만 적어도 우리는 문제를 인식하고는 있다. 이것은 7단계 중 첫 단계로서, 이해를 구하는 사람은 누구나 다른 사람들보다 무언가 잘못되었다는 느낌에 더 민감하다. 다른 단계들은 우리가 논하기에는 너무 복잡하다. **요가수트라** 2장 27절에 대한 브야사의 주석은 두카를 올바로 인식하는 쪽으로 나아가는 7단계를 다루고 있다.

**요가수트라**에 따르면, 우리의 마음에는 브리티, 즉 '움직임' 또는 '활동'으로 부르는 다섯 가지 기능이 있다.[1]

- **프라마나**(pramāṇa, 감각적 지각): 감각을 통한 직접적 지각이다.
- **비파리야야**(viparyaya, 그릇된 인식): 그릇된 이해이다.
- **비칼파**(vikalpa, 상상): 상상력의 힘이다. 현재 순간이나 물질적 실재와는 무관한 아이디어들에 근거한 지식이나 이해를 말한다.
- **니드라**(nidrā, 잠): 꿈 없는 잠이다.
- **스므리티**(smṛti, 기억): 경험이나 관찰을 저장할 수 있는 마음의 활동이다.

이런 기능들은 함께 작용한다. 니드라를 제외하고 우리는 하루 중 매 순간 이들의 혼합체를 경험한다. 개별적으로나, 어떤 식으로든 결합해서 나타나는 이런 정신 활동이 반드시 두카 형태를 감추고 있지는 않지만 두카가 얼마나 많이 존재하는지에 영향을 미칠 수 있다. 예컨대, 꿈은 여러 활동의 조합으로 생긴다. 꿈이 두카를 일으키는지 여부는 그 효과에 달려 있다. 꿈의 효과는 우리가 꿈으로 무엇을 하는지, 또는 그것이 우리에게 어떤 일을 하는지에 따라 좋을 수

---

1) 요가수트라 1.6-11.

도 나쁠 수도 있다.

## 푸루샤는 마음을 통해 본다

**칫타**(citta), 즉 마음과 우리 안에서 바라보는 부분인 푸루샤는 어떤 관계일까? **요가수트라**는 푸루샤는 마음이라는 수단을 통해서만 볼 수 있다고 말한다. 마음에 색깔이 입혀지면 지각에도 색깔이 생기고 이는 푸루샤에도 영향을 줄 것이다. 그러나 마음이 깨끗하면 관찰하는 마음의 힘이 최고조에 달할 것이다. 마음을 통해서 그리고 마음의 도움을 입어서 푸루샤가 관찰할 때 그 관찰의 성질은 전적으로 마음의 성질에 의존한다. 마음은 푸루샤가 지각하는 도구이지만 보기 위해서 마음에 필요한 에너지와 힘은 푸루샤로부터 나온다.[2] 우리는 푸루샤와 직접 작업할 수 없기 때문에 마음에 집중하는 것이다. 요가를 통해서 마음은 지속적으로 더 투명해지고 따라서 푸루샤는 더 선명하게 볼 수 있으며 우리에게 이런 보는 작용이 가능해진다.

우리 주의가 어디를 향하는지 결정하는 것은 종종 마음이다. 왜냐하면 마음은 그렇게 하도록 조건화되어 있기 때문이다. 지속적으로 똑같은 방향을 향하게 만드는 마음의 조건화를 삼스카라(saṃskāra, 잠재인상)라고 하며, 이는 긍정적일 수도 부정적일 수도 있다. 요가를 통해서 우리는 우리 자신을 구속해 왔던 낡은 삼스카라를 강화하기보다는 새롭고도 긍정적인 삼스카라를 창조하려고 노력한다. 이런 새로운 삼스카라가 강하고 힘이 세면 골칫거리인 낡은 삼스카라는 더 이상 우리에게 영향을 미치지 못할 것이다. 그렇게 되면 우리는 완전히

---

2) 파탄잘리는 푸루샤에게는 드라스트르(draṣṭṛ), 즉 '보는 자'를, '보이는 대상'에게는 드리스야(dṛśya)라는 단어를 사용했다. 파탄잘리에 따르면, 이 둘을 혼동할 때 아비디아가 생긴다. 이런 혼동을 두 사물이 서로 지나치게 얽혀서 이 둘을 서로 분리할 수 있음을 의미하는 단어에 해당하는 삼요가(saṃyoga)로 부른다. 삼요가가 일어나는 순간에 고통의 씨앗을 심는다. 아스미타는 삼요가의 한 표현이다. 푸루샤와 칫타가 나라는 생각(I-ness)의 서로 분리할 수 없는 개념으로 혼합될 때 우리는 아스미타를 말하게 된다. 본질적으로 마음은 지각의 수단이며, 푸루샤는 인식자다. 마음은 변할 수 있는 성질을 갖지만 푸루샤는 그렇지 않다. 뚜렷이 구분되는 이 두 가지의 연합이 종종 문제를 일으킨다. 요가수트라 2.6과 2.17-24를 보라.

새로운 삶을 살기 시작한다고 말할 수 있다. 새로운 행동 패턴이 점점 더 강해지면 낡은 패턴들은 무력해진다.

아사나를 수련할 때는 습관에 의해서 크게 결정되지 않는 행위를 수행하는 셈이지만 이 또한 우리의 역량 범위 안에 있다. 따라서 우리는 일련의 훈련을 계획하고 그것을 실행으로 옮길 때 마음은 다소간 깨끗해진다. 습관에 더 이상 크게 묶여 있지 않기 때문이다. 이렇게 되면 우리에게 무엇이 좋은지 더 분명하게 인식한 후 수련 계획을 약간 변화시켜야 한다는 사실을 깨닫게 된다. 이런 종류의 새로운 방향 설정을 **파리브리티**(parivṛtti)라고 하는데, 여기에서 브리티는 '움직임'을, 파리는 '주변'을 의미한다.

차를 몰고 있는데 눈앞에 갑자기 나무 한 그루가 나타났다고 가정해 보자. 동일한 방향으로 차를 계속 몰고 있다면 당신은 무슨 일이 일어날지 마음의 눈으로 알 수 있다. 즉, 나무와 충돌할 것이다. 그런 결과를 피하기 위해서 당신은 즉시 다른 방향으로 차를 돌린다. **파리브리티**란 앞으로 무슨 일이 일어날지 예견하고 그에 따라서 스스로 방향을 돌리는 능력을 말한다. 마음이 동일한 방향으로 계속 진행하게끔 허용하는 대신, 우리는 아사나를 수련하거나 더 분명하게 볼 수 있도록 도움을 줄 수 있는 다른 무언가를 행한다. 이런 활동은 아마도 우리가 올바른 길 위에 있지 않다는 것을 볼 수 있게 할 것이다. 새로운 방향 설정이 도움이 되지 않으면 다음에 무엇을 할지는 푸루샤가 아니라 마음이 결정할 것이다. 일부 철학자들은 마음은 충실한 노예지만 끔찍스러운 주인이기도 하다는 말로써 이를 잘 설명하고 있다. 마음이 주인이 아님에도 불구하고 마음은 종종 주인처럼 행세한다. 이 때문에 푸루샤가 의도하는 바를 행하도록 하는 것, 즉 무언가 분명하게 볼 수 있는 기회를 주는 것이 유익하다. 우리에게 익숙한 물만을 헤엄쳐 간다면 마음이 키를 잡고 있어 푸루샤가 실제로 할 수 있는 일이 도무지 없을 것이다.

이상적으로 볼 때, 요가수련을 시작한다는 것은 우리에게 해로운 것을 중단하는 방법을 제시하는 과정을 시작한다는 뜻이다. 하던 일을 일부러 중단할 필요는 없다. 그것이 무엇이든 아무것도 할 필요없이 그것이 그저 사라지고 마는

데, 왜냐하면 우리 스스로가 긍정적인 쪽으로 방향을 바꾸었기 때문이다.

푸루샤의 표현은 마음이 어떻게 기능하며 마음을 어떻게 다룰지를 우리로 하여금 볼 수 있게 한다. 푸루샤는 마음을 파괴하지 않으며 마음을 조절할 수 있게 한다. 우리는 우리 자신의 강점과 약점을 알고 있으며 무엇이 고통을 낳는지를 어느 정도는 알고 있다. 푸루샤의 이 같은 투명성을 설명하기 위해 우리는 **비베카**(viveka, 분별 지혜)라는 용어를 사용한다. **비베카**란 양쪽 면을 모두 보는 것, 우리가 무엇이고 무엇이 아닌지를 볼 수 있는 것, 분별하는 것을 의미한다. 아스미타라는 용어는 에고로 정의한다. 푸루샤와 칫타가 함께 섞여 있는 상태를 아스미타로 설명할 수 있다. 두 가지 기능이 한 단위로 기능하는데, 실제로 이들은 하나가 될 수 없다. 푸루샤와 칫타 간의 차이가 분명할 때 비베카가 존재한다.

때로는 우리의 낡고 부정적인 삼스카라의 원인을 이해하는 것이 도움이 될 수 있는데, 삼스카라의 종류는 여러 가지이기 때문이다. 강력한 삼스카라는 우리에게 문제를 일으키고 더 약한 삼스카라는 아마도 영향력이 더 큰 것을 강화할 것이다. 주어진 상황에서 선한 믿음을 갖고 행동하면서 모든 것을 올바르게 행함에도 불구하고 우리가 한 행위로 인해 문제가 생길 수 있다. 이런 경우 고요한 마음의 도움으로 왜 이런 일이 생겼는지 처리할 수 있게 된다. 상황을 잘 고려하면 다음번에 더 기민해지는 데 도움이 된다.

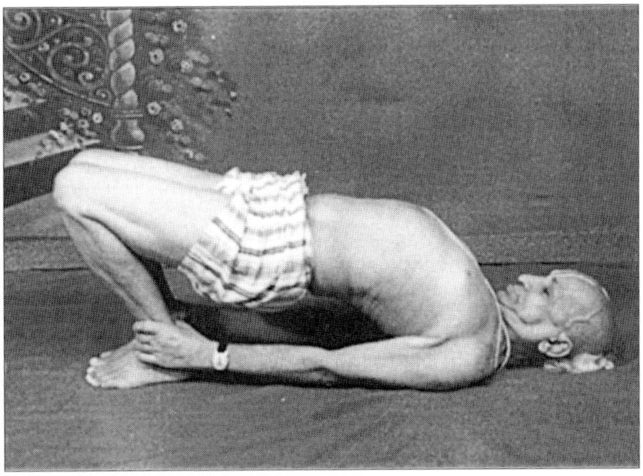

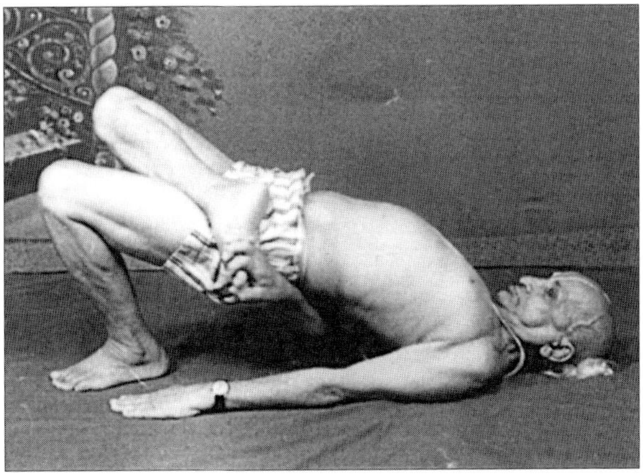

드비파다 피탐
(dvipāda pītham)
변형 자세를
실시하는
크리슈나마차리아

드비파다 피탐
(dvipāda pītham)
변형 자세를
실시하는
크리슈나마차리아

# 10

# 보이고 발견되기 위해 존재하는 세계

요가는 상키아의 가르침을 따르며 이 가르침은 우주를 푸루샤와 프라크리티라는 두 가지의 범주로 구분한다. 푸루샤는 실제로 보고 지각할 수 있는 우리의 일부로서 전혀 변하지 않는 것이다. 반면에, 프라크리티는 끊임없이 변화하며 모든 물질, 마음, 생각, 감정, 기억조차도 해당되는 일체의 물질을 포함하고 있다. 푸루샤는 모든 프라크리티를 보고 지각할 수 있다[**요가수트라**는 푸루샤를 **드라스트르**, 보이는 대상을 **드리스야**라는 용어로 기술하였다].

프라크리티 영역에 속하는 모든 것은 **프라다나**(pradhāna, 최초 물질)로 부르는 공통의 근원을 갖고 있는데, 이는 일체의 사물이 형성되는 최초의 물질, 일체 생명이 흐르는 샘을 지칭하는 단어다. 최초에는 프라다나와 푸루샤 간에 아무런 연결이 없었다. 그러나 그들은 함께 결합해서 마치 씨앗처럼 싹텄으며 일체의 물질 세계는 이 씨앗에서 나왔다. 처음에는 위대한 원리인 **마하트**(mahat)가 생겼다. 마하트에서 나(I)라는 감각에 해당하는 **아함카라**(ahamkāra)[1]가 생겼다. 아함카라에서 감각의 배경에 존재하는 힘에 해당하는 **마나스**(manas)가 생겼으며, 거

1) 역자 주. 상키아 철학에서 사용하는 개념으로서 요가수트라의 아스미타와 동일한 의미를 갖는다.

기로부터 소위 **탄마트라**(tanmātra)와 **인드리야**(indriya)가 생겨났다. 탄마트라는 물질적 대상인 소리, 촉각, 형상, 맛, 냄새를 말한다. 11가지 감각에 해당하는 인드리야에는 모든 정신 활동, 즉 듣기, 느끼기, 보기, 맛보기, 냄새 맡기 같은 수동적인 지각적 감각과 언어, 손재주, 운동, 배설, 생식과 같은 활동적인 역량이 포함된다. 탄마트라에서 **부타**(bhūta), 즉 다섯 가지 요소인 공(空), 풍(風), 화(火), 수(水), 지(地)가 생겨났다.

방금 내가 기술했던 내용은 진화에 관한 요가이론을 매우 간단하게 요약한 것이다. 우리가 보는 세계는 서로 끊임없이 상호작용하는 이런 측면들의 조합이다. 외부 세계에서 일어나는 일체는 우리에게 영향을 미치며, 우리 안에서 일어나는 것은 우리가 외부 세계와 맺는 관계에 영향을 미친다.

시체에는 존재하지 않는 것을 생각한다면 푸루샤가 무엇인지 가장 쉽게 이해할 수 있다. 죽으면 푸루샤는 사라진다(**요가수트라**는 그것이 어디로 가는지 알려 주지 않는다). 신체, 뇌, 감각기관은 여전히 존재하지만 푸루샤가 사라졌기 때문에 거기에는 생명이 없다. 그러나 푸루샤에게는 죽음이란 존재하지 않으며 변화도 없다. 변화가 아니라면 죽음이란 무엇일까? 우리의 마음은 푸루샤를 볼 수 없지만 때로 우리는 투명한 순간을 경험하기 때문에 푸루샤가 존재한다는 사실을 알고 있다. 그것은 우리가 행하는 일체 행위를 끊임없이 주시하는 주시자다. 활동하는 주시자는 자신이 보는 대상에 의해 영향을 받지 않는다. 푸루샤는 마음을 통해 작용하기 때문에 마음이 깨끗해졌을 때만 볼 수 있다.[2)]

푸루샤와 프라크리티가 서로 독립적으로 존재할 수 있다고 생각하기는 어렵다. 인간에 있어서 이 둘은 항상 서로 관련되어 있다. 왜 우리는 푸루샤와 프라크리티를 혼동할까? 요가의 가르침에 따르면 이런 혼동, 삼요가가 인간 존재에 스며들어 있다. 이와 동시에 투명성을 찾는 사람은 옳고 그른 이해의 차이를 배울 수 있다. 이런 점에서 요가는 낙관적이다. 문제와 혼동에 대한 통찰력 넘치는 지각을 통해 우리는 투명성을 향해 움직인다.

---

2) 요가수트라 2.20.

우리 중 일부가 문제의 해결책을 찾고 그 과정에서 일정 정도의 투명성에 도달한다고 해서 다른 사람들의 푸루샤도 더 투명하게 본다는 건 아니다. 어떤 철학 체계는 유일하게 하나의 푸루샤만 존재한다고 믿지만, 요가에서는 한 사람이 자신의 문제를 해결했어도 인류 전체로부터 짐이 덜어진 건 아니라고 믿는다.[3] 푸루샤의 존재는 서로 다르지만 하나의 프라크리티, 즉 우리 모두에게 공통된 하나의 우주만이 존재한다. 특별한 것은 개별 푸루샤와 프라크리티 간의 관계다. 오로지 이런 이유 때문에 우리의 몸, 감각 그리고 습관 같은 것들을 바라보는 방식이 서로 다른 것이다. 푸루샤는 에너지를 갖고 있으며, 내면으로부터 나와 외부 세계에 대한 인상을 갖고 돌아오려는 경향성이 있을 때만 관찰이 일어날 수 있다. 여기에서 현대 물리학과의 엄청난 차이가 존재하는데, 현대 물리학에 따르면 대상에 대한 이미지가 눈에 도달하려면 빛이 필요하다. 빛이 존재하고 볼 수 있는 대상이 존재한다고 해도 우리가 보고, 생각하고, 듣기 위해서는 여전히 무언가가 존재해야만 한다. 이런 충동은 외부가 아니라 내면의 푸루샤로부터 온다. 주의를 끄는 외부 대상이 있음에도 불구하고 우리는 종종 그들에 대해 반응하지 않는다. 모든 행위는 푸루샤로부터 나와야 한다.

푸루샤와 프라크리티 간의 관계가 어떻게 일어났는지에 관해서는 의견이 다양하다. 어떤 사람들은 신성한 게임인 **릴라**(līlā, 유희) 때문이라고 말한다. 어떤 사람들은 최초에 스스로에게 '나는 다자(多者)가 되고 싶어.'라고 혼잣말을 한 실체가 있었다고 믿는다. 어떤 사람들은 우연이라고 말한다. 여기에 대해서 우리가 취하는 입장은 각각 사변적인 것으로 남을 수밖에 없다.

죽을 때 우리의 푸루샤에 무슨 일이 일어나는지에 관해서도 이론이 많다. 인간보다 더 높은 에너지 상태, 즉 신을 믿는 사람들은 여러 푸루샤는 모조리 바다로 흘러가는 강과 같다고 말한다. 각각의 강은 자신만의 강바닥, 자기 고유의 방향과 고유한 성질을 갖지만 그들 모두는 똑같이 바다로 흘러 들어간다.

요가나 다른 그 어떤 수련의 직접적인 또는 간접적인 결과로 변화가 일어나

---

3) 요가수트라 2.22.

는 것이 아니다. 거기에 의존할 수도 없다. 요가수련으로부터 얻을 수 있는, 의존 가능한 것은 더 고요한 마음으로써 여기에서는 둔함과 들뜸이 사라진다. 그러나 매우 개별적이면서도 근본적인 무언가가 적절한 시기에 일어나야만 하며, 그것이 우리를 깊이 건드려서 갑자기 진정으로 멈추고 숙고하며 우리 행동의 경로를 바꾸길 원해야 한다. 그런 일이 일어난 후에야 한 단계씩 앞으로 나아갈 수 있다. 이때 우리 행위의 질이 달라지기 시작한다. 새롭고 긍정적인 삼스카라가 더 강해지면서 우리의 마음은 투명해진다.

마음은 스스로 변화를 관찰할 수 없고 다른 무언가가 이런 변화를 관찰한다.[4] 바로 이런 이유 때문에 우리는 푸루샤를 주시자이자 행위의 근원으로 설명한다. 행위의 근원으로서의 푸루샤는 전기로 작동하는 문의 송신기와 같다. 실제로 움직이는 것은 문이다. 우리의 푸루샤는 행위의 근원이지만 우리에게는 또한 마음의 기능을 주시하는 자와 지속적인 관찰자로서의 푸루샤도 필요하다. 결국 투명성이 마음을 지배할 수 있고 푸루샤를 통해서만 경험에 근거한 이해가 일어난다.

참된 투명성이 존재하면 우리 내면에서 고요함과 평화를 경험한다. 지적 투명성만 존재한다면 잠시는 행복하겠지만 이런 느낌이 지속되지는 않을 것이다. 두카로부터의, 괴로움과 고통으로부터의 해방이 우리의 목표다. 이런 목적을 위해 우리는 두카를 인식해야만 하며, 아비디아라는 잘못된 이해로부터 두카가 일어남을 알아야 한다. 그리고 우리는 그것을 피할 수 있다는 사실을 알아야만 한다.

요가를 수련할 때의 목표는 마음의 성질에 변화를 주어 우리가 푸루샤로부터 더 많은 것을 인식할 수 있게 하는 데 있다. 요가는 마음에 영향을 미쳐 푸루샤가 장애물 없이 작동할 수 있게 한다.

---

4) 요가수트라 4.18-21.

아카르나 다누라사나
(ākarṇa dhanurāsana)를
보여 주는
크리슈나마차리아

우티타 파르스바코
나사나(utthita pārśva
koṇāsana)를
보여 주는
크리슈나마차리아

# 11

# 세상 속의 삶

아무리 부지런히 수련해도 요가는 이런저런 특정의 혜택을 보장해 줄 수 없다. 요가는 고통 감소를 위한 처방책은 아니지만 우리의 태도를 바꾸는 데 도움을 주어 아비디아가 감소함으로써 두카로부터 더 많이 해방될 수 있게 한다. 우리는 습관적인 태도와 행동 그리고 그 결과를 검토하는 과정으로 요가수련 전체를 이해할 수 있다.

## 야마와 니야마: 우리 자신과 타인을 향한 행동

타인과의 상호작용에 대해서, 주변 사람들을 향한 우리의 행동에 대해서, 우리 자신을 향한 태도에 대해서 요가는 무엇을 제시하고 있는가? 외부 사물과 사람에 대해 우리가 갖는 태도를 요가에서는 **야마**(yama)라고 하며, 내적으로 우리 스스로와 어떻게 관계 맺고 있는가를 **니야마**(niyama)라고 한다.

야마와 니야마는 우리의 사회적 태도와 생활양식, 우리가 타인 및 환경과 어떻게 상호작용하는지, 우리의 문제를 어떻게 다루는지를 다룬다. 이 모든 것이 요가의 일부지만 그것을 수련할 수는 없다. 우리가 수련할 수 있는 것은 아사나와 프라나야마이며, 이들은 우리가 어디에 있고, 어디에 서 있으며, 사물을 어떻게 보는지를 자각할 수 있게 한다. 우리의 잘못을 인식하는 것이 명료함을 나타내는 첫 신호다. 그런 다음 우리는 점차 자연에 대해 우리가 보이는 존경심이나 친구와 관계하는 방식에 약간의 변화를 주려고 노력한다. 하루아침에 변하는 사람은 아무도 없다. 요가수련은 야마와 니야마라는 태도 변화에 도움을 준다. 다른 방법은 없다.

다니엘이라는 남자와 메리라는 그의 아내에 대해 말해 보자. 다니엘은 직장에서 누구에게나 항상 친절하지만 집에서는 종종 크게 화를 내곤 했다. 메리는 그가 언제 분통을 터뜨릴지 결코 알 수 없었다. 집에서 하는 그의 행동에 대해 말하면 그의 친구나 동료 누구도 그녀의 말을 믿지 않았으며, 다니엘은 자신의 급한 성질을 전혀 수긍하지 않았다. 요통으로 시달리던 다니엘은 동료의 권유로 요가 수업에 규칙적으로 참석하기 시작했다. 요가수련이 끝날 때쯤이면 요가지도자는 "누워서 이완할 때 몸을 느끼고 호흡을 느끼면서 당신의 감정을 자각해 보세요."라고 말하곤 했다. 어느 날 그는 일터에서 집으로 돌아가는 도중 자신의 고약한 성질이 일어난다는 사실을 문득 깨닫게 되었다. 그는 자신의 상관이나 부하직원에게 할 수 없었던 것을 아내에게 하고 있다는 사실을 알아차렸다. 집으로 돌아가서 그는 메리에게 말했다. "당신이 옳았어. 나는 실로 성미가 급한 놈이야. 그렇지만 나를 견뎌 줘. 노력해 볼게." 이런 인식이 메리를 무척 행복하게 만들었다.

야마와 니야마는 요가체계의 8개 분지 중 첫 두 분지에 해당한다.[1] 두 용어는 매우 다양한 의미를 띤다. 야마는 '규율' 또는 '자제'를 의미하지만, 나 자신은 야마를 '태도'나 '행동'으로 생각하길 선호한다. 분명 특정한 태도가 규율로 표현될 수 있으며 그때 이것은 우리 행동에 영향을 준다. 파탄잘리 **요가수트라**는 다섯 개의 서로 다른 야마, 즉 행동 패턴 또는 개인과 외부 세상 간의 관계를 언급하고 있다.[2]

1) 요가수트라 2.29. 8개 분지 또는 앙가(aṅga)는 야마, 니야마, 아사나, 프라나야마, 프라티야하라, 다라나, 디야나, 사마디다.

2) 야마와 니야마는 요가수트라 2.29-45에 서술되어 있다.

# 야마

## 아힘사

이런 행동 패턴의 첫 번째는 **아힘사**(ahiṁsā)다. **아힘사**라는 용어는 '불평등'이나 '잔혹함'을 의미하지만 **아힘사**는 접두사 'a-'가 암시하는 힘사의 부재라는 의미를 넘어선다. 아힘사는 폭력의 부재 이상이다. 그것은 친절함, 우정, 타인과 사물에 대한 사려 깊은 배려를 의미한다. 아힘사에 관해 생각할 때 우리는 판단을 훈련해야만 한다. 이는 고기나 생선을 먹지 말아야 한다거나, 우리 자신을 방어하지 말아야 한다는 걸 반드시 의미하지는 않는다. 그것은 항상 정중함과 주의를 갖고 타인을 향해 행동해야만 한다는 것을 의미한다. 아힘사는 또한 우리 자신에 대해서 친절하게 행동해야 함을 의미한다. 고기밖에 먹을 것이 없는 환경에 처한 채식주의자는 그곳에 있는 것을 먹느니 굶어 죽는 게 더 나을까? 가족에 대한 책임감 같이 이 삶에서 해야 할 일이 있다면 우리에게 해를 끼치거나 우리의 의무를 수행하지 못하게 막는 그 무엇도 행하지 말아야 한다. 이 상황에서 대답은 분명하다. 우리가 정한 원칙을 고수하는 것은 사려 깊음이 부족하고 오만하다는 것을 보여 줄 것이다. 그러므로 아힘사는 우리 의무와 책임감과 관련되어야만 한다. 그것은 삶이 위험에 처할 때는 싸울 수밖에 없다는 점을 의미할 수도 있다.

모든 상황에서 우리는 사려 깊은 태도를 취해야 하는데, 이것이 아힘사의 의미다.

## 사티야

파탄잘리가 언급한 두 번째 야마는 **사티야**(satya), 즉 진실성이다. **사티야**란 '진실을 말하다'를 의미하지만 모든 상황에서 진실을 말하는 것이 언제나 바람직하지는 않은데, 그것이 누군가에게 불필요한 해를 끼칠 수 있기 때문이다. 우리는 무엇을 말할지, 어떻게 말할지, 그것이 어떤 방식으로 타인에게 영향을 줄 수 있을지를 고려해야만 한다. 진실을 말하는 것이 다른 사람에게 부정적인 결과를 초래할 경우에는 아무 말도 하지 않는 것이 좋다. 사티야는 아힘사와 더불어 행동하려는 우리의 노력과 충돌하지 말아야 한다. 인도의 위대한 서사시 '**마하바라타**'는 말하길, "즐거운 진실을 말하라. 불쾌한 진실은 말하지 말라. 거짓말이 귀를 즐겁게 해도 거짓말은 하지 말라. 그것이 영원한 법, 다르마다."

## 아스테야

**아스테야**(asteya)는 세 번째 야마다. **스테야**(steya)란 '훔치다'를 의미하며 아스테야는 그 반대, 우리에게 속하지 않는 것은 그 무엇도 취하지 않는다는 뜻이다. 이는 또한 누군가가 우리에게 무언가를 맡기거나 비밀을 털어놓는 상황일 경우 그 사람을 이용하지 않음을 의미한다.

## 브라흐마차리야

다음 야마는 **브라흐마차리야**(brahmacarya)다. 이 용어는 어근 **차르**(car), 즉 '움직이다'는 뜻과 '진리'를 뜻하는 **브라흐마**(brahma)라는 용어로 되어 있는데, 브라흐마는 근본적인 하나의 진리라는 의미다. 브라흐마차리야를 근원을 향한 움직임으로 이해할 수 있다. 이는 대부분, 특히 성적 행위와 관련된 금욕이라는 의미로 사용된다. 더 구체적으로 말하면, 브라흐마차리야는 최상의 진리에 대한 우리의 이해를 촉진하는 방향으로 관계 맺어야 함을 시사한다. 만일 감각적 쾌락이 그런 관계의 일부라면 방향을 유지하고 길을 잃지 않도록 주의를 기울여야만 한다. 진리를 향한 진지하고 지속적인 추구의 여정에서 지각적 감각과 성적 욕망을 조절하는 특정한 방법들이 있다. 그러나 이런 조절은 완전한 금욕을 의미하지는 않는다.

인도는 가족을 꾸리는 삶을 최고로 존중한다. 인도 전통에 따르면, 삶에서 모든 일은 적절한 때와 장소가 있으며 생애 주기는 4단계로 구분된다. 첫 번째는 자라나는 어린이의 단계이고, 두 번째는 진리를 더 많이 이해하고 추구하려고 애쓰는 학생의 단계이다. 세 번째는 가족생활을 시작하고 가족을 꾸리는 일에 집중하는 단계이고, 네 번째는 가족에 대한 온갖 책임을 충족시킨 후 일체의 구속에서 벗어나 궁극적인 진리를 찾는 데 헌신할 수 있는 단계다.

이 네 번째 삶의 단계에서 모든 사람은 **산야신**, 즉 승려나 여자 수도자가 될 수 있다. 그러나 산야신은 여전히 가족을 꾸리는 삶을 이어 가는 사람들로부터 음식을 구걸해야만 한다. 우파니샤드는 제자들에게 공부가 끝나면 즉시 결혼해서 가정을 꾸릴 것을 권유한다. 이런 이유 때문에 브라흐마차리야는 반드시 독신을 의미하지 않는다. 오히려 그것은 진리를 향해 가는 우리의 목적을 존중하는 책임 있는 행동을 의미한다.

## 아파리그라하

마지막 야마는 **아파리그라하**(aparigraha)로, 이는 '손을 떼다' 또는 '기회를 잡지 않다'와 같은 것을 의미하는 용어다. **파리그라하**(parigraha)란 '취하다' 또는 '붙잡다'를 의미한다. **아파리그라하**는 필요한 것만을 취하면서 상황을 이용하지 않음을 의미한다. 일전에 우리가 함께하던 작업에 대해서 매달 수업료를 지불했던 제자가 있었다. 코스가 끝날 때쯤 그는 내게 선물도 주었다. 내가 한 작업에 대해서 이미 충분하게 지불받았음에도 불구하고 이것을 왜 받아야 하는가? 우리는 우리가 번 것만을 취해야 한다. 그 이상을 취할 경우에는 누군가 다른 사람을 착취하는 것이다. 게다가 일하지 않고 얻는 보상은 추후에 문제의 소지가 있는 의무로 되돌아올 수 있다.

## 야마의 개발

앞에서 개요를 서술한 이 다섯 가지 행동이 개인이 꾸려 가는 일상 삶의 일부가 되었을 때 무슨 일이 일어나는지를 **요가수트라**는 서술하고 있다. 예컨대, 친절과 배려 같은 아힘사를 더 개발할수록 존재 자체가 유쾌해지며 타인에게 우호적인 감정을 불러일으킨다. 사티야라는 개념에 진실해지면 우리가 말하는 모든 것이 진솔성을 띨 것이다.

라마야나(Rāmāyana)[3]에는 사티야를 주제로 삼은 멋진 이야기가 포함되어 있다. 라마(Rama) 왕자의 하인인 원숭이 하누만(Hanuman)이 주인의 아내 시타(Sita)를 찾아 길을 나섰다. 하누만은 그녀가 감옥에 갇혀 있는 스리랑카로 여행을 떠났다. 여행의 마지막쯤 그는 시타를 억류한 자에게 잡혀 꼬리에 불이 붙는 신세가 되었다. 그가 겪은 고통이 얼마나 클지를 보자 시타는 "불아 꺼져라!"라고 외쳤다. 하누만의 통증은 즉시 줄어들었는데 그러자 그는 "무슨 일이 일어난 거야? 왜 불이 나를 태우지 않는 거지?"라고 외쳤다. 시타는 항상 진실을 말했기 때문에 그녀의 말에는 엄청난 힘이 붙어 불꽃을 꺼뜨릴 수 있었던 것이다.

항상 진실한 사람에게는 말과 행동 간에 차이가 없다. 그들이 말하는 것이 곧 진리다. **요가수트라**는 또한 아스테야에 확고히 정착한 사람은 이 세상의 온갖 보석을 가질 것이라고 언급하고 있다. 사실 그런 사람은 물질적인 부에는 관심이 없지만 삶에서 가장 귀중한 것에 접근할 수 있다.

진리, 근본적인 것을 향한 추구가 갖는 의미를 더 많이 인식할수록 여타의 것들로 산만해지는 정도가 줄어들 것이다. 이런 길을 가는 데는 분명 엄청난 힘이 필요하다. 이런 힘을 설명하기 위해서 **요가수트라**는 **비리야**(vīrya)[4]라는 용어를 사용하고 있는데, 이는 또 다른 개념인 **슈랏다**(śraddhā, 신뢰와 애정 어린 신념)와

---

3) 역자 주. 마하바라타와 더불어 산스크리트어로 된 고대의 두 서사시 중 하나로서 코살라 왕국의 전설적인 왕자 라마의 일생을 그리고 있다. 이 서사시에서는 관계에서 벌어지는 의무와 아버지, 부하, 형제, 남편, 왕의 이상적인 상을 제시하고 있다.

4) 역자 주. 에너지, 부지런함, 열정, 노력을 의미하는 산스크리트어이다.

밀접하게 관련된다.[5] **요가수트라**는 신념이 클수록 에너지가 더 많다고 말한다. 이와 동시에 목적을 추구할 힘이 더 많이 생긴다. 따라서 브라흐마차리아 의미에서 볼 때 진리를 더 많이 찾을수록 그런 일을 할 수 있는 활력이 더 많아진다. 파리그라하란 물질적 사물을 향한 지향성이 커지는 것을 말한다. 파리그라하를 줄이고 아파리그라하를 개발하면 우리 스스로 더 내적인 방향으로 방향을 돌릴 수 있다. 물질적 소유물에 소비하는 시간이 줄어들수록 요가로 부르는 모든 것을 탐구하는 데 시간을 더 쓸 것이다.

## 니야마

다섯 가지 야마와 마찬가지로 니야마는 훈련이나 공부하는 행위에 그치지 않는다. 이들은 특정한 태도를 훨씬 넘어선다. 야마와 비교할 때 니야마는 더 사적이며 개인적이다. 그것은 우리 자신을 향해 취하는 태도를 말한다.

### 샤우차

첫 번째 니야마는 **샤우차**(śauca, 청결)다. 샤우차는 내적인 측면과 외적인 측면을 동시에 갖는다. 외적 청결은 우리 스스로를 깨끗하게 유지하는 것이다. 내적 청결은 마음의 명료함과 마찬가지로 우리 신체 기관의 건강하면서도 자유로운 기능과 상당한 관계가 있다. 아사나나 프라나야마 수련은 이런 내적 샤우차를 돌보는 기본적인 수단이다.

---

5) 요가수트라 1.20에서 파탄잘리는 진리를 인식하기 위해 사람들에게 필요한 것이 무엇인지를 열거하였다. 신념과 신뢰, 힘과 에너지, 목표를 결코 잃어버리지 않는 능력이 그것이다.

## 삼토샤

또 다른 니야마는 겸손 그리고 우리가 가진 것에 만족하는 느낌이다. 우리는 종종 우리가 한 행위 다음에 특정한 결과가 일어나기를 희망하고 그만큼 실망을 겪는다. 그러나 실망할 필요는 없으며 오히려 일어난 것을 받아들여야 한다. 이것이 **삼토샤**(saṃtośa)의 진정한 의미, 즉 일어난 것을 받아들인다는 의미다. **요가 수트라** 주석은 "만족은 열여섯 개 천국을 모두 합친 것 이상으로 가치 있다."고 말한다. 잘못된 일에 대해 불평을 늘어놓기보다는 이미 일어난 일을 수용하고 그것으로부터 무언가를 배울 수 있다. 삼토샤는 공부와 같은 정신적 활동, 신체적 노력 그리고 생활비를 어떻게 버는지까지도 망라한다. 그것은 우리 자신에 관한 것으로서, 우리가 가진 것, 신이 우리에게 주신 것에 대해 어떻게 느끼는지에 관한 것이다.

## 타파스

다음에 등장하는 니야마는 타파스로서 이는 우리가 앞에서 논의한 용어다. 니야마와 관련해서 타파스란 신체를 알맞게 유지하는 활동을 말한다. 문자 그대로 그것은 몸에 열을 내고 그렇게 함으로써 몸을 정화하는 것을 의미한다. 타파스 개념 배경에는 우리 몸에서 불순물을 제거할 수 있다는 생각이 놓여 있다. 앞에서 나는 우리 스스로를 건강하게 유지할 수 있는 수단으로서 아사나와 프라나야마를 논의했다. 또 다른 형태의 타파스는 우리가 먹는 것에 주의를 기울이는 것을 의미한다. 배고프지 않을 때 먹는 것은 타파스와는 상반된다. 신체 자세에 대한 주의, 식습관에 대한 주의, 호흡 패턴에 대한 주의, 이 모든 것이 과도한 몸무게, 짧은 호흡을 포함해서 몸에 불순물이 축적되는 것을 예방하는 데 도움을 주는 타파스다. 타파스는 몸 전체를 적절하면서도 잘 기능하게 만든다.

## 스바디야야

네 번째 니야마는 **스바디야야**다. **스와**(sva)란 '자아' 또는 '나에게 속한 것'을 의미한다. **아디야야**(adhyāya)는 '탐구'나 '조사'를 의미하며 문자 그대로는 '무언가에 가까이 간다'는 뜻이다. 따라서 **스바디야야**는 당신 스스로에게 가까이 간다, 즉 당신 자신을 탐구한다는 뜻이다. 당신 자신에 대해 더 많이 배울 수 있게 돕는 일체의 학습, 모든 성찰, 모든 접촉이 스바디야야다. 니야마 맥락에서 볼 때 그 용어는 종종 '고대 경전의 공부'로 번역되는 것을 알 수 있다. 그렇다. 요가는 우리에게 고대 경전들을 읽으라고 가르친다. 왜 그럴까? 앉아서 사물을 항상 깊이 심사숙고할 수가 없으며 우리에게는 기준점이 필요하다. 많은 사람에게 이것은 성경이나 사적으로 의미 있는 서적일 수 있고, 어떤 사람에게는 **요가수트라**가 될 수 있다. 예컨대, **요가수트라**는 자기탐구가 진전됨에 따라서 점차 명상을 위한 수많은 요가 기법을 익힐 것이라고 말한다. 신성한 법칙과 그것을 드러내는 예언과의 연결을 발견할 것이라고 말한다. 이런 목적을 위해서는 종종 만트라를 암송하기 때문에 우리는 종종 스바디야야를 '만트라의 반복'으로 번역한다.[6)]

## 이슈바라프라니다나

제1부에서 마지막 니야마를 논의한 바 있다. **이슈바라프라니다나**는 '당신의 모든 행위를 신의 발밑에 둔다.'는 뜻이다. 우리 행동의 저변에는 종종 아비디아가 깔려 있기 때문에 사태가 잘못 흐르기 쉽다. 이런 이유로 삼토샤(겸손)가 매우 중요하다. 우리가 최선을 다했음을 아는 것만으로 충분히 만족하자. 나머지는 더 높은 힘에 맡길 수 있다. 니야마라는 맥락에서 볼 때는 보통 일상의 기도에서 자신의 행동이 낳은 결실을 신에게 바치는 사람이 가지는 태도로서 이슈바라프라니다나를 정의한다.

---

6) 만트라란 전통적으로는 스승이 제자에게 주는 단어나 구절이다. 만트라를 반복하는 것을 자파(japa)라고 한다. 자파는 명상을 위한 수많은 요가 기법 중 하나다.

## 야마와 니야마에 대한 그 밖의 생각

**질문:** 크리야 훈련과 샤우차는 무슨 관계인가요?

**대답:** 여러 니야마를 논할 때 **요가수트라**는 니야마 개념에 대해서 언급하지 않았습니다. **크리야**라는 말은 '행위'를 의미하지요. 당신이 질문하는 맥락에서 보면 그 말은 정화를 가리키고 있습니다. 내부를 깨끗이 하려고 외부의 무언가를 사용하는 겁니다. 예컨대, 약한 소금 용액으로 막힌 코를 청소하거나 탁한 공기를 들이마시는 데서 생길 수 있는 호흡곤란을 줄이기 위해 프라나야마 기법을 쓸 수 있습니다. 이런 의미에서 크리야는 샤우차의 필수적인 측면입니다.

**질문:** **타파스**를 종종 '자기 부정' 또는 '자기 박탈'로 번역하는 걸 들었습니다. 당신은 타파스를 어떻게 해석하시나요?

**대답:** '자기 부정'이 그저 단식을 위해 단식하거나, 그저 그 자체만을 위해 엄격하면서도 비정상적인 생활양식을 고수하는 것을 뜻한다면 그것은 타파스와는 전혀 관련이 없는 활동입니다. 사티야(진실)를 다룰 때와 마찬가지로 타파스에 관한 모든 내용은 앞으로 전진하도록 당신을 도와야만 합니다. 단지, 단식 자체만을 위해 20일 동안 단식한다면 심각한 신체적 어려움에 봉착할 것입니다. 반면에, '자기 부정'이 삶에서 당신이 앞으로 나가도록 돕는 합리적이면서도 기초가 단단한 훈련을 의미한다면 당신은 진정한 타파스를 말하고 있는 겁니다. 타파스가 고통을 일으켜서는 안 됩니다. 그것이 매우 중요하지요.

**질문:** 진정으로 투명한 순간과 자기기만의 순간을 구분하는데 야마와 니야마가 도움이 될 수 있을까요?

**대답:** 우리가 외부세계, 타인과 우리 주변 사물들과 맺는 관계는 자기기만이

일어나는 순간을 인식하는 데 도움을 줄 수 있습니다. 여기에서 야마와 니야마가 중요해집니다. 타인을 존경 어린 올바른 태도로 대하면 스스로를 기만하는지 아닌지를 쉽게 알 수 있습니다. 내 스스로 위대한 요기라고 생각할 수 있지만 남들이 나를 어떻게 생각하는지, 그들이 나와 어떻게 관계 맺는지, 내가 그들과 어떻게 상호작용하는지를 보면 내 자신에 관한 나의 이미지가 옳은지 여부를 꽤 직접적으로 경험할 수 있습니다. 이런 이유 때문에 세상에 살면서 우리가 타인과 어떤 식으로 소통하는지를 관찰하는 것이 중요합니다. 그렇지 않으면 우리 스스로를 기만하기가 무척 쉽습니다.

**질문:** 아비디아와 아비디아의 효과를 줄이는 데 도움이 되는 야마와 니야마를 의식적이고 자발적인 노력을 통해 개발할 수 있나요?

**대답:** 우리는 항상 원인과 결과를 구분해야만 합니다. 꽤 자주 우리는 그것들을 혼동합니다. 우리는 대부분 삶에서 특정한 행동 패턴을 따르는데 기대와 목표가 분명하기 때문입니다. 그러나 우리는 종종 목적에 도달하지 못합니다. 삶의 여정에서 개인의 발달과 외적 사건을 통해 전혀 예상치 못한 일들이 발생하는 일이 자주 생깁니다. 야마와 니야마는 원인과 결과 양쪽 모두에 해당할 수 있습니다. 오늘 나는 당신에게 노골적으로 백 가지 거짓말을 하면서도 거기에 대해서 완전히 행복할 수 있지만 내일은 아주 사소한 거짓말조차도 꺼릴 수 있습니다. 이것이 야마가 자라는 방식입니다. 뚜렷한 규칙은 없으며 무슨 일이 일어날지는 결코 확실하게 예측할 수 없습니다. 그러나 미래에 무슨 일이 일어날지는 과거에 일어났던 일 가운데서 가벼운 힌트를 발견할 수 있습니다.

**질문:** 그렇다면, 예컨대 미움이나 탐욕이 어떻게 일어나는지만 관찰하고 그것들이 재등장하는 걸 막기 위해 노력할 수 있나요?

**대답:** 우리는 그저 관찰만 해야 합니다. 우리가 가장 먼저 하는 일은 바라보고

무슨 일이 일어나는지 보는 것입니다. 그런 다음 조심할 필요가 있는 것을 살펴보는 게 좋습니다.

**질문:** 가족과 함께 집에서 사는 것보다 사원 같은 조용한 장소에서 산다면 요가의 규율을 준수하기 더 쉽지 않을까요?

**대답:** 두 가지 환경 모두 도움이 될 수 있습니다. 내 친구 한 명이 히말라야에서 2~3년 사는 게 좋겠다고 생각하고 인도로 왔습니다. 그는 근사한 장소를 찾아 그곳에서 3년을 보냈습니다. 그는 몇 권의 책을 가져왔고 사다나(sādhana)[7]를 수련했습니다. 실로 열심히 수련했지요. 어느 날 그는 몇 가지 아사나를 하고 **요가수트라**를 공부하러 내게 왔습니다. 마드라스에 도착했을 때 그는 자신에게 많은 일이 일어났다고 말했습니다. 그는 매우 행복해 보였지요. 히말라야에서 일어난 자신의 진전에 대해 이야기를 할 때 그는 **사비자 사마디**(sabīja samādhi, 유종삼매)[8] 같은 매우 복잡한 표현을 썼습니다. 그런 다음 그는 마드라스에 있는 신지학회(Theosophical Society) 지하실에서 소박한 방을 빌렸는데, 그곳은 방해를 받지 않을 수 있는 조용하고 평화로운 장소였지요. 이틀이 지난 후 그는 마음이 변했으며 더 넓은 집을 원한다고 내게 말했습니다. 나는 약간 놀라서 왜 갑자기 큰 집을 찾는지 이유를 물었습니다. "한 여자를 알게 되었어요. 내 삶 전체가 갑자기 변했답니다." 나는 가슴의 이런 변화를 판단하지 않습니다. 내가 지적하고 싶은 것은 실제로는 내 친구가 자신이 생각하는 그런 사람이 아니었다는 거지요.

은둔지나 절 같은 장소가 도움이 될 수 있지만, 이런 경험을 위한 진정한 테스트는 사람들이 우글거리는 마드라스 같은 도시일 겁니다. 마드라스에서 온 사람을 실제로 테스트하는 방법은 한적한 절에서 사는 것이

7) 역자 주. '무언가를 성취하는 수단'을 의미하는 산스크리트어로서, 요가적 맥락에서는 수행자의 삶의 목표를 향해 진전하는 데 목적을 둔 영적 훈련을 말한다.

8) 역자 주. 램프의 불꽃, 코끝, 신의 형상 같이 감각으로 느낄 수 있는 형상들이 명상의 대상이 되어 집중이 깊어지는 삼매를 말한다.

어떤지 보는 것일 겁니다. 그런 조용한 곳에서 하루 이상 머물 수 없는 사람들이 있다고 나는 확신합니다. 반면에, 자신에 대해 불확실한 사람은 마드라스에서 겨우 하루만 버틸 수 있을 겁니다.

변화는 도움이 되지요. 우리가 어떻게 반응할지 경험하고 싶으면 불과 물을 모두 들여다보아야만 합니다. 그런 이유로 야마는 매우 중요합니다. 왜냐하면 거기에는 다른 시기에 다른 사람들과 맺는 관계가 포함되기 때문입니다. 이런 방식으로 우리는 우리가 누구인지 경험할 수 있습니다.

**질문:** 그렇다면 변화하는 환경은 요가에서 중요한가요?

**대답:** 그렇습니다. 약간의 변화는 아주 중요합니다. 마음은 사물에 매우 익숙해져서 행동은 재빨리 습관에 빠지게 되지요(삼스카라). 우리 스스로를 변화에 노출시키지 않는다면 우리는 결코 우리의 진정한 성질을 경험할 수 없습니다. 그런 이유로 우리는 완전히 다른 무언가를 함으로써 때때로 우리 자신을 테스트해야만 합니다.

**질문:** 나쁘다고 인식한 욕망의 실행을 포기하는 방법을 이해했어요. 그렇다면 우리의 일에서 무엇을 강조해야 할까요? 욕망을 포기하는 건가요? 아니면 욕망이 확실히 다시 나타나지 않게 하는 건가요? 욕망이 일어날 때는 화가 나고 화를 내면 동요한다는 걸 나는 알아차립니다. 악순환이지요.

**대답:** 우선 문젯거리로 생각하는 것이 실제로 한 가지인지 결정해야 합니다. 당신이 "그것 때문에 골치가 아파."라고 말할 때 그것이 무엇을 의미하는지 생각해 봅시다. 실제로 문제가 있다고 인식하기 위해서는 당신 주변 환경을 변화시켜 전혀 다른 관점에서 사물을 바라보는 것이 종종 도움이 됩니다. 한 가지 예로, 무언가 거짓말을 할 일이 일어났다고 합시다. 힘든 상호작용을 피할 수 있는 '악의 없는 거짓말'일 수 있는 거죠. 상황을 분석하느라 상당 시간을 쓰는 걸 막기 위한 거짓말일 수도 있습

니다. 또는 아무 결과도 가져오지 않는 거짓말일 수도 있지요. 비진실한 가지에 대해서 서로 다른 철학적 원인을 수없이 많이 설명할 수 있습니다. 그 순간에는 괜찮아 보여서 거짓말을 하고 싶었을 수도 있지요. 그러나 나중에 그 거짓말이 당신을 괴롭힐 때 당신은 이렇게 생각하지요. "어떻게 내가 그런 거짓말을 할 수가 있었지? 진실을 말하거나 침묵하는 편이 나을 텐데."

이런 상황에서 무엇이 올바를까요? 당신은 누군가와 그 경험 전반을 추상적으로 논의하고 그 사람의 반응을 살펴봄으로써 올바른 방법을 찾을 수 있습니다. 또는 당신 주변 환경을 변화시켜서 새로운 관점으로 만남 전체를 바라볼 수 있는 색다른 상황으로 들어갈 수 있습니다. 그럴 경우 당신은 모든 것을 또다시 바라볼 수 있는 기회를 갖는 셈입니다. **요가수트라**는 무언가가 참으로 당신에게 문제를 일으킨다면 반대 상황을 상상해 보라고 말합니다. 이것은 올바른 일을 찾는 데 도움을 줄 겁니다. 생각이 열리는 거지요.

관점이 변화할 수 있게 격려하는 것은 신선한 태도가 생길 수 있는 새로운 환경을 발견하는 일입니다. 이것은 책을 읽거나, 절친한 친구와 이야기를 나누거나, 영화를 보러 가는 걸 의미할 수 있어요. 걱정했던 것이 당신이 처해 있는 어려움의 진정한 근원이 아니라는 것을 아마도 발견할 수 있을 겁니다.

어떤 상황에서건 어떻게 행동할지 정확히 모를 때는 즉각적으로 행동해서는 안 됩니다.

**질문:** 의심이 들면 행동하지 말아야 하는 건가요?

**대답:** 상황에 대해 숙고할 시간이 있다면 행동하지 마세요. 시간이 없다면 적어도 자신에게 숨을 쉴 수 있는 공간을 약간 주세요. 의심이 들면 멈추는 게 최선입니다. 숨을 쉴 시간이 부족할 만큼 다급한 일이란 없습니다.

**질문:** 의심이 드는 상황에서는 멈추는 게 불가능한 거 같아요. 그 순간 누군가 다른 사람에 대해 책임을 지고 있을 때는 특히 그래요. 자신에게 숨 쉴 수 있는 공간을 줄 수 없다는 바로 그 사실 때문에 내 경험에서 의심과 불확실성이 최대로 두드러지게 드러나는 순간 말입니다. 그렇지 않으면 스트레스는 그다지 크지 않을 겁니다. 의심이 들면 어떻게 해야 하나요? 다른 생각이나 상황으로 눈을 돌려야 하나요? 의심을 직면해야 하나요? 그런 의심들을 무시해 버려야 하나요?

**대답:** 아무튼 더 높은 위치에서 문제를 바라볼 수 있도록 사태를 정비해야만 합니다. 이런 일에 성공하면 그것이 이미 진전의 표시입니다. 요가를 수련한다면 어제보다 오늘은 사태가 더 좋아질 것이고 이미 똑같은 문제를 달리 보는 게 쉬울 겁니다. 그러나 문제를 그저 다른 각도에서 보거나 다른 사람과 의논함으로써 문제를 해결하는 쪽으로 진전하지 못하는 경우도 종종 있습니다. 그 이상이 필요하겠지요.

요가에서는 성장이 중요하며 우리는 발달해야만 합니다. 의심이 들었던 것이 영원히 의심으로 남을 필요는 없습니다. 1964년에 엔지니어에서 헌신적인 요가지도자로 내 삶이 변화되었는데 그런 내 경험은 많은 문제를 낳는 중요한 결정이었습니다. 나는 거기에 관해 많은 사람과 이야기를 나눴지만 문제는 여전히 남았습니다. 그런데 어느 날 갑자기 문제가 사라져 버렸습니다. 나는 아무튼 상황 전체를 전혀 다른 위치에서 볼 수 있었는데 그때 갑자기 문제가 사라져 버렸어요. 사태가 약간 쉬워지면 의심은 더 쉽게 사라집니다.

요가의 목표는 예전보다 조금 더 나아지게끔 우리를 격려하는 겁니다. 노력을 하고 인내심을 훈련함으로써 우리는 더 좋아집니다. 이렇게 할 때 우리 자신이 수많은 문제에 둘러싸여 있다고 보지 않을 겁니다. 노력하는 강도가 변할 수 있으며 시간이 지나면 점차 진보를 경험할 겁니다. 진전할 수 있게 도와주는 기회를 하나하나 적극적으로 잡아야 합니다.

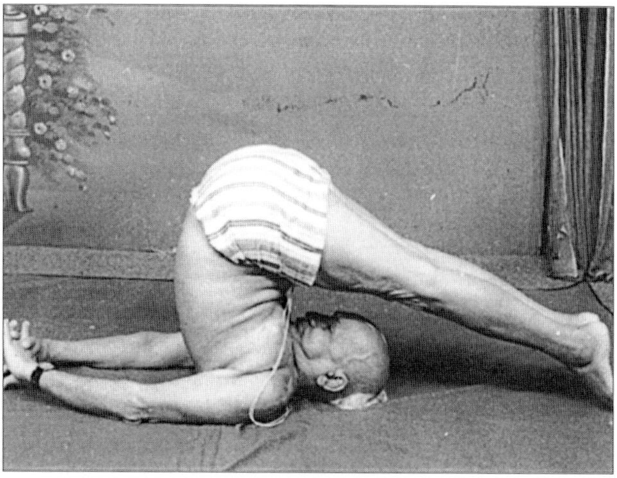

할라사나
(halāsana)를
실시하는
크리슈나마차리아

숩타 코나사나
(supta koṇāsana)를
실시하는
크리슈나마차리아

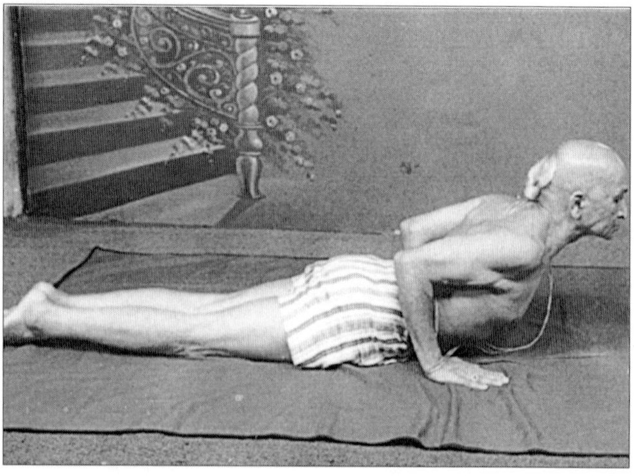

부장가사나를
실시하는
크리슈나마차리아

# 12 해방을 위해 존재하는 세상

처음에 아힘사를 수련하고 거기에 숙달된 다음 사티야로 넘어가는 식으로 그저 다섯 가지 야마에 충실하면서 진행할 수는 없다. 요가의 길을 따라 앞으로 나아감에 따라 우리의 행동은 점차 변하며, 이 길은 온갖 수단을 써서 우리 스스로를 개선시키려는 욕망에 의해 결정된다. 이런 식으로 연결시킬 때 **앙가**(aṅga) 또는 '가지(limb)'라는 말은 아주 중요한 의미를 갖는다. 어린아이의 완전한 발달이라는 개념에서 보면 태아의 사지는 동시에 자란다. 맨 먼저 팔, 그다음 다리라는 순으로 몸이 자라는 게 아니다. 이와 마찬가지로 요가의 길에 놓인 여덟 가지 측면은 모두 동시에 서로 관련되는 방식으로 발달한다. 이 때문에 **요가수트라**는 요가의 여덟 가지를 설명하기 위해 **앙가**라는 용어를 사용하였다. 파탄잘리는 그것들을 총칭해서 **아쉬탕가**(aṣṭāṅga)라고 하였다.

## 프라티야하라

요가의 네 가지, 즉 아사나, 프라나야마, 야마, 니야마를 우리는 이미 논하였다. 요가의 다섯째 가지인 **프라티야하라**(pratyāhāra)는 우리의 감각과 관련이 있다.[1] **아하라**(āhāra)라는 말은 '영양분'이라는 뜻이며, 프라티야하라는 '감각에 영양분을 주는 것으로부터 철수하다.'로 번역된다. 이것은 대체 무슨 뜻일까? 그것은 감각을 자극하는 것들의 도움을 받고 사는 일을 멈춘다는 의미다. 감각은 더 이상 이런 자극들에 의존하지 않으며 더 이상 그것들로부터 먹이를 공급받지 않는다. 벌이 꿀에 끌리듯이 눈은 아름다운 일몰에 끌린다. 이것은 감각이 정상적으로 기능하는 방식이다. 그러나 무언가 다른 것에 깊게 침잠해서 지상에서 가장 아름다운 일몰에 주의가 끌리지 않고 거기에 감각이 사로잡히지 않을 가능성도 있다. 보통 감각은 마음에 이렇게 말한다. "이것 좀 봐! 이 냄새 좀 맡아 봐! 이걸 만져 봐!" 감각은 대상을 등록하고 마음은 즉시 거기에 끌린다.

프라티야하라에서는 마음과 감각 간의 이런 연결을 끊고 감각을 철수한다. 각각의 감각적 지각은 그것과 관련된 특정한 성질을 갖고 있다. 눈은 무언가의 형상과, 귀는 소리 및 그것이 일으키는 진동과, 코는 냄새와 관련이 있다. 프라티야하라에서는 사물이 감각의 코 앞에서 자신이 가진 온갖 매력을 발산함에도 불구하고 무시당하는 것과 같다. 감각은 움직이지 않고 영향을 받지 않는다.

예를 하나 들어 보자. 프라나야마에서 오로지 호흡에 몰두할 때, 호흡과 완전히 하나가 될 때 자동적으로 프라티야하라가 일어난다. 마음이 강력하게 호흡에 사로잡혀서 호흡과 아무 관련이 없는 마음, 감각, 외부 대상 간의 연결이 모두 끊어진다. 따라서 프라티야하라는 수면 상태가 아니다. 감각에 반응할 수 있는 역량은 있지만 철수했으므로 감각이 더 이상 반응하지 않는다.

또 다른 예로서, 질문을 받았을 때 나는 논의하고 있는 주제를 명확하게 하려

1) 요가수트라 2.54-55.

고 노력한다. 대답에 점점 더 몰입할수록 나는 내가 어디에 있는지 점점 덜 의식하게 된다. 나는 점점 더 상호작용에 열중하는데 이것야말로 프라티야하라의 또 다른 표현이다. 눈을 뜬 채 청중 앞에 서 있지만 논의하고 있는 내용에 지나치게 몰두하고 있기 때문에 내 감각은 더 이상 다른 자극들에 반응하지 못한다. 창밖에 눈이 내려도 알아차리지 못할 것이며, 방 밖에서 들려오는 소리도 듣지 못할 것이다. 프라티야하라는 무언가를 보면서 속으로 '나는 저것을 안 볼 거야!'라고 말하는 것이 아니다. 프라티야하라의 뜻은 내 마음이 무언가에 깊이 사로잡혀서 다른 대상에 대해서는 감각이 더 이상 반응하지 않는 상황을 나 자신이 만드는 것이다.

행위를 할 때는 감각을 사용해야만 하고, 말을 할 때는 입과 귀를 사용해야만 한다. 평정심이나 초연함이라는 개념인 바이라기야(vairāgya)는 그 행위의 결과로 얻을 수 있는 보상을 생각하지 않고 행동하는 것을 의미한다. 바이라기야란 내 행위가 낳은 결과나 결실로부터 초연해지는 것이다.

반면에, 프라티야하라는 감각과 관련이 있으며 그것은 오로지 감각에 관한 것이다. 명상할 때는 명상 대상에 깊이 몰입하고 있으므로 프라티야하라가 거의 자동적으로 일어난다. 정확히 말해서, 마음이 고도로 집중하고 있기 때문에 감각이 그것을 따라가는 것이다. 프라티야하라가 일어날 수 있는 다른 방법은 없다. 통상적인 방식으로 기능하지 않는 감각은 지극히 날카로워진다. 정상적인 상황에서 감각은 우리의 노예가 아닌 주인이 된다. 감각은 온갖 종류의 사물을 향한 갈망을 키우도록 우리를 유혹하지만 프라티야하라에서는 정반대 현상이 일어난다. 먹어야 할 때는 먹지만 음식에 대한 갈망 때문이 아니다. 프라티야하라에서 우리는 감각을 적절한 위치에 두지만 감각을 우리의 행위로부터 완전히 단절시키지는 않는다.

프라티야하라는 주의를 다른 곳에 돌림으로써 육체에서 생기는 불편함을 조절하는 수단이 될 수 있다. 결가부좌를 하고 신이나 옴(OM)에 완전히 몰입한 채 앉아 있다고 상상해 보자. 이 자세로 아주 오랫동안 앉아 있었다는 사실조차도 당신은 의식하지 못할 수 있다. 정상 의식으로 돌아왔을 때는 다리를 주물러야 한다는 사실을 알아차리는데, 무언가 다른 것에 관심이 집중되어 다리나 발에 무슨 일이 일어나는지 자각하지 못했기 때문이다. 이런 의미에서 프라티야하라를 통해 통증을 덮어 버리는 것이 가능하지만, 감각은 항상 집합적으로 기능하기 때문에 통증을 잊으려는 분명한 목적으로 특정 대상에 감각을 돌리는 일은 어렵다. 오히려 프라티야하라는 자발적으로 일어나는 상태다. 대다수 사람은 내면을 보는 것이 일종의 프라티야하라 테크닉이라고 말하고 있으며, 수많은 경전도 이 방법을 추천하고 있다. 그러나 프라티야하라는 저절로 일어난다. 그것이 일어나도록 만들 수는 없으며, 우리는 그것이 일어날 수 있는 수단만 훈련할 수 있을 뿐이다.

## 다라나

**다라나**(dhāraṇā)는 요가의 여섯째 가지로서, **드르**(dhṛ)는 '잡는다'는 뜻이다. 다라나 개념이 갖는 근본 아이디어는 한 방향으로 집중이나 주의의 초점을 잡아 두는 것이다. 다라나를 설명하기 위해 전통적으로 사용하는 예 한 가지를 들어 보자. 논에 물을 대려고 농부가 이용하는 큰 저수지를 상상해 보자. 저수지에는 서로 다른 방향으로 뻗어 가는 수로가 있다. 농부가 모든 수로를 동일한 깊이로 팠다면 물은 사방으로 똑같이 흐를 것이다. 그러나 어느 한 수로의 깊이가 다른 수로들보다 깊다면 더 많은 물이 그쪽으로 흐를 것이다. 다라나에서는 이와 같은 일이 생긴다. 마음이 여러 방향으로 흐르게 만들기보다는 한 방향으로 주의를 집중할 수 있는 조건을 만든다. 깊은 묵상과 성찰은 올바른 조건을 만들 수 있으며 우리가 선택한 한 지점을 향한 집중은 더 강렬해진다. 우리는 특정한 마음의 활동을 격려하는데 그 활동이 더 강해지면 다른 활동들은 더 많이 떨어져 나간다.

따라서 다라나란 마음이 오로지 한 지점에 초점을 맞추고 집중하는 조건이다. 그 무엇이라도 이런 지점이 될 수 있지만 항상 한 가지 대상이어야 한다. 다라나는 묵상이나 명상인 **디야나**로부터 오직 한 걸음 정도만 떨어져 있다.

## 디야나

다라나 중에는 고요한 강물처럼 마음이 한 방향으로 움직여 다른 어떤 일도 일어나지 않는다. **디야나**(dhyāna)에서는 특정한 대상에 몰입되어 자아와 대상 간에는 하나의 연결이 형성된다. 다른 말로 표현한다면, 당신은 특정 대상을 인식하는 동시에 그것과 지속적으로 소통한다. 디야나에 앞서서 다라나가 일어나야 하는데 연결이 형성되려면 마음이 특정 대상에 집중할 필요가 있기 때문이다. 다라나가 접촉이라면 디야나는 연결이다.

## 사마디

마음이 대상과 완전히 하나가 될 만큼 무언가에 깊게 몰입하는 데 성공할 때 우리는 **사마디** 상태에 도달한다. 사마디(samādhi)란 '모으다, 합치다'라는 뜻이다. 우리의 개인적 정체성, 즉 이름, 직업, 가족사, 은행 계좌 등은 사마디에서 완전히 사라진다. 사마디 순간에는 더 이상 아무것도 존재하지 않는다. 그 어떤 것도 우리가 선택한 대상에서 우리를 떼어 내지 못한다. 대신에 우리는 그것과 섞여 하나가 된다.

[그림 12-1]은 다라나, 디야나, 사마디의 관계를 보여 준다. 다라나(1)에서 우리는 마음에 초점을 두고 집중하는 대상과 접촉하는데, 대상은 호흡, 소리, 신체 부위, 마음 자체, 달의 이미지, 겸손이라는 개념 등이다. 그때서야 마음은 주의의 대상과 연결되면서 이런 연결을 유지하고 이 둘 사이에 소통이나 상호작용이 생긴다. 이것이 디야나(2)이며, 그 후 이것은 사마디(3)로 되는데, 사마디란 마음이 명상의 대상과 혼합되어 하나가 되는 상태다.

프라티야하라, 다라나, 디야나, 사마디를 훈련할 수는 없다. 그저 앉아서 "이제 다라나를 해야지."라고 말할 수는 없다. 그러나 다라나 상태를 만드는 데 도

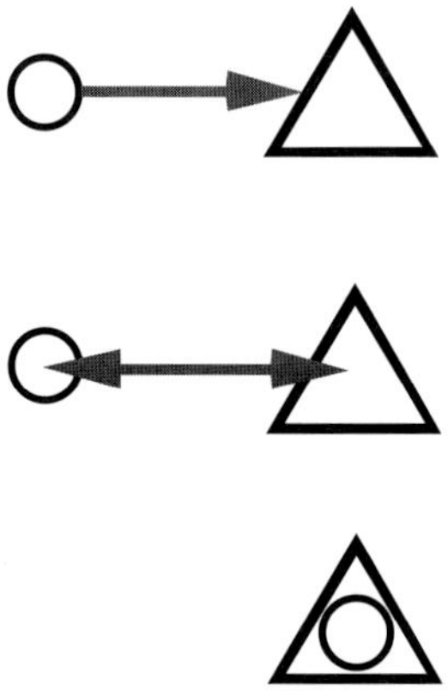


**[그림 12-1]**
다라나에서 디야나를
거쳐 사마디로 가는 과정

움이 되는 올바른 조건을 만들 수는 있는데, **요가수트라**에 따르면, 앞에서 설명했던 상태에 들어가기에 유리한 마음의 조건을 만드는 아사나와 프라나야마를 훈련할 수는 있다. 다라나와 디야나를 경험하려면 우선 마음이 특정한 조건 속에 있어야 한다. 맨 먼저 마음속에서 진행되는 수많은 것을 안정시켜 마음이 고요해져야 한다. 마음의 작용들이 너무 강력하면 다라나 상태로 들어갈 수 없다. 마음속에 수많은 이질적인 것이 여전히 돌아다니는데도 마음이 강제로 다라나 상태에 들 수 있게 노력한다면 큰 어려움에 봉착할 수 있다. 이런 이유로 **요가수트라**는 다라나를 위한 준비로서 아사나와 프라나야마를 제안했는데, 이들이 정신 활동에 영향을 미치면서 시끄러운 마음의 일정표에 공간을 마련하기 때문이다. 일단 다라나가 일어나면 디야나와 사마디가 뒤따라올 수 있다.

따라서 누군가가 "나는 명상하고 있어."라고 말하면 그 사람은 실제로 "디야나를 위한 준비를 하고 있어. 디야나가 일어나기에 적합한 조건으로 마음을 이끌어 가고 싶어."라고 말하는 셈이다. "나는 디야나를 하고 있어."라거나 "나는 명상을 하고 있어."라는 말은 실제로는 디야나 개념을 오염시키는데, 왜냐하면 기술적으로 말해서 디야나란 우리가 할 수 있는 그 무엇이 아니기 때문이다. 디야나는 조건이 올바를 때 그저 일어나는 것이다. 단순히 주어지는 **싯디**(siddhi)[2)]

2) 역자 주. 지속적인 수련을 통해 영적으로 진전했을 때 일어나는 부산물로서 추상적인, 초자연적인, 마술적인 능력이나 힘, 성취를 말한다.

인 셈이다. 그러므로 디야나에 적절한 조건을 형성하는 데 도움이 되는 수단을 강조하는 것이 우리가 할 수 있는 전부다.

## 삼야마

다라나, 디야나, 사마디가 하나의 대상에 집중할 때 그 결과로 나타나는 상태를 **삼야마**(saṃyama)라고 한다. **삼**(sam)이란 '함께'라는 뜻이고, **야마**(yama)라는 말은 '제한하다' '훈육하다'로 번역할 수 있다. 특정 대상에 지속적으로 초점을 맞추고 있으면 그 사람은 그 대상을 점점 더 깊이 이해할 것이다. 예컨대, 별들이 어떻게 움직이는지 이해하고 싶다고 가정해 보자. 나는 이것을 철저히 조사해야만 할 것이다. "별이란 무엇인가? 별은 왜 동쪽에서 서쪽으로 이동하는 걸까?"와 같은 물음을 던지면서 시작할 수 있다. 거기서부터 시작해서 알고 싶은 내 욕구가 만족될 때까지 별들의 이동에 대한 질문에 점점 더 몰두할 것이다. 이렇게 하면 무슨 일이 생길까? 나는 머지않아 그 누구보다 이 주제에 관해 더 많은 것을 배울 수 있다. 이것이 삼야마다. 오늘 한 가지 주제를 선택하고 내일 또 다른 주제를 선택하는 대신에 나는 한 가지 특정한 것을 잘 이해하려고 노력하면서 관심사를 끊임없이 딴 곳으로 돌리지 않는다. 내 관심이 아사나에 있다면 나는 아사나에 관한 일체의 것을 발견할 것이다. 삼야마는 초자연적인 힘을 야기한다는 말이 있지만 이것은 오직 삼야마의 효과에 불과할 뿐 그 목적이 아니다. 초자연적인 힘들이 내게 가장 중요한 일이라면 나는 삼야마의 진정한 의미를 놓치고 있는 셈이다. 삼야마의 진정한 목적은 어느 한 대상에 집중하고 거기에 관해 모조리 알 때까지 그것을 탐색하는 데 있다.

## 카이발리야

**카이발리야**(kaivalya)는 지속적인 사마디 상태에 있는 것이 성격에 미치는 영향을 기술하고 있다. 이것이 요가가 추구하는 내적인 자유 상태다. **요가수트라**의 마지막 34개 경구는 그 내용을 카이발리야에 바쳤다. '혼자 지내다'로 번역하는 **케발라**(kevala)라는 단어에서 파생된 카이발리야가 때로는 고립이나 무관심으로 설명된다. 카이발리야 상태에 있는 사람은 세상을 너무도 잘 알고 있어서, 비록 세상에 영향을 미치는 지위에 있을지라도 세상으로부터 영향을 받지 않는다는 의미에서 세상으로부터 독립되어 있다. 카이발리야 상태에 있는 사람은 더 이상 정상적인 인간의 욕구와 기능을 가진 현실의 인간이 아니라는 오해가 퍼져 있다. 사실 카이발리야 상태에 있는 사람은 정상적인 사람들과 똑같이 행동하지만 세상의 짐을 어깨에 지고 있지 않다. 세상에 살고 있지만 그들은 세상에 속하지 않는다. 그들은 감각적인 지각이나 신체로부터 자유롭지는 않지만 약간 다른 점이 있다. 어디에 있건 그들은 자기 스스로를 확신하고 있는 것이다. 그것이 바로 카이발리야다. 이런 사람에게 외부로부터의 힘은 전혀 힘을 갖지 못함에도 그 사람은 외부 세상을 꽤나 잘 알고 있다.

요가에 따르면, 창조 전체의 목적은 우리가 무엇이고 무엇이 아닌지를 이해하는 맥락을 제공하는 데 있다. 우리가 그것을 이해하면 거기에는 카이발리야가 있으며 프라크리티는 자신의 목적을 충족시킨 것이다.[3] 카이발리야를 경험한 사람은 물질 세계인 프라크리티를 그저 있는 그대로, 그 이상의 어떤 의미도 없다고 본다.

아사나를 수련함으로써 좀 더 유연해지고, 프라나야마를 수련함으로써 호흡을 조절할 수 있다. 카이발리야도 이와 비슷하다. 통제할 수 없는 무언가가 서서히 일어나는 것이다. 우리의 노력과 내가 설명하고 있는 이런 상태 간에는 항

---

3) 요가수트라 2.21.

상 간극이 존재한다. 항상 자발성이 존재하며, 우리 내면에서는 무언가가 그저 일어난다. 그것은 잠에 떨어지는 순간과 비슷해서 꼭 집어 말할 수는 없다. 그 순간을 놓치거나 잠을 자지 않는다.

우리 내면에는 두 가지 힘이 존재하는데, 한 가지는 우리의 낡은 조건화와 습관으로부터 오며, 다른 한 가지는 변화하는 행동으로부터 발달하는 새로운 조건화를 말한다. 이 두 가지 힘이 작동하면 마음은 한 힘에서 다른 힘으로 흔들린다. 그러나 낡은 힘이 사라지면 마음은 더 이상 앞뒤로 요동치지 않는다. 우리는 전혀 다른 상태에 도달하며 그 상태가 지속된다고 느낀다.

## 프라티야하라, 다라나, 디야나, 사마디에 대한 그 밖의 생각

**질문**: 프라티야하라와 다라나의 관계는 무엇입니까?

**대답**: 다라나 상태가 되면 **프라티야하라**가 저절로 일어납니다. 다라나 상태에서 우리 감각에서 일어나는 것을 설명하기 위해서 종종 프라티야하라라는 용어를 사용합니다. 천 가지 생각을 하면서 프라티야하라를 한다고 말할 수는 없습니다. 프라티야하라는 다라나, 디야나, 사마디 상태의 결과로 일어납니다. **요가수트라**에서 프라티야하라를 맨 먼저 언급한 이유는 그것이 맨 먼저 일어나기 때문이 아니라 마음이 아닌 감각과 관련되기 때문입니다. 그러므로 프라티야하라는 다라나보다 더 외면적입니다. 아사나를 한 시간 반, 그다음에는 프라티야하라를 20분, 그다음에는 다라나를 한 시간 정도 수련하겠다고 결심할 수는 없습니다. 그런 식으로 진행되지는 않지요.

**질문**: 두 가지 상황을 살펴봅시다. 한 상황에서는 내 감각이 마음으로 보내는 메시지를 전혀 의식하지 못하고, 다른 상황에서는 메시지를 등록하지만 나는 반응하지 않기로 작정합니다. 이 두 가지 시나리오의 차이는 무엇

일까요? 예컨대, 음악가인 내가 연주에 완전히 몰입하는 동안 누군가 내게 말을 걸려고 기다리고 있다는 사실을 의식하고 있다고 칩시다. 나는 그 사람을 무시하면서 음악을 끝낸 후 그가 원하는 바를 물어볼 수 있습니다. 그것이 프라티야하라일까요? 나를 만나려고 누군가가 기다리고 있다는 사실을 눈치채지도 못할 때만 프라티야하라일까요?

**대답:** 다라나, 디야나, 사마디 상태에 있을 때 감각이 죽어 버린다고 생각해서는 안 됩니다. 사마디 상태에서 현자들이 지어 놓은 멋진 시(詩)들이 그 예입니다. 사마디 상태에서 아름다운 노래를 부를 수 있지요. 노래를 부를 때 우리는 청각과 목소리를 사용합니다. 그렇지만 이 현자들은 감각을 어떻게 사용했을까요? 그들은 마음과 영혼에 종사하기 위해 감각을 사용했습니다. 마음과 영혼을 산만하게 만들기 위한 것이 아니지요. 분명코 감각이 죽어 버린 것이 아닙니다. 이 상태와 정상적인 상태 간에 존재하는 차이는 여기에서는 감각이 한 지점에 마음을 집중하도록 **돕는다**는 겁니다.

멋진 신상(神像)을 설명하고 싶어 한다고 가정해 봅시다. 이를 위해서는 신상의 발가락, 발목 등을 쳐다보아야 합니다. 반드시 그렇게 해야만 하지요. 이 상황에서 우리의 시각은 그 상을 기술할 목적에 종사합니다. 상을 만드는 돌이 어디에서 왔는지, 그것의 지질학적 성분이 무엇인지 궁금해지면 마음은 산란해집니다. 그렇지만 신상의 발을 보고 그것을 연화좌로 앉은 신성한 이미지의 발로서 인식한다면 감각은 마음과 조화를 이루게 됩니다. 이 과정에서 감각은 분명 죽어 있지 않습니다. 프라티야하라는 다라나, 디야나, 사마디 상태에서 마음을 위해 **봉사하는** 걸 의미합니다.

**질문:** 프라티야하라 상태에 있으면 사물을 의식할 수 있나요? 대상을 저절로, 직접적으로 인식하나요? 두서없이 일어나는 생각이 있나요? 명상하고 있다는 생각 없이도 인식이 가능한가요?

**대답:** 그건 상황에 따라 다릅니다. 신상을 예로 들면, 여기에서 생각은 한 부분을 담당합니다. 사고과정은 있지만 이것은 오로지 대상과 관련됩니다. 대상과의 연결 속에서만 기억이 기능합니다. 프라티야하라의 예를 들면, 감각을 통해 주의가 산만해지는 것이 사라지는데 명상의 대상에 깊이 몰두하고 있기 때문입니다. 감각은 오로지 이 대상에만 반응합니다.

**요가수트라**에 서술된 어떤 내용을 상세하게 설명하고 있을 때 부엌에서 풍기는 음식 냄새가 갑자기 내 주의를 끈다면 나는 프라티야하라 상태에 있지 않습니다. 그러나 음식 냄새로 인해 주의가 흩어지지 않고 하던 설명을 계속한다면 나는 프라티야하라 상태에 있는 겁니다. 디야나에서는 생각할 수 있는 소통의 매개체가 존재합니다. 그러나 사마디에서는 이런 생각마저도 없이 마음은 투명해집니다. 마음은 대상을 있는 그대로 이해합니다.

**질문:** 나는 아직도 디야나 속의 프라티야하라가 선명하게 다가오지 않습니다.

**대답:** 명상 대상에 더 깊이 몰두할수록 감각이 자신의 행동을 어떻게 변화시키는지 더 잘 알아챌 수 있습니다(더 좋은 단어가 없어서 나는 **대상**이라는 단어를 사용하고 있습니다. 이때 대상은 순수한 흰색 빛 이미지일 수 있고 경전일 수도 있습니다. 마음의 집중을 돕는 데 사용되는 일체의 것들이 명상의 대상이 됩니다). 명상 상태에서 감각은 디야나 상태와 조화를 이룹니다. 이 상태가 일어난 결과 프라티야하라가 일어나는 것이며 오로지 프라티야하라 자체만을 성취하는 건 불가능합니다. 프라티야하라의 실현을 돕기 위해서 내적 응시나 프라나야마에서의 무드라 같은 것을 할 수 있습니다. 그러나 그런 수련들만으로는 프라티야하라라고 할 수 없습니다. 그것은 오히려 감각이 마음을 위해 종사하는 한 지점입니다. 디야나 상태에 있을 때 프라티야하라가 일어나는 것입니다.

프라나야마, 기도 같은 다양한 활동을 디야나로 부르지만 실제로 이것들은 명상 상태에 도달하기 위해 도움을 주는 것에 불과합니다. 프라티야하라를 위한 훈련을 권하는 스승들도 있는데, 그들은 이렇게 말합니다. "눈을 감고 숨을 깊게 쉬세요. 발목으로 숨을 보내세요." 그렇지만 이런 기법은 프라나야마 수련과 유사합니다. 이는 마음을 특정 방향으로 집중하는 훈련으로써 마음이 덜 산만해집니다. 프라티야하라를 진정으로 수련하는 테크닉을 찾는 일은 무척 어려운데, 감각에 대해서 더 많이 생각할수록 감각은 더 활동적으로 변하기 때문입니다. 그러나 감각이 자신이 가진 통상적인 의미를 잃고 디야나 상태가 되어 마음을 지원하기만 하는 조건을 만들 수는 있습니다.

**질문:** 이런 일이 어떻게 일어나지요? 프라나야마처럼 그냥 앉아서 디야나를 수련할 수 없다면 디야나는 어떻게 일어나는 거지요?

**대답:** 두 가지 특정한 노력이 항상 필요합니다. 프라나야마 훈련을 하려고 할 때 거기에는 우리를 방해하는 그 무엇이 항상 존재합니다. 사실상 이런 방해물은 우리 마음속에 있습니다. 우리 안에는 수련을 원하는 한 가지의 힘과 또 하나의 힘, 즉 우리를 막길 원하는 낡은 습관들이 있습니다. 이것은 수련을 원할 때는 노력을 기울여야만 한다는 의미입니다. 아무 노력도 기울일 필요가 없는 순간이 디야나의 시작입니다. 그런 이유로 파탄잘리는 **요가수트라** 첫 장에서 "압히야사(abhyāsa, 지속적인 노력)가 필요하다."고 했습니다.[4] 특정 목표를 향해서 일정한 방향으로 움직여야만 합니다. 더더욱 이렇게 할수록 우리에게 가능했던 그 밖의 선택들에 의해 방해를 덜 받습니다. 그런 다음에야 "좋아, 수련할 시간이야."라는 말을 더 이상 할 필요가 없는 날이 옵니다.

프라나야마 수련을 하고 있을 때 우체부가 친구의 편지를 배달해 준다고 가정해 봅시다. 내 안의 목소리는 '가서 편자를 읽자!'고 하지만, 또 다른 목소리는 우선 프라나야마 수련을 끝내라고 속삭입니다. 이런 마음의

---

4) 요가수트라 1.12. 노력(압히야사)과 내려놓음(바이라기야)을 동시에 실천함으로써 요가 상태가 달성된다.

동요 때문에 노력을 기울여야만 합니다. 디야나 순간에는 수련하려는 일체의 노력이 사라집니다.

**질문:** 당신이 학생이라고 가정하고 논문을 써야 한다고 상상해 봅시다. 당신은 이미 논문에 관한 아이디어를 갖고 있습니다. 앉아서 집중하기 시작했을 때 당신은 다라나 상태에 있습니다. 논문을 이해하고 그것을 종이에 적으려는 노력에 사로잡히면 그것도 디야나입니까?

**대답:** 맞습니다.

**질문:** 앞의 예에서 어떤 것이 사마디 상태인가요?

**대답:** 글쓰기에 몰입하고 있다고 가정해 봅시다. 당신은 어떻게 진행할지 몰라서 일을 잠시 멈추고 다른 일을 합니다. 일하는 도중에 갑자기 생각이 번뜩 떠오릅니다. "알았어!" 당신 머릿속에는 실제로 논문 전체가 없지만 어떻게 진행할지 알게 되었습니다. 이제 당신은 다시 책상에 앉아서 논문을 마무리합니다. 이 지점에서 당신은 주제에 완전히 녹아들어, 주제와 하나가 되어 논문을 쉽게 마칠 수 있습니다. 그것이 사마디입니다.

**질문:** 그렇다면 디야나에서는 나 자신이 생각한다는 의식이 있는 반면, 사마디에서는 지식이 그저 일어난다는 차이가 있습니까?

**대답:** 네, 사마디에서는 마음과 집중하는 대상 간에 놓인 간격이 매우 작고 이해는 꽤 직접적이라서 더 이상 생각할 필요가 없습니다. **요가수트라** 1장에는 사마디가 어떻게 일어나는지 설명하고 있습니다. 맨 먼저 성찰을 합니다. 이것을 **비타르카**(vitarka)라고 부릅니다. 이렇게 한 후에는 대상을 연구하는 것이 다음 단계입니다. 이것이 **비차라**(vicāra)지요. 의도적인 탐구가 더 정교해지면 갑자기 그것을 이해하게 됩니다. 이 순간에 우리는 엄청난 행복감을 경험하는데, 우리는 그것을 **아난다**(ānanda)라고 부릅니다. 그리고 명상 대상과 하나가 되었음을 확실히 알게 되는데, 이것

이 **아스미타**입니다.[5] 우리는 마침내 이해하고 싶은 것을 이해하게 되었다고 느낍니다. 여기에서 **아스미타**라는 말은 마음이 명상 대상에 녹아들었음을 뜻합니다. 이것이 사마디 과정이지요. 처음에는 마음에 동요가 있고, 그다음에는 피상적인 논리가 줄어들면서 과정은 내적이고 깊어지며 정묘해집니다. 마침내 성찰이 정교해져서 내가 이해하고 있다는 사실을 아는 지점에 이릅니다. 거기에는 모든 의심이 사라집니다.

**질문**: 다라나와 디야나 간의 차이가 내게는 여전히 모호합니다.

**대답**: 다른 예를 한 가지 들어 보겠습니다. 수업을 시작할 때 나는 보통 수업에 대해 생각하고 계획을 세웁니다. 그렇지만 나는 실제로 수업을 어떻게 진행할지는 모릅니다. 그래서 이전 수업에서 우리가 논의했던 내용에 대해 어떤 의문이라도 생겼는지 물어보면서 수업을 시작합니다. 이것이 다라나의 시작이라고 할 수 있는데, 여기에서 나는 아직 연결되지 못했기 때문입니다. 학생들에게 요가에 대해 계속 말할 방법을 찾기 위해 나는 그저 나름대로 방향을 잡는 겁니다. 다라나는 준비이면서 오리엔테이션에 해당합니다. 말하려는 내용에 더 깊이 들어갈수록 나는 디야나 상태에 더 접근하게 됩니다. 다라나 상태에서는 디야나 상태에 있을 때보다 주의가 산만해지기 쉽습니다. 그런 차이가 있습니다.

**질문**: 다라나, 디야나, 사마디로 진행되기 위해서는 특정한 장소에 앉아 있어야만 합니까? 아니면 아름다운 일몰을 바라볼 때처럼 다른 장면에서도 경험할 수 있습니까?

**대답**: 그렇습니다. 아름다운 일몰을 벗삼아 이런 상태를 경험할 수 있습니다. 특히 처음에는 외적 대상을 사용하는 것이 실제로 유용합니다. 이것 때문에 사원에는 조각상이 있고, 기독교 교회에는 십자가가 있는 겁니다.

---

5) 요가수트라 1.17.

다라나를 경험할 수 있도록 초보자를 돕기 위해 이런 숭배 대상이 있는데 이것은 첫 단계일 뿐입니다. 앉든지 서든지 자세와는 무관합니다. 걸을 수도 있는데 무언가에 빠져 있으면 당신은 자신의 행위를 거의 알아차리지 못합니다. 인도에는 걷기 명상을 가르치는 학파가 있습니다. 걷기 같은 단순한 행위가 다라나를 방해한다면 집중이 강한 편은 아닙니다. 처음에는 가장 쉬운 대상으로 시작하는 것이 가장 좋습니다. 편히 앉아서 우리를 즐겁게 해 주는 대상을 명상의 도구로 선택할 수 있습니다. 힌두 신전에서 가장 최고 신에 속하는 시바(Śiva)를 당신 자신은 믿지 않음에도 불구하고 당신에게 “시바 신을 명상하세요!”라고 한다고 가정해 봅시다. 당신 내면에는 갈등이 일어날 테지요. 그보다는 당신과 관계 맺을 수 있는 무언가를 갖고 시작해야만 합니다. 요가는 당신이 처한 곳에서 당신이 좋아하는 것으로 시작해야만 한다고 말합니다. 결국 명상 대상은 중요하지 않습니다. 선택된 대상이 당신에게 어떤 문제도 일으키지 않거나 당신 마음을 집중하는 데 방해하지 않는 것이 중요합니다. 이것이 당신 기질과 신앙에 맞는 대상을 선택하라고 제안하는 이유입니다. 인도에 사는 무슬림들은 힌두 문화에서 신성한 소리로 간주하는 ‘옴’이라는 단어에 대해 명상하는 데 상당한 어려움을 겪습니다.

**질문:** 디야나에서 개인과 명상 대상은 개별적이면서도 서로 분리된 정체성을 갖나요?

**대답:** 네, 그렇습니다. 디야나에서는 ‘내’가 명상 상태에 있다는 느낌이 있습니다. 자기의식이 존재하는 거지요. 거의 사마디 상태에 도달한 사람을 설명하기 위해 많은 사람은 디야나라는 단어를 쓰는데, 마치 디야나에서는 대상만 존재하는 것처럼 인식합니다. 그러나 우리는 이 세 가지 상태를 세 스텝이나 단계로 이해해야만 합니다. 첫 번째 단계로는 다라나가 있는데 이때는 선택한 대상에 집중하면서 외부로부터 오는 방해물을 차단합니다. 그다음 단계는 디야나로서, 여기에는 자아와 대상 간에 연

결이나 소통이 있습니다. 마지막 단계는 사마디로서, 여기에서 우리는 대상에 깊이 침잠한 나머지 자아 감각이 더 이상 존재하지 않는 것 같습니다.

**질문:** 사마디에서는 주의의 대상이 독자적인 정체성을 유지하나요?

**대답:** 물론이지요. 대상이 명상하는 게 아니라 우리가 명상하는 겁니다. 모든 것이 변할 수 있듯이 대상도 변하는데 그것은 사마디의 결과가 아닙니다. 대상과 관련해서 우리가 경험하는 것은 사람에 따라 매우 다를 수 있습니다. 이슈바라 개념에 대해 생각해 보고 싶다고 칩시다. 우리는 그 개념에 관해 폭넓게 독서하고 철두철미하게 그것을 탐구하기 시작합니다. 그 속으로 더 깊이 들어갈수록 우리는 그것을 더 많이 이해하게 됩니다. 이슈바라 자체가 변하기 때문이 아니라 우리가 더 깊이 이해하기 때문입니다. 우리가 연구 대상을 변화시킨 게 아닙니다. 우리는 거기에 대해 어떤 통제력도 갖지 못합니다. 변하는 것은 주제에 대한 우리의 이해인데, 왜냐하면 마음이 더 투명해져서 예전에는 감춰져 있던 것들을 볼 수 있기 때문입니다.

또 다른 예를 들어 봅시다. 분노의 성질을 탐구하는 일은 디야나지만, 분노 상태에 있는 우리 자신을 발견하는 것은 디야나가 아닙니다. 모든 고전 경전에서 강조하고 있는 것은 사마디에서 실제로 무슨 일이 일어나는가입니다. 산스크리트어 **프라즈냐**(prajñā)는 '매우 선명한 이해'로 번역됩니다. 사마디에서는 **르타 프라즈냐**(ṛta prajñā)[6]가 우세하다고 오래된 경전은 말하고 있습니다. 즉, 보이는 것이 진리라는 말이지요. 이것은 사마디에서 대상에 대한 진정한 이해에 도달한다는 뜻입니다. 비록 분노가 그 대상일지라도 말입니다. 우리는 분노가 어디에서 왔으며, 어떻게 일어났고, 그 효과가 어떤지 볼 수 있습니다. 그러나 분노가 우리를 사로잡

---

6) 역자 주. 'ṛta'란 '우주 및 우주 속 일체의 작동을 조절하는 자연질서의 원리'를, 'prajñā'는 '지혜'를 의미한다. 따라서 르타 프라즈냐란 '우주가 작동하는 불변의 원리에 대한 지혜'를 말한다.

으면 우리는 그 속에서 스스로를 잃어버립니다. 그런 상태에서 마음은 완전히 아비디아로 덮이는데, 이와는 달리 사마디에서는 아비디아가 마음을 덮지 않습니다. 이런 이유 때문에 사마디 상태에서 우리는 그전에는 볼 수 없었던 것들을 종종 볼 수 있는 겁니다. 사마디를 경험하고 있는지 여부는 다리를 접고 앉아서 눈을 감은 채 의미심장한 얼굴 표정을 짓는 것으로 나타나지는 않습니다. 그 전에는 볼 수 없거나 이해할 수 없었던 것들을 보고 이해할 수 있다면 사마디를 경험하고 있다고 알 수 있습니다.

**질문:** 요가는 푸루샤와 프라크리티 차이를 인식하려고 노력해야 한다고 말합니다. 지금 당신은 주체와 대상 간에 어떤 틈도 없는 상태로서 사마디에 대해 이야기하고 있습니다. 이 두 개념은 서로 어떤 관계가 있습니까?

**대답:** 관찰이 있기 때문에 틈은 더 이상 존재하지 않습니다. 나는 그전에는 우리에게 감춰져 있던 무언가를 보고 인식한다고 말했습니다. 예컨대, 거울을 보면 우리는 그 안에서 우리 자신을 봅니다. 그러나 우리가 실제로 보고 있는 것은 거울에 반사된 우리 모습이지 진정한 우리가 아닙니다. 거울 속 이미지와 우리 개개인은 서로 결합된 것 같지만 그럼에도 불구하고 우리는 여전히 그 둘 사이를 구분할 수 있습니다. 거울을 들여다볼 때 우리 자신으로부터 돌아서지 않고는 얼굴의 이미지를 없앨 수 없습니다. 즉, 보는 자와 보이는 대상이 결합된 것입니다. 이는 또한 우리 사이에 서 있는 모든 것이 사라져 버림을 의미합니다. 이미 언급했듯이 푸루샤는 마음을 통해서 대상을 봅니다. 마음에 색깔이 있다면 우리는 투명하게 볼 수 없습니다. 마음이 무척 깨끗하다면 마음은 마치 거의 존재하지 않은 것 같습니다. 우리는 대상을 정확히 있는 그대로 보게 되지요. 우리가 삶에서 다루어야 할 문제들은 우리가 한 행위의 결과가 마음에 새겨진 방식에서 생겨납니다. 즉, 그것들은 우리의 삼스카라로부터 일어납니다. 우리는 마음속에 존재하는 색깔을 띤 이미지와 진짜 대상

을 구분할 수가 없습니다. 예를 들어, "이제 알았어요."라고 말한 후 5분이 지나서 "오, 분명치 않네요."라고 말할 수 있습니다. 그것을 이해했다고 생각했던 똑같은 '나'가 이제는 이해하지 못한다고 말하고 있습니다. 사마디 상태에서 '나'란 거의 존재하지 않습니다. 마음의 혼란이 사라져 버린 거지요. 그러나 충분히 이해하려면 경험이 필요합니다.

**질문:** 여러 상태를 경험하기 시작한 요가 수련생은 이를 스스로 터득하나요? 아니면 스승의 도움이 필요한가요?

**대답:** 어떤 상황에서도 약간의 조언은 언제나 도움이 됩니다. 이론적으로 보면 모든 것이 무척 단순해 보이지만 실제로 해 보면 많은 어려움이 따르지요. 예컨대, 어떤 대상을 선택할지, 어디에서 시작할지, 그 대상에 어떻게 집중할지 궁금해집니다. 우리 모두는 출발점이 서로 다르기 때문에 당신이 존경하면서도 쉽게 관계를 맺을 수 있는 누군가를 찾아서 그 사람이 당신을 안내하는 게 가장 좋습니다. 당신을 관찰할 수 있을 때만 스승은 도움을 줄 수 있습니다. **요가수트라**가 저술되었을 당시에는 학생들이 선생께 다가가는 게 당연했습니다. 그런 이유 때문에 경전에서는 스승에 대해 특별하게 언급하지 않습니다. 요가는 원래 입을 통해 전수되었고 훨씬 뒤에 가서야 책으로 저술되었지요. 잘 알게 될 때까지 학생들은 스승과 함께 살았습니다. 개인적인 안내가 가장 좋다고 생각합니다.

**질문:** 아사나 중에도 디야나 상태가 일어날 수 있나요? 몸을 대상으로 삼아서 마음과 몸이 디야나로 들어갈 수 있도록 그 둘 간의 소통이 일어날 수 있나요?

**대답:** 물론이지요. 실제로 **요가수트라** 3장은 이것을 다루고 있습니다. 북극성을 명상 대상으로 삼는 경우 당신은 모든 별의 움직임을 이해할 수 있습

니다.[7] 배꼽 차크라에 명상하면 몸 전체를 이해할 수 있습니다.[8] 몸을 명상 대상으로 삼는 것은 분명코 가능합니다. 이런 식으로 몸을 더 많이 이해하게 됩니다. 호흡을 명상 대상으로 삼으면 호흡을 이해하게 되지요.

**질문:** 그렇다면 아사나 수련 중에 사마디 상태에 도달할 수 있습니까? 사마디가 움직임을 방해하지 않을까요?

**대답:** 아사나 수련은 필요한 모든 요소, 즉 마음, 대상, 그들 간의 관계를 모두 갖추고 있지 않나요? 그렇다면 무엇이 문제가 될까요? 아사나를 수련할 때는 초점이 달라질 뿐입니다. 예컨대, 비틀기를 하고 싶다면 마음은 오로지 거기에 집중해야만 합니다. 그럴 경우 우리는 비틀기가 무엇인지 이해하게 됩니다. 아사나를 할 때 수많은 대상에 대해 디야나가 가능합니다. 아사나라는 개념 전체일 수도 있고 구체적인 것, 즉 비틀기, 호흡의 흐름이나 그 밖의 다른 특정 대상일 수 있습니다. 디야나에서 우리가 보는 것은 선택한 대상에 달려 있습니다. 명상의 목적에 따라서 우리의 주의를 어느 쪽으로 향할지에 대해 많은 시사점을 얻게 됩니다. 인도에 수많은 신이 계신 것은 바로 이런 이유 때문이지요. 미소를 짓고 있는 비슈누[9]를 바라본다면 우리는 특정 경험을 하게 됩니다. 강력한 여신 두르가(Durga)[10]를 볼 때는 또 다른 느낌을 경험합니다. 친절한 여신 샥티(Śakti)[11]는 우리 안에 또 다른 경험을 일깨웁니다. 선택하는 특정한 명상 대상이 우리의 이해에 영향을 미칩니다.

**질문:** 사마디에 대해 이야기할 때 당신은 세 가지 요소, 즉 바라보는 사람, 대

---

7) 이 진술은 요가수트라 3.28의 주제다.

8) 요가수트라 3. 29.

9) 역자 주. 창조의 신 브라흐만, 소멸의 신 시바와 더불어 힌두이즘의 주된 신으로서 세상을 '유지하는' 힘을 갖는다.

10) 역자 주. 평화, 번영, 선을 위협하는 악마적 힘에 대항해서 맞서는 힌두이즘에서 말하는 전쟁의 여신이다.

11) 역자 주. 보통 '위대하고 신성한 어머니'로 불리는 여성적 창조의 신을 말한다.

상 그리고 그 둘 간의 연결이 포함된다고 말했습니다. 디야나에 대해 말할 때 당신은 바라보는 사람과 바라보는 대상이 서로 합쳐져서 연결성이 생긴다고 말했습니다. 내가 당신의 말을 올바르게 이해했다면 당신은 또한 사마디에서는 대상만 남는다고 말했습니다. 관찰하는 사람도, 관찰자와 관찰대상 간의 연결도 중요하지 않다고 말했지요. 그렇다면 그 둘 간의 관계에 무슨 일이 일어난 건가요?

**대답**: 디야나와 관련해서 나는 관찰자와 관찰대상이 만나서 연결된다고 말했습니다. 사마디와 관련해서 내가 말하고 싶은 것은 이 상태에서는 어떤 생각도 없다는 겁니다. 사고가 존재하지 않고 생각할 필요도 없는데, 왜냐하면 우리가 대상과 너무 밀접하게 연결되기 때문입니다. "이것은 이렇고, 저것은 저렇다."라고 말하는 것이 부적절합니다. 분명 관찰자인 우리는 거기에 여전히 존재하지만 우리가 관찰하고 있는 것을 깊고도 강렬하게 이해하고 있기 때문에 생각하거나 분석할 필요가 없습니다. 이것이 더 이상 연결이 존재하지 않는다고 말할 때 내가 전달하려는 의미입니다.

물론 사마디에도 다양한 단계와 강도가 있습니다. 내가 방금 설명한 내용은 생각과 소통이 여전히 존재하는 단계들보다 더 진전된 것입니다.

**질문**: 무언가를 배울 때마다 다라나, 디야나, 사마디를 약간씩 맛본다는 게 사실입니까?

**대답**: 당연하지요! 요가 책에서 설명하고 있는 내용처럼 그렇게 심오한 과정일 필요는 없지만 과정은 여전히 같습니다. 무언가를 이해할 때 우리 마음이 적극적으로 관여해야만 하는데 그것이 다라나이고 디야나이지요.

다라나, 디야나, 사마디 상태가 영원한지를 묻기도 합니다. 사마디 상태에 있는 사람은 전적으로 이 상태에 있습니다. 즉, 사마디만 존재합니다. 사마디에 있는 사람은 자신에게 불안정하고 혼란스러운 마음이 있었는지도 기억할 수 없습니다. 그러나 똑같은 사람이 또 다시 불안정과 혼란 속에 있게 되면 기껏해야 사마디에 대한 기억만 있을 뿐입니다.

우리는 보통 한편에서는 다라나, 디야나, 사마디, 다른 한편에서는 불안정과 혼란 상태 사이를 왕복합니다. 사마디에서는 우리가 혼란 속에 있었는지조차 의식하지 못합니다. 혼란에 빠진 사람은 자신의 사마디 상태를 희미하게나마 기억할 수도 있는데 그게 전부입니다. 더 많이 몰입할수록 그 사람은 더 많은 시간을 사마디에 소비하며 그만큼 동요를 덜 경험합니다. 항상 사마디 상태에 있는 지점에 도달할 수도 있습니다. 제발 그럴 수 있기를 바랍니다!

**질문**: 그렇다면 요가의 궁극적 목표는 항상 사마디 상태에 있는 건가요?

**대답**: 요가의 궁극적인 목표는 사물들을 항상 정확하게 보는 것이며, 따라서 나중에 우리가 했던 행동을 후회하지 않게 하는 겁니다.

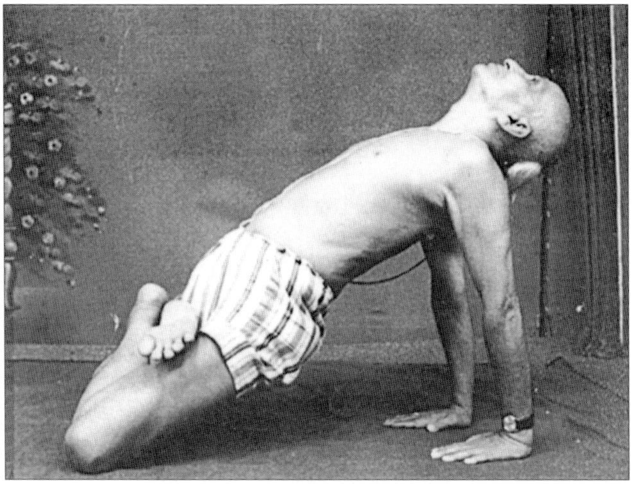

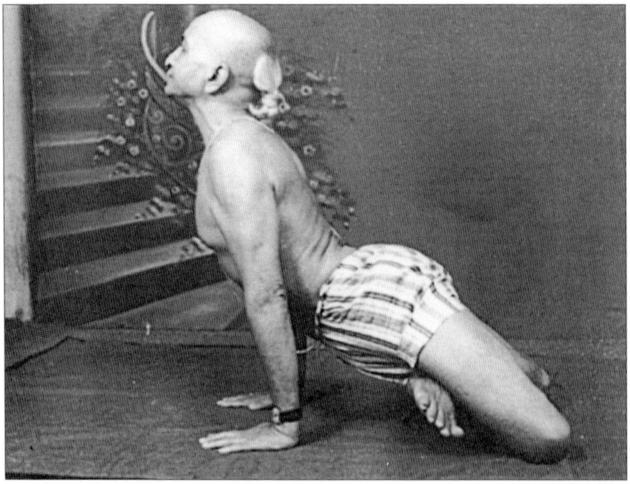

파드마사나
우르드바무카
(padmāsana
ūrdhvamukha)를
실시하는
크리슈나마차리아

파드마
부장가사나
(padma
bhujaṅgāsana)를
실시하는
크리슈나마차리아

# 13
# 마음의 질

요가수트라 첫 장에서 파탄잘리는 **니로다**(nirodha)로 부른 특정한 정신 활동 상태로서 요가를 정의하였다.[1] 일정 수준의 정신기능인 니로다는 지속적으로 집중하는 주의가 그 특징이며 마음의 다섯 번째 수준이자 최상위 수준이다. 낮은 수준의 마음 활동을 연속적으로 인식하고 정복함으로써 니로다에 도달할 수 있다. 가장 낮은 수준의 마음은 이 나뭇가지에서 저 나뭇가지로 매달리며 돌아다니는 술 취한 원숭이 마음에 비유할 수 있는데, 여기에서는 생각, 느낌, 지각이 연달아 빠른 속도로 오간다. 우리는 그런 것들을 거의 의식하지 못하며 그것들을 연결하는 실타래도 찾을 수 없다. 이런 수준의 마음 활동을 **크십타**(kṣipta)라고 한다.

두 번째 수준의 마음을 **무다**(mūdha)라고 한다. 이런 마음은 몇 시간이고 한 장소에 서 있는 육중한 물소 마음 같아서 여기에서는 관찰하거나 행동하거나 반응하려는 경향성이 거의 사라진다. 수많은 원인으로 인해 이런 마음 상태가 일어날 수 있다. 과식한 이후이거나 너무 잠을 적게 잔 결과 이렇듯 무겁게 느낄 수 있다. 특정 약물들도 이런 마음 상태를 일으킬 수 있다. 어떤 사람들은 사랑

1) 요가수트라 1. 2.

하는 사람을 잃었을 때 무다 상태에 빠진다. 깊이 열망하는 무언가를 얻을 수 없을 때 깊은 절망에 대한 반응으로써 무다가 생길 수 있다. 때로는 자신의 삶에서 무언가를 이루려고 시도했지만 번번히 성공을 거두지 못해 위축되어서 더 이상 아무것도 알고 싶지 않은 사람들에게도 이런 상태가 일어난다.

**비크십타**(vikşipta)는 세 번째 수준의 마음을 설명하는 단어다. 비크십타에서는 마음이 움직이지만 그 움직임에는 지속적인 목적과 방향이 없다. 마음은 장애와 의심에 부딪힌다. 마음은 무엇을 원하는지 아는 것과 불확실함 사이를, 확신과 소심함 사이를 오락가락한다. 이것이 가장 흔한 마음 상태다.

네 번째 수준의 마음을 **에카그라타**(ekāgrata)라고 한다. 여기에서 마음은 비교적 명료하며 산만함이 거의 영향을 미치지 않는다. 우리는 방향을 갖고 있으며, 무엇보다도 가장 중요한 것은 이 방향으로 전진할 수 있고 거기에 주의를 계속 기울일 수도 있다. 이 상태는 다라나에 해당한다. 요가를 수련함으로써 우리는 크십타 수준에서 에카그라타 수준으로 마음이 점차 이동하는 조건을 만들 수 있다.

에카그라타가 충분히 발달하면 니로다에서 정점을 이룬다. 이것은 마음이 작동할 수 있는 최종적인 다섯 번째 수준으로서, 이 수준이 되면 마음은 주의를 기울이는 대상과 완전히 그리고 전적으로 연결된다. 마음과 대상이 하나로 합쳐지는 것 같다.

이 개념을 이해하기는 어렵기 때문에 다른 예를 하나 들어 보자. 니로다 개념에 관해 강의하기 전에 나는 마음의 다섯 가지 수준에 대해 상당히 숙고하면서 이와 관련해서 많은 아이디어가 떠오른다는 사실을 알았다. 이와 관련된 수많은 경험과 기억이 떠올랐던 것이다. 청중에게 말하기 시작하고 그들의 질문에 대답하면서 니로다에 관한 설명에 더 몰두할수록 어떻게 진행해야 할지 스스로 알게 된다. 내 마음속에는 거의 아무런 의문도 일어나지 않는다. 나는 길을 잃어버린 채 부차적인 이슈들에 빠지지 않는 단계에 도달하고 청중을 특별히 의식하지도 않는다. 들고 있는 예에 대해 청중이 어떻게 생각할지 더 이상 걱정하지 않는다. 내가 말하는 내용은 논하고 있는 주제와 관련해서 내적으로 가까운 곳으로부터 더 많이 흘러나온다. 이 과정에서 내 마음은 한 가지 일, 즉 니로다를 설명하는 일에 완전히 집중되어 있다. 내 마음이 이 관심사에 거의 감싸여 있는 것처럼 느낀다. 다른 어떤 것도 관심사가 아니며, 니로다 개념에 관한 나의 모든 이해는 충분히 나와 함께하고 있다. 내게는 설명하고 있는 주제 이외에는 그 어떤 것도 존재하지 않는다.

이것이 **요가수트라**에서 니로다라는 용어를 사용할 때마다 의미하는 마음 상태다. **로다**(rodha)라는 음절은 어근 **루드**(rudh) '감싸다'에서 파생되었으며, **니**(ni)-는 내적 강도가 큼을 의미하는 접두사다. **니로다**는 마음이 여타의 생각이나 외부적인 산만함으로 인해 방해받지 않고 오로지 한 가지 일에 전적으로 집중하는 상태를 설명하고 있다.

**니로다**라는 말에는 다른 의미도 있는데 때로는 '한계'나 '구속'으로 번역되기도 한다. 이런 해석은 우리가 마음을 특정한 방향으로 제한하거나 구속한다는 의미에서가 아니라, 마음이 정반대로 작용한다는 의미, 즉 마음이 한 영역으로 지나치게 강력하고 강렬하게 움직여서 거기에 매우 몰두함으로써 그 어떤 것도 마음을 뚫을 수 없고 여타의 모든 정신 활동이 멈춘다는 의미로 쓰일 수 있다. 그러므로 니로다가 '제한'을 의미하는 경우 그 자연스러운 결과로 여타의 모든 정신 활동의 구속과 중지가 일어난다. 이런 의미에서 **니로다**란 '전면적인 몰입'을 뜻한다. 따라서 파탄잘리는 요가를 **칫타 브리티 니로다**(citta vṛtti nirodha)[2]라고 정의하고 있는 것이다. 한 가지, 오로지 한 가지 방향만 갖는 마음의 상태가 칫타 브리티 니로다다.

어떤 사람들은 요가란 마음의 활동을 제거하는 문제가 아닌가라고 묻는다. 만일 당신이 우리가 가진 수많은 정신적 능력, 예컨대 관찰, 추론, 기억, 상상, 비활동, 과활동 같은 능력들이 해로우며 제거할 필요가 있다는 결론에 도달한다면 **요가수트라**에 대한 지식과 이해가 불충분하다는 사실을 나타낸다. 요가는 이런 능력들이 살아가는 데 실로 필요하다고 이해하고 있다. 그러나 끊임없이 자

---

2) 역자 주. 요가수트라 1.2.의 내용으로서 '요가란 마음작용의 지멸이다.'로 번역된다.

신을 공격하는 영향에 노출된 마음을 고유의 장치에 맡겨 둘 경우 마음은 자신만의 작동방식을 발달시킨다. 결국 마음은 자신이 지닌 수많은 능력을 사용할 수 없게 되는데 어떤 안정감과 명료함도 찾을 수 없기 때문이다. 이것이 모든 정신 능력은 긍정적이거나 부정적일 수 있다고 **요가수트라**가 말하는 이유다.[3)]

요가에서 우리는 마음이 가능하면 우리의 행동에 유용해질 수 있는 조건을 만들기 위해 애쓸 뿐이다. 이것은 오로지 점진적으로 일어날 수 있을 뿐이며 온갖 지름길은 환상에 불과하다. 그것은 단계별 과정으로서 개인의 필요에 따라서는 지성적으로 선택해야만 하는 수많은 기법을 포함하고 있다. **요가수트라**는 많은 제안을 하는데, 이들 모두가 우리의 요가수련, 즉 요가 사다나(sādhana)를 구성한다. 아사나 수련, 호흡훈련, **요가수트라** 공부, 신을 향한 순복, 자신의 행위로부터 초연함, 성스러운 사람을 방문하기, 꿈의 성질 탐구는 모두 그런 과정의 일부다.

사람들은 서로 다르며 각자 나름대로 독특한 삶의 경험을 갖고 있다. 이 때문에 요가의 길은 수련생들을 도울 수 있는 수많은 방법을 제안하고 있다. 어떤 방법을 택하건 당신은 마음이 이해하면서도 완전히 몰두해서 행동할 수 있는 상태가 될 수 있다. 사물을 더욱 선명하게 이해하고 새롭게 발견하며 잘못된 인식을 교정할 기회를 찾지 않을 사람이 어디 있겠는가? 니로다 상태에서 무슨 일이 일어나는지 말할 수 있는 것은 바로 이것, 즉 보고 아는 일이 될 것이다. 사로잡힌 대상이 무엇이건 마음이 그것을 매우 완벽하게 보고 이해함으로써 더 이상 배울 내용이 거의 없을 정도가 된다. 이런 과정 속으로 더 깊이 들어간다면 정상적인 관찰과 경험 너머의 것을 일별할 수 있으며, 거기에는 요가적 지혜의 원천이 자리 잡고 있다. 요기나 요기니는 다른 사람들이 결코 볼 수 없는 것을 보는 게 아니라 다른 사람들이 아직 보지 못한 것을 보는 것이다.

---

3) 요가수트라 1.5. 이 구절은 마음에는 다섯 가지 활동이 존재하고, 이 활동은 좋아지거나 나빠지는 방향으로 사용될 수 있다고 언급한다. 이어지는 경구에서 이 다섯 가지 활동을 언급하는데, 이는 올바른 지각, 잘못된 지각, 상상, 꿈 없는 잠, 기억이다.

아르다
마첸드라사나
(ardha
matsyendrāsana)
변형 자세를
보여 주는
크리슈나마차리아

# 14

# 요가의 길에 놓인 아홉 가지 장애

집중되고(다라라), 선택한 대상과 지속적으로 소통하고(디야나), 마침내 그것과 완전히 합일하는(사마디) 마음이 가진 잠재력에 대해 이미 논했다. 이들은 저절로 일어날 수 있는 자연스러운 마음 상태지만 이들이 일어나는 것을 방해하는 장애들이 언제나 등장하기 마련이다. 이런 장애를 인식하는 것은 매우 명료한 상태에 도달할 수 있도록 마음을 준비시키는 데 도움이 될 수 있다. 따라서 그 장애가 무엇이건 장애물들을 제거하려면 무엇이 도움이 되는지 궁금해지는 게 당연하다. 파탄잘리는 이 장애물들을 요가의 여정을 시작하는 사람들이 걷는 길에 놓인 돌로 설명하고 있다. 수련생은 끊임없이 그 돌에 걸려 넘어지거나, 우회로를 택하거나, 거기에 잡혀 꼼짝하지 못한다. 이 아홉 가지 장애들을 살펴보고, 그것들이 어떻게 생기는지 알아보는 동시에 그들을 제거하는 방법을 배워 보자.

파탄잘리가 나열한 아홉 가지 장애물은 질병, 무기력, 의심, 서두름이나 조급함, 포기나 피로, 주의산만, 무지나 거만함, 새로운 단계를 밟지 못함 그리고 확신의 상실이다. 이들은 스스로를 불쌍하게 여기고, 부정적인 태도를 취하며, 육체적인 문제가 생기고, 호흡에 어려움이 생기는 증상으로 나타난다.[1)]

1) 요가수트라 1. 30-31.

## 장애

불편하거나 병에 걸리면 그것은 분명 요가수련에 장애가 된다. **브야디**(vyādhi, 질병)는 마음을 매우 혼란스럽게 만들기 때문에 계속 나아가기 전에 우선 내 건강을 개선하기 위해 무언가를 해야만 한다.

내 마음 상태에 직접 영향을 미치는 또 다른 장애는 기분에 따라 좌우되는 것이다. 어떤 때는 기분이 좋고 그 무엇과도 씨름할 수 있다고 느끼지만, 어떤 때는 무기력과 함께 무언가를 실행하기에는 에너지가 충분치 않다고 느낄 수 있다. 이런 무거움과 무기력, 즉 **스티야나**(styāna)는 과식하거나, 해로운 음식을 먹거나, 날씨가 춥거나, 마음의 성질 때문에 일어날 수 있다. 세 가지 구나 중 타마스가 이런 무기력, 즉 마음이 무거운 상태를 설명한다. 타마스가 지배하면 우리는 거의 아무것도 할 수 없는데 우리에게 친숙한 것조차도 실시하기 힘들며 거의 움직일 수도 없다.

어떤 사람들에게는 요가가 진보하는 데 의심이 가장 큰 걸림돌이 된다. 여기에서 나는 진보에 도움을 줄 수 있는 일종의 자기 검토(self-examination)인 스바디야야를 말하는 게 아니다. 스바디야야는 요가의 본질적인 부분이다. 파탄잘리가 말한 의심은 **삼샤야**(saṃśaya), 즉 규칙적이고 지속적으로 일어나는 불확실한 느낌으로서, 예컨대 무언가를 하는 도중에 갑자기 "계속하는 방법이 뭐지? 이것이 다른 때에도 가치가 있을까? 아마 다른 스승을 찾아야 할지 몰라. 다른 방법을 찾아야 할지도 몰라."라고 묻는다. 이런 종류의 의심은 요가의 진전을 약화시킨다.

우리는 때로 성급하고 부주의하게 행동하는 데 목표에 빨리 도달하고 싶을 때 특히 그렇다. **프라마다**(pramāda), 즉 성급함은 문제를 일으킬 수 있다. 성급하게 행동함으로써 진전되기는 커녕 뒤로 미끄러진다. 우리가 하고 있는 일을 분석하고 성찰하는 데 충분한 시간을 소비하지 않았기 때문에 서서히 수련을 중단하고 만다.

또 다른 장애물은 **알라스야**(ālasya)로 부르는 일종의 포기나 소진이다. 그것은 '나는 이것에 적합하지 않을 수 있어.'라는 생각으로 드러나며, 열정이 부족하거나 에너지가 거의 없는 경우를 말한다. 이런 일이 생기면 동기와 열정을 다시 북돋우기 위해 무언가를 해야만 한다. 요가의 길에서 열정 부족은 심각한 장애가 된다.

다음 장애물은 감각이 우위를 차지해서 감각이 스스로를 마음의 노예가 아닌 주인으로 생각할 때 불쑥 나타난다. 때로 이것은 미처 알아채지 못한 상태에서 일어나는데 그다지 놀랍지 않은 일이다. 왜냐하면 우리는 태어날 때부터 여기를 보고, 이것을 보고, 저것을 듣고, 이것을 맛보고, 저것을 만지도록 훈련받았기 때문이다. 습관으로 인해 감각이 우위를 차지함으로써 알아채지 못한 사이에 조금씩 우리를 잘못된 길로 이끌어 갈 수 있다. **아비라티**(avirati, 주의산만)는 엄청난 장애다.

모든 장애물 중 가장 위험한 장애물은 모든 것을 안다고 생각할 때 일어난다. 진리를 보았고 정점에 도달했다고 상상하는데, 실제로는 우리로 하여금 "이것이 내가 찾아 헤매던 것이야! 마침내 발견했어! 드디어 해냈다고!"라고 말하게끔 만드는 고요한 시간을 경험했을 뿐이다. 그러나 사다리 꼭대기에 도달했다는 느낌은 환상에 불과하며 이런 환상은 아주 흔하게 일어난다. 그것은 무지와 자만심, 즉 **브란티다르샤나**(bhrāntidarśana)에 불과하다.

다소나마 진전했다고 생각했는데 할 일이 여전히 많이 남았음을 갑자기 알아차렸을 때 발부리에 걸리는 또 다른 장애물이 나타날 수 있다. 이 지점에서 우리는 매우 절망할 수 있으며 기분이 변덕스러워질 수 있다. 다시 시작하고, 시작할 수 있는 다른 길을 찾고, 다음 단계를 밟는 데 대한 관심이 갑자기 사라진 것이다. 우리는 이렇게 말한다. "더 이상 할 수 없어. 이제 끝이라고 생각해. 이제는 바보처럼 느껴져. 예전보다 더 어리석은 것 같아. 더 나가고 싶지 않아." 우리는 또 다른 걸음을 내딛지 못하는데 이것을 **알라브다부미카트바**(alabdhabhūmikatva)라고 한다.

장애물은 육체적인 질병 같은 일상적인 현실이거나 실제 모습보다 낫다고 생각하는 환상 같이 미묘한 것일 수도 있다. 은둔처로 삼았던 환상을 자각하면서 현실을 직시하면 불행히도 당신 스스로를 실제보다 더 작고 덜 중요하게 바라보기가 아주 쉽다. 이것은 파탄잘리가 설명한 마지막 장애물인 자신감 상실로 이어진다. 예전에는 결코 도달할 수 없었던 지점에 도달했을 수 있지만, 거기에 머물 수 있는 힘이 부족해서 다시 떨어지며, 이로써 당신이 얻은 바를 잃어버린다. 파탄잘리는 이것을 **아나바스티타트바니**(anavasthitatvāni)라고 불렀다.

이런 것들이 요가의 길에서 마주칠 수 있는 장애물이다. 반드시 내가 설명한 순서대로 장애물을 만나는 건 아니며, 모든 수련생이 그것들을 모두 다룰 필요도 없다.

요가의 길에 놓인 어떤 단계에서도 우리 자신이 마스터가 되었다고 생각해서는 안 된다. 그보다는 어제보다 오늘 약간 더 좋아졌다는 느낌이, 미래에는 약간 더 좋아질 거라는 희망처럼 존재한다는 사실을 알아야만 한다. 이런 느낌은 더 좋아지지도 더 나빠지지도 않는 지점에 이를 때까지 왔다가는 사라진다.

## 장애물의 극복

요가의 길에서 우리가 부딪힐 수 있는 장애물들을 밝혀 주었듯이 요가는 그 장애물을 극복하도록 돕는 방법을 제시하고 있다. 당신 스스로 선택한 훈련을 고수하는 방법을 보여 줄 수 있는 누군가와 함께 작업한다면 매우 도움이 될 것이다. 함께 공부할 스승이 있다면 그 스승과 작업하는 과정에서 당신은 무언가 새로운 내용을 배우는데, 나중에서야 그 배움이 아무 쓸모도 없다는 사실로 드러날 수 있다. 그 결과 당신은 '더 좋은' 스승을 바랄 수 있다. 새로운 스승에게도 똑같은 일이 일어나면 당신은 또 다른 스승을 찾는데, 이런 식으로 악순환이 계속될 수 있다. **요가수트라**는 그렇게 하지 말고 스승과의 관계를 유지하라고 가르친다. 왜냐하면 그럴 경우 당신은 스승을 더 깊이 이해할 뿐만 아니라 신뢰할 수 있기 때문이다. 스승이 당신의 신뢰를 감지하면 그는 당신에게 가르칠 필요가 있는 것을 더 잘 찾을 것이다. 한 사람의 스승을 따르고 한 방향을 따르는 일은 앞에서 논의했던 다양한 장애물을 피하고 극복하는 방법과 수단을 발견하는 데 도움이 된다.[2)]

장애물을 극복하는 데 필요한 도움으로 종종 추천하고 있는 또 다른 테크닉으로 프라나야마가 있다. 이런 목적을 위해서는 특히 날숨이 중요하다. 파탄잘리는 길고 고요한 날숨과 날숨 후에 짧은 지식(止息)이 있는 프라나야마 수련을 권하고 있다.[3)] 이처럼 간단한 테크닉은 장애물을 극복할 때 엄청난 도움을 줄 수 있다.

요가의 길에 놓인 장애를 다루는 또 다른 방법은 마음을 고요하게 만들기 위해 감각을 탐색하는 것이다.[4)] 이렇게 질문할 수 있다. 혀는 어떻게 기능할까? 혀끝, 혀 중간, 혀뿌리에서 이것은 어떤 맛이 날까? 내가 어떻게 사물을 관찰하는 걸까? 어떻게 소리를 듣는 걸까? 중요한 것은 우리가 무언가를 발견하는 게 아니라 마음을 고요하게 만들어 우리 자신을 더 잘 아는 것이다. 푸루샤 개념을 살펴보는 것은 마음을 가라앉힐 수 있는 또 다른 방법이다. 우파니샤드는 푸루샤가 심장 부위 어딘가에 있다고 언급하고 있으며, 그 깊은 곳에서 연꽃 봉오리 같은 모양의 작은 입구를 발견할 수 있다고 말한다. 주의를 여기에 집중해서 우리의 푸루샤를 들여다보면 마음은 고요해지고 평화로와진다.[5)]

**요가수트라**가 추천하는 효과적인 또 다른 테크닉은 삶을 통해 엄청난 고통(두카)을 경험하고 그것을 극복한 사람들을 찾아내는 것이다.[6)] 그런 사람들과 이야기를 나누거나 그들이 저술한 책을 읽음으로써 우리는 그들이 자신의 문제를 어떻게 극복했는지 알 수 있는데, 이는 우리 자신의 문제에 대한 해결책을 발견하는 데 도움을 준다. 인도에 있는 많은 사원은 각각 그것이 왜 지어졌는지, 어떤 전통을 따르는지에 관한 특유의 이야기를 담고 있다. 사원 앞에 서서 조각상, 사

2) 요가수트라 1. 32.
3) 요가수트라 1. 34.
4) 요가수트라 1. 35.
5) 요가수트라 1. 36.
6) 요가수트라 1. 37.

용된 상징, 그것을 세운 사람들의 의미를 숙고하고 탐색할 수 있으며, 이렇게 할 때 우리는 매우 감동적인 이야기를 발견할 수 있다. 특정 상징이 무엇을 의미하는지, 우리에게 어떤 진정한 의미를 띠는지 점차 이해하게 된다. 그런 것들을 발견할 수 있도록 스스로를 더 많이 허용할수록 마음은 더 자유로워진다.

혼란과 동요가 일어날 때 우리 자신 안에서 그 원인을 찾는 것은 도움이 된다. 끊임없이 일어나면서, 그럼으로써 우리에게 매우 친숙할 수 있는 무언가임에도 불구하고 실제로 우리는 그것을 거의 알지 못할 수도 있다. 우리는 또한 꿈이 어디에서 오고, 꿈의 저변에 깔린 의미가 무엇인지, 또는 잠의 정체는 무엇인지, 깨어나면 무슨 일이 일어나는지 우리 스스로에게 질문을 던질 수 있다. 꿈 없는 깊은 잠에서는 어린아이가 되는 동시에 푸루샤인 우리는 아버지 이슈바라 무릎에서 잠을 자고 있다고 사람들은 말한다. 따라서 깊은 수면을 탐색하는 것은 이런 상태에 대해 더 잘 배울 수 있게 도움을 줄 뿐만 아니라 웰빙과 평화로운 느낌에도 기여한다. 삶 자체의 지속을 가능하게 만드는 것은 무엇일까에 대해서도 숙고할 수 있다. 이런 것들을 조용하게 탐구하는 것은 마음이 더 고요해지는 데 도움을 줄 수 있다.[7)]

그러나 지금까지 언급한 제안들 중 당신에게 전혀 다가오는 것이 없다면 당신은 무엇을 할 것인가? 시각 대상을 활용한 형태에 관한 명상을 시도할 수 있다. 예컨대, 무언가를 심상화한 후 그것이 당신에게 어떤 의미인지 성찰할 수 있다. 마음의 눈으로 특정 신을 심상화할 때, 그 전통을 따를 경우 신의 이름을 보통 108번 또는 1008번 암송한다. 우리는 특정 신과 연관된 아이디어와 개념에 잠긴다. 위대한 시인들이 쓴 신에 관한 시를 읽거나 신의 이름을 반복해서 부르기도 한다. 이런 종류의 명상은 마음이 더 조용하고 투명해지도록 도우며 디야나, 즉 에고와 명상 대상이 합일하기 위한 준비가 된다. 여기에서는 신에게 주의를 두는 것 외에는 아무것도 하지 않는다.

이 테크닉을 시도할 경우 당신은 주의를 더 산만하게 만드는 게 아니라 당신

---

7) 요가수트라 1. 38.

의 마음과 영혼에 평화를 실제로 가져올 수 있는 대상을 활용하고 있다는 것을 확신해야만 한다. **요가수트라**에는 우리가 좋아하는 어떤 대상에 대해서도 명상할 수 있다고 언급하는 구절이 있다.[8] 그러나 명상 대상을 선택할 때 우리를 즐겁게 하고 고요하게 만드는 대상을 찾아야 한다는 사실을 명심해야 한다.

## 이슈바라프라니다나

더 명료해지는 길에 놓인 장애물을 제거하기 위한 가장 중요한 방법은 이슈바라에게 순종하는 이슈바라프라니다나다.[9] 이슈바라프라니다나 개념은 우리보다 더 높은 영적 존재가 있다는 믿음에서 나왔다. 우리는 우리 자신을 이 높은 존재에게 맡기고 그 존재가 우리를 도울 것이라고 믿는다. 우리가 하는 노력의 모든 결실을 이 존재에게 바치는 것이다.

이슈바라란 무엇인가? 내가 이미 언급한 바와 같이 그것은 최상의 신성한 존재를 기술하는 이름이자 개념이다. 이슈바라는 물질적 세상(프라크리티)이나 우리 안에 존재하는 보는 자(푸루샤)에 속하지 않으며, 이런 성질과는 구별된다. 이슈바라는 모든 사물을 있는 그대로 보며 그의 행위는 완전하고 전지(全知)할 뿐 아니라 최초의 스승, 도움과 지원의 원천이다. 이슈바라는 우리와는 달리 아비디아(무지)의 영향을 받지 않는다. 그는 아비디아와 친숙하지만 아비디아의 영향을 받지 않는데, 이런 이유로 그는 결코 잘못된 행동을 하지 않고, 잘못된 행동을 해 본 적도 없으며, 앞으로도 하지 않을 것이다. 그는 우리와는 달리 아비디아의 장막에 덮인 적이 없는데 이 때문에 그는 우리가 볼 수 없는 것을 볼 수 있다. 그가 우리를 안내하고 이끌 수 있는 건 이런 이유 때문이다.

이슈바라는 부정적인 결과나 후회할 수 있는 결과가 내포된 일을 하지 않는다. 그는 행위가 새로운 조건화를 야기하고, 이는 또 부정적인 효과로 이어지는

---

8) 요가수트라 1. 39.
9) 요가수트라 1. 23.

행동의 악순환을 초월하고 있다. 이슈바라는 우리의 푸루샤와 마찬가지로 보는데, 그것은 그가 가진 가장 위대한 성질 중 하나다. 이 때문에 **요가수트라**는 그를 하나의 푸루샤로 그러나 매우 특별한 푸루샤, 즉 **비세샤 푸루샤**(viśeṣa puruṣa)라고 부른다. **비세샤**라는 말은 '탁월한'이라는 뜻이다. 이슈바라는 아비디아에 종속되지 않을 뿐 아니라 후회를 일으킬 수 있는 부정적인 행위를 전혀 알지 못하며 두카, 즉 고통에 취약하지 않다는 의미에서 탁월하다. 이 때문에 그는 모든 것을 알고 이해하는 탁월한 능력을 가졌다. 요가는 이런 특별한 자질을 설명하기 위해 **사르바즈냐**(sarvajña)라는 단어를 사용한다. **사르바**(sarva)는 '모든 것'을 의미하고, **즈냐**(jña)는 '알고 있다'로 번역된다. 이슈바라는 모든 것을 알고 있으며, 모든 수준에서 언제나 일체를 알고 있다. 그만이 홀로 이런 자질을 갖고 있는데 반해, 인간으로서의 우리는 그렇지 못하다. 그런 이유로 그는 위대한 스승, 구루로 존경받는 마스터다. 파탄잘리는 이슈바라를 최초의 구루로 부른다. 그는 다른 모든 스승을 능가하는 스승이다. 그에게 바치는 존경은 그가 일체를 알고 있다는 것과 관련된다. 그에게 청하는 사람은 누구나 이렇게 말한다. "알고 계신 당신이여, 당신의 지식을 나와 함께 나누소서!"

요가는 이슈바라를 특정한 형상으로 설명하지 않는다. 이 존재와 관계를 맺고 싶으면 그를 표현하는 특별한 상징을 사용한다. 이 상징은 **옴** 소리지만 파탄잘리 **요가수트라**에서는 **옴**에 관한 언급을 전혀 찾을 수 없을 것이다. 대신에 **프라나바**[10)]라는 용어를 발견할 수 있는데, 이는 동일한 의미를 띠고 있다.

**옴**을 더 많이 암송하고 이와 동시에 **옴**이 이슈바라를 의미한다는 것을 명심할수록 우리는 이슈바라를 더 잘 알게 된다. **옴**을 암송하는 과정에서 마음은 이 소리 상징과 이슈바라 개념 속으로 녹아든다. 그럴 경우 고요해지면서 요가의 길에서 또 한 걸음 내딛는 순간이 찾아올 것이다.

이슈바라와 우리는 어떤 관계가 있을까? 우리는 그를 위대한 스승으로 받아들이며, 그가 그렇게 할 수 있다는 사실을 알고 있기 때문에 그에게 도움을 요청

---

10) 역자 주. '옴' 음절을 온카라(onkara), 옴카라(omkara), 프라나바(pranava)라고 한다.

한다. 이슈바라에게 도움을 청하는 것을 이슈바라프라니다나라고 한다. 이슈바라에게 순복하는 일은 우리 여정에서 만날 수 있는 장애물을 극복하기 위해 파탄잘리가 제안하는 한 가지 방법이다.[11)]

불행히도 이슈바라를 의미하는 영어 단어를 찾을 수 없지만 아마도 신 또는 신성한 힘이 그 단어에 해당할 것이다. 중요한 건 이 높은 존재에게 순복하는 것은 우리 자신보다 높은 무언가가 존재하고, 우리가 신뢰할 수 있는 무언가가 존재한다는 믿음의 표현이라는 점이다. 이런 존재에 대한 신앙을 갖고 그에게 우리의 모든 노력을 헌신하면 길을 따라서 진전을 이룰 수 있다.

많은 사람에게 이슈바라프라니다나는 무의미하다. 그런 사람들에게는 장애물을 극복할 다른 방법을 찾는 것이 더 중요하다. 항상 중요한 건 처음에는 움직일 방법이 도무지 보이지 않는 상황에서 무언가를 강제로 시도하지 않는다는 점이다. 그저 우리 자신을 위해서, 마음을 위해서 공간을 만들어야 한다. 이슈바라프라니다나를 통해서건, 호흡 기법의 도움을 받아서건, 스승에게 접근하거나 우리의 감각을 탐색하건, 마음속에 혼란이 생길 때마다 공간을 만들기 위해 애써야 한다. 어려운 상황에서 빠져나올 수 있는 가능성은 수없이 많다. 우리가 만나는 장애물들을 극복할 방법과 수단을 항상 발견할 수 있다. 요가는 폭넓게 개방되어 있으므로 다양한 접근이 가능하다.

## 이슈바라와 옴 소리

이슈바라에게 요청하기 위해 들을 수 있는 상징인 **옴**을 선택하는 이유는 실로 흥미롭다. **옴** 소리로 우리는 온갖 것을 말할 수 있다.

산스크리트어로 쓰인 **옴**을 분석하면 그것이 A, U, M과의 공명을 표현하는 상징으로 되어 있다는 사실을 알게 된다. 따라서 **옴**에는 네 가지 측면이 있다.

---

11) 요가수트라 1. 23-29.

**[그림 14-1]**
옴의 산스크리트 상징

첫째, A로 배에서 나오는 소리는 열린 목구멍에서 형성되며 입을 연 상태에서 소리를 낸다. 많은 알파벳과 마찬가지로 A는 산스크리트 알파벳에서 첫 번째 글자에 해당한다. 둘째, U는 입 중간에서 형성되는 소리로서 A 소리에서처럼 입이 벌어지지는 않는다. 셋째, M에서는 입이 닫힌다. 넷째, 소리는 비강 통로로 올라가며 거기에서 공명이 일어난다.

U는 지속성과 연결성을 의미하며, M은 산스크리트 알파벳의 마지막 자음이다. 따라서 A에서 U를 거쳐 M으로 가는 것은 문자와 단어로 표현될 수 있는 전부를 나타낸다. 말로 표현될 수 있는 온갖 것이 이슈바라다. A 소리를 내려면 입을 열어야만 하는데 그것은 창조의 과정을 의미한다. 창조의 연속성을 상징하는 U는 스스로를 끊임없이 새롭게 만든다. 마지막과 해체를 상징하는 M 다음에는 소리가 잠시 지속된다. 알파벳에서 이 소리는 그것을 표현할 수 있는 어떤 상징도 없다. 따라서 이슈바라는 말로 표현될 수 있는 동시에 말로 표현될 수 없다고 말할 수 있다. 이것이 **옴**의 완전한 의미다.

우파니샤드에서는 A는 깨어 있는 상태, U는 꿈꾸는 상태, M은 꿈 없는 깊은 수면 상태를 나타낸다고 말한다. M 후에 공명하면서 나는 소리인 네 번째 상태가 사마디다. 이런 유사성은 네 가지 모든 상태의 배경에 있는 자, 실로 깨어 있는 유일한 자인 이슈바라를 가리킨다. 이 모든 상태에 존재하는 유일자, 결코 잠자지 않고 꿈꾸지 않는 유일자, 항상 깨어 있으면서 항상 지켜보는 유일자, 일체를 알면서도 그럼에도 불구하고 일체를 초월한 유일자가 존재한다. 마음속으로 이런 생각을 하면서 **옴**을 반복한다면 점차 이슈바라에 몰입하게 되고 마음은 이슈바라에 흠뻑 젖어 무척 고요해질 것이다. 그렇게 되면 다시 나만의 길을 갈 수 있다. 이런 이유로 이슈바라프라니다나는 삶에서 우리가 앞으로 전진할 때 만나는 장애물을 몰아낼 수 있는 가장 강력한 방법 중 하나다.

## 이슈바라에 대한 그 밖의 생각

**질문:** 내가 **옴**을 챈팅하려 할 때 이슈바라가 무엇인지 생각해야만 되나요?

**대답:** **옴**이라고 말할 때마다 우리는 이슈바라를 의미하고 있습니다. 이슈바라는 아비디아를 초월하고 있으며, 일체를 알아왔고 알고 있으며 앞으로도 항상 알게 될 유일자입니다. 그러므로 이슈바라가 우리를 인도할 수 있으며 이로써 우리가 더 좋아질 수 있다고 가정합니다. **옴**을 말하는 것은 실제로 명상의 한 형태로서 여기에서 명상 대상은 이슈바라라는 이름을 가진 하나의 개념입니다. 이슈바라는 우리가 상상할 수 있고 자연스럽게 일어나는 일체 형상을 초월하기 때문에 우리는 그에 대한 상징이 필요한데 **옴**은 그런 상징입니다. **옴**을 말할 때 그것은 이슈바라를 나타내는 청각 표상이 됩니다. 이 소리를 챈팅할 때마다 그것이 진정 무엇을 의미하는지 생각할 시간을 마음에 주어야만 합니다.

소리의 반복(japa, 자파)과 의미가 **옴** 속에 존재해야만 합니다. 그렇지 않으면 반복이 기계적으로 변할 위험이 있습니다. 만트라를 앵무새처럼 반복한다면 아무것도 얻지 못할 겁니다. **옴**의 의미는 중요한데, 왜냐하면 우리가 그것을 더 깊이 들여다볼수록 그 속을 더 많이 볼 수 있기 때문입니다. 각각의 새로운 발견은 또 다른 발견으로 이끌 것입니다.

**질문:** **옴**은 힌두 상징인가요?

**대답:** 네, 그렇습니다. 그러나 힌두 **옴**을 요가 **옴**과 똑같이 사용하지는 않습니다. 우리는 두 가지를 혼동하지 말아야 합니다. 이야기를 하나 들려드리지요. 몇 년 전 나는 요가에 관해서 열린 큰 규모의 국제 콘퍼런스에 초

대를 받은 적이 있습니다. 첫날 무슬림 요가 교사가 나에게 콘퍼런스 책자를 보여 주었습니다. 표지에는 힌두 상징인 **옴**이 있었고, 책자를 뒤집어 보니 뒷면에도 똑같은 상징이 있었습니다. 나는 책자를 열어 보았으며 다양한 활동과 행사에 대한 발표를 구분하는 매 페이지마다 똑같은 **옴**이 로고로 사용된다는 사실을 알았습니다. 앞뒤에 힌두 **옴**이 커다랗게 프린트된 티셔츠를 수많은 사람이 입고 있었습니다. 나는 얼마나 많은 사람이 똑같은 상징이 새겨진 펜던트를 달고 있는지 몰랐습니다. **옴**이라는 이름의 개도 있더군요!

도처에 힌두 **옴**이 이렇듯 전시된 것의 의미를 내게 묻는 인도를 잘 아는 교사 때문에 매우 당황했음을 인정해야겠습니다. 우리에게 **옴**은 유용한 장치나 장식이 아닙니다. 우리는 신중하면서도 존경심을 갖고 그것을 봅니다.

나는 콘퍼런스 회장에게 그 상징의 남용에 대해 강의를 해 보겠다고 제안했습니다. 나는 그 상징이 우리에게 갖는 가치를 설명했으며, 우리가 배웠던 **옴**에 대한 엄청난 존경과 배려에 대해 이야기했습니다. 나는 또한 이 상징은 요가에만 속하지 않는다는 점을 이해시키려고 노력하면서, 이것이 이 콘퍼런스에서 사용된 방식에 약간의 실수가 있다고 말했습니다. 순진하게도 나는 청중이 이런 점들을 존중할 것이라고 믿었지만, 실제로 일부 사람들은 펜던트와 티셔츠에 너무나 집착한 나머지 내가 끼어든 점에 대해 크게 화를 냈습니다.

이 이야기는 요가지도자들 사이에서조차도 힌두이즘과 요가 사이에 존재하는 혼동을 예시하고 있다고 생각합니다. **옴** 상징은 불교도인들과 자이니즘 전통에도 속합니다. 오로지 힌두이즘에만 속한 게 아니죠. 그것을 고의로 남용하는 것은 이 모든 집단에게 결례를 범하는 일입니다.

**질문:** 보호해 주는 이슈바라의 안내에 헌신할 경우 나의 푸루샤는 무슨 일을 하나요? 푸루샤가 주인이라는 당신의 말을 어떻게 이해해야 하나요?

**대답:** 당신에게 문제가 생겼고 특정 장애물을 극복할 수 없는 경우 푸루샤는 단연코 아무 책임이 없습니다. 그래서 당신은 또 다른 주인에게 자신을 맡깁니다. 잠시 수련에 문제가 생긴 상황을 생각해 보세요. 당신에게는 도움이 필요한데 어떤 도움이 필요할까요? 도움의 형태가 어떻든 거기에는 한 가지 목표가 있습니다. 즉, 평정심을 회복하고 마음에 투명성을 가져오는 것이지요. 마음이 조금 고요해지면 당신은 다시 움직이기 시작합니다. 당신을 밀어 줄 누군가가 필요치 않은 거지요. 꼼짝하지 못하는 순간에는 약간의 프라나야마를 시도하거나 아사나를 조금 할 수 있습니다. 그것으로 충분할 수 있지요. 요가는 당신에게 많은 가능성을 제공합니다만 그중 최고는 이슈바라에 대한 헌신, 신앙 그리고 완전한 신뢰입니다.

상키아 철학과 요가가 푸루샤, 몸, 마음 간의 관계를 어떻게 보고 있는지를 설명했을 때, 최고의 실체는 푸루샤, 다음이 마음, 그다음이 감각, 몸이 맨 마지막이라고 했습니다. 삶의 여정에서 이런 관계는 점차 바뀌고 푸루샤가 맨 뒤로 밀려납니다. 마음이 푸루샤를 지배하고 감각이 마음을 지배하며 몸이 감각을 지배합니다. 그것이 우리 일상의 상황이지요. 요가의 목적은 이 과정을 되돌려서 푸루샤가 실제로 차지해야 할 위치로 회복시키는 데 있습니다. 인간의 진정한 성질은 지각할 수 있는 능력을 가진 무언가에 의해 안내를 받을 수 있다는 것인데 그 무언가가 우리의 푸루샤입니다. 푸루샤를 놓치고 있는 것은 물론이고 그것이 존재하는지조차 잊어버리는 것이 항상 문제입니다.

기계와 외부 세계가 우리를 완전히 통제합니다. 요가는 우리를 우리의 진정한 본성으로 회복시키는데, 거기에서 푸루샤는 마음, 감각, 몸이 따르는 주인입니다. 이 세 가지는 푸루샤 아래에 놓여 있으며 푸루샤를 위해 종사합니다.

**질문:** 이 모든 것이 푸루샤에 봉사하기 위한 것이라면, 그렇다면 푸루샤는 이

슈바라를 위해 봉사하나요?

**대답:** 요가에는 당신이 제기한 의문이 일어나지 않습니다. 푸루샤와 이슈바라는 주종 관계에 있지 않습니다. 내가 말하려는 건 이겁니다. 누군가가 자신을 개선시키려고 노력함에도 불구하고 갑자기 더 이상 진전을 이룰 수 없을 때 도움을 청하기 위해 여러 가지 원천과 테크닉에 의지할 수 있습니다. 이 중에서 가장 중요한 한 가지는 이슈바라의 안내에 의지하는 겁니다. 그렇게 함으로써 여지가 더 많아지며 마음이 만들어 낸 공간이 더 많아질 뿐만 아니라 마음은 더 깨끗해지며, 우리의 푸루샤가 진정한 역할을 하고 우리로 하여금 상황을 이해할 수 있도록 만들 수 있는 기회가 더 많이 생깁니다. 따라서 이슈바라프라니다나는 우리에게 도움이 될 수 있는데, 왜냐하면 오로지 이슈바라만이 현재도, 과거에도, 미래에도 항상 아비디아를 초월해 있기 때문입니다. 사태가 그런 겁니다. 이슈바라에 종사하기 위해 푸루샤가 있는지의 여부와는 아무 상관이 없습니다.

**질문:** 이슈바라에 대한 헌신이 장애물을 극복하는 최선의 방법이라고 말할 수 있나요?

**대답:** 그건 사람에 따라 다르지요. 어떤 사람이 어려움을 안고 나를 찾아왔는데 내가 즉시 "당신은 왜 기도하지 않습니까?"라고 묻는다면, 나는 그 사람에게 전혀 적절한 반응을 보이고 있지 않을 가능성이 매우 높습니다. 대다수 사람은 그와 같은 제안을 즉시 거절할 겁니다. 그들은 "기도하라고 하지 마세요! 내게는 기도할 시간이 없어요."라고 말할 겁니다. 나 자신도 예전에는 똑같았습니다. 아버지와 최초로 **요가수트라**를 배울 때 나는 아버지에게 "제발 저에게 이슈바라를 설교하지 마세요. 요가에 대해서 알고 싶은 것이지 기도하는 방법을 배우고 싶진 않습니다."라고 말한 적이 있습니다. 이제는 절대로 그런 말을 하지 않지만 내 모습은 항상 지금과 같지는 않았습니다.

앞에서 했던 말을 반복하겠습니다. 우리는 당시 그 사람이 수용할 수 있는 것만 가르쳐야 합니다. 그들에게 최선이라고 생각하는 것을 가르치는 게 아니랍니다. 어떤 사람들에게는 이슈바라 개념이 아무 의미도 없다는 사실을 존중하는 게 좋습니다. 요가를 처음 접할 때 예전의 나와 똑같은 태도를 가진 사람들과 수년 동안 상당히 많은 작업을 해 왔습니다. 그런 일이 어떻게 일어나는지 잘 모르겠습니다만, 시간이 지나면서 이슈바라 개념에 대한 그들의 태도는 거의 언제나 변했습니다. 일종의 존경이 개발되었고 그들은 우리보다 높은 존재를 점차 받아들이기 시작했습니다. 수련 초기에는 이것을 받아들일 수 없었지요. 배경이 꽤 다른 사람들에게도 이런 일이 일어났으며 이런 변화는 거의 언제나 일어났습니다. 요가 공부를 시작할 때는 이슈바라에 대한 헌신이 반드시 필요하지 않습니다. 요가에서는 개방적인 태도가 필수적입니다. 모든 것은 실재하지만 변하지 않는 건 하나도 없습니다. 그래서 나는 이슈바라에 대해 이야기할 준비가 되었을 때 그 개념을 언급합니다.

시르사사나
파리브리티
(śīrsāsana parivṛtti)를
실시하는 79세의
크리슈나마차리아

비바리타
코나사나 파리브리티
(viparīta koṇāsana
parivṛtti)를
실시하는 79세의
크리슈나마차리아

# 15

# 요가의 수많은 길

**요가는** 명료한 마음에 도달하기 위한 몇 가지 방법을 제공하며, 각각의 방법에는 고유한 강조점이 있다. **바가바드 기타** 하나만 보더라도 18가지 서로 다른 형태의 요가를 언급하고 있다. 나는 즈냐나 요가(jñana yoga), 박티 요가(bhakti yoga), 만트라 요가(mantra yoga), 라자 요가(rāja yoga), 카르마 요가(karma yoga), 크리야 요가(kriyā yoga), 탄트라 요가(tantra yoga), 쿤달리니 요가(kuṇḍalinī yoga), 하타요가(haṭha yoga)라는 9가지 요가를 논할 것이다.

## 즈냐나 요가

**즈냐나**란 '지식'을 뜻하며, 즈냐나 요가는 진정한 지식에의 추구를 말한다. 전통적으로 보면 이런 식의 추구는 고대의 요가 경전을 학생들에게 설명하는 스승의 말을 듣는 데서부터 시작한다. 그다음으로 성찰, 다른 사람들과의 토론, 의심되는 지점들을 분명하게 하는 일들이 따라오는데, 이로써 점차 진리를 인식하고 진리와 합일된다.

즈냐나 요가 저변에 깔린 가정은 우리 내면에는 일체의 지식이 숨어 있으며 우리는 그것을 발견하기만 하면 된다는 것이다. **요가수트라**는 마음이 아비디아의 속박으로부터 벗어나는 순간 즈냐나가 저절로 일어난다고 말한다. 그전에는 잠겨 있으므로 즈냐나로의 접근이 불가능하다. 진정한 이해가 일어나는 이런 상태가 다름 아닌 사마디이며, 디야나는 사마디에 이르는 길이다.

## 박티 요가

**박티**라는 말은 '봉사하다'라는 뜻을 가진 **바즈**(bhaj)라는 어근에서 파생되었지만, 사람에게 봉사한다는 뜻이기보다는 우리 자신보다 더 큰 힘에 봉사한다는 뜻이다. 이것은 이슈바라프라니다나 수련과 연결 지어 논의된다.

어떤 수단을 쓰건 박티 요가에서 우리는 신성한 존재에게 봉사하는데, 그 존재는 도움을 주고 안내하는 궁극의 원천이다. 박티 요가를 따를 때 우리는 일체의 생각과 행위를 이 높은 힘에 바친다. 우리가 보는 일체의 사물에서, 다른 모든 사람에게서 우리는 신, 즉 진리를 인식한다. 우리는 신께 봉사한다는 확신을 갖고 행동한다. 우리 안에 계신 신의 이름을 항상 간직하고 신에 대해 명상한다. 우리는 그의 사원으로 들어가며 그에게 완전히 헌신한다. 이것이 박티 요가다.

## 만트라 요가

만트라는 '람'처럼 하나의 음절, 몇 개의 음절 또는 시(詩) 전체일 수 있다. 가장 자주 쓰는 만트라 정의 중 하나는 그것을 받은 사람을 보호하는 것이다. 책에서 발견하거나 어딘가에서 살 수 있는 그 무엇이 아니다.

전통적으로는 제자가 무엇을 원하는지 스승이 정확하게 알 때 스승이 제자에게 만트라를 주는데, 이 과정은 수년이 걸릴 수 있다. 다른 방식으로 주어지는 만트라는 처음에는 어떤 결과를 보일 수는 있겠지만 오래가지는 못할 것이다. 만트라는 그것이 주어지는 방식, 함께 조합되는 방식을 통해 특별한 의미와 힘을 갖는다. 현실적인 것이든 상상의 것이든 종종 특별한 심상이 주어지는데, 이 심상은 그 만트라와 연결되어 있어 그 단어들을 반복할 때 심상화가 일어난다. 그 의미를 의식하고 우리가 배운 만트라를 반복하면서 한참 동안 수련을 유지한다면 만트라 요가는 즈냐나 요가나 박티 요가와 똑같은 효과를 낼 수 있다.

## 라자 요가

**라자**라는 말은 '왕'으로 번역되며, 라자 요가의 맥락에서 볼 때 그것은 항상 깨달음의 상태에 있는 왕을 말한다. 왕은 보통 자신에 대한 우리의 생각 이상으로 우리 안에 존재하는 무언가를 가리킨다. 라자는 또한 박티 요가와 관련시켜 언급되는 신성한 존재나 힘을 지칭하기도 한다.

이슈바라 존재를 수용하는 방법을 종종 라자 요가로 설명하기도 한다. 이 점에서 신이나 이슈바라는 라자라는 단어로 지칭되는 왕이다. 베다에서는 이슈바라와 연관되어 **라자**라는 단어를 수없이 많이 사용하고 있다.

이슈바라와 연결 짓고 싶지 않은 사람들을 위해 라자 요가를 달리 정의할 수 있다. 우리 각자의 내면에는 왕이 있다고 말할 수 있는데, 우리는 이 개념을 푸루샤로 이해하고 있다. 이런 푸루샤 또는 내면의 왕은 보통 우리의 일상 행위에 감춰져 있다. 이것은 감각적 인상, 기억, 공상에 의해 이리저리 움직이는 마음의 작용으로 말미암아 덮여 있다. 우리의 푸루샤를 숨기는 것은 물론 아비디아지만 대다수 사람은 푸루샤 존재를 의식하지 못한다. 이런 과정이 역전되어 마음이 감각의 주인으로 행세하면 우리는 투명성과 고요를 발견하며 푸루샤는 자신이 마땅히 차지해야 할 자리를 차지할 수 있다.

푸루샤가 왕이건 이슈바라가 왕이건 간에 라자 요가는 왕이 자신의 자리를 차지하는 요가를 말한다. **요가수트라**는 말하길 마음이 더 이상 동요하지 않으면 푸루샤가 전개되고 드디어 푸루샤가 볼 수 있는데, 이것이 바로 라자 요가다.

## 카르마 요가

행위를 카르마라고 한다. 카르마 요가를 중심에 두는 **바가바드 기타**는 살아가면서 우리는 행위할 수밖에 없지만 행위의 결과로 인해 영향을 받아서는 안 된다고 언급하고 있다. 우리 노력의 결실이 기대에 어긋난다고 해서 실망해서는 안 되는데 종종 노력 자체가 불완전하기 때문이다. 실제로 어떤 기대를 갖고 행위를 결정해서는 안 되는데 행동의 결과를 결코 확신할 수 없기 때문이다. 또한 사태가 잘 풀려도 그 공로를 가로채서는 안 되는데, 실패에 대한 책임이 우리에게 없는 것처럼 성공에 대해서도 개인적인 책임이 없기 때문이다. 내일은 사태를 다른 각도에서 볼 수 있다. 행위를 통해서 스스로 참여해야 하지만 나머지는 신께 맡기고 아무런 기대도 하지 말아야 한다. **바가바드 기타**는 카르마 요가를 이렇게 설명하고 있으며, 이런 식의 정의는 **요가수트라** 2장에서 언급하는 이슈바라프라니다나의 정의이기도 하다.[1]

## 크리야 요가

크리야 요가를 어떻게 정의할지와 관련해서는 각양각색의 아이디어가 있다. **요가수트라**는 크리야 요가를 요가로 알려진 수련 전체 스펙트럼으로 설명하고 있다. 우리가 실제로 수련할 수 있는 모든 것이 크리야 요가지만 **요가수트라**는 크리야 요가를 총체적으로 정의하는 세 가지 측면을 부각시켜 각각에 타파스,

---

1) 요가수트라 2.1에 관한 브야샤의 주석을 기억해 보자. 여기에서 그는 "이슈바라프라니다나는 일체 행위를 신께 바치거나 일체 행위의 결실을 바라는 욕망을 포기하는 것"이라고 하였다.

스바디야야, 이슈바라프라니다나라는 명칭을 붙였다.[2)]

타파스란 육체적이고 정신적인 장애물과 긴장을 제거하는 데 도움을 줄 수 있는 아사나와 프라나야마 같은 훈련을 말한다. 스바디야야란 찾고 질문을 던지면서 우리 스스로를 들여다보는 걸 의미한다. 이슈바라프라니다나란 앞에서 설명한 바와 같이 동기가 결과에 따라 결정되지 않는 행위를 말한다. 우리 수련에서 이 세 가지 측면이 함께 연결될 때 크리야 요가의 길에 들어선 것이다.

## 하타요가, 쿤달리니 요가, 탄트라 요가

하타, 쿤달리니, 탄트라 요가를 이해하고 싶다면 세 가지 모두에 공통된 핵심인 쿤달리니 개념을 자세하게 살펴보아야 한다. 쿤달리니에 관해 말하는 온갖 유형의 요가가 공유하는 근본 생각은 신체에는 프라나가 출입하는 통로나 나디(nāḍī)가 존재한다는 것이다. 나디의 수는 많지만 쿤달리니 맥락에서는 가장 중요한 세 개의 나디, 즉 이다(iḍā), 핑갈라(piṅgalā), 수슘나(suṣumṇā)만 고려할 필요가 있으며, 이 세 가지는 모두 척추를 따라 배열되어 있다. 수슘나는 척추를 따라 똑바로 흐르지만 이다와 핑갈라는 척추와 등을 따라 몇 차례 교차한다. 이다 나디는 왼쪽 콧구멍을, 핑갈라 나디는 오른쪽 콧구멍을 통과한다. 양쪽은 **하**(ha)와 **타**(ṭha)라는 이름을 갖고 있으며 두 음절이 결합되어 **하타**(haṭha)가 된다. 하는 이다와 달(**찬드라**, candra)의 서늘한 에너지를 나타내는 반면, 타는 핑갈라와 해(**수리야**, sūrya)의 뜨거운 에너지를 나타낸다. 나디는 차크라(cakra)로 인식되고 있는 여섯 개 신체 부위에서 서로 만난다. [그림 15-1]은 척추 중심축을 따라 놓인 차크라 위치를 보여 준다. 눈썹 사이에 하나, 목, 가슴 부위, 배꼽, 몸통 기저부 바로 위, 척추 기저부에 각각 하나씩 존재한다.

이상적인 경우 프라나는 이 모든 통로를 따라서 방해받지 않고 흐르지만, 불

---

2) 요가수트라 2. 1.

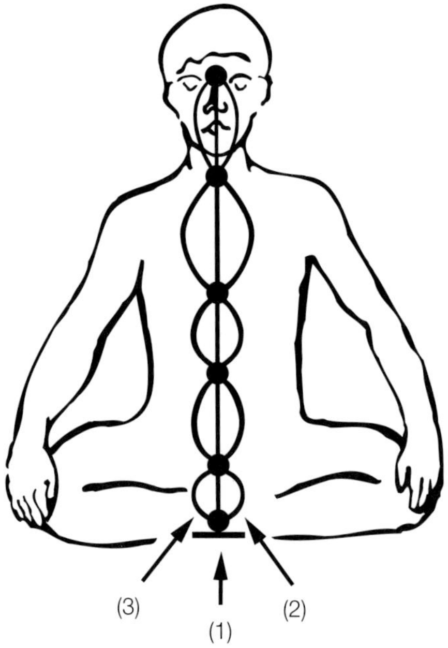


**[그림 15-1]**
수슘나(1), 이다(2), 핑갈라(3) 나디의 위치와 차크라로 알려진 이들 나디의 여섯 개 교차점

순물과 쓰레기로 통로가 막히지 않을 때만 이런 일이 일어난다. 프라나는 보통 수슘나에 도달할 수 없고 오로지 이다(하)와 핑갈라(타)를 통해서만 흐르고, 그 지점에서도 종종 프라나가 흐르는 양이 충분치 않다. 프라나가 수슘나 나디에 들어갈 수 있으면 하와 타 프라나가 결합되는데(이것이 요가의 의미다), 이런 이유로 거기에 도달하는 과정을 하타요가로 부르는 것이다.

수슘나 또는 중심 나디는 프라나를 위한 이상적인 통로다. 프라나가 이 중심 통로를 통해 흐르면 몸에 프라나가 상당히 축적되어 그 효과가 온몸에 이상적으로 퍼질 수 있다. 프라나가 전혀 몸 밖으로 흩어지지 않는 것이다. 프라나야마의 목적과 효과에 관해 설명할 때, 나는 프라나가 몸에서 새어 나가는 상태가 곧 아비디아가 우세한 상태라고 설명한 바 있다. 따라서 프라나가 몸 어디에서 어떻게 흐르는가는 우리 마음 상태에 직접적으로 영향을 준다. 나디에 프라나를 충분히 보유할 수 없을 때 막힘이 생겨 그 흐름이 방해를 받으며, 프라나가 올바른 방향으로 지속적으로 흐를 수 없는 경우에는 프라나가 몸 밖으로 흩어지고, 그 결과 마음은 어두워지고 갈피를 잡지 못한다. 이와는 반대로 프라나가 몸에

축적되면 내적 평화와 더불어 진정한 이해가 생긴다. 보통은 프라나가 수슘나로 자유롭게 흐를 수 없는데 무언가가 통로를 막고 있기 때문이다. 똬리를 틀고 있는 뱀으로 나타나는 쿤달리니는 이런 막힘의 상징이다.

부정확한 정의가 수없이 많아 쿤달리니 개념은 오히려 혼란을 일으키고 있으며, **하타요가 프라디피카** 같은 경전마저도 여기에 대해 모순되게 설명하고 있다. 다음의 정의는 내 생각에 이 주제에 관한 최선의, 가장 선명한 그리고 가장 일관성 있는 경전인 **요가 야즈나발키야**에서 나온 내용이다. 거기에서는 쿤달리니를 분명 일종의 장애물로 정의하고 있다. 이 경전에 따르면, 요가수련을 실시하는 중에 어떤 단계에서 수슘나로 들어가는 것은 쿤달리니 자체가 아니라 프라나일 뿐이다. 많은 책은 쿤달리니가 수슘나를 통해 상승한다고 말하지만 요가에서 이 측면을 다루는 가장 오래된 경전에 속하는 **요가 야즈나발키야**에 따르면, 이런 식으로 이해하면 전혀 의미가 통하지 않는다는 것이다. 이 경전의 중심 개념은 프라나 및 프라나가 몸에서 취하는 여러 형상은 요가수련과 연결되어 있는 것이며, 이 경전은 수련에 성공할 경우 쿤달리니가 타 버려 프라나를 위해 길이 열린다고 설명하고 있다.[3)]

똬리를 튼 상태로 누워 있는 동안 죽음을 맞이한 뱀이 펼쳐져 밖으로 뻗어나가면 근육은 뱀을 더 이상 감긴 상태로 둘 수 없다. 몸속의 불 아그니가 뱀을 죽이면 쿤달리니가 풀려서 프라나가 흐르는 통로가 열린다고 경전은 말하고 있다. 이런 일은 하룻밤 사이에 일어나지는 않는다. 쿤달리니가 일부 파괴되어도 수슘나가 오랫동안 막혀 있을 수 있다.

이런 이미지를 주의 깊게 살펴보면, 쿤달리니란 우리가 아비디아로 부른 것을 묘사하는 또 다른 방법이라는 사실이 분명해진다. 아비디아가 매우 강력해서 푸루샤를 볼 수 없게 방해하는 것과 마찬가지로 쿤달리니로 인해 프라나가 막혀 수슘나를 통해 프라나가 흐르지 못하게 방해한다. 쿤달리니가 타 버리는 순간 아비디아는 더 이상 존재하지 못한다. 그때서야 프라나가 수슘나로 들어

---

3) 요가 야즈나발키야 12. 11-12, 16.

가 위로 천천히 이동할 수 있다. 하타요가를 라자 요가의 일부로 이해할 수 있는데, 이때 라자 요가는 푸루샤의 친구인 프라나가 점차 위로 상승하는 과정으로 정의된다. 프라나가 꼭대기에 도달하면 푸루샤가 전개되며 이로써 우리 안의 왕이 나타나는 것이다. 쿤달리니 개념을 주로 강조할 경우 그 수련을 쿤달리니 요가라고 한다. 하와 타의 구분을 없애는데 수련의 초점이 있으므로 하타요가라는 명칭이 나왔다.

마지막으로 탄트라 요가라는 용어는 쿤달리니에 근거를 둔 요가수련을 설명하는 데 사용된다. 탄트라 요가에서의 강조점은 보통은 낭비되는 특정 에너지를 프라나의 길을 막고 있는 장애물을 해소하는 쪽으로 방향을 돌리는 데 있다. 탄트라 요가수련은 독특한데, 실로 **탄트라**라는 말은 긍정적인 의미에서 '테크닉'으로 번역되며 특정한 기술이나 술책을 의미한다. 탄트라 요가에서는 신체에 초점을 두며 신체와 세상의 다른 측면 그리고 우주 간의 광범위한 연결 및 관계에 초점을 둔다.

## 쿤달리니에 대한 그 밖의 생각

**질문:** 쿤달리니가 해방되는 순간 강력한 전기쇼크가 전선줄을 통해 흐르는 것처럼 느낀다는 내용을 읽은 적이 있습니다. 그 책은 또한 그 전류가 흐를 수 있도록 전선줄이 충분히 강하지 않으면 전선줄이 타 버릴 거라고도 했습니다. 이런 일에는 위험이 따르기 때문에 거기에 대비해야만 한다는 거지요. 여기에 대해 당신은 어떻게 생각하나요?

**대답:** 쿤달리니를 이렇게 설명하는 이유는 쿤달리니가 상당한 신비와 미신에 둘러싸여 있기 때문이라고 생각합니다. 쿤달리니는 신비스럽게 보이는데 몸을 열어서 그 힘을 볼 수 없기 때문이지요. 그러나 우리가 이런 힘을 프라나와 연결시키면 더 이상 신비할 게 없어요. 이것이 **요가 야즈나 발키야** 같은 경전이 갖는 아름다움입니다. 프라나가 수슘나를 통해 상승

하는 경험에 대해서 **요가 야즈나발키야**는 지극히 간단하게 "한 개인이 자각할 수 있는 것을 어떻게 설명할 수 있을까?"라고 말하고 있습니다. 당신이 설명한 것과 같은 쇼크는 없습니다. 누군가가 진리를 봤다면, 그 사람이 이전에 어떤 사람이었는지를 보아야만 한다는 게 유일한 쇼크입니다. 천 볼트의 쇼크 같은 건 없습니다.

쿤달리니 상승을 이렇게 설명하는 방식은 좋은 비유라고 할 수 있지만 그것을 문자 그대로 받아들이는 건 무의미합니다. 우리를 진리로 이끌어 주는 에너지 힘이 쿤달리니라고 말한다면, 서로 나란히 존재하는 서로 다른 유형의 두 에너지, 즉 프라나와 쿤달리니가 있다는 것도 받아들여야 할 겁니다. 이런 생각들은 대부분 피상적이면서도 부정확한 번역이나 특정 경전에 있는 불분명한 구절을 설명하지 못하는 데서 발생합니다. 이런 이유로 인해 실제 경험과 더불어 기초가 단단한 지식을 풍부하게 지녔을 뿐만 아니라 그런 경전들이 기록된 언어인 산스크리트어에 상당히 능숙한 누군가가 이런 개념과 기법을 설명해야만 합니다.

**질문:** 쿤달리니를 조금씩 태운다면 더 많은 프라나가 수슘나로 들어가나요?

**대답:** 특정 경험을 설명하기 위해 이미지를 사용할 때는 너무 지나치지 않도록 주의를 기울여야만 합니다. 그것들은 이미지일 뿐 경험 자체는 아니라는 사실을 결코 잊어서는 안 됩니다. 그렇지만 당신은 그와 똑같이 상상할 수 있습니다. 때로 우리는 디야나나 사마디로 설명할 수 있는 마음 상태로 들어갑니다. 그런 다음에도 산만한 상태로 다시 돌아오지요. 마음에 평화와 투명성이 없다면 쿤달리니는 똬리를 튼 채 누워서 수슘나를 막습니다. 마음이 고요해지면 쿤달리니의 방해를 덜 받으며, 마음이 분명하게 보고 진정으로 이해하는 수준에서 작용하는 존재 상태를 경험할 겁니다. 그것이 실제로 의미하는 바는 수슘나에서 프라나가 더 높이 상승해서 이제 예전에는 막혔던 장소로 자유롭게 흐를 수 있다는 겁니다.

**질문**: 하타요가에 따르면, 반다의 사용이 쿤달리니를 움직이게 만드는 유일한 길인가요?

**대답**: 그렇지 않습니다. 예컨대, **하타요가 프라디피카**에 따르면 어떤 기법도 '유일하지' 않다는 사실을 발견할 겁니다. 다른 장들은 다양한 방법을 설명하고 있습니다. **게란다 상히타**(Gheraṇḍa Saṃhitā),[4] **시바 상히타**(Śiva Saṃhitā)[5] 그리고 그 밖의 다른 고전 경전들의 경우도 마찬가지입니다. 거기에는 서로 다른 방법들을 많이 제안하고 있습니다.

**질문**: 그렇다면 다른 종류의 요가에서도 쿤달리니 요가에서와 동일한 신체 경험을 할 수 있나요? 예컨대, 즈냐나 요가의 길을 따라 즈냐나 요가 수행자가 된 사람에게 아비디아가 사라지면 어떻게 되나요?

**대답**: 마음이 동요하면 즈냐나, 즉 지식이란 없습니다. 흔들리는 마음이 갖는 극도의 상태를 설명하는데 하와 타라는 용어를 사용합니다. 프라나가 오로지 하(이다)와 타(핑갈라)로만 흐르면 극단 사이를 이리저리 흔들리는 동요하는 마음이 됩니다. 반면에, 수슘나에 있는 프라나는 투명하면서도 고요한 마음을 나타내지요. 따라서 즈냐나 요가 수행자란 프라나가 수슘나로 흐르는 사람을 말합니다. 다른 사람의 경우에는 프라나 흐름은 매우 불완전한 방식으로 전개되며 두 개의 상반된 나디, 즉 하와 타에 여전히 제한되어 있습니다. 서로 다른 요가학파들이 똑같은 과정을 설명하는 방식 때문에 혼동해서는 안 됩니다. 이런 개념들 중 다수 개념을 **요가수트라**에서 매우 분명하면서도 명쾌하게 설명하고 있지만, 거기에서는 하도 타도 언급하지 않습니다. **요가수트라**는 이런 질문들을 근본적인 위치에서 고려하고 있어서 여러 다양한 개념 간에는 실제로 차이

---

4) 역자 주. 산스크리트어로 저술된 하타요가의 대표적인 경전 중 하나로서 17세기 후반의 동북 인도에서 탄생한 경전으로 알려져 있다. 게란다와 찬다 간의 대화체로 되어 있으며 7장과 351 경구로 구성되어 있다.

5) 역자 주. 14~17세기경 저술된 것으로 추정되는 하타요가에 관한 산스크리트 경전으로 저자는 알려져 있지 않다. 시바신과 그의 아내 파르바티 간의 대화로 되어 있으며 5개 장으로 구성되어 있다. 요가, 스승의 중요성, 다양한 아사나, 무드라, 초능력 등을 언급하고 있다.

가 거의 없다는 점을 우리에게 보여 줍니다. 일차적으로는 우리 마음 상태가 문제입니다. 마음에 무슨 일이 일어나는지, 변화를 야기하는 게 무엇인지 간에 그것은 인간 전체에 영향을 미치는데, 여기에는 신체와 신체 수준에서의 모든 경험이 포함됩니다. 이것이 요가수트라의 근거이며, 당신이 이 모든 것을 더 충분하게 이해하길 원한다면 **요가수트라**는 매우 위대한 안내서가 됩니다.

사람들은 종종 내가 아사나를 가르치는지 여부를 묻곤 하는데, 내가 "네."라고 대답하면 그들은 "오, 그렇다면 당신은 하타 요기네요!"라고 말합니다. 내가 **요가수트라**에 대해 말하면, 그들은 "오, 당신은 라자 요기군요!"라고 말합니다. 내가 베다를 암송한다고 말하면, "오, 그러면 당신은 만트라 요기군요!"라고 코멘트합니다. 내가 단순히 요가를 수련한다고 말하면, 그들은 나에 대해 무슨 말을 해야 할지 모르지요. 많은 사람은 모든 것에 그리고 모든 사람에게 딱지를 붙이고 싶어 합니다. 불행히도 이런 분류가 너무 중요해진 나머지 여러 형태의 요가 간에는 근본적인 차이가 있다는 인상을 줍니다. 그러나 실제로 그것들은 모두 동일한 것을 다루며 이를 다른 관점에서 바라볼 뿐입니다. 실제로 요가에서 어느 한 방향을 따라갈 수 있을 때까지 따라간다면 그것은 우리를 요가의 모든 길로 안내할 겁니다.

함께 챈팅하는 데시카차르,
그의 아내 메나카,
크리슈나마차리아 요가
만디람 책임자
찬드라샤카르

공부하는
데시카차르

마크 휘트웰과
데시카차르

물라반다아사나
(mūlabandhāsana)를
실시하는
크리슈나마차리아

# 제3부

# 파탄잘리 요가수트라

T. K. V. 데시카차르의
번역과 주석

데시카차르와 메나카

크리슈나마차리아
요가 만디람 뜰에
있는 파탄잘리 동상

# 서문

파탄잘리 **요가수트라**는 요가의 심장이다. **흐르다야**(hṛdaya), 즉 심장은 변하지 않는 것을 뜻하는데 파탄잘리는 자신의 **요가수트라**에서 요가에 영원한 정의와 형태를 부여하였다. 프라나가 없는 심장은 살아 있지 않으며 우리와는 아무런 관계가 없다. 데시카차르는 가르치는 관계가 **요가수트라**의 프라나 또는 생명이라고 설명한다. 스승은 삶에 심장을 부여한다. **요가수트라**는 제자에게 적합하며, 따라서 심장의 변용적 힘을 전달해 줄 수 있는 스승을 위한 강력한 도구다.

데시카차르는 다음 내용들이 소개일 뿐임을 강조하는데 **요가수트라**는 그 범위가 광대하기 때문이다. 크리슈나마차리아는 경전의 처음과 마지막 음절인 **아타**(atha)와 **이티**(iti)[1] 사이에는 바다가 존재한다고 말씀하셨다. 스승과 함께 경전을 공부하는 가운데 글에서 의미심장하며 강력한 통찰이 때로는 아주 예기치 않은 방식으로 튀어나오는 것 같다. 스승과 공부할 것을 권유하는데, 그 스승 또한 **타파스**(수련), **스바디야야**(자기이해), **이슈바라프라니다나**(순종)가 명료함을 주는 유능한 스승과 공부하고 수련했던 스승이면 좋다.

파탄잘리는 수트라(sūtra)로 알려진 형식으로 자신의 작업을 제시했는데, 여기에는 단어가 아주 적지만 그럼에도 불구하고 모호하지 않을 뿐만 아니라 에센스로 충만하고, 그 맥락이 보편적이면서도 긍정적이다. 경전은 스승, 가르침, 제자를 연결시킨다('실'이라는 의미의 **수트라**로 봉합하는 것이다). 요가 연구와 수련

1) 역자 주. 요가수트라의 1장 1절은 atha로 시작하고 마지막 구절인 4장 34절은 iti로 끝나므로 그 사이 요가수트라의 전체 내용을 지칭하고 있다.

이 발전함에 따라 경전이 주는 메시지는 더 깊은 공명을 일으키며, 관련성이 더 커지고, 더 많은 것을 드러낸다. 그것을 이해하기 위해서는 서두르거나 과도하게 노력해서는 안 되며 자연스럽게 일어나야만 한다.

파탄잘리가 누구인지는 확실치 않다. 우주 전체를 지탱하고 있는 아난타(Ananta)로 불리는 뱀의 신성한 화신으로 그를 생각하는 사람들도 있다. 그는 '신의 첫 번째 하인'인 아디세사(Adhiśeṣa)로 신과 매우 가까이 있으며 신의 가르침을 가장 잘 알고 있다. 우리는 파탄잘리가 요가 가르침의 원조는 아니지만 베다의 광대함으로부터 지식을 전수받았다고 추정한다. 그는 한 위대한 스승의 가르침을 받아 마음에 관한 베다의 모든 가르침을 확인했으며 그것들을 이렇듯 정확하고 체계화된 형태로 제시했다. **이슈바라**, **클레샤**, **카르마**, **구나스**, **푸루샤**, **사마디**, **싯디**, **카이발리야** 같은 요가 개념들은 모두 고대 우파니샤드에 서로 다른 형태로 포함되어 있다. 그러나 베다는 특정 순서로 제시되어 있지 않으므로 무언가를 일관된 방식으로 배우기 어렵다. 그러므로 파탄잘리가 베다로부터 요가의 가르침을 접근 가능한 형태로 체계화시킨 것은 엄청난 선물이 아닐 수 없다.

경전의 짧고 간결한 글과 의미 덕분에 수 세기에 걸쳐 스승으로부터 제자에게 요가에 대한 이해가 구전되는 것이 가능했다. 우리 시대에 크리슈나마차리아는 자신의 스승, 라마모한 브라흐마차리로부터 매우 실천적인 수준에서 이런 글귀들의 복잡함을 배울 수 있는 특권을 누렸다. 이와 마찬가지로 크리슈나마차리아와 함께한 데시카차르의 공부와 수련은 명징함과 더불어 모든 경구가 현재와 어떻게 관련이 있는지를 보여 준다. 크리슈나마차리아와 데시카차르는 영적이거나 철학적인 사색에는 관심이 없었다. 오히려 그들은 지성적인 엄격함과 기술적인 정의 그리고 개인이 두카(고통)를 줄일 수 있는 훈련을 요가로 가져왔다.

신 이외에는 아무것도 실재하지 않는다고 말하는 인도의 다른 철학 시스템과는 달리 파탄잘리의 입장은 한 개인의 경험에서 모든 것이 **사트**(sat), 즉 '진실' 또는 '실재'이며, 어떤 것도 거부될 수 없다는 것이다. 두카마저도 사트이며 부끄러워하거나 대항해서 반응할 그 무엇이 아니다. 모두가 두카를 겪고 있다. 그것은 우리 현실의 일부로서 그것을 인식할 경우에는 더 많은 명징함과 이해를 향해 우리를 일깨운다. 크리슈나마차리아는 "두카를 주신 신께 감사하라."고 말하곤 했는데, 그는 이것을 '수련을 향한 피할 수 없는 동기'라고 설명했다. 게다가 파탄잘리는 우리 경험에서 모든 것은 변하며 두카를 포함해서 고정된 조건은 없다는 점을 분명히 했다. 따라서 욕망이 존재하면 우리 스스로를 위해 긍정적인 변화를 일으킬 수 있다. 파탄잘리는 우리의 경험적 현실과 더불어 시작할 수 있는 손에 닿을 수 있는 수단을 수없이 제공하고 있다. 우리는 처음부터 시작해야만 하는데 데시카차르는 이를 다음과 같이 간단하게 표현했다. "자신의 집을 찾을 수 없는 사람에게 집 안에 금 항아리가 있다고 말했을 때, 그런 정보를 듣지 않았다면 그들은 더 행복했을 것이다. 찾을 수 없다면 금이 무슨 소용인가? 그것은 고통만 일으킬 뿐이다. 우선 집을 찾고 그 안으로 들어가야만 한다. 그 후에야 많은 가능성이 열린다."

파탄잘리는 자기이해를 위한 과정과 수단을 요약하고 있다. 적절한 수단을 고르고 스승의 도움과 더불어 수련한다면, 변화무쌍한 우리의 마음에 평화와 탁월한 지혜가 깃들 수 있다. 웰빙은 우리의 잠재력이다.

이것이 크리슈나마차리아와 데시카차르가 전하는 파탄잘리의 핵심적인 메시지다.

- 마크 휘트웰(Mark Whitwell) -

## 발음을 위한 안내

**후음(목구멍에서 내는 소리)**

모음 a but와 동일한 소리

ā father와 동일한 소리

단순음 k kin과 동일한 소리

g good과 동일한 소리

대기음 kh sinkhole과 동일한 소리

gh leghorn과 동일한 소리

h hand와 동일한 소리

비음 ṅ encore와 동일한 소리

**구개음(구개에서 내는 소리)**

모음 i tin과 동일한 소리

ī teeth와 동일한 소리

단순음 c church와 동일한 소리

j judge와 동일한 소리

대기음 ch coachhorse와 동일한 소리

jh hedgehog와 동일한 소리

반모음 y you와 동일한 소리

치찰음 ś sure와 동일한 소리

**반전음(혀끝을 위로 말아서 내는 소리)**

모음 ṛ sabre와 동일한 소리

ṝ chagrin과 동일한 소리

단순음 ṭ cart과 동일한 소리

ḍ ardent와 동일한 소리

대기음 ṭh carthorse와 동일한 소리

ḍh fordham과 동일한 소리

비음 ṇ friend와 동일한 소리
반모음 r rib와 동일한 소리
치찰음 ṣ hush와 동일한 소리

**치음(혀끝을 위쪽 치아에 대고 나는 소리)**

모음 ḷ able에서와 같은 소리
단순음 t theatre에서와 같은 소리
d they에서와 같은 소리
대기음 th withheld에서와 같은 소리
dh buddha에서와 같은 소리
비음 n boon에서와 같은 소리
반모음 l lip에서와 같은 소리
치찰음 s sun에서와 같은 소리

**순음(입술로 내는 소리)**

모음 u bull에서와 같은 소리
ū rule에서와 같은 소리
단순음 p pat에서와 같은 소리
b bee에서와 같은 소리
대기음 ph uphill에서와 같은 소리
bh abhor에서와 같은 소리
비음 m man에서와 같은 소리

**후음과 구개음**

모음 e prey에서와 같은 소리
ai aisle에서와 같은 소리

**후음과 순음**

모음 o go에서와 같은 소리

au cow에서와 같은 소리

**치음과 순음**

반모음 v van에서와 같은 소리

**비음**

ṁ(ṃ) 또는 ṅ은 앞선 모음을 비음으로 만든다.

**대기음**

ḥ는 앞선 모음을 대기음으로 만든다.

# 1
# समाधिपाद :
# 삼매의 장(SĀMADHIPĀDAḤ)

파탄잘리 요가수트라는 4개 장으로 제시된다. 첫 장을 **사마디 파다**(samādhi pāda, 사마디에 관한 장)라고 부른다. 이 장은 요가와 그 특징을 정의하고 있으며, 요가 상태에 도달하는 데 부딪히는 문제들과 이런 문제들을 다룰 수 있는 방법들을 논하고 있다. 각 경구는 원래의 데바나가리(Devanāgari)[1] 글씨로 제시되고, 산스크리트어로 음역하였으며, 고딕체로 번역한 후에 주석을 달았다.

## 1.1 अथ योगानुशासनम् ।
**atha yogānuśāsanam**

첫 번째 경구는 주제를 소개하고 있는데, 이는 구전전통에 필요한 것이다. 고대 산스크리트 문헌의 관습에서 보면 첫 번째 단어 **아타**(atha)는 상서로운 출발과 그다음으로 이어지는 작업을 성공적으로 결론짓기 위해 일종의 기도를 함축하고 있다.

이제 요가에 대한 권위 있는 가르침이 시작된다.

파탄잘리는 이 경전의 주제가 고대에서 기원하였으며 자신은 창시자가 아니지만 스승 아래서 이것을 적절한 깊이로 공부했으며, 이제 자신이 이해한 내용을

1) 역자 주. 기원 후 1~4세기경 고대 인도에서 발생해서 7세기에 정착된 표기체계를 말하며, 14개 모음과 33개 자음으로 구성되어 있다.

제자들과 공유할 수 있을 만큼 능숙해졌음을 보여 주고 있다. 그의 스타일은 전통적인 구전 방법을 취했으며, 이는 제자들도 자신의 제자들에게 직접 전달하기에 적합한 방식일 것이다.

## 1.2 योगश्चित्तवृत्तिनिरोधः ।
yogaśgcittavṛttinirodhaḥ

요가란 무엇인가? 요가는 수많은 해석과 함축적 의미를 담은 용어다. 파탄잘리는 그 용어에 대해 자신이 이해한 내용을 정의하고 있다.

> 요가란 한 대상을 향해 마음을 완전히 쏟으면서 전혀 주의가 흩어지지 않은 채 그 방향을 유지하는 능력이다.

대상은 구체적인 대상으로서 외부적일 것일 수도 우리 자신의 일부일 수도 있다. 관심 영역일 수도 어느 한 개념일 수도 있으며, 신처럼 감각 수준을 넘어선 대상일 수도 있다.

## 1.3 तदा द्रष्टुः स्वरूपेऽवस्थानम् ।
tadā draṣṭuḥ svarūpe 'vasthānam

> 그때서야 대상을 이해하는 능력이 충분히 그리고 올바로 생긴다.

요가 상태에서는 이해를 막거나 왜곡시킬 수 있는 다양한 선입관과 상상의 산물을 조절하거나 줄이거나 없앨 수 있다. 새로운 이해에 대해 닫혀 있는 경향성과 이해 능력의 부족이 극복된다.

1.4 वृत्तिसारूप्यमितरत्र ।

vṛttisārūpyamitaratra

요가로 불리는 마음 상태가 없을 때는,

대상을 이해하는 능력이 그 대상에 대한 심적 개념이나 이해의 전적인 부재로 바뀐다.

동요하는 마음은 한 방향을 거의 따라갈 수 없다. 설령 그렇더라도 대상에 대한 이해에는 오류가 있을 것이다.

1.5 वृत्तयः पञ्चतय्यः क्लिष्टाक्लिष्टाः ।

vṛttayaḥ pañcatayyaḥ kliṣṭākliṣṭāḥ

마음이란 무엇인가? 파탄잘리는 마음을 사로잡는 활동을 통해 마음을 정의하고 있다. 이런 활동과 관련짓지 않고서는 마음을 지각할 수 없다.

마음에는 다섯 가지 활동이 있다. 각각의 활동은 이로울 수도 있고 문제를 일으킬 수도 있다.

이런 활동이 이로운지 문제를 일으키는지는 금방 알 수 없다. 시간만이 그 효과를 확실히 보여 줄 것이다.

1.6 प्रमाणविपर्ययविकल्पनिद्रास्मृतयः ।

pramāṇaviparyayavikalpanidrāsmṛtayaḥ

다섯 가지 활동이란 이해, 착각, 상상, 깊은 수면, 기억이다.

각각의 정신 활동은 고유한 특징을 갖고 있으며, 항상 분명히 드러나지는 않지만 개별적으로 인식될 수 있다. 그것들이 우리의 행동과 태도를 지배하고 영향을 미치는 것들이 결합되어 우리의 성격을 형성한다.

## 1.7 प्रत्यक्षानुमानागमाः प्रमाणानि ।
pratyakṣānumānāgamāḥ pramāṇāni

활동들을 각각 정의하고 있다.

이해는 대상에 대한 직접적인 관찰, 추론 그리고 신뢰할 수 있는 권위들을 참조하는 데 근거를 둔다.

마음은 감각을 통해서 대상을 직접 기록할 수 있다. 이용 가능한 정보가 감각적으로 지각하기에 불충분하거나 불완전할 경우, 논리와 기억 같은 여타의 역량이 추론을 통해 더 완전하게 대상을 이해하게끔 만들 수 있을 것이다. 직접적인 이해가 불가능할 경우에는 저술된 경전이나 신뢰할 수 있는 사람처럼 믿을 수 있는 권위에 의뢰하는 것이 간접적인 이해를 가능하게 한다. 그런 방식으로 우리는 장소, 사람, 또는 우리의 직접적인 경험 너머에 있는 개념들을 이해한다. 요가 상태에서의 이해는 다른 때의 이해와는 다르며 대상의 진정한 성질에 더 가깝다.

## 1.8 विपर्ययो मिथ्याज्ञानमतद्रूपप्रतिष्ठम् ।
viparyayo mithyājñānamatadrūpapratiṣṭham

착각이란 더 호의적인 조건이 대상의 실제 성질을 드러낼 때까지 정확하다고 간주하는 이해를 말한다.

이는 가장 자주 일어나는 마음 활동으로서 잘못 관찰하거나 대상을 잘못 해석했을 때 일어난다. 그것은 종종 과거 경험과 조건화의 결과로 우리가 본 것을 깊게 이해하지 못했기 때문에 일어난다. 이후에 오류를 인식할 수도 있고 전혀 인식하지 못할 수도 있다. 요가수련의 목표는 착각의 원인을 인식하고 조절하는 것이다(요가수트라 2장을 보라).

## 1.9 शब्दज्ञानानुपाती वस्तुशून्यो विकल्पः ।
śabdajñānānupātī vastuśūnyo vikalpaḥ

상상이란 대상이 없음에도 불구하고 오로지 말과 표현에 근거해서 대상을 이해하는 것을 말한다.

이런 일은 직접적인 지각이 없을 때 일어난다. 의미, 함축된 의미, 또는 서술된 언어가 내포하는 의미를 참조하는 것은 이해를 향한 상상력으로 안내한다. 글이 시적이거나 수사적으로 표현되었을 때 더 도움이 될 수 있다. 그것은 또한 꿈, 느낌, 정서 같은 여타 수단을 통해서도 일어난다. 기억에 저장된 과거 경험이 종종 이런 정신 활동에 기여한다.

## 1.10 अभावप्रत्ययालम्बना तमोवृत्तिर्निद्रा ।
abhāvapratyayālambanā tamovṛttirnidrā

깊은 수면이란 마음이 둔중함으로 가득 차서 다른 활동이 존재하지 않을 때를 말한다.

수면은 마음을 위한 통상적이면서 규칙적인 활동으로서 수면을 해야 할 때가 있다. 수면을 일으키는 권태나 소진을 통해서도 둔중함이 일어날 수 있다. 수면은 살아 있는 모든 존재의 규칙적인 조건이다.

## 1.11 अनुभूतविषयासंप्रमोषः स्मृतिः ।
anubhūtaviṣayāsaṁpramoṣaḥ smṛtiḥ

기억이란 의식적인 경험을 정신적으로 보유하는 것이다.

일체의 의식적인 경험은 개인에게 인상을 남기며 기억으로 저장된다. 기억이 사실인지, 잘못된 것인지, 불완전한지, 상상에만 존재하는지를 알 수는 없다.

마음의 이런 모든 활동과 활동 각각은 마음의 존재를 확인시켜 준다. 그 활동들은 서로 관련되고 복잡하므로 수면을 제외한 각 활동은 배타적이면서 제한된 특징을 띤 뚜렷한 실체이기보다는 활동의 매트릭스 또는 부류로 생각해야 할 것이다. 각 활동은 시간과 환경에 따라 이로울 수도 해로울 수도 있다. 그 효과는 직접적이면서 즉각적일 수도 있고, 나중에 결과로 드러남으로써 알 수 있는 간접적인 것일 수도 있다.

## 1.12 अभ्यासवैराग्याभ्यां तन्निरोधः ।
abhyāsavairāgyābhyāṁ tannirodhaḥ

우리는 어떻게 요가 상태에 도달할까? 무엇을 하고 무엇을 하지 말아야 할까?

마음은 수련과 초연함을 통해 요가 상태에 도달할 수 있다.

## 1.13 तत्र स्थितौ यत्नोऽभ्यासः ।
tatra sthitau yatno 'bhysaḥ

이런 수련과 초연함의 근본 특징은 무엇일까? 관련된 테크닉을 여기에 구체화시키지 않아도 다음 두 개 구절은 그들의 성질을 나타내고 있다.

기본적으로 수련이란 요가 상태를 향해 움직이고 그 상태에 도달하며 그 상태를 유지하는 데 필요한 올바른 노력이다.

선택된 수련은 제자의 개인적, 사회적 특성을 이해하는 유능한 스승으로부터 올바르게 배우고 안내를 받아야 한다. 특정한 제자에게 적합한 훈련을 제공하지 않거나 그 훈련을 따르지 않으면 성공할 희망은 거의 없다.

1.14 स तु दीर्घकालनैरन्तर्यसत्कारादरासेवितो दृढभूमिः ।

sa tu dīrghakālanairantaryasatkārādarāsevito dṛḍhabhūmiḥ

중단하지 않고, 긍정적인 태도와 열성의 자질을 갖고 올바른 수련을 오랫동안 실시할 때만 성공할 수 있다.

열정과 에너지 그리고 갑작스러운 결과를 향한 욕망을 갖고 수련을 시작하려는 경향성이 항상 있을 수 있다. 그러나 일상의 삶에서 오는 지속적인 압박과 마음에서 일어나는 엄청난 저항은 인간의 나약함에 굴복하게 만든다. 이 모든 것을 이해할 수 있으며, 우리는 모두 이런 경향성을 갖고 있다. 이 구절은 긍정적이면서 스스로 절제된 태도로, 또한 궁극적 성공을 향한 장기간의 관점을 갖고 진지하게 수련에 접근할 필요성을 강조한다.

1.15 दृष्टानुश्रविकविषयवितृष्णस्य वशीकारसंज्ञावैराग्यम् ।

dṛṣṭānuśravikavisayavitṛṣṇasya vaśīkārasaṁjñāvairāgyam

올바른 노선을 따라 수련을 발전시킴에 따라서 우리는 스스로를 훈육하고, 훼방 놓는 영향을 거부하는 능력이 자란다는 사실을 알게 된다. 다음과 같은 상황이 전개되면 결국 초연함을 이룰 것이다.

최고 수준에 도달하면 감각의 충족이나 특별한 경험을 바라는 모든 갈망이 사라진다.

수련을 하면 신체적 힘과 정교함, 고조된 자각과 민감성 같은 혜택이 따라온다. 우리의 높은 상태를 증명하기 위해 새로운 기술을 사용하려는 유혹도 있을 수 있다. 그러나 이런 것들은 부수적인 혜택이자 주의를 딴 곳으로 돌리는 유혹으로서 이런 것들에 지나치게 중점을 두면 요가의 길을 잃어버릴 위험에 빠진다.

1.16 तत्परं पुरुषख्यातेर्गुणवैतृष्ण्यम् ।
tatparaṁ puruṣakhyāterguṇavaitṛṣṇyam

더 나가서

> 자신의 진정한 자아를 완전히 이해하는 데 도달하면 그 사람은 자신 안에서 그리고 자신의 주변에서 오는 산만한 경험들에 의해 더 이상 방해받지 않을 것이다.

자기이해와 더불어 초연함이 발달한다. 우회로를 향한 피할 수 없는 욕망을 억누를 수는 없는데, 설령 억누를 수 있다 해도 나중에 가서 그것들은 분명 다시 표면으로 올라오기 때문이다.

1.17 वितर्कविचारानन्दास्मितारूपानुगमात्संप्रज्ञातः ।
vitarkavicārānandāsmitārūpānugamātsaṁprajñātaḥ

> 그렇게 되면 대상을 점차 충분히 이해하게 된다. 처음에 이것은 피상적인 수준에서 일어나지만 시간이 지나면 이해는 더 깊어진다. 마지막에는 전적인 이해가 생긴다. 그런 깊이까지 이해하는 데 도달하면 순수한 기쁨이 일어난다. 왜냐하면 그때 개인은 대상과 완전히 하나가 되어 자신의 주변 환경을 잊어버리기 때문이다.

대상의 성질에 대해 그런 수준의 지각은 요가 상태에서만 가능하다. 우리는 종종 피상적이지만 분명한 요소들을 이해할 수 있다. 그러나 어떤 오류도 없이 가장 깊은 수준에서의 지각을 성취할 때까지 이해는 불완전하다.

1.18 विरामप्रत्ययाभ्यासपूर्वः संस्कारशेषोऽन्यः ।
virāmapratyaypābhyāsapūrvaḥ saṃskāraśeṣo 'nyaḥ

마음이 요가 상태로 상승해서 거기에 머물면,

통상적인 정신적 동요가 사라진다. 그러나 과거에 대한 기억은 지속된다.

그때 지각은 점진적이 아니라 즉각적이다. 기억은 남아서 우리로 하여금 일상 세계에서 살아가도록 돕지만 주의집중을 방해하지 않는다.

## 1.19 भवप्रत्ययो विदेहप्रकृतिलयानाम् ।
bhavapratyayo videhaprakṛtilayānām

세상을 함께 살아가는 사람들 수가 필연적으로 수백만에 이르기 때문에

요가 상태에서 태어난 사람은 소수만 존재할 것이다. 그들에게는 수련도 필요 없고 스스로를 훈육할 필요도 없다.

그러나 이런 사람들은 모방할 수도, 그에 필적할 수도 없는 드문 사람들이다. 어떤 사람들은 세상의 영향에 굴복해서 자신들이 가진 우월한 자질을 잃어버릴 수 있다.

## 1.20 श्रद्धावीर्यस्मृतिसमाधिप्रज्ञापूर्वक इतरेषाम् ।
śraddhāvīryasmṛtisamādhiprajñāpūrvaka itareṣām

그러나 우리 중 나머지는 어떤가? 이런 요가 상태를 성취할 기회가 실로 존재하는 걸까?

온갖 악조건에도 불구하고 성공을 거둘 수 있을 만큼의 충분한 에너지를 공급할 신념을 통해 방향이 유지될 것이다. 요가 목표의 실현은 시간 문제다.

아무런 방해도 받지 않고 대상을 향해 마음을 쏟는 능력이 우리의 목표이며, 이로써 시간이 지나면 그 대상을 분명하고 올바르게 이해하게 된다.

신념은 우리가 그 목표에 도달할 수 있는 흔들리지 않는 확신이다. 성공에 만족하면서 안심하거나 실패로 기가 꺾여서는 안 된다. 겉모습이 좋거나 나빠도 모

든 방해물을 헤쳐 가면서 열심히 그리고 지속적으로 작업해야만 한다.

1.21 **तीव्रसंवेगानामासन्नः ।**
**tīvrasaṁvegānāmāsannaḥ**

신념과 노력이 강할수록 목표는 더 가까워진다.

1.22 **मृदुमध्याधिमात्रत्वात्ततोऽपि विशेषः ।**
**mṛdumadhyādhimātratvāttato'pi viśeṣaḥ**

우리 모두 똑같이 목표에 도달할 기회를 가지는 걸까?

필연적으로 신념의 깊이는 사람에 따라 다르고 똑같은 사람이라도 시기에 따라 달라진다. 이런 다양성이 결과에 반영될 것이다.

그런 다양성은 인간 조건의 일부다. 그것은 개인의 문화적 배경과 역량의 산물이기도 하다.

1.23 **ईश्वरप्रणिधानाद्वा ।**
**īśvarapraṇidhānādvā**

파탄잘리는 마음 상태를 요가로 변화시키려는 시도는 다양한 힘을 가진 장애물로 가득 차 있음을 인식하였다. 신을 향한 신앙을 타고났거나 그런 신앙을 수년에 걸쳐 개발할 수 있는 사람은,

신의 힘에 순종하는 느낌으로 신께 규칙적으로 기도하는 것은 분명코 요가 상태에 도달할 수 있게 한다.

뒤이어 등장하는 구절에서 파탄잘리는 신에 대한 정의를 내리고 있다.

1.24 क्लेशकर्मविपाकाशयैरपरामृष्टः पुरुषविशेष ईश्वरः ।
kleśakarmavipākāśayairaparāmṛṣṭaḥ
puruṣaviśeṣa īśvaraḥ

신은 최상의 존재로서 그의 행위는 결코 착각에 근거하지 않는다.

1.25 तत्र निरतिशयं सर्वज्ञबीजम् ।
tatra niratiśayaṁ sarvajñabījam

신께서는 어떻게 그토록 탁월할 수 있을까?

그는 알 수 있는 건 모두 알고 있다.

그의 이해는 결코 인간의 이해와 비교할 수 없다.

1.26 स एष पूर्वेषामपि गुरुः कालेनानवच्छेदात् ।
sa eṣa pūrveṣāmapi guruḥ kālenānavacchedāt

파탄잘리에 따르면, 신은 시간에 구속되는가 아니면 영원한가?

신께서는 영원하다. 실제로 그는 궁극의 스승이다. 그는 과거, 현재, 미래의 모든 스승에게 안내의 원천이다.

1.27 तस्य वाचकः प्रणवः ।
tasya vācakaḥ praṇavaḥ

우리는 신을 어떻게 언급해야 할까? 신에게 어떻게 말을 걸어야 할까?

신의 속성에 가장 알맞은 방식으로 해야 한다.

문화가 다르고 종교가 다르면 신과 신의 성질을 설명하기 위해 다른 말을 사용한다. 최대의 존경을 보내면서 어떤 갈등도 없이 신을 표현하는 게 더 중요하다.

## 1.28 तज्जपस्तदर्थभावनम् ।

tajjapastadarthabhāvanam

우리는 어떻게 신과 관계를 맺을 수 있을까?

신과 관계 맺으려면 규칙적으로 적절하게 그에게 말을 걸고 그의 성질에 대해 성찰하는 게 필요하다.

파탄잘리는 신의 속성에 대해 끊임없이 성찰하는 게 필요하다고 제안한다. 이것은 기도와 명상과 더불어 그분의 이름을 반복해서 암송하는 것으로 도움을 받을 수 있다. 그러나 기계적인 반복과 기도는 소용 없으며, 의식적인 사유와 숙고 그리고 심오한 존경심이 수반되어야 한다.

## 1.29 ततः प्रत्यक्चेतनाधिगमोऽप्यन्तरायाभावश्च ।

tataḥ pratyakcetanādhigamo 'pyantarāyābhāvaśca

신을 믿는 사람들에게 그런 성찰은 반드시 이로울 것이다.

시간이 가면 그 사람은 신의 진정한 성질을 인식할 것이다. 그 사람은 요가의 상태로 가는 자신의 여정에서 생길 수 있는 어떤 장애물에 의해서도 방해받지 않을 것이다.

1.30 व्याधिस्त्यानसंशयप्रमादालस्याविरतिभ्रान्तिदर्शनालब्ध-
भूमिकत्वानवस्थितत्वानि चित्तविक्षेपास्तेऽन्तरायाः ।
vyādhistyānasaṁśayapramādālasyāviratibhrāntidaśs
anālabdhabhūmikatvānavasthitatvāni cittavikṣepāste
'ntarāyāḥ

장애물이 있다면 어떤 장애물인가?

정신적 명징성을 개발하는 데는 9가지 유형의 장애물이 있다. 질병, 정신적 침체, 의심, 예지력의 결여, 피로, 탐닉, 마음의 진정한 상태에 대한 환상, 인내력 부족, 퇴행이 그것이다. 이들이 장애물인데 정신적 동요를 만들고 산만함을 조장하기 때문이다.

이런 장애물에 더 취약할수록 요가 상태에 도달하기는 더 어렵다.

1.31 दुःखदौर्मनस्याङ्गमेजयत्वश्वासप्रश्वासा विक्षेपसहभुवः ।
duḥkhadaurmanasyāṅgamejayatvaśvāsapraśvāsā
vikṣepasahabhuvaḥ

이런 장애물들이 언제 영향을 미치고 뿌리를 내리는지 말할 수 있을까?

이 모든 장애물은 다음 증상들 중 하나 또는 그 이상을 만든다. 정신적 불편함, 부정적 사고, 각기 다른 신체 자세에서 편안함을 느끼지 못함, 호흡 조절의 어려움들이다.

이 증상 모두가 그 이상의 결과를 낳을 수 있다. 다음에 등장하는 8개 구절은 이런 장애물들과 그들의 증상을 조절하기 위한 제안들을 일부 제시하고 있다. 이들 제안은 신을 크게 믿는 사람들과 신앙이 없는 사람들 모두에게 유용하다.

1.32 तत्प्रतिषेधार्थमेकतत्त्वाभ्यासः ।
tatpratiṣedhārthamekatattvābhyāsaḥ

마음을 안정시키는 적절한 수단을 선택할 수 있고, 이것을 수련할 수 있으면 어떤 자극이 오더라도 장애물이 뿌리내릴 수 없다.

1.33 मैत्रीकरुणामुदितोपेक्षाणां सुखदुःखपुण्यापुण्यविषयाणां भावनातश्चित्तप्रसादनम् ।
maitrīkaruṇāmuditopekṣāṇāṁ
sukhaduhkhapũṇyāpuṇyaviṣayāṇāṁ
bhāvanātaścittaprasādanam

일상에서 우리는 우리보다 더 행복한 사람들, 우리보다 덜 행복한 사람들을 주변에서 본다. 어떤 사람들은 칭찬할 만한 일을 할 수 있지만 어떤 사람들은 문제를 일으킨다. 그런 사람들과 그들의 행동에 대해 우리가 어떤 태도를 갖는 우리보다 행복한 사람들을 만나면 즐거워할 수 있고, 불행한 사람을 향해서는 연민을 베풀 수 있고, 칭찬할 만한 일을 한 사람들과 기뻐할 수 있고, 다른 사람들의 잘못에 대해 동요가 없다면 우리의 마음은 매우 고요해질 것이다.

1.34 प्रच्छर्दनविधारणाभ्यां वा प्राणस्य ।
pracchardanavidhāraṇābhyāṁ vā prāṇasya

우리가 장애물이나 장애물 증상을 만나면,

긴 날숨이 포함된 호흡수련이 도움이 될 수 있다.

그러나 그런 기법을 올바르게 가르치고 안내해야 한다.

1.35 विषयवती वा प्रवृत्तिरुत्पन्ना मनसः
स्थितिनिबन्धिनी ।
viṣayavatī vā pravṛttirutpannā manasaḥ
sthitinibandhanī

시각과 청각 같은 감각의 역할은 마음에 정보를 제공하는 데 있어서 지대한 영향을 미친다. 그들은 지각의 문이며, 우리는 종종 그들의 노예가 된다. 그러나 우리 안에 감각보다 더 강력한 것이 무엇인지 살펴볼 수 없을까? 그것들을 더 날카롭게 만들고 우리가 마음대로 이용할 수 있게 할 수는 없을까?

감각의 역할에 대해 규칙적으로 탐구함으로써 우리는 정신적 왜곡을 줄일 수 있다.

1.36 विशोका वा ज्योतिष्मती ।
viśokā vā jyotiṣmatī

삶의 위대한 신비 중 하나는 삶 자체다.

삶이란 무엇인지, 우리를 계속 살아 있게 만드는 게 무엇인지 탐구할 때 우리는 정신적 주의산만에 대한 일종의 위안을 발견할 수 있다.

우리 개개인보다 더 위대한 것들을 생각하는 것은 긴 안목으로 우리 스스로를 보는 데 도움이 된다.

1.37 वीतरागविषयं वा चित्तम् ।
vītarāgaviṣayaṁ vā cittam

문제에 부딪히면 비슷한 문제를 극복한 사람들의 조언은 엄청난 도움이 된다.

그런 조언은 살아 있는 사람으로부터 직접 올 수도 있고, 또는 살아 있거나 죽은 누군가에 관한 연구로부터 올 수도 있다.

**1.38 स्वप्ननिद्राज्ञानालम्बनं वा ।**
**svapnanidrājñānālambanaṁ vā**

우리가 상당히 많이 알고 있다고 믿으면 지식에 있어 오만해질 수 있으며 그 결과 문제가 발생할 수 있다. 사실 가장 평범한 일상의 일들조차 우리에게 언제나 분명한 건 아니다.

꿈과 수면 그리고 이런 상태 중에 있거나 그 언저리에서 일어나는 우리의 경험에 대한 탐구는 우리가 가진 문제를 일부 명확하게 하는 데 도움이 될 수 있다.

밤에 잘 자고 나면 얼마나 상쾌한가! 나쁜 꿈을 꾸면 얼마나 심란한지!

**1.39 यथाभिमतध्यानाद्वा ।**
**yathābhimatadhyānādvā**

관심사를 탐구하는 것이 마음을 고요하게 만들 수 있다.

때로 아기의 첫울음 같은 가장 단순한 탐구 대상이 정신적인 동요를 완화하는 데 도움을 줄 수 있다. 때로 수학적 가설 같은 복잡한 탐구가 도움이 될 것이다. 그러나 그런 탐구는 우리의 주요 목표, 우리 마음 상태가 산만함에서 올바른 방향으로 점차 지속적으로 변하는 것을 대신해서는 안 된다.

**1.40 परमाणुपरममहत्त्वान्तोऽस्य वशीकारः ।**
**paramāṇuparamamahattvānto 'sya vaśīkāraḥ**

이런 요가 상태를 개발하면 어떤 결과가 생길까?

이런 상태에 도달하면 이해할 수 없는 건 하나도 없다. 마음은 따라올 수 있을 것이며, 단순한 것과 복잡한 것, 무한한 것과 극미한 것, 지각할 수 있는 것과 지각할 수 없는 것을 이해하는 데 도움이 될 수 있다.

이런 이해가 일어나는 실제 과정이 다음에 설명되어 있다.

**1.41 क्षीणवृत्तेरभिजातस्येव मणेर्ग्रहीतृग्रहणग्राह्येषु तत्स्थतदञ्जनता समापत्तिः ।**

**kṣīṇavṛtterabhijātasyeva**
**maṇergrahītṛgrahaṇagrāhyeṣu**
**tatsthatadañjanatā samāpattiḥ**

마음이 산만함에서 벗어나면 모든 정신적 과정이 탐구 대상에 관여하는 것이 가능해진다. 이런 상태에 머물면 대상에 점차 완전히 몰두하게 된다. 그때 마음은 전혀 흠집이 없는 다이아몬드처럼 대상의 특징만을 반영하고 그 외의 것은 전혀 반영하지 않는다.

처음에는 수면을 제외한 모든 정신 활동이 대상의 이해에 관여한다. 그러나 점차로 올바르고 흠집 없는 이해를 위해서 필요한 것들만 남는다.

**1.42 तत्र शब्दार्थज्ञानविकल्पैः संकीर्णा सवितर्का समापत्तिः ।**

**tatra śabdārthajñānavikalpaiḥ saṅkīrṇā savitarkā**
**samāpattiḥ**

그러나 이런 일은 저절로 일어나지 않으며 점진적으로 일어난다.

처음에는 우리의 과거 경험이나 생각 때문에 대상의 이해가 왜곡된다. 듣거나, 읽거나, 느꼈던 모든 것이 우리의 지각을 방해할 수 있다.

이런 영향 중 일부는 전혀 타당성이 없다. 어떤 영향들은 이제 쓸모가 없다.

**1.43** स्मृतिपरिशुद्धौ स्वरूपशून्येवार्थमात्रनिर्भासा निर्वितर्का ।

smṛtipariśuddhau svarūpaśūnyevārthamātranirbhāsā nirvitarkā

대상을 향한 마음의 방향이 유지되면 과거에 대한 생각과 기억은 점차 물러난다. 마음은 수정같이 맑아서 대상과 하나가 된다. 이 순간에는 자신에 대한 느낌이 없고 순수한 지각만 남아 있다.

**1.44** एतयैव सविचारा निर्विचारा च सूक्ष्मविषया व्याख्याता ।

etayaiva savicārā nirvicārā ca sūkṣmaviṣayā vyākhyātā

이런 현상은 그 범위가 무한하다.

피상적이고 일반적인, 또는 심오하고 구체적인 어떤 종류의 대상과도 지각의 모든 수준에서 이 과정이 가능하다.

**1.45** सूक्ष्मविषयत्वं चालिङ्गपर्यवसानम् ।

sūkṣmaviṣayatvaṁ cāliṅgaparyavasānam

우리 안에 존재하는 지각의 바로 그 원천을 마음이 이해할 수 없는 것만 제외하고는 마음의 대상에는 한계가 없다.

**1.46** ता एव सबीजः समाधिः ।

tā eva sabījaḥ samādhiḥ

마음은 일방적으로 요가의 상태에 도달할 수 있을까?

마음을 이끄는 이 모든 과정에는 탐구 대상이 포함된다.

그들은 또한 준비, 점진적인 진보, 지속적인 관심을 포함한다. 왜냐하면 이런 관심이 없으면 주의가 산만해질 것이기 때문이다. 준비가 없으면 기초가 생길 수 없다. 점진적인 진보가 없다면 인간 시스템은 반발하고 반항할 것이다.

1.47 निर्विचारवैशारद्येऽध्यात्मप्रसादः ।
nirvicāravaiśāradye 'dhyātmaprasādaḥ

마음을 인도하는 이런 능력을 성취하면 어떤 결과가 생길까?

그때 개인은 진정으로 스스로를 알기 시작한다.

대상에 대한 올바른 이해가 우리를 풍요롭게 만들기 시작하면 우리는 또한 우리의 존재를 이해하기 시작한다.

1.48 ऋतंभरा तत्र प्रज्ञा ।
ṛtaṁbharā tatra prajñā

그럴 때, 그가 보고 타인들과 나누는 것들이 오류에서 벗어난다.

1.49 श्रुतानुमानप्रज्ञाभ्यामन्यविषया विशेषार्थत्वात् ।
śrutānumānaprajñābhyāmanyaviṣayā viśeṣārthatvāt

그의 지식은 더 이상 기억이나 추론에 근거하지 않는다. 그것은 자발적이고 직접적이며 일상적인 것을 초월한 수준과 강도로 일어난다.

그런 환경에서 우리의 마음은 우리가 탐구하는 세상을 깨끗하고 완벽한 거울처럼 단순하게 반영한다.

**1.50 तज्जः संस्कारोऽन्यसंस्कारप्रतिबन्धी ।**
**tajjaḥ saṁskāro 'nyasaṁskārapratibandhī**

이렇듯 새로 습득한 마음의 성질이 점차 강화되면 그것은 착각에 근거를 둔 다른 정신적 경향성을 지배한다.

**1.51 तस्यापि निरोधे सर्वनिरोधान्निर्बीजः समाधिः ।**
**tasyāpi nirodhe sarvanirodhānnirbījaḥ samādhiḥ**

그러면, 마침내

마음은 어떤 종류의 인상도 남지 않는 상태에 이른다. 마음은 열려 있고 깨끗하며 투명하다.

그런 이해를 찾을 수는 없다. 그것은 필연적으로 오게 되어 있으며 그것을 막을 수 있는 것은 아무것도 없다.

이것이 요가의 최고 상태지만 그것을 언어로 표현하는 건 불가능하다. 이 상태에 도달한 사람만이 그 성질을 이해할 수 있다.

# 2

## साधनपादः
## 수행의 장(SĀDHANAPĀDAḤ)

두 번째 장을 사다나 파다(sādhanapāda)라고 부른다. 이 장은 주의가 산만한 상태에서 주의의 상태로 마음을 효과적이면서도 점진적으로 바꾸는 데 필요한 성질들을 설명하고 있다. 또한 이런 성질들이 왜 중요하며, 이것들을 수련할 때 수반되는 것이 무엇인지를 설명하고 있다.

### 2.1 तपःस्वाध्यायेश्वरप्रणिधानानि क्रियायोगः ।
**tapaḥsvādhyāyeśvarapraṇidhānāni kriyāyogaḥ**

> 요가수련은 신체적이고 정신적인 불순물을 감소시켜야 한다. 그것은 자기탐색을 위한 우리의 역량을 개발시키고, 최종적인 분석에서 우리가 행하는 모든 것의 주인은 우리가 아님을 이해하는 데 도움을 주어야 한다.

증상과 우리의 신체적, 정신적 문제를 야기한 원인들을 제거하는 데 요가수련이 도움을 주지 않는다면, 우리의 내적 존재를 발견하도록 우리를 이끌 수도 없고 행위의 성질과 특성을 이해하도록 우리를 이끌지도 못한다. 그런 환경에서 수련한다면 그 타당성이 의심스러울 것이다. 요가를 통해 우리가 스스로를 더 정교하게 다듬을수록 우리의 모든 행위를 체계적으로 재검토할 필요성을 더 느끼고, 행위의 결실을 당연한 것으로 받아들이지 말아야 한다는 점을 더더욱 깨닫는다.

2.2 समाधिभावनार्थः क्लेशतनूकरणार्थश्च ।
samādhibhāvanārthaḥ kleśatanūkaranārthaśca

그러면 그런 수련은 확실히 장애물을 제거해서 투명한 지각으로 이끈다.

우리 모두에게는 투명한 지각이 본질적으로 가능하다. 그러나 이런저런 것들이 빈번히 장애로 나타나는 것 같다. 어떤 것들이 장애가 될까?

2.3 अविद्यास्मितारागद्वेषाभिनिवेशाः क्लेशाः ।
avidyāsmitārāgadveṣābhiniveśāḥ kleśāḥ

장애물은 착각, 혼란된 가치, 지나친 애착, 비합리적인 혐오 그리고 불안정이다.

2.4 अविद्या क्षेत्रमुत्तरेषां प्रसुप्ततनुविच्छिन्नोदाराणाम् ।
avidyā kṣetramuttaresāṁ
prasuptatanuvicchinnodārāṇām

다음 구절은 앞에서 언급한 장애물 간의 관계를 설명하고 있다.

착각은 다른 모든 장애물의 원천이다. 그들은 동시에 나타날 필요가 없으며 그 영향도 다양하다. 그것들은 때로 불분명해서 거의 볼 수가 없다. 다른 때는 겉으로 드러나서 지배력을 발휘한다.

이런 장애물의 효과가 그와 관련된 사람에게 반드시 겉으로 드러나지 않을 수도 있지만, 그것들이 완전히 드러날 때라야 다른 사람들에게 분명해진다.

2.5 अनित्याशुचिदुःखानात्मसु नित्यशुचिसुखात्मख्या-
तिरविद्या ।

anityāśuciduḥkhānātmasu
nityaśucisukhātmakhyātiravidyā

다음 구절은 앞에서 열거한 다섯 가지 장애물을 설명하고 있다.

착각은 지각 대상의 특징, 그 기원 그리고 효과에 대한 이해에 오류를 일으킨다.

한때는 엄청 도움이 되는 것처럼 보이는 것이 나중에는 문제가 되는 것으로 판명된다. 우리가 쾌락의 원천으로 추구하던 것이 정반대 효과를 보이기도 한다. 빛 좋은 개살구를 황금이라고 생각한다. 젊음의 아름다움 같이 반드시 변하는 것들을 영원하다고 생각할 수도 있다. 가장 중요한 배움으로 생각했던 것이 시간이 지나면 쓸모없는 것으로 판명되기도 한다.

2.6 दृग्दर्शनशक्त्योरेकात्मतेवास्मिता ।

dṛgdarśanaśaktyorekātmatevāsmitā

정신적 활동을 지각의 원천으로 생각할 때 그릇된 동일시가 생긴다.

정신적 태도와 활동은 변한다. 그것들은 기분, 습관, 환경 같은 영향에 따라 스스로를 바꾼다. 그렇지만 우리는 아무튼 그것들이 지속적이면서도 변하지 않는 지각의 원천이라고 종종 가정한다(요가수트라 2.20을 보라).

2.7 सुखानुशयी रागः ।

sukhānuśayī rāgaḥ

과도한 애착은 그것이 영원한 행복에 기여할 것이라는 가정에 근거하고 있다.

욕망을 충족시키는 대상은 행복의 순간을 선사한다. 이런 경험 때문에 대상을 소유하는 것은 그것 때문에 치러야 할 대가가 무척 중요할 뿐만 아니라 반드시 필요하다고 생각할 수 있다. 그러나 결과는 미래의 불행과 삶에서 일부 필수적인 요소들의 손실이 될 수도 있다.

### 2.8 दुःखानुशयी द्वेषः ।
duḥkhānuśayī dveṣaḥ

비합리적인 혐오는 보통 특정 대상 그리고 상황과 연결된 과거의 고통스러운 경험의 결과다.

이런 혐오는 불쾌한 경험을 일으켰던 상황이 변하거나 사라졌을 때조차도 계속 지속된다.

### 2.9 स्वरसवाही विदुषोऽपि समारूढोऽभिनिवेशः ।
svarasavāhī viduṣo 'pi samārūḍho 'bhiniveśaḥ

불안정은 앞으로 올 것에 대해서 갖는 타고난 불안감이다. 그것은 무지한 사람과 현명한 사람 모두에게 영향을 미친다.

이런 증상은 과거의 경험으로부터 합리적인 근거를 가질 수 있거나 완전히 비합리적일 수도 있다. 죽음이 코앞에 닥친다는 걸 알 때조차도 그것은 사라지지 않는다. 아마도 그것이 극복하기 가장 어려운 장애일 것이다.

### 2.10 ते प्रतिप्रसवहेयाः सूक्ष्माः ।
te pratiprasavaheyāḥ sūkṣmāḥ

투명한 지각을 방해하는 장애물을 설명하면서 파탄잘리는 그것을 줄이려고 간절히 바라는 사람의 태도는 어떠해야 하는지를 보여 주고 있다.

장애물이 존재하는 것 같지 않을 때조차 조금도 방심하지 않는 게 중요하다.

일시적으로 투명한 상태를 영원한 상태와 혼동하지 말아야 한다. 그때, 이제부터 모든 것이 자유로울 것이라고 추정하는 것은 상당히 위험할 수 있다. 이제 주의를 기울이는 것이 더욱더 중요하다. 명료함으로부터 혼동으로의 추락은 전혀 명료함이 없는 상태보다 더욱 불안을 안겨 준다.

## 2.11 ध्यानहेयास्तद्वृत्तयः ।

dhyānaheyāstadvṛttayaḥ

그러나 장애물이 즉각 다시 나타난다는 증거가 있을 때면,

그들이 주는 영향을 줄이기 위해 성찰 상태로 나아가서 그것들이 지배하지 않도록 막는다.

이런 장애물의 결과에서 벗어날 수 있게끔 돕는 온갖 수단을 이용할 수 있다. 그것은 기도가 될 수도, 스승과의 토론이 될 수도, 우회하는 것이 될 수도 있다. 파탄잘리는 첫 장에서(1.23, 1.30-39) 그리고 뒤이은 장에서 수많은 수단을 제시하고 있다.

## 2.12 क्लेशमूलः कर्माशयो दृष्टादृष्टजन्मवेदनीयः ।

kleśamūlaḥ karmāśayo dṛṣṭādṛṣṭajanmavedanīyaḥ

이런 장애물에 대해서 왜 그토록 신경을 써야 할까?

우리의 행위와 그 결과는 이런 장애물의 영향을 받는다. 행위하는 순간에는 그런 결과가 분명할 수도 있고 그렇지 않을 수도 있다.

이런 장애물은 몸과 마음에 근거를 두고 있으며, 우리의 모든 행위는 그것들로부터 나온다. 장애물이 지배할 때 개시한 행위들은 분명 바람직하지 않은 결과를

낳는데, 장애물은 착각에 근거하고 있기 때문이다. 우리가 본 것을 오인하면 우리가 본 것으로부터 도출된 결론은 필연적으로 부정확하다. 다음 구절은 이를 더 깊이 탐구하고 있다.

## 2.13 सति मूले तद्विपाको जात्यायुर्भोगाः ।

**sati mūle tadvipāko jātyāyurbhogāḥ**

장애물이 만연하는 한 그것들은 그 실행, 기간, 그 결과의 모든 면에서 행위에 영향을 미칠 것이다.

장애물은 행위를 잘못 실행하는 결과로 이끌 수 있다. 행위를 취하는 과정에서 장애물은 우리의 정신적 태도에 영향을 미칠 수 있으며 그 영향력이 미치는 시간 범위를 줄이거나 확장시킬 것이다. 결국 행위의 결실은 이미 존재하는 문제에 기여하거나 새로운 문제를 만들 수 있다.

## 2.14 ते ह्लादपरितापफलाः पुण्यापुण्यहेतुत्वात् ।

**te hlādaparitāpaphalāḥ puṇyāpuṇyāhetutvāt**

우리의 모든 행위는 어떤 식으로든 문제를 일으킬 수 있다는 결론이 되는 걸까?

어느 한 행위의 결과는 그 장애물이 개념에 있는지 행위의 실행에 있는지에 따라 고통을 주거나 이로움을 줄 것이다.

행위가 개시되고 실행되는 중에 장애물의 활동이 잠자고 있으면 올바른 행위의 태도와 수단을 인식할 만큼 충분히 명료하기 때문에 실수를 피할 수 있다. 그러나 장애물이 활동할 경우에는 충분히 명료하지 않아서 그 결과는 바람직하지 않거나 고통스러울 수 있다.

2.15 परिणामतापसंस्कारदुःखैर्गुणवृत्तिविरोधाच्च दुःखमेव सर्वं विवेकिनः ।

pariṇāmatāpasaṁskāraduḥkhairguṇavṛttivirodhācca duḥkhameva sarvaṁ vivekinaḥ

불쾌하거나 고통스러운 결과의 원인은 무엇인가?

어떤 대상이나 상황에서 오는 고통스러운 결과는 다음 중 한 가지이거나 그 이상일 수 있다. 지각된 대상의 변화, 즐거운 경험을 반복하려는 욕망, 과거 조건화의 강력한 효과들이 그것이다. 여기에 더해서 개인 내면의 변화가 이에 이바지하는 요인일 수 있다.

우리 자신과 우리 감각 대상 안에서 어떤 지속적인 변화가 생긴다. 이런 변화들을 인식하지 못할 수도 있다. 따라서 우리는 똑같은 것을 더 많이 추구하려는 충동을 품을 수 있는데 이를 성취할 가능성이 없을 때 특히 그렇다. 우리에게 익숙한 것이 다가오지 않을 때면 과거 조건화의 결과가 강한 반응을 일으킬 수 있다. 우리 자신과 우리 주변을 둘러싼 세상 패턴이 가진 복잡성을 여기에 추가해야만 한다. 따라서 어떤 대상이나 상황에도 고통을 주거나 불쾌한 효과에 이바지할 수 있는 잠재력이 존재한다. 그렇다면 우리는 무엇을 할 수 있을까?

2.16 हेयं दुःखमनागतम् ।

heyaṁ duḥkhamanāgatam

일어날 가능성이 큰 고통스러운 결과를 예상해서 이를 피해야만 한다.

고통스러운 결과를 예상하거나 줄일 수 있도록 우리를 돕는 건 무엇이든 실천해야만 한다. 파탄잘리는 그런 고통스러운 결과의 원인을 계속해서 제시하고 있으며, 우리 자신 안에서 그것들을 예상하거나 방지하거나 줄이거나 수용할 수 있는 역량을 개발할 수 있기 위해 우리가 할 수 있는 것들을 제시하고 있다. 간단히 말해서, 요가수련은 투명성을 높임으로써 고통스러운 결과를 줄이는 것을 그 목적으로 삼고 있다. 이는 우리가 장애물을 견디고 조절하는 걸 배워야만 한다는 뜻이다.

2.17 द्रष्टृदृश्ययोः संयोगो हेयहेतुः ।
draṣṭṛdṛśyayoḥ saṁyogo heyahetuḥ

이제 고통스러운 결과를 만드는 행위의 첫 번째 원인을 제시하고 있다.

고통스러운 결과를 만드는 행위의 원인은 지각된 대상과 지각하는 것을 구분하지 못하는 데 있다.

우리 각자에게는 지각하는 실체가 존재한다. 이것은 마음, 신체, 감각, 대상과 같이 지각되는 것과는 단연코 구분되지만 우리는 종종 이런 식으로 구분하지 못한다. 지각되는 것은 변할 수밖에 없는데도 우리는 이런 변화를 인식하지 못한다. 선명한 이해가 이렇듯 부족할 경우 설령 그것을 인식하지 못한다 하더라도 고통스러운 결과를 낳는다.

2.18 प्रकाशक्रियास्थितिशीलं भूतेन्द्रियात्मकं भोगापवर्गार्थं दृश्यम् ।
prakāśakriyāsthitisīlaṁ bhūtendriyātmakaṁ bhogāpavargārthaṁ dṛśyam

무엇이 지각 대상과 지각의 주체를 구분하는가? 다음의 구절이 설명하고 있다.

지각되는 일체는 외부 대상뿐 아니라 마음과 감각을 포함한다. 그것은 무거움, 활동, 투명성이라는 세 가지 성질을 공유한다. 그들은 두 가지 종류의 효과를 내는데, 지각하는 자에게 그것들의 영향을 드러내거나 그들과 지각하는 자 자체를 구분하는 수단을 제공한다.

지각되는 일체는 앞에서 언급한 세 가지 성질을 보여 주는 역량을 갖지만 그 강도와 정도는 다양하다. 그들이 우리에게 미치는 영향이 갖는 성질을 다음 몇 개 구절에서 더 탐구하고 있다.

2.19 विशेषाविशेषलिङ्गमात्रालिङ्गानि गुणपर्वाणि ।
viśeṣāviśeṣaliṅgamātrāliṅgāni guṇaparvāṇi

지각되는 일체는 세 가지 성질을 공통으로 공유함으로써 연결되어 있다.

여기에 더해서 그들은 서로 영향을 미친다. 예컨대, 우리가 먹은 음식은 우리의 마음 상태에 영향을 준다. 우리의 마음 상태는 몸과 환경에 대한 우리의 태도에 영향을 미친다.

2.20 द्रष्टा दृशिमात्रः शुद्धोऽपि प्रत्ययानुपश्यः ।
draṣṭā dṛśimātraḥ śuddho 'pi pratyayānupaśyaḥ

지각하는 것은 무엇일까?

지각하는 것은 어떤 변화에도 속하지 않는다. 그러나 그것은 언제나 마음을 통해서 지각한다.

그 결과 지각의 질은 지각의 도구인 마음 상태에 의해 영향을 받는다. 지각이 존재하는지 여부, 지각이 올바른지 여부는 마음 상태에 달려 있다. 이와 마찬가지로 대상의 색깔은 대상이 투영되는 유리의 색깔에 의해 영향을 받는다.

2.21 तदर्थ एव दृश्यस्यात्मा ।
tadartha eva dṛśyasyātmā

지각될 수 있는 일체는 오로지 한 가지 목적을 갖는데, 지각되는 것이 그 목적이다.

이런 식으로 그들은 지각하는 자에게 봉사하지만 자기 고유의 개체성을 갖지는 못한다. 그들의 목적은 지각하는 자에 의해서 그들이 지각되는 데 있다. 이와 똑같이 탁자 위에 놓인 음식은 그 자체를 위해서가 아니라 손님을 위해서 거기에 있는 것이다.

## 2.22 कृतार्थं प्रति नष्टमप्यनष्टं तदन्यसाधारणत्वात् ।

kṛtārthaṁ prati naṣṭamapyanaṣṭam
tadanyasādhāraṇatvāt

이것은 지각하는 자 없이 지각의 대상은 존재하지 않는다는 뜻일까?

일체의 지각 대상의 존재와 그들의 외양은 개별 지각자의 요구와는 독립되어 있다. 그들은 개별적인 기준 없이 각자의 서로 다른 요구에 맞추기 위해 존재한다.

개인의 요구는 특정 시간에만 정의될 수 있다. 어떤 요구는 주기적이거나 돌발적이다. 한 개인의 요구가 다른 사람의 요구보다 그 질과 타당한 이유에 있어서 더 중요하다고 할 수는 없다. 자동차 소유주에게는 차가 필요치 않지만 그 배우자에게는 필요할 수 있다. 현재는 음식이 필요치 않지만 몇 시간이 지나면 반드시 필요할 수도 있다. 손님이 오지 않는다고 해서 식탁 위에 놓인 음식이 사라지지 않는다고 할 수 있을까?

## 2.23 स्वस्वामिशक्त्योः स्वरूपोपलब्धिहेतुः संयोगः ।

svasvāmiśaktyoḥ svarūpopalabdhihetuḥ saṁyogaḥ

게다가,

지각되는 일체는 그것이 무엇이건, 특정 개인에게 미치는 그 효과가 무엇이건 간에 한 가지 궁극적인 목적을 갖는다. 그것은 보이는 외부와 보는 내면 간의 구분을 분명하게 하는 것이다.

무언가가 아무리 강력하거나 불안감을 주는 것처럼 보여도 그 효과를 결정하는 것은 그것에 대한 우리의 반응이다. 따라서 우리는 지각하는 것과 지각되는 것, 보는 것과 보이는 것을 구분함으로써 대상을 올바른 관점에 둘 수 있으며, 우리 자신이 그것의 효과와 우리에게 미치는 영향을 결정한다는 것을 분명히 할 수 있다.

## 2.24 तस्य हेतुरविद्या ।

**tasya heturavidyā**

때로는 왜 투명성이 존재하지 않는 걸까?

지각하는 것과 지각되는 것의 구분이 명료하지 않은 건 착각이 쌓였기 때문이다.

## 2.25 तदभावात्संयोगाभावो हानं तद्दृशेः कैवल्यम् ।

**tadabhāvātsaṁyogābhāvo hānaṁ taddṛśeḥ kaivalyam**

착각이 줄어들면 그에 비례해서 더 명료해진다. 이것이 자유로 가는 길이다.

그렇다. 이것이 요가수련의 궁극적인 목표다. 자유란 장애물로 인한 결과가 없는 것이며, 주의를 흩트리거나 불안을 주는 행동을 피하는 것이다.

## 2.26 विवेकख्यातिरविप्लवा हानोपायः ।

**vivekakhyātiraviplavā hānopāyaḥ**

우리는 어떻게 이런 자유를 성취할 수 있을까? 그것이 실제로 가능할까?

수단은 본질적으로 투명성을 개발하는 방향으로 안내하는데, 이로써 지각된 것의 변화하는 성질과 지각하는 것의 불변하는 성질에 대한 구분이 분명해진다.

여기에는 지속적인 노력이 요구된다. 이런 노력은 요가수트라 2.3에서 열거한 장애물이 끊임없이 침입하는 것을 줄이고 궁극적으로는 그것의 효과를 완전히 제거해야 하는 것을 말한다. 일단 시작하면 요가의 기초가 생긴 것이다.

**2.27 तस्य सप्तधा प्रान्तभूमिः प्रज्ञा ।**
**tasya saptadhā prāntabhūmiḥ prajñā**

투명성의 성취를 위해서는 점진적인 과정이 필요하다.

우리 마음의 특정 경향성이 고통스러운 결과를 생산하는 데 책임이 있다는 점을 인식하는 것이 첫 단계다. 이런 경향성을 줄이지 않으면 되돌아올 수 없는 지점에 도달할 것이다.

**2.28 योगाङ्गानुष्ठानादशुद्धिक्षये ज्ञानदीप्तिराविवेकख्यातेः ।**
**yogāṅgānuṣṭhānādaśuddhikṣaye**
**jñānadīptirāvivekakhyāteḥ**

이런 경향성을 인식하고 교정하기 위해서 무언가를 할 수 있을까? 파탄잘리는 착각과 같은 장애물이 축적되는 것을 줄이기 위한 최종적인 수단을 제안하고 있다. 왜냐하면 이런 장애물을 줄이는 것은 바람직하지 않은 결과를 생산하는 우리의 경향성을 뒤집을 수 있기 때문이다.

수련하고 서로 다른 요가의 요소를 탐구하는 것은 착각과 같은 장애물을 점차 줄여 준다[2.3]. 그러면 지각의 램프가 밝아져서 지각하는 것과 지각되는 것 간의 구분이 점점 더 분명해진다. 이제 모든 것을 오류 없이 이해할 수 있다.

마음이 진정한 지각을 흐리게 만드는 장애물로부터 정화되면 지각하는 데 있어서 오류나 결점이 사라질 수 있다. 따라서 행위는 후회할 수 있는 결과로부터 자유로워진다.

파탄잘리는 요가의 요소를 제시하고 있다.

2.29 **यमनियमासनप्राणायामप्रत्याहारधारणाध्यानसमाध-योऽष्टावङ्गानि ।**

**yamaniyamāsanaprāṇāyāmapratyāhāradhāraṇādhyā nasamādhayo 'ṣṭāvaṅgāni**

요가에는 여덟 가지 요소가 있다. 이는 다음과 같다.

1. 야마(yama), 환경에 대한 우리의 태도
2. 니야마(niyama), 우리 자신에 대한 태도
3. 아사나(āsana), 신체 운동 수련
4. 프라나야마(prāṇāyāma), 호흡 연습 수련
5. 프라티야하라(pratyāhāra), 감각의 제어
6. 다라나(dhārāna), 마음을 이끄는 능력
7. 디야나(dhyāna), 이해를 추구하는 것과의 상호작용을 개발시키는 능력
8. 사마디(samādhi), 이해 대상과의 완전한 통합

제시된 순서는 외부적인 관계에서부터 매우 강렬하면서도 정제된 내성 상태로 진행된다. 그러나 이런 순서가 반드시 수련의 순서인 것은 아니다. 요가수트라 1.2에서 설명된 상태에 도달하기 위해 가장 적합한 길이라면 그 어떤 길이든 따라가야 한다. 그것들은 모두 개인이 진보하는 것과 동시에 발달한다.

2.30 **अहिंसासत्यास्तेयब्रह्मचर्यापरिग्रहा यमाः ।**

**ahiṁsāsatyāsteyabrahmacaryāparigrahā yamāḥ**

요가의 여덟 가지 요소는 다음에 나오는 구절에서 논의한다.

야마의 구성은

1. 살아 있는 모든 대상에 대한 배려, 특히 결백하거나, 곤란에 처해 있거나, 우리보다 형편이 나쁜 대상들이다.
2. 언어, 글, 제스처, 행위를 통한 올바른 의사소통
3. 탐욕이 없거나 우리에게 속하지 않은 것들을 향한 욕망에 저항하는 능력
4. 모든 행위에서의 절제
5. 무욕 또는 적절한 것만을 수용하는 능력

우리가 이런 자질을 어떻게 드러내고, 그것들을 위해 어떻게 노력하는지는 반드시 우리의 사회적 · 문화적 배경, 종교적 신념 그리고 개인적 특징과 잠재력에 달려 있다. 그러나 개인 안에서 그것들이 표현되는 것은 마음의 장애물이 작동하는 정도를 반영한다. 타인과 환경에 대해서 우리가 어떻게 행동하는가는 우리의 마음 상태와 성격을 드러낸다. 문을 노크하는 방식은 방문객의 성격을 말해 주는 것이다!

## 2.31 जातिदेशकालसमयानवच्छिन्नाः सार्वभौमा महाव्रतम् ।

**jātideśakālasamayānavacchinnāḥ sārvabhaumā mahāvratam**

우리의 사회적, 문화적, 지적 또는 개인적 위치를 불문하고 우리가 처한 환경에서 타협하지 않고 이런 태도를 취할 때 되돌아갈 수 없는 상태에 도달한다.

우리는 그런 태도에서 출발할 수는 없다. 갑자기 그런 태도를 취할 경우에는 그것을 유지할 수 없다. 그것들을 유지하지 못하는 데 대해 우리는 항상 변명거리를 찾는다. 그러나 우리가 왜 반대 견해를 고수하고 있는지 그 이유를 찾고 그런 견해를 허용하는 장애물을 따로 분리한다면 우리의 태도는 점차 변할 것이다. 장애물이 사라지고 타인과 우리 환경에 대한 태도는 더 좋은 방향으로 변할 것이다.

2.32 शौचसंतोषतप:स्वाध्यायेश्वरप्रणिधानानि नियमा: ।

śaucasaṅtoṣatapaḥsvādhyāyeśvarapraṇidhānāni niyamāḥ

니야마는 다음과 같이 구성된다.

1. 청결 또는 우리 몸과 주변 환경을 깨끗하고 단정하게 유지하기
2. 만족 또는 우리가 가진 것과 갖지 못한 것에 편안해하는 능력
3. 수면, 운동, 영양, 일, 이완과 같이 올바른 습관을 유지함으로써 육체와 정신 시스템에서 불순물을 제거하기
4. 공부 그리고 우리의 진전을 검토하고 평가할 필요성
5. 더 높은 지성을 숭배하거나 전지(全知)한 신과 관련해서 우리의 한계를 수용하기

타인 그리고 우리 환경에 대한 태도와 마찬가지로 이런 중요사항들은 스스로 성립하며, 오류와 문제를 일으킨 행위를 수정하는 일과 더불어 올바른 태도가 발달한다.

2.33 वितर्कबाधने प्रतिपक्षभावनम् ।

vitarkabādhane pratipakṣabhāvanam

타인에 대한 우리의 태도를 어떻게 검토하고 재검토할 수 있을까?

이런 태도들이 의심스러우면 대안적인 태도들의 가능한 결과에 대한 자기성찰이 도움을 줄 것이다.

이것은 주어진 시간이나 환경에서 가질 수 있는 그 밖의 태도가 야기하는 결과를 지성적으로 검토하는 방법을 찾을 필요성을 뜻한다. 도약하기 전에 살펴보라!

**2.34 वितर्का हिंसादयः कृतकारितानुमोदिता लोभक्रोध-मोहपूर्वका मृदुमध्याधिमात्रा दुःखाज्ञानानन्तफला इति प्रतिपक्षभावनम् ।**

vitarkā hiṁsādayaḥ kṛtakāritānumoditā
lobhakrodhamohapūrvakā mṛdumadhyādhimātrā
duḥkhājñānantaphalā iti pratipakṣabhāvanam

파탄잘리는 이것을 더 자세히 설명하고 있다.

예컨대, 매몰차게 행동하거나 매몰찬 행위를 조장하거나 승인하려는 돌연한 욕망은 그 해로운 결과를 성찰함으로써 자제할 수 있다. 그런 행위들은 종종 분노, 탐욕, 또는 불건전한 판단 같은 저차원 본능의 결과다. 이런 행위가 심각하건 심각하지 않건, 적절한 분위기에서 성찰한다면 이런 방식으로 행위하려는 욕망을 자제할 수 있다.

사람, 상황, 아이디어에 대해 우리가 갖는 태도의 일부는 종종 분명하지 않을 수 있다. 그때 성급하게 발걸음을 내딛는다면 원치 않는 상황에 놓일 것이다. 그런 상황에서는 달리 생각할 기회를 고려하는 것이 바람직하다. 예방이 치료보다 낫다.

**2.35 अहिंसाप्रतिष्ठायां तत्संनिधौ वैरत्यागः ।**

ahimsāpratiṣṭāyāṁ tatsaṅnidhau vairatyāgaḥ

우리는 사람마다 다르다는 사실을 기억해야만 한다. 어떤 사람에게는 동기와 태도를 검토하는 일이 무척 쉬울 수 있다. 어떤 사람에게는 스스로를 성찰하는 것이 매우 어렵다. 이제 파탄잘리는 2.30과 2.32에서 열거한 열 가지 태도의 각각에서 진전을 이룬 표시를 보여 주고 있다.

사려가 깊을수록 그 사람이 존재하면 모든 사람 사이에서 친절한 느낌을 더 많이 자극한다.

시기에 따라 사람에 따라 불친절한 사람들조차도 우리가 존재할 경우 다른 측면을 보여 줄 수 있고 친절해질 수 있다.

**2.36 सत्यप्रतिष्ठायां क्रियाफलाश्रयत्वम् ।**

**satyapratiṣṭhāyām kriyāphalāśrayatvam**

높은 수준으로 올바르게 소통하는 사람은 행위에 실패하지 않을 것이다.

감수성을 갖고 타인에게 상처를 주지 않고 거짓말을 하지 않으며 필요한 성찰을 하면서도 진실한 소통을 할 수 있는 능력에는 매우 차분한 존재 상태가 필요하다. 그런 사람에게는 행위에서 실수가 일어날 수 없다.

**2.37 अस्तेयप्रतिष्ठायां सर्वरत्नोपस्थानम् ।**

**asteyapratiṣṭhāyām sarvaratnopasthānam**

타인에게 속한 것을 탐하지 않기 때문에 신뢰할 수 있는 사람은 당연히 모든 사람의 신뢰를 받으며 아무리 소중한 것이라도 그와 함께 공유한다.

**2.38 ब्रह्मचर्यप्रतिष्ठायां वीर्यलाभः ।**

**brahmacaryapratiṣṭhāyām vīryalābhaḥ**

최상의 절제는 최고의 개인적 활력을 생산한다.

모든 것에서 절제를 추구한다면 우리는 아무것도 낭비하지 않는다. 과도한 것이 문제를 일으키며 너무 적어도 부적절하다.

**2.39 अपरिग्रहस्थैर्ये जन्मकथंतासंबोधः ।**
**aparigrahasthairye janmakathaṁtāsaṁbodhaḥ**

탐욕스럽지 않은 사람은 안전하다. 그에게는 깊게 생각할 시간이 있으며 자신에 대한 이해는 완전하다.

더 많이 가질수록 우리는 그것을 더 많이 돌볼 필요가 있다. 더 많은 것을 얻고, 그것을 보호하고, 그것에 대해 걱정하는 데 소비하는 시간과 에너지를 쓰느라고 삶의 근본적인 질문에 에너지를 쓸 수 있는 여력이 없다. 우리가 반드시 소유해야 하는 것에는 한계가 있을까? 무슨 목적으로 누구를 위해 얼마나 오랫동안 소유해야 할까? 이런 질문들을 생각할 시간이 오기 전에 죽음이 다가온다.

**2.40 शौचात्स्वाङ्गजुगुप्सा परैरसंसर्गः ।**
**śaucātsvāṅgajugupsā parairasaṁsargaḥ**

청결이 개발되면 그것을 통해 지속적으로 유지할 필요가 있는 것과 영원히 깨끗한 것이 드러난다. 부패하는 것은 외적인 것이며, 우리 내면 깊숙한 곳에는 부패하지 않는 것이 존재한다.

외부를 향한 일시적이면서도 피상적인 것들에 대한 과도한 관심과 집착이 줄어든다.

**2.41 सत्त्वशुद्धिसौमनस्यैकाग्र्येन्द्रियजयात्मदर्शनयोग्यत्वानिच ।**
**sattvaśuddhisaumanasyaikāgryendriyajayātmadarśana yogyatvāni ca**

게다가 감각의 방해를 받지 않고 과거부터 축적되어 온 착각으로부터도 자유로운 상태에서 우리 개인의 자아가 가진 매우 깊은 성질을 성찰할 수 있다. 여기에는 지각의 원천이 포함된다.

외형적인 것들을 가장 가치가 있다고 생각하고 어떤 대가를 치르더라도 그것을 지키는 것은 삶에서 가장 중요한 것이 아니다. 살펴볼 것이 더 많이 존재한다. 더러운 옷을 입으면 사람이 흉해 보이지만 그 옷은 갈아입을 수 있다. 그렇지만 내면 깊숙이 먼지가 쌓이면 쉽게 바꿀 수 없다.

## 2.42 संतोषादनुत्तमः सुखलाभः ।

samtoṣādanuttamaḥ sukhalābhaḥ

만족의 결과는 전적인 행복이다.

열정을 습득하는 데서 오는 행복은 일시적일 뿐이다. 새로운 것을 찾을 필요가 있으며 이런 종류의 행복을 유지하기 위해서 그것을 획득할 필요가 있다. 거기에는 끝이 없다. 그러나 전체적인 행복과 지복으로 이끄는 진정한 만족에는 비할 바가 없다.

## 2.43 कायेन्द्रियसिद्धिरशुद्धिक्षयात्तपसः ।

kāyendriyasiddhiraśuddhikṣayāttapasaḥ

불순물의 제거는 신체가 더 효율적으로 기능하게 한다.

육체적인 질병과 장애, 정신적인 질병과 장애가 모두 여기에 포함된다.

## 2.44 स्वाध्यायादिष्टदेवतासंप्रयोगः ।

svādhyāyādiṣṭadevatāsamprayogaḥ

탐구가 최고조에 이르면, 더 높은 힘에 가까이 가서 가장 복잡한 것도 이해할 수 있다.

탐구가 더 효과적일수록 우리의 약점과 강점을 더 잘 이해하게 된다. 우리는 약점을 없애고 강점을 최대한 활용하기 위해 배우는 것이다. 그럴 때 우리의 이해에는 한계가 없다.

### 2.45 समाधिसिद्धिरीश्वरप्रणिधानात् ।
samādhisiddhirīśvarapraṇidhānāt

신에 대한 공경은 어떤 대상을 선택하건 그것을 완전하게 이해하는 능력을 높인다.

최상의 지성을 공경하는 데서 확신의 느낌이 생긴다. 그러면 대상이 아무리 복잡해도 그 대상을 향해 마음을 이끌어 갈 때 전혀 문제가 생기지 않는다.

### 2.46 स्थिरसुखमासनम् ।
sthirasukhamāsanam

이제 요가의 다음 두 측면, 즉 아사나와 프라나야마(요가수트라 2.29를 보라)를 제시하고 있는데, 그것들이 우리의 몸과 호흡을 이해하고 이들을 올바르고 적절하게 사용하는 데에 도움을 주기 때문이다. 태도를 변화시키는 것과는 달리 이들을 시작하기는 더 쉽다. 우리 대부분은 이들과 더불어 요가에서 만나는 장애물들을 줄여 가기 시작할 수 있다. 여기에서는 지시사항들은 간단하게 제시하고 있는데, 유능한 스승으로부터 수련을 직접 배울 필요가 있기 때문이다.

아사나는 기민성과 이완이라는 두 가지 성질을 가져야 한다.

아사나 수련에는 신체 운동이 포함되어 있다. 아사나를 제대로 수련할 경우 긴장이 없는 기민성과 둔함과 무거움이 없는 이완이 존재해야만 한다.

2.47 प्रयत्नशैथिल्यानन्तसमापत्तिभ्याम् ।
prayatnaśaithilyānantasamāpattibhyām

몸의 반응과 아사나 수련을 구성하는 다양한 자세에 수반되는 호흡을 인식하고 관찰함으로써 이런 성질들을 성취할 수 있다.

2.48 ततो द्वंद्वानभिघातः ।
tato dvaṅdvānabhighātaḥ

이런 원리들을 올바로 따를 때 아사나 수련은 연령, 기후, 식습관, 일과 같이 몸에 미치는 외부적인 영향을 견디고 최소화하는 데 도움을 줄 수 있다.

이것이 착각 같은 장애물의 결과를 줄이는 출발점이다. 왜냐하면 몸은 마음속에 있는 것을 표현하기 때문이다. 아사나 같은 수련은 신체 수준에서 장애물이 주는 해로운 결과를 교정하기 시작한다. 그렇게 발달한 웰빙이 우리 자신을 더 많이 이해할 수 있는 가능성을 열어 준다. 요통을 앓는 경우 이런 통증을 해소할 필요성이 생각을 지배한다. 아사나 수련에 들이는 우리의 노력을 통해 요통을 줄인 후에 통증의 원인을 탐색할 수 있다.

2.49 तस्मिन्सतिश्वासप्रश्वासयोर्गतिविच्छेदः प्राणायामः ।
tasminsatiśvāsapraśvāsayorgativicchedaḥ prāṇāyāmaḥ

아사나 수련을 통해서 우리는 호흡이 어떻게 작용하는지도 이해할 수 있다. 호흡 패턴은 매우 개별적인 것이다. 그것은 우리의 마음 상태나 내적, 외적 힘의 결과로 일어나는 신체 변화의 결과에 따라 다양하다. 아사나 수련을 통해 얻은 호흡에 대한 이와 같은 지식은 프라나야마를 시작하는 기초가 된다.

프라나야마는 무의식적인 호흡 패턴을 대체하는 의식적이면서 의도적인 호흡 조절이다. 아사나 수련을 제대로 숙달했을 때에만 프라나야마가 가능하다.

보통은 똑바로 앉은 편안한 자세에서 이 수련을 실시한다.

**2.50 बाह्याभ्यन्तरस्तम्भवृत्तिर्देशकालसंख्याभिः परिदृष्टो दीर्घसूक्ष्मः ।**

**bāḥyābhyantarastambhavṛttirdeśakālasaṁkhyabhiḥ paridṛṣṭo dīrghasūkṣmaḥ**

프라나야마의 구성요소는 무엇인가?

거기에는 날숨, 들숨, 호흡 정지의 조절이 포함된다. 이런 세 과정의 조절은 그 길이를 조절하고 일정 시간 동안 이런 조절을 유지할 뿐 아니라 그 과정에 마음을 둠으로써 성취된다. 호흡의 이런 구성요소들은 반드시 길고 균일해야 한다.

프라나야마 수련에서는 많은 조합이 가능하다. 수많은 기법을 사용할 수 있으나 세부사항을 논하는 것은 이 책의 범위를 벗어나 있다.

**2.51 बाह्याभ्यन्तरविषयाक्षेपी चतुर्थः ।**

**bāhyābhyantaraviṣayākṣepī caturthaḥ**

요가 상태에서는 완전히 다른 호흡 상태가 나타난다.

그러면 호흡은 의식의 수준을 초월한다.

더 구체적으로 표현하는 것은 불가능하다.

**2.52 ततः क्षीयते प्रकाशावरणम् ।**

**tataḥ kṣīyate prakāśāvaraṇam**

프라나야마 수련의 결과를 보여 주고 있다.

프라나야마를 규칙적으로 수련하면 투명한 지각을 가로막는 장애물이 줄어든다.

## 2.53 धारणासु च योग्यता मनसः ।

**dhāraṇāsu ca yogyatā manasaḥ**

선택한 목표로 향하는 과정에서 마음은 이제 준비를 마쳤다.

## 2.54 स्वविषयासंप्रयोगे चित्तस्य स्वरूपानुकार इवेन्द्रियाणां प्रत्याहारः ।

**svaviṣayāsaṁprayoge cittasya svarūpānukāra ivendriyāṇāṁ pratyāhāraḥ**

이제 요가의 다섯 번째 측면인(요가수트라 2.29를 보라) 감각을 제어하는 프라티야하라를 정의하고 있다.

마음이 선택된 방향을 유지할 수 있고, 감각이 자신의 주변에 나타나는 서로 다른 대상을 무시하고 자신의 방향을 충실하게 따를 때 감각의 제어가 일어난다.

## 2.55 ततः परमा वश्यतेन्द्रियाणाम् ।

**tataḥ paramā vaśyatendriyāṇām**

그때 감각의 주인이 된다.

감각은 주의산만의 원인이 되지 않고 선택된 탐구에서 서로 간에 협력한다. 감각제어는 엄격한 훈련이 될 수 없다. 그것은 우리 내면에 있는 지각의 장애물이 일소되었을 때 발달하는 것이다.

# 3
# विभूतिपादः
# 성취의 장(VIBHŪTIPĀDAḤ)

이 성취의 장(vibhūtipāda, **비부티 파다**)에서 파탄잘리는 마음의 역량을 설명하는데, 이로써 앞의 두 장에서 서술한 다양한 수련을 통해서 산만함에서 자유로운 상태를 성취할 수 있다. 그런 마음은 대상과 개념을 깊게 탐색할 수 있고 거기에는 실로 셀 수 없이 많은 가능성이 존재한다. 그럴 경우 이전에는 알려지지 않았던 차원에 존재하는 대상에 관한 지식이 개인 안에서 일어난다. 그러나 그런 지식 자체는 산만함의 원천이 되어 더 높은 존재 상태에 도달하는 것을 막을 수 있다. 최고 상태란 그 종류가 어떻건, 그 시기가 어떻건 상관없이 일어나는 모든 장애로부터의 자유를 말한다. 다음 세 개 구절은 요가수트라 2.29에서 처음 언급했던 요가의 여섯 번째, 일곱 번째, 여덟 번째 요소를 설명하고 있다. '수행의 장'에서 첫 다섯 개 구성요소를 설명하고 있다.

## 3.1 देशबन्धश्चित्तस्य धारणा ।
deśabandhaścittasya dhāraṇā

개인의 영역 안에 있는 수많은 잠재 대상에도 불구하고 선택된 대상에 마음을 두는 것이 가능할 때 마음은 방향을 잡는 능력[다라나]에 도달한다.

다른 대상들이 주의를 끌고 있음에도 불구하고 개인은 특정 대상을 선택한다. 선택된 대상은 감각적이거나 개념적인 대상일 수도, 단순하거나 복잡할 대상일 수도, 유형 또는 무형의 대상일 수도, 유리한 조건에 있거나 악조건에 있을 수도 있다. 우리의 마음이 산만함에 젖어 있거나 착각 같은 장애물에 강한 영향을 받고 있을 때에는(요가수트라 2.3을 보라) 이런 식으로 방향을 유지하는 능력은 불가능하다.

## 3.2 तत्र प्रत्ययैकतानता ध्यानम् ।

**tatra pratyataikatānatā dhyānam**

일단 방향이 고정되면 마음의 활동과 선택된 대상 간에 연결이 형성된다.

그러면 정신 활동에는 오로지 이 대상과 관련해서만 일어나는 중단 없는 흐름이 생긴다.

처음에 우리의 이해는 착각, 상상, 기억의 영향을 받는다. 그러나 이해의 과정이 강화되면 대상에 대한 우리의 이해가 새로워지고 심화된다.

## 3.3 तदेवार्थमात्रनिर्भासं स्वरूपशून्यमिव समाधिः ।

**tadevārthamātranirbhāsaṁ svarūpaśūnyamiva samādhiḥ**

머지않아 개인은 그 대상에 매우 몰입해서 그것에 대한 이해 외에는 아무것도 없다는 게 분명해진다. 개인은 마치 자신의 고유한 정체성을 잃어버린 것 같다. 이것이 이해의 대상과 완전하게 통합된 것이다[사마디].

이 상태에 도달하면 대상 자체만 분명해진다. 대상과는 동떨어진 개별 존재라는 사실을 의식조차 못한다. 우리의 정신 활동이 대상과 통합되면 대상 외에는 아무것도 없다.

3.4 त्रयमेकत्र संयमः ।
trayamekatra saṁyamaḥ

요가수트라 3.1, 3.2, 3.3에서 설명한 세 가지 과정을 서로 다른 시기에 서로 다른 대상에게 적용할 수도 있고, 똑같은 대상에 대해 이 세 과정 모두를 무한정 적용할 수도 있다.

똑같은 대상에 대해 이런 과정들을 지속적이면서도 배타적으로 적용할 때 그것을 삼야마라고 부른다.

3.5 तज्जयात्प्रज्ञालोकः ।
tajjayātprajñālokaḥ

지속적이고 배타적인 이런 삼야마 수련의 결과는 무엇일까?

선택된 대상에 대한 삼야마는 모든 측면에서 대상에 대한 종합적인 지식으로 이끈다.

3.6 तस्य भूमिषु विनियोगः ।
tasya bhūmiṣu viniyogaḥ

삼야마 과정을 마음에 적용할 때 아무 대상이나 선택해도 되는 걸까? 선택의 근거는 무엇일까?

삼야마는 점진적으로 발달해야만 한다.

그런 탐구에 대한 우리의 잠재력을 제대로 인식하면서 삼야마 대상을 선택해야 한다. 덜 복잡한 대상을 갖고 시작해야만 하고, 여러 방식으로 달리 탐구할 수 있는 대상으로 시작해야만 한다. 그러면 성공적으로 발달할 기회는 더 많아진다.

이는 대상을 선택할 때 우리를 잘 알고 있는 스승이 크게 도움이 된다는 것을 의미한다.

## 3.7 त्रयमन्तरङ्गं पूर्वेभ्यः ।
**trayamantaraṅgaṁ pūrvebhyaḥ**

특정 사람에게 무엇이 쉬운지를 구체화하는 것은 삼야마나 여타의 다른 수련에서도 가능하지 않다. 파탄잘리는 상대성 개념을 제시하고 있는데, 모든 것은 상대적이다.

> 요가의 첫 다섯 가지 구성요소[요가수트라 2.29]와 비교할 때 다음 세 개의 구절[요가수트라 3.1, 2, 3]은 더욱 복잡하다.

첫 다섯 가지 구성요소란 환경에 대한 우리의 태도, 우리 자신에 대한 우리의 태도, 신체 운동 수련(아사나), 호흡 수련(프라나야마), 감각의 제어(프라티야하라)를 말한다. 이것들은 다음 세 가지 측면보다 이해하고 시도하기가 더 쉽다. 이들은 우리의 마음을 총괄하는 능력(다라나), 우리가 이해하려는 것과 완벽하게 상호작용하는 능력(디야나), 이해의 대상과 완벽하게 통합하는 것(사마디)이다.

## 3.8 तदपि बहिरङ्गं निर्बीजस्य ।
**tadapi bahiraṅgaṁ nirbījasya**

우리의 역량을 개발시키면 지속적인 훈련을 통해 마음을 순화시키고 충분히 적응시켜 별다른 어려움 없이 마음을 총괄하는 과정을 촉진할 수 있다.

> 마음이 어떤 인상도 갖지 않고 그 영역 너머에는 아무것도 존재하지 않는 상태[니르비자 사마디(nirbījah samādhi)]는 마음을 한 대상에 돌리는 상태[사마디]보다 더 미묘하다.

요가수트라 1.51은 이런 최고의 요가 상태를 정의하고 있다. 이 상태에서 마음은 탐구에 대해서 어떤 저항도 보이지 않으며 온갖 종류의 과거 인상으로부터도 해방되어서 그저 투명해진다.

요가수트라 3.7과 3.8이 주는 메시지는 개인 수준에서만 삼야마가 가능하다는 것이다. 탐구의 방향을 선택할 때는 보편적인 등급이란 존재할 수 없다. 우리 모두는 언제나 똑같은 수준에 있을 수 없다. 이것이 상대적 측면의 삼야마인데 삼야마는 각각의 개인적 역량과 요구에 근거를 두기 때문이다. 어떤 사람들은 다른 길에서 더 높은 수준의 삼야마로 우리를 이끌어 줄 수 있는 역량을 개발시켰을 수도 있다. 인간 해부학 전문가는 말의 척추를 이해하기 위해 많은 분량을 공부할 필요가 없다. 그러나 재정 전문가는 기본 해부학 공부부터 시작해야만 할 수 있다.

## 3.9 व्युत्थाननिरोधसंस्कारयोरभिभवप्रादुर्भावौ निरोधक्षणचित्तान्वयो निरोधपरिणामः ।

**vyutthānanirodhasaṁskārayorabhibhavaprādurbhāvau nirodhakṣaṇacittānvayo nirodhapariṇāmaḥ**

한 가지 방식으로 작동하는 데 익숙해진 우리의 마음이 어떻게 변할 수 있을까? 파탄잘리는 우리가 지각하는 모든 것이 바뀔 수 있음을 보여 주면서 이런 질문과 씨름하였다. 더구나 모든 것은 선택된 방식으로 변할 수 있다.

> 마음은 두 가지 뚜렷한 경향성에 근거해서 두 가지 상태를 가질 수 있는데 산만함과 주의가 그것이다. 그러나 어느 한순간에는 오로지 한 상태만 우세한데 이런 상태가 개인의 행동, 태도, 표현에 영향을 미친다.

주의 상태가 우세해지면 자세는 고요해지고 호흡은 가라앉으며 대상에 대한 집중은 완전히 그 대상에 몰입해서 주변을 잊어버리는 상태가 된다. 그러나 산만한 상태가 되면 우리의 자세는 고요함과는 멀어지고 호흡은 불규칙해지며 태도는 주의를 기울이는 역량을 거의 보이지 않는다.

3.10 तस्य प्रशान्तवाहिता संस्कारात् ।

tasya praśāntavāhitā saṁskārāt

주의 상태를 개발할 수 있을까?

지속적이고 중단 없는 수련을 통해서 마음은 오랫동안 주의 상태에 머물 수 있다.

그러나 이런 상태를 유지하려고 시도하지 않으면 산만한 상태가 주도한다.

3.11 सर्वार्थतैकाग्रतयोः क्षयोदयौ चित्तस्य समाधिपरिणामः ।

sarvārthataikāgratayoḥ kṣayodayau cittasya samādhipariṇāmaḥ

산만함의 질조차 다양할 수 있으며 그 질도 바뀔 수 있다. 마음은 혼란스럽거나, 지나치게 무거워서 흔들 수 없거나, 방해하기 아주 쉬울 수 있다. 이런 다양성은 우리의 과거 경향성에 의존하며 우리가 거기에 어떻게 반응하는지에도 달려 있다. 이것이 존재의 또 다른 상태, 즉 중간 상태다.

마음은 강력한 집중의 가능성과 대체 대상들이 주의를 끌 수 있는 상태 사이를 오간다.

이전 상황과 지금 상황의 차이는 전자의 경우 우리의 마음은 두 가지 아주 다른, 상반된 상태 사이를 오고 가는 반면, 이 경우에는 두 가지 상태 간의 차이가 훨씬 적다. 따라서 시간을 너무 많이 소비하지 않고서도 산만한 마음 상태가 주는 효과가 지속되지 않고 정해진 탐구의 방향으로 돌아올 기회가 더 많아진다.

**3.12 ततः पुनः शान्तोदितौ तुल्यप्रत्ययौ चित्तस्यैकाग्रता-परिणामः ।**

**tataḥ punaḥ śāntoditau tulyapratyayau cittasyaikāgratāpariṇāmaḥ**

더 순화되면,

> 마음은 대상과의 연결이 한결같으면서도 계속되는 상태에 도달한다.

그때 대상과의 관계는 마음의 다른 경향성으로 인해 더 이상 방해받지 않는다. 대상의 완전한 이해가 확고하게 자리 잡는다.

**3.13 एतेन भूतेन्द्रियेषु धर्मलक्षणावस्थापरिणामा व्याख्याताः ।**

**etena bhūtendriyeṣu dharmalakṣaṇāvasthāpariṇāmā vyākhyātāḥ**

따라서 우리의 마음은 분명 서로 다른 특징을 띨 수 있다. 이런 특징들 또한 어쩔 수 없이 변한다. 마음, 감각 그리고 감각의 대상은 세 가지 기본 특징, 즉 무거움, 활동, 투명성을 공유한다. 어떤 면에서 이 세 가지 성질이 끊임없이 유동하기 때문에 마음에서 대부분의 변화가 일어난다. 그것들이 어떻게 변하는지, 언제 변하는지, 어떤 조합이 마음의 서로 다른 특징을 형성하는지는 복잡한 주제다. 그러나

> 마음이 서로 다른 상태에 있다는 것이 확고하기에 [이런 상태에 따라 개인에게 서로 다른 태도, 가능성, 행동 패턴이 일어난다] 일체의 지각 대상에서 그리고 감각에서 그런 변화가 일어날 수 있다고도 말할 수 있다. 이런 변화의 수준은 서로 다를 수 있으며, 시간이나 우리의 지성 같은 외부적인 힘의 영향을 받을 수 있다.

시간은 신선한 꽃을 말라 버린 꽃잎 몇 장으로 바꿀 수 있다. 대장장이는 금덩어리를 섬세한 목걸이로 바꿀 수 있다. 야금학자는 그것을 부식성이 매우 강한 액체를 저장할 수 있는 화합물로 다시 전환할 수 있다. 어느 한순간에 분명했던 특징들이 대상에 관한 전체 스토리가 아닐 수 있다. 그러나 예컨대, 금의 모든 잠재력이 알려지면 그때는 그 속성이 꽤나 다를지라도 많은 생산물을 만들 수 있다. 몸과 감각도 마찬가지다. 예술가의 수작업 기술은 자동차 정비공의 기술과는 매우 다르며, 철학자의 이성은 사업가의 이성과는 전혀 다르다.

## 3.14 शान्तोदिताव्यपदेश्यधर्मानुपाती धर्मी ।
**śāntoditāvyapadeśyadharmānupātī dharmī**

서로 다른 모든 특징은 이런저런 형태로 어딘가에 보관되어야 한다.

한 물질은 그것의 일체 특징을 담고 있으며, 그것을 담고 취하는 특정 형상에 따라 그런 형상에 순응하는 특징들이 분명하게 드러날 것이다. 그 형상이 무엇이건, 어떤 특징들을 드러내건, 모든 특징을 구성하는 바탕이 존재한다. 어떤 것은 과거에 나타났고, 어떤 것은 현재 나타나고 있으며, 어떤 것은 미래에 나타날 것이다.

요가수트라 3.9에서 3.14의 중요성은 우리가 지각하는 모든 것은 사실로서 허구가 아니라는 데 있다. 그러나 이런 사실들은 변할 수밖에 없다. **사트바다**(satvāda)[2)]와 **파리나마바다**(pariṇāmavāda)[3)]로 알려진 파탄잘리의 이런 두 가지 규칙이 그의 가르침의 기초이다.

2) 역자 주. 꿈, 생각, 환상을 포함해서 모든 것은 실재한다는 의미다.
3) 역자 주. 변환의 이론에 관한 요가적 개념으로, 원인은 그 자체를 끊임없이 결과로 변환시킨다는 의미다.

## 3.15 क्रमान्यत्वं परिणामान्यत्वे हेतुः ।
kramānyatvaṁ pariṇāmanyatve hetuḥ

물질의 특징에서 나타난 이런 변화는 영향을 받을 수 있을까?

변화의 질서나 순서를 바꿈으로써 하나의 패턴이었던 특징이 다른 패턴으로 바뀔 수 있다.

변화에는 순서가 있으나 이 순서는 바뀔 수 있다. 계곡을 흐르는 강은 터널을 통과하면서 방향을 바꿀 수 있다. 이런 가능성을 포착하는 지성이 서로 다른 변화 패턴을 만든다.

## 3.16 परिणामत्रयसंयमादतीतानागतज्ञानम्
pariṇāmatrayasaṁyamādatītānāgatajñānam

어떤 면에서 보면 삼야마란 불완전하고 오류가 있는 대상을 이해하거나, 전혀 아무것도 이해하지 못하는 정신적 잠재력을 완전한 이해의 잠재력으로 바꾸는 과정이다. 이런 잠재력이 개발되면 개인은 어떤 대상이건 선택해서 그것에 관한 깊은 지식을 계발할 수 있다. 이런 대상은 감각적 지각의 한계 속에 있는 외부 대상일 수도 있고 변화, 시간, 또는 의사소통 같은 개념일 수도 있다. 이어지는 구절에서는 서로 다른 삼야마의 결과로 생기는 그런 지식의 예를 들고 있다. 특정 성질에 관한 깊은 지식을 얻기 위해서 고도로 발달한 마음을 사용하는 데 관심을 두건, 진정한 자유에 더 관심을 기울이건 그것은 개인적인 선택의 문제다. 진정한 자유는 전문 지식을 초월할 뿐 아니라 우리가 행하는 일체 행동이 뉘우침이나 후회를 남기지 않는 상태를 말한다. 파탄잘리는 삼야마를 달리 오용하는 데 대해 경고하고 있다.

삼야마를 통해 마음에 방향을 잡은 첫 번째 예는 다음과 같다.

변화의 과정, 그것이 시간 및 다른 요인들에 의해 어떻게 영향을 받을 수 있는지에 대해 삼야마를 하는 것은 과거와 미래에 대한 지식을 계발한다.

요가수트라 3.9에서 3.14까지는 대상, 감각 그리고 마음속에서 일어나는 변화를 설명하고 있다. 우리가 이런 생각을 깊이 추적하다 보면 특정 상황에서 무슨 일이 일어날 수 있는지, 과거에는 무슨 일이 일어났는지를 예상할 수 있다. 천문학은 이것을 보여 주는 고전적인 예다.

3.17 शब्दार्थप्रत्ययानामितरेतराध्यासात्संकरस्तत्प्रवि-
भागसंयमात्सर्वभूतरुतज्ञानम् ।
śabdārthapratyayānāmitaretarādhyāsātsaṅkarastat-
pravibhāgasaṁyamatsarvabhūtarutajñānam

파탄잘리는 삼야마를 위한 의사소통 과정을 언급하고 있다. 다른 사람들과 관계 맺기 위해서 서로 다른 상징과 언어가 존재하는 것이다. 이런 상징과 언어는 사용, 남용, 오역의 영향을 받는다. 언어는 이미 경험했고, 현재 경험하고 있으며, 앞으로 경험할 무언가를 설명하는 데 종사한다. 대상은 그 자체로 하나의 실체다. 대상을 보는 우리의 능력은 우리의 관심사와 잠재력에 근거를 둔다. 기억과 상상이 우리의 이해에 영향을 미칠 수 있다. 따라서 우리가 아무리 노력해도 의사소통이 부적절해질 여지는 충분히 있다.

언어, 아이디어, 대상 간의 관계에 대한 삼야마란 대상의 개별적 특성, 그것들을 설명할 수단, 설명하는 사람의 마음에 있는 아이디어와 그것들의 문화적 영향을 조사하는 것이다. 이를 통해 언어적, 문화적 그리고 여타의 장벽에도 불구하고 가장 정확하면서도 효율적인 의사소통 방식을 찾을 수 있다.

3.18 संस्कारसाक्षात्करणात्पूर्वजातिज्ञानम् ।
saṁskārasākṣātkaraṇātpūrvajātijñānam

인간 활동의 모든 영역에서 개인적인 습관과 경향성이 발달할 가능성이 있다.

어떤 활동은 다른 활동보다는 더 분명하게 드러날 것이다.

개인의 경향성과 습관에 대한 삼야마는 그것의 근원으로 이끌어갈 것이다. 그 결과 개인의 과거에 관한 깊은 지식을 얻는다.

우리는 우리의 행동과 개인적 특성이 어떻게 발달했으며 과거의 어떤 사건들이 우리의 태도와 선호도에 영향을 미쳤는지 배운다. 우리는 그것들이 우리의 유전, 전통, 사회적 요구사항 등과 어느 정도 관련되는지를 배운다. 이런 뿌리를 알 때 더 좋아질 수 있게 우리의 생활방식을 재검토할 수 있다.

### 3.19 प्रत्ययस्य परचित्तज्ञानम् ।
pratyayasya paracittajñānam

모든 정신 활동에는 뚜렷한 물리적 효과가 있다. 예컨대, 우리의 신체 모습, 자세, 호흡은 우리가 잠잘 때 다르고 화를 낼 때 다르다.

개인의 마음에서 일어나는 변화와 그 결과에 관해 삼야마를 하면 타인의 마음 상태를 예리하게 관찰하는 능력이 생긴다.

그때 타인의 마음 상태가 어떻게 발달하는지 알 수 있다. 신체적 표현, 호흡률 및 여타의 지표들이 동요, 혼란, 의심, 공포 등을 드러낼 것이다.

### 3.20 न च तत्सालम्बनं तस्याविषयीभूतत्वात् ।
na ca tatsālambanaṁ tasyāviṣayībhūtatvāt

그러나 이것으로부터 마음 상태의 근원이 무엇인지 알 수 있을까?

아니다. 한 개인의 마음 상태의 원인은 타인의 관찰 범위를 넘어선다.

이런 이유로 서로 다른 대상은 서로 다른 사람에서 서로 다른 반응을 유발한다. 우리의 관찰 영역은 증상들에 한정되어 있으며 그 원인까지 확장할 수는 없다.

**3.21 कायरूपसंयमात्तद्ग्राह्यशक्तिस्तम्भे चक्षुःप्रकाशा-संप्रयोगेऽन्तर्धानम् ।**

kāyarūpasaṁyamāttadgrāhyaśaktistambhe cakṣuḥ-prakāśāsaṁprayoge 'ntardhānam

한 개인의 신체적 특징은 쉽게 구별할 수 있는데 그들의 환경으로부터 오는 차이 때문이다. 이와 마찬가지로 검은 벽에서 흰 조각은 두드러지지만 검은 조각은 그렇지 않다.

> 신체의 특징과 이들에 영향을 미치는 것 간의 관계에 대한 삼야마는 개인의 주변 환경과 결합하는 수단을 제공하여 그 사람의 형상을 분간할 수 없을 정도가 된다.

이것은 카멜레온과 그 밖의 야생동물이 채택하는 위장 원리와 유사하다. 따라서 경험 많은 스토커는 자신의 인간적 형상을 환경과 결합할 수 있는데, 그 형상에 아무런 특징이 없어도 자신을 환경과 구별하는 것이 무엇인지를 예민하게 자각하여 자신의 인간적 형상의 위치를 주의 깊게 정하고, 움직이며, 모습을 갖춤으로써 그 차이가 주는 효과를 최소화하기 때문이다.

**3.22 सोपक्रमं निरुपक्रमं च कर्म तत्संयमादपरान्तज्ञान-मरिष्टेभ्यो वा ।**

sopakramaṁ nirupakramaṁ ca krama tatsaṁyamad-aparāntajñānamariṣṭebhyo vā

우리의 행위는 행위의 목적, 행위자의 마음 상태, 우리가 마음대로 이용할 수 있는 투명성, 그리고 환경에 의해 영향을 받는다.

행위의 결과는 즉각적으로 나타나거나 지연될 수 있다. 여기에 삼야마를 행하면 미래 행위의 과정 그리고 자신의 죽음까지도 예측할 수 있는 능력이 부여된다.

3.23 **मैत्र्यादिषु बलानि ।**

**maitryādiṣu balāni**

삼야마를 통해서 친절함, 연민, 만족 같은 성질들을 탐구할 수 있다. 따라서 선택한 성질을 강화하는 방법을 배울 수 있다.

이와 똑같이 특정한 신체적, 정신적 기술을 획득할 수 있다.

3.24 **बलेषु हस्तिबलादीनि ।**

**baleṣu hastibalādīni**

예를 들어,

코끼리의 육체적 힘에 대한 삼야마는 코끼리의 힘을 부여한다.

이는 물론 우리가 코끼리와 똑같은 힘을 얻을 수 있다는 뜻이 아니다. 그러나 인간 형상의 한계에 비례해서 거기에 상응하는 힘을 얻을 수 있다.

3.25 **प्रवृत्त्यालोकन्यासात्सूक्ष्मव्यवहितविप्रकृष्टज्ञानम् ।**

**pravṛttyālokanyāsātsūkṣmavyavahitaviprakṛṣṭajñānam**

마음을 생명력 자체에 두고 삼야마를 통해서 그 방향을 지속적으로 유지하면 그 결과 정밀한 미묘함을 관찰할 수 있을 뿐만 아니라 깊은 관찰을 막는 게 무엇인지 이해할 수 있는 능력이 생긴다.

그런 정밀한 능력이 없으면 우리의 관찰에는 분명 한계가 있다.

3.26 भुवनज्ञानं सूर्ये संयमात् ।

bhuvanajñānaṁ sūrye saṁyamāt

우주를 향해서도 삼야마를 발휘할 수 있다. 다음은 몇 가지 예이다.

태양에 대한 삼야마는 행성 시스템과 우주 영역에 관한 광대한 지식을 제공한다.

3.27 चन्द्रे ताराव्यूहज्ञानम् ।

candre tārāvyūhajñānam

달에 대한 삼야마는 서로 다른 시기에 나타나는 별의 위치에 대한 완벽한 지식을 제공한다.

서로 다른 달의 위상, 그 월식, 달이 여행하는 궤도의 관찰은 우리를 하늘 전체로 안내하며, 이에 따라 가시적인 온갖 별들과 별자리를 망라하게 된다.

3.28 ध्रुवे तद्गतिज्ञानम् ।

dhruve tadgatijñānam

지상에 사는 우리의 눈에는 만물이 북극, 즉 북극성 주변을 회전하는 것 같다. 따라서

북극성에 대한 삼야마는 별들의 상대적 움직임에 대한 지식을 제공한다.

3.29 नाभिचक्रे कायव्यूहज्ञानम् ।

nābhicakre kāyavyūhajñānam

신체의 서로 다른 부위들도 삼야마의 대상이 될 수 있다.

배꼽에 대한 삼야마는 서로 다른 신체 기관과 그들의 기질에 대한 지식을 제공한다.

수많은 활력 기관이 존재하는 복부 중앙이라는 위치 때문에, 또한 자궁 속에 있을 때 복부 중앙은 신체가 자신의 활력적인 요구를 받아들였던 통로였기 때문에 배꼽은 육체적 힘의 자리로 생각된다.

## 3.30 कण्ठकूपे क्षुत्पिपासानिवृत्तिः ।
kaṇṭhakūpe kṣutpipāsānivṛttiḥ

삼야마를 위해 목을 탐구 지점으로 삼아 활용하는 것은 갈증과 허기를 이해하게 한다. 이로써 그들의 극단적인 증상들을 조절할 수 있다.

배꼽과 마찬가지로 목도 필수적인 부위다. 특정 음식에 대한 우리의 선호, 배고픔 및 갈증을 모두 거기에서 느낀다.

## 3.31 कूर्मनाड्यां स्थैर्यम् ।
kūrmanāḍyāṁ sthairyam

가슴에 대한 삼야마 그리고 서로 다른 신체 및 정신 상태에서 가슴에서 느껴지는 감각을 탐구하는 것은 매우 스트레스를 주는 상황에서조차도 안정되고 고요하게 머물 수 있는 수단을 제공한다.

스트레스와 불안의 수없이 많은 증상은 가슴 부위에서 느껴진다. 신체 자세는 정신 상태에 의해 영향을 받는데, 예컨대 오랫동안 몸을 구부리고 있는 것은 자신감이 부족한 결과일 수 있다.

3.32 मूर्धज्योतिषि सिद्धदर्शनम् ।

mūrdhajyotiṣi siddhadarśanam

개인 안에 있는 높은 지성의 원천에 대한 삼야마는 비상한 능력을 개발한다.

이를 통해 우리는 신성한 힘으로부터 지원과 함께 엄청난 비전을 얻을 수 있다.

3.33 प्रातिभाद्वा सर्वम् ।

prātibhādvā sarvam

그 결과, 무엇이든지 이해할 수 있다. 시도할 때마다 신선하면서도 자발적인 이해가 생긴다.

3.34 हृदये चित्तसंवित् ।

hṛdaye cittasaṁvit

심장은 마음의 자리로 간주한다.

심장에 대한 삼야마는 분명 마음의 성질을 드러낼 것이다.

우리가 조용하고 고요해졌을 때만 이것이 가능하다. 호수의 물이 흔들린다면 물의 색깔을 볼 수 없다.

3.35 सत्त्वपुरुषयोरत्यन्तासंकीर्णयोः प्रत्ययाविशेषो भोगः परार्थत्वात्स्वार्थसंयमात्पुरुषज्ञानम् ।
sattvapuruṣayoratyantāsaṅkīrṇayoḥ
pratyayāviśeṣobhogaḥ
parārthatvātsvārthasaṁyamātpuruṣajñānam

변화의 대상인 마음과 변화하지 않는 지각 주체는 서로 가까이 있지만 서로 다른 뚜렷한 성질을 갖고 있다. 마음이 외부를 향하고 대상을 향해 기계적으로 반응하면 쾌락이나 고통이 따라온다. 그렇지만 적절한 시기가 되어 누군가 지각 주체와 마음이 연결된 성질에 관해 탐구하기 시작하면, 마음은 외부 대상으로부터 단절되어 지각 주체에 대한 이해가 생긴다.

외부 자극의 영향을 받는 마음은 기계적인 도구일 뿐이며, 그 결과는 불쾌할 수 있다. 지각 주체의 중심적 힘에도 불구하고 이런 일이 일어난다. 눈이 아무리 훌륭해도 안경에 먼지가 끼었다면 대상은 흐려진다. 삼야마 탐구와 요가수트라 2.1에 바탕을 둔 요가수련을 통해서 우리는 정신 활동의 역학관계를 들여다볼 수 있다. 우리의 마음은 외부 목표로부터 점차 분리되는 수준으로 상승한다. 이 조용한 순간이 되면 지각의 원천을 분명하게 이해한다.

3.36 ततः प्रातिभश्रावणवेदनादर्शास्वादवार्ता जायन्ते ।
tataḥ prātibhaśrāvaṇavedanādarśāsvādavārtā jāyante

그런 순간은 어떤 결과를 낳을까?

그때 지각을 위한 비상한 능력을 습득하기 시작한다.

3.37 ते समाधावुपसर्गा व्युत्थाने सिद्धयः ।
te samādhāvupasargā vyutthāne siddhayaḥ

그러나 마음은 양날의 칼과 같다. 삼야마를 통해 획득한 이런 특별한 능력은 오류에서 벗어난 최상의 상태와는 정반대로 자유의 환상을 만들 수 있다.

> 산만한 상태로 되돌아갈 수 있는 사람에게 이런 비상한 지식과 삼야마를 통해 획득한 능력은 소유할 가치가 있다. 그러나 한결같은 요가 상태 이외에 그 무엇도 추구하지 않는 사람에게는 삼야마의 결과 자체가 장애물이다.

그 과정에서 따라오기 마련인 혜택을 궁극적인 목표와 혼동해서는 안 된다. 여행의 여정에서 아무리 즐거운 경험을 한다 해도 그것은 우리가 선택한 목적지를 대신할 수 없다. 그것은 마치 눈 덮인 정상으로 가는 길에서 아름다운 백조를 보려고 호숫가에 정착해서 원래 목적지를 까마득히 잊어버리는 것과 같다.

파탄잘리는 삼야마의 한계에 대해 경고하면서 계속해서 다른 가능성을 제시하고 있다.

## 3.38 बन्धकारणशैथिल्यात्प्रचारसंवेदनाच्च चित्तस्य परशरीरावेशः ।

**bandhakāranaśaithilyātpracārasaṁvedanācca cittasya paraśarīrāveśaḥ**

마음은 경험의 저장소로서 그 경험은 개인마다 다르다. 게다가 마음의 기능은 마음이 속한 개인에게 한정되어 있다. 이에 따라 마음은 고립되어 모든 출입에 저항하게 된다.

> 마음을 개인에게 묶어 두는 이런 경직된 상황의 원인을 탐구하고 그 경직성을 이완시키는 수단을 조사함으로써 개인 스스로가 가진 한계를 초월할 수 있는 엄청난 잠재력이 생긴다.

마음은 순수한 지각을 가로막는 과거 행동의 결과를 볼 수 있는 능력을 지녀야 한다. 프라나야마와 여타의 훈련을 체계적으로 수련함으로써 다른 사람들에게 영향을 줄 수 있을 정도로 정신 활동의 범위가 확장될 수 있다. 어리석거나 혼란스러운 제자를 변화시키려는 스승은 이런 능력을 지녀야만 한다.

## 3.39 उदानजयाज्जलपङ्ककण्टकादिष्वसङ्ग उत्क्रान्तिश्च ।
udānajayājjalapaṅkakaṇṭakādiṣvasaṅga utkrāntiśca

육체적 고통은 마음과 밀접한 관계가 있다. 놀이에 완전히 몰입한 어린아이는 배고픔을 의식하지 못하지만, 나중에 가서 아이는 음식을 달라고 격렬하게 울 것이다. 통증 같은 감각은 신체를 타고 흐르는 활력을 통해 마음과 연결되어 신체적으로 드러난다. 프라나야마 같은 특정한 수련을 통해서 이런 힘을 관리할 수 있으며, 특정한 방식으로 변형시키면 효과가 달리 나타날 수 있다.

> 몸에서 마음으로 감각을 전달하는 힘에 통달함으로써 외부 자극에 대한 통달이 가능하다. 예컨대, 모든 온도의 물을 참을 수 있거나 가시가 주는 영향을 견딜 수 있거나 불안정한 표면을 걸으면서도 풍선처럼 가볍게 느낄 수도 있다.

추위, 열, 날카로운 가시, 이 모든 것은 상대적인 효과를 지닌다. 열대 기후에 익숙한 사람에게 북극의 여름은 매우 춥게 느껴지나 북극의 기후에 익숙한 사람에게는 열대의 겨울이 참을 수 없을 만큼 덥게 느껴진다. 인도의 농부에게는 논을 가로질러 걷는 것이 뉴욕 사람들이 콘크리트 포장도로를 걷는 것만큼이나 편안할 것이다.

## 3.40 समानजयाज्ज्वलनम् ।
samānajayājjvalanam

생명력인 프라나는 서로 다른 역할을 하며 그 활동 범위도 다르다. 예컨대, 사마나는 소화를 담당하며 배꼽 부위에 위치한다.

> 사마나에 통달함으로써 과잉의 열감을 경험할 수 있다.

위액이 위장으로 들어간 음식을 처리할 때 소화가 일어난다. 사마나를 자극하면 열감이 커진다. 들숨 후에 호흡을 참을 것을 강조하는 프라나야마 기법을 제안하고 있으며, 다른 기법들도 고려해 볼 수 있다.

## 3.41 श्रोत्राकाशयोः संबन्धसंयमाद्दिव्यं श्रोत्रम् ।

śrotrākāśayoḥ saṁbandhasaṁyamāddivyaṁ śrotram

소리는 공간을 통해 여행한다는 사실을 우리는 알고 있다.

> 청각과 공간 간의 관계에 대한 삼야마는 비상한 청각을 계발한다.

## 3.42 कायाकाशयोः संबन्धसंयमाल्लघुतूलसमापत्तेश्चा-काशगमनम् ।

kāyākāśayoḥ saṁbandhasaṁyamāllaghu-tūlasamāpatteścākāśagamanam

인간은 오랫동안 물리적 대상과 공간 간의 관계에 관심을 가져왔다. 왜 새는 날 수 있고 돌은 아래로 떨어지는 걸까?

> 신체와 공간의 관계에 대해 삼야마를 하고 털 같이 떠다닐 수 있는 대상의 속성을 조사함으로써 공간에서 움직이는 지식을 습득할 수 있다.

다시 한번 말하지만, 이는 우리가 물리적으로 떠다닐 수 있는 방법을 배울 수 있다는 뜻이 아니고 떠다닌다는 게 무엇인지를 이해할 수 있다는 뜻이다. 마찬가지로 목화씨의 속성으로 인해 씨앗은 떠다닐 수 없지만 똑같은 씨앗이 털로 바뀌면 쉽게 떠다닐 수 있다.

**3.43 बहिरकल्पिता वृत्तिर्महाविदेहा ततः प्रकाशावरणक्षयः ।**

bahirakalpitā vṛttirmahāvidehā tataḥ prakāśāvaraṇakṣayaḥ

마음은 기억, 상상 그리고 무거움 같은 특성을 통해 우리의 지각에 영향을 미친다. 그러나 똑같은 마음이 대상의 지각에 색깔을 입히지 않는 상태로 변화될 수 있다. 이런 일이 일어나면 대상에 대한 우리의 지각이 정확해진다. 게다가 대상이 아무리 매력적이고 유혹적일지라도 대상에 대한 지각으로부터 마음을 완전히 차단하는 게 가능하다.

> 이런 현상을 검토하고 마음이 지각을 혼동하지 않는 조건을 개발하면 다른 마음들을 조사할 수 있는 비상한 능력이 생긴다. 게다가 정확한 지각을 흐릿하게 만드는 구름이 최소한으로 줄어든다.

그런 발달은 오로지 단계별로만 가능하다. 흐릿하게 만드는 구름은 요가수트라 2.3에서 설명한 장애물이다.

**3.44 स्थूलस्वरूपसूक्ष्मान्वयार्थवत्त्वसंयमाद्भूतजयः ।**

sthūlasvarūpasūkṣmānvayārthavattvasaṁyamādbhūt-ajayaḥ

> 온갖 형태, 외양, 활용을 가진 물질의 근원에 대한 삼야마가 계발되면 요소들을 지배할 수 있다.

물질은 상호 연관된 형태를 띤 서로 다른 요소들로 구성되어 있으며 각 요소는 독자적인 존재를 갖는다. 그것들은 신체와 신체 외부의 것들로 구성되어 있으며 그 특징들은 변한다. 그들은 우리가 지각하는 대상의 근원을 형성하는데, 우리가 그들의 성질에 무지할 경우 문제에 봉착한다.

3.45 ततोऽणिमादिप्रादुर्भावः कायसंपत्तद्धर्मानभिघातश्च ।
tato 'ṇimādiprādurbhāvaḥ
kāyasaṁpattaddharmānabhighātaśca

따라서

요소들을 지배하면 그것으로 인해 더 이상 흔들리지 않는다. 신체는 완전함에 도달하고 비상한 능력이 가능해진다.

이런 능력에는 우리의 몸을 매우 무겁게 또는 가볍게 변화시킬 수 있는 능력이 포함되어 있다.

3.46 रूपलावण्यबलवज्रसंहननत्वानि कायसंपत् ।
rūpalāvaṇyabalavajrasaṁhananatvāni kāyasaṁpat

신체의 완전함이란 멋진 외모, 다른 사람들에게 풍기는 매력, 신체적 견고함, 드물게 나타나는 육체적 힘을 뜻한다.

3.47 ग्रहणस्वरूपास्मितान्वयार्थवत्त्वसंयमादिन्द्रियजयः ।
grahaṇasvarūpāsmitānvayārthavattvasaṁyamādind-riyajayaḥ

감각이 자신의 대상을 관찰하는 능력, 그런 대상이 어떻게 이해될 수 있는지, 개인이 어떻게 대상을 확인하는지, 대상, 감각, 마음 그리고 지각 주체가 어떻게 상호 관련되는지, 그런 지각에서 어떤 결과가 생기는지에 삼야마를 실시함으로써 감각에 통달한다.

구체적으로 관찰하려면 감각, 대상, 마음이 서로 연결되어야만 한다. 이것이 가능해지는 것은 지각 주체의 힘, 마음의 힘, 대상을 등록하는 감각 때문이다. 여기에 더해서 마음이 소유하고 있는 세 가지 공통 특징, 감각, 서로 달리 조합된 대상(예컨대, 무거움, 활동, 투명성)은 지각을 도울 뿐만 아니라 지각에 영향을 미친다.

### 3.48 ततो मनोजवित्वं विकरणभावः प्रधानजयश्च ।

**tato manojavitvaṁ vikaraṇabhāvaḥ pradhānajayaśca**

그때 감각의 반응은 마음의 반응만큼이나 빠르게 일어날 것이다. 감각은 예민하게 인식할 것이고, 개인은 요소들의 특징에 영향을 줄 수 있는 능력을 갖출 것이다.

이런 삼야마를 통해서 요소들이 겪는 변화를 마음대로 통제할 수 있다. 화학자가 바닷물을 그 구성요소로 전환할 수 있는 것과 똑같이 그런 변화를 결정할 때 필요한 지식을 얻는다.

### 3.49 सत्त्वपुरुषान्यताख्यातिमात्रस्य सर्वभावाधिष्ठातृत्वं सर्वज्ञातृत्वं च ।

**sattvapuruṣānyatākhyātimātrasya**
**sarvabhāvādhiṣṭhātṛtvam sarvajñātṛtvaṁ ca**

지각 주체와 마음 간의 차이를 분명하게 이해하면 마음의 다양한 상태와 그 상태에 영향을 미치는 것을 알게 된다. 그때 마음은 알 필요가 있는 일체를 흠 없이 인식할 수 있는 완벽한 도구가 된다.

### 3.50 तद्वैरागग्यादपि दोषबीजक्षये कैवल्यम् ।

**tadvairāgyādapi doṣabījakṣaye kaivalyam**

삼야마를 통해 얻을 수 있는 이런 비상한 능력이 최종 목표가 되어서는 안 된다. 사실,

비상한 지식을 습득하려는 욕망을 거부하고 장애의 원천을 완전히 조절할 때만 이 요가의 최종 목표인 자유에 도달한다.

3.51 स्थान्युपनिमन्त्रणे सङ्गस्मयाकरणं पुनरनिष्टप्रसङ्गात् ।

**sthānyupanimantraṇe saṅgasmayākaraṇaṁ punaraniṣṭaprasaṅgāt**

삼야마를 통해 지식을 습득한 결과로 존경받는 지위를 얻으려는 유혹을 자제해야 한다. 그렇지 않으면 요가의 모든 장애물에서 일어나는 것과 똑같은 불쾌한 결과가 나타난다.

이런 장애물에는 혼란스러운 가치가 포함되어 있다. 우리의 행동이 낳은 고통스러운 결과로부터의 영원한 자유를 획득하기보다 고도의 학습을 향한 존경에 더 많은 가치를 둔다면 분명 추락할 것이다.

3.52 क्षणतत्क्रमयोः संयमाद्विवेकजं ज्ञानम् ।

**kṣaṇatatkramayoḥ saṁyamādvivekajaṁ jñānam**

시간과 그 연쇄에 대한 삼야마는 절대적인 명료함을 가져온다.

명료함이란 한 대상과 다른 대상 간의 차이를 분명하게 보는 능력과 아무 방해도 받지 않고 각 대상을 총체적으로 보는 능력이다. 시간은 상대적인 것으로서 한순간과 다른 순간을 비교할 때 시간이 존재한다. 사실 시간의 단위란 변화의 표상이며, 변화란 한 특징이 다른 특징으로 대체되는 것이다. 이런 삼야마를 통해서 시간과 변화 간의 연결을 검토할 필요가 있다.

3.53 जातिलक्षणदेशैरन्यतानवच्छेदात्तुल्ययोस्ततः प्रतिपत्तिः ।

jātilakṣaṇadeśairanyatānavacchedāttulyayostataḥ pratipatthiḥ

이런 명료함은 겉보기에 그 구분이 분명하지 않을 때조차도 대상을 구분할 수 있게 한다. 겉모습이 비슷한 나머지 대상을 뚜렷하게 인식할 수 없어서는 안 된다.

3.54 तारकं सर्वविषयं सर्वथाविषयमक्रमं चेति विवेकजं ज्ञानम् ।

tārakaṁ sarvaviṣayaṁ sarvathāviṣayamakramaṁ ceti vivekajaṁ jñānam

한 걸음 더 나가서,

그런 명료함은 어떤 대상, 어떤 특정 상황, 또는 어떤 순간도 배제하지 않는다. 그것은 순차적인 논리의 결과가 아니다. 그것은 직접적이고, 자발적이며, 전체적이다.

3.55 सत्त्वपुरुषयोः शुद्धिसाम्ये कैवल्यम् ।

sattvapuruṣayoḥ śuddisāmye kaivalyam

자유란 무엇인가?

마음이 지각 주체와 완벽하게 동일해질 때 자유가 찾아온다.

다름 아닌 바로 이것이다. 그때 마음은 자기 고유의 생각이나 특징을 갖지 않는다.

# 4

# कैवल्यपादः
# 독존의 장(KAIVALYAPĀDAḤ)

요가수트라의 마지막 장인 독존의 장(Kaivalyapāda, **카이발리야 파다**)에서 파탄잘리는 고도로 순화된 마음을 지닌 사람의 가능성을 제시하고 있다. 기본적으로 마음은 하인이지 주인이 아니다. 마음이 주인의 역할을 하게끔 허용하면 개인이 어떤 성취를 했건 궁극적으로는 문제가 생길 수밖에 없으며 개인은 평온해질 수 없다.

## 4.1 जन्मौषधिमन्त्रतपःसमाधिजाः सिद्धयः ।
janmauṣadhimantratapaḥsamādhijāḥ siddhayaḥ

다음과 같은 방법으로 비상한 정신적 능력을 성취할 수 있다. 유전적 소인, 베다에서 처방하는 약초의 사용, 주문의 암송, 엄격한 금욕생활 그리고 주의산만 없이 대상과 함께하는 마음의 상태를[사마디를] 통해서다.

어떤 사람들은 비상한 능력을 갖고 태어난다. 베다는 처방된 방식으로 준비한 약초를 섭취함으로써 개인의 성격을 변화시킬 수 있는 다양한 의식을 설명하고 있다. 역량 있는 스승이 적절하게 입문시킨 서로 다른 유형의 주문은 긍정적인 변화를 가져올 수 있다. 고대 경전들은 혹독한 고행을 거친 사람들의 위대한 업적들을 기록하고 있다. 마지막으로 주의가 산만한 상태에서 지속적인 방향을 가진 상태로 점차 마음을 변화시킨 사람들을 위한 가능성이 존재한다. 3장과 그 밖의 여러 곳에서 이런 것들을 풍부하게 언급하고 있다. 요가수트라 4, 6, 7, 8은 이런 여러 대안 중 어떤 특정 대안을 선호할지를 검토하고 있다.

## 4.2 जात्यन्तरपरिणामः प्रकृत्यापूरात्।
jātyantarapariṇāmaḥ prakṛtyāpūrāt

극히 예외적이면서도 비범한 가능성이 결과적으로 드러나는 변화는 어떻게 일어나는 것일까?

> 한 세트의 특징에서 다른 세트의 특징으로 변화하는 것은 근본적으로 물질의 기본 성질이 적응한 모습이다.

마음을 포함해서 우리가 지각하는 모든 것은 투명성, 활동성, 무거움이라는 세 가지 기본 성질을 갖고 있다. 이 세 가지 성질이 달리 조합된 결과 서로 다른 특징들이 시기를 달리해서 일어난다. 이 세 가지 성질이 조합해서 가능한 모든 특징이 생긴다. 요가수트라 4.1에서 파탄잘리가 언급한 비범한 능력을 낳는 것은 마음의 특징에서 일어나는 변화 중 하나다.

## 4.3 निमित्तमप्रयोजकं प्रकृतीनां वरणभेदस्तु ततः क्षेत्रिकवत्।
nimittamaprayojakaṁ prakṛtīnām varaṇabhedastu tataḥ kṣetrikavat

물질과 마음의 특징에서 일어나는 변화는 어떻게 성취되는 것일까? 심오한 지성에 의한 것일까?

> 그러나 그런 지성은 특정 난제를 방해하는 장애물만 제거할 수 있다. 그것의 역할은 물이 필요한 들판에 물이 흘러들게끔 댐을 무너뜨리는 농부의 역할에 불과하다.

이런 심오한 지성이란 서로 다른 특징을 낳을 때 기본 성질들이 수행하는 역할을 인지하는 능력을 말한다. 예컨대, 자신의 땅과 자신이 재배하는 농작물의 필요를 알고 있는 농부는 물의 흐름을 조절하여 최상의 수확을 얻을 것이다. 반면에, 농사일에 착수한 무지한 초보자는 훌륭한 토양, 물, 기후와 장비를 갖추고 있음에도 불구하고 실패할 것이다.

### 4.4 निर्माणचित्तान्यस्मितामात्रात् ।

nirmāṇacittānyasmitāmātrāt

비범한 능력을 가진 사람에게 열려 있는 가능성은 무엇일까?

극히 예외적인 정신적 능력을 갖춘 사람은 다른 사람들의 정신 상태에 영향을 미칠 수 있다.

### 4.5 प्रवृत्तिभेदे प्रयोजकं चित्तमेकमनेकेषाम् ।

pravṛttibhede prayojakāṁ cittamekamanekeṣām

이런 영향들은 일관된 것일까? 아니면 변하는 것일까?

이런 영향은 그것을 받는 사람의 상태에도 달려 있다.

그 사람은 얼마나 수용적인가? 그 사람은 어떤 역량을 갖고 있는가? 그 사람에게 무엇이 부족한가? 이것이 다른 것의 영향이 낳은 결과를 결정한다. 똑같은 비가 가뭄에 시달리는 농부를 한숨 돌리게 할 수 있고, 제대로 대피하지 못하는 아이의 엄마를 걱정하도록 만들지만 넓은 바다에는 아무 영향도 못 미친다.

### 4.6 तत्र ध्यानजमनाशयम् ।

tatra dhyānajamanaśayam

한 사람이 미치는 영향의 최종 결과를 결정하는 것은 오로지 받는 사람의 상태에 달려 있을까?

마음이 디야나 상태에 있는 사람이 다른 사람에게 미치는 영향은 불안이나 그 밖의 장애물을 결코 늘리지 않는다. 오히려 줄어들게 만든다.

장애물을 점차 제거함으로써 디야나 상태에 도달한 사람은(요가수트라 2.3을 보라) 인간의 고통이라는 조건에 어둡지 않다. 그들은 신발의 어느 부분이 꽉 끼는지 알고 있다.

## 4.7 कर्माशुक्लाकृष्णं योगिनस्त्रिविधमितरेषाम् ।

**karmāsuklākr̥ṣṇaṁ yoginastrividhamitareṣām**

그들은 어떤 동기도 없이 행동하는 반면, 탁월한 능력을 가진 사람들은 이런저런 동기로 행동한다.

요가수트라 4.1에서 파탄잘리는 특출하거나 비범한 마음 상태를 성취하는 각기 다른 수단들을 열거하였다. 그중에서 올바른 방식으로 요가의 상태에 도달하고, 그것을 통해 투명성과 초연함이라는 최고 상태에 도달한 사람들만이 동기를 초월할 수 있다. 그들은 자연스럽고 명료한 관심을 가진다. 따라서 그들은 살아 숨 쉬는 자신의 예를 모방할 수 있도록 타인을 도울 수 있다. 요가 상태에 있는 듯 보이는 사람들이 있지만 그들의 투명성과 초연함의 정도는 덜 완전하며 지속성도 덜하다. 게다가 그들은 자신의 조언을 따르는 사람들의 한계를 의식하지 못할 수도 있다.

## 4.8 ततस्तद्विपाकानुगुणानामेवाभिव्यक्तिर्वासनानाम् ।

**tatastadvipākānuguṇānāmevābhivyaktirvāsanānām**

이런 차이는 어떻게 생기는 것일까?

착각과 같은 다섯 가지 장애물에 근거해서 행동하려는 마음의 경향성이 사라지지 않았기 때문에 미래에는 그런 장애물이 표면으로 올라와 불쾌한 결과를 낳을 것이다.

다섯 가지 장애물을 줄이고 그 장애물이 효과를 내지 못하도록 만드는 앞 장에서 설명한 수련들만이 이런 경향성을 끝낼 수 있다. 유전적 소인, 약초 사용 및 다른 수단은 효과를 그만큼 내지 못할 수도 있다.

## 4.9 जातिदेशकालव्यवहितानामप्यानन्तर्यं स्मृतिसंस्कार-योरेकरूपत्वात् ।

jātdeśakālavyavahitānāmapyānantaryaṁ
smṛtisaṁskārayorekarūpatvāt

게다가

기억과 잠재인상은 강하게 연결되어 있다. 이런 연결은 시간, 장소, 유사한 행동 간의 맥락이 달라도 여전히 남아 있다.

인상과 기억 간의 이런 연결은 대부분 우리가 보여 주는 행동 및 그 결과에 중요한 영향력을 행사한다.

## 4.10 तासामनादित्वं चाशिषो नित्यत्वात् ।

tāsāmanāditvaṁ cāśiṣo nityatvāt

우리의 행동에 불쾌한 영향을 미치는 이런 인상들의 근원은 무엇일까?

어느 시기건 마음속에는 누구나 불멸을 향한 강한 욕망이 존재한다. 따라서 이런 인상들을 특정 시기 탓으로 돌릴 수는 없다.

모든 존재 속에는 낯설지만 늘 상존하는 것 한 가지가 있는데 이는 영원히 살고 싶은 욕망이다. 매일 죽음이 존재하는 가운데 살아가는 사람들에게도 이렇듯 터무니없는 충동이 있다. 이것이 우리 모두 안에 자리 잡은 자기보존 욕망을 부추긴다.

4.11 **हेतुफलाश्रयालम्बनैः संगृहीतत्वादेषामभावे तदभावः ।**
hetuphalāśrayālambanaiḥ saṅgrhītatvādeṣāmabhāve tadabhāvaḥ

이렇듯 바람직하지 않은 인상이 초래하는 결과를 멈출 수 있는 희망이 전혀 없는 걸까?

이런 경향성은 착각, 외부 자극, 행동의 결실에 대한 애착, 과활동을 조장하는 마음의 성질에 의해 유지되고 지속된다. 이것들을 줄이면 바람직하지 않은 인상이 자동적으로 효력을 발생하는 일이 생기지 않는다.

점진적이면서도 조절된 수련을 통해 보호막으로 가로막는 이런 장애물을 줄이고 제거하는 여러 가지 방법을 이미 지적하였다. 신의 도움을 포함해서 많은 방법이 있다. 신을 환영하지 않는 사람들을 위해서 수많은 여타의 방법을 첫 세 개 장에서 제시하였다. 이와는 달리 다섯 가지 장애로부터 해방된 인상들은 분별하는 마음을 통해 유지되고 지속한다고도 언급하였다.

4.12 **अतीतानागतं स्वरूपतोऽस्त्यध्वभेदाद्धर्माणाम् ।**
atītānāgataṁ svarūpato 'styadhvabhedāddharmāṇām

미래에 무엇이 일어나건, 과거에 무엇이 일어났건, 그것은 근본적으로 휴면기 상태에 있다. 과거의 것은 영원히 사라지지 않았다.

이미 사라진 것과 나타날 수 있는 것의 실체는 항상 존재한다. 그것들이 드러날지 여부는 변화의 방향에 달려 있다.

파탄잘리는 아무것도 사라지지 않는다는 사실을 또다시 강조하고 있다. 변화 과정에서 대체되는 것은 휴면 상태에 있다.

## 4.13 ते व्यक्तसूक्ष्मा गुणात्मानः ।
te vyaktasūkṣmā guṇātmānaḥ

특정한 특징이 나타날지는 세 가지 성질의 구조 변화에 달려 있다.

이 성질은 무거움, 활동성, 투명성이다. 드러나는 특징들은 모두 만물을 구성하고 있는 세 가지 기본 성질이 서로 달리 조합된 것일 뿐이다(요가수트라 2.18).

## 4.14 परिणामैकत्वाद्वस्तुतत्त्वम् ।
pariṇāmaikatvādvastutattvam

어느 한순간에 존재하는 어느 한 실체의 특징은 사실상 이런 성질들의 단일한 변화에 불과하다.

변화 자체는 수많은 요인에 근거를 둔 지속적인 과정이다(요가수트라 3.9-12). 대상과 마음에서 요구되는 변화는 이런 세 가지 성질의 잠재적인 조합과 그것에 영향을 미칠 수 있는 것을 앎으로써 성취될 수 있다. 요가수트라 4.3에서 제시된 것과 같이 수없이 많은 본보기가 가능하다. 음식과 환경이 또 다른 예다.

## 4.15 वस्तुसाम्ये चित्तभेदात्तयोर्विभक्तः पन्थाः ।
vastusāmye cittabhedāttayorvibhaktaḥ panthāḥ

관찰자에게 드러나는 특징은 진정한 특징일까?

어느 한 대상의 특징은 관찰자의 정신 상태가 달라짐에 따라 달리 나타난다.

이것은 대상을 관찰하고 있는 서로 다른 마음 상태를 지닌 여러 관찰자뿐만 아니라 시기에 따라서 여러 가지 마음 상태에 있는 한 사람의 관찰자에게도 해당한다. 따라서 힌두 사원은 헌신적인 신자에게는 숭배의 장소, 관광객에게는 예술적인 기념물, 걸인에게는 위로의 장소, 무신론자에게는 조롱의 장소가 된다.

## 4.16 न चैकचित्ततन्त्रं चेद्वस्तु तदप्रमाणकं तदा किं स्यात्।

na caikacittatantraṁ cedvastu tadapramāṇakaṁ tadā kiṁ syāt

이로 인해 모든 대상의 공통 실재에 대해서 의심이 생기지 않을까? 대상은 독립적인 실재가 없는, 어느 한 사람의 상상의 산물에 불과하지 않을까?

대상이 실제로 특정 개인의 마음속에 존재하는 개념이라면, 그것은 그 사람이 인지하지 못할 때라도 존재하는 걸까?

파탄잘리는 수사적인 질문을 던지고 있다. 대답은 분명하다. 대상의 존재는 오로지 어느 한 사람의 관찰에만 의존하지 않는다. 아무도 쳐다보지 않는다고 해서 강물이 흐르지 않는 건 아니다.

## 4.17 तदुपरागापेक्षित्वाच्चित्तस्य वस्तु ज्ञाताज्ञातम्।

taduparāgāpekṣitvāccittasya vastu jñātājñātam

한 대상의 지각은 무엇에 의존하는 걸까?

한 대상이 지각될지 안 될지는 그것의 접근성과 개인의 동기에 달려 있다.

대상은 존재해야만 한다. 그것은 관찰 가능해야만 하고, 관찰자에게 동기를 부여해야만 하며, 그것을 보려는 욕망을 자극해야만 한다.

**4.18 सदा ज्ञाताश्चित्तवृत्तयस्तत्प्रभोः**
**पुरुषस्यापरिणामित्वात्।**

sadā jñātāścittavṛttayastatprabhoḥ
puruṣasyāpariṇāmitvāt

보는 것은 무엇일까? 마음일까?

항상 변하지 않는 마음의 주인 격인 지각 주체를 통해 정신 활동을 알게 된다.

지각 주체의 힘이 없다면 마음은 기능할 수 없다. 마음은 변하지만 지각 주체는 변하지 않는다. 마음은 무거움이라는 성질을 갖지만 지각 주체는 그렇지 않다. 따라서 지각 주체는 모든 정신 활동을 관찰한다.

**4.19 न तत्स्वाभासं दृश्यत्वात्।**

na tatsvābhāsaṁ dṛśyatvāt

게다가 마음은 지각되는 것의 일부로서 자기 고유의 지각하는 힘을 갖지 못한다.

외부 대상, 몸, 감각을 볼 수 있는 것과 똑같이 그 활동을 통해서 마음을 볼 수 있다. 그 존재는 지각 주체에 의존한다.

**4.20 एकसमये चोभयानवधारणम्।**

ekasamaye cobhayānavadhāraṇam

마음 자체가 두 가지 역할, 즉 관찰된 대상을 조작하는 동시에 관찰자로서 역할을 할 수 있다고 상상해 보자.

마음이 두 가지 역할을 할 수 있다는 전제는 성립되지 않는데, 왜냐하면 마음이 조작하는 동시에 스스로 조작한 것을 볼 수는 없기 때문이다.

관찰자와 독립해서 존재하는 대상을 지각할 수는 있다. 그러나 대상을 창조하면서 동시에 대상을 관찰하는 마음이라는 개념은 유지될 수 없다. 마음과 독립해 있으면서도 지각 능력을 보유한 또 다른 주체가 반드시 필요하다.

## 4.21 चित्तान्तरदृश्ये बुद्धिबुद्धेरतिप्रसङ्गः स्मृतिसंकरश्च ।

cittāntaradṛśye buddhibuddheratiprasaṅgaḥ
smṛtisaṅkaraśca

이미지를 만들기 위해 잠시 존재할 뿐만 아니라 그것들을 인식하고 관찰하는 연속적인 마음이라는 개념을 가정한다면,

잠시 존재하는 일련의 마음을 가진 개인 안에는 무질서가 존재하는데, 이로써 기억의 일관성을 유지하기 어려울 것이다.

요가수트라 4.20과 4.21에서는 독립된 지각의 원천이 반드시 존재해야만 한다는 점을 제시하고 있다. 물론 마음은 대상의 지각에 영향을 미칠 수 있다. 이 대상은 지각의 원천과는 동떨어진 독립된 존재다. 우리가 순간순간 지각의 원천이자 지각의 수단이며 대상인 마음이라는 개념을 고집한다면, 한 개인이 자신이 과거에 본 것을 기억하고, 그가 본 것을 공유할 가능성을 이해할 뿐 아니라 그 사람이 보았던 대상을 다른 사람이 반드시 보거나 똑같이 보는 건 아니라는 사실을 수용하기 어렵다.

## 4.22 चितेरप्रतिसंक्रमायास्तदाकारापत्तौ स्वबुद्धिसंवेदनम् ।

citerapratisaṅkramāyāstadākārāpattau
svabuddhisaṁvedanam

외부 대상을 볼 때 마음의 역할에 도움을 주는 역할을 한정시킬 수 있을까?

마음이 외부 대상과 연결되지 않고, 지각 주체에게는 외적인 형상에 불과한 것을 존중하지 않을 경우, 마음은 지각 주체의 형태를 띤다.

추론할 외부 자극과 관심이 존재하지 않으면 마음에는 그것들과 관련된 어떤 인상도 남지 않는다. 그때 마음은 지각 주체와 전적으로 접촉하여 동일시한다. 그렇게 되면 지각 주체를 인식하는 게 가능하다. 이런 인식은 마음에 의한 것이 아니다. 이것은 요가수트라 3.55에서 언급하는 자유 개념과 관련이 있다. 수면을 일으키는 무거움은 활동하지 않는다.

**4.23 द्रष्टृदृश्योपरक्तं चित्तं सर्वार्थम् ।**

**draṣṭṛdṛśyoparaktaṁ cittaṁ sarvārtham**

따라서 마음은 이중 목적을 위해 봉사한다. 마음은 외부 대상을 지각 주체에 제시함으로써 지각 주체에게 봉사한다. 마음은 또한 자신의 깨우침을 위해 지각 주체를 존중하거나 스스로에게 지각 주체를 제시한다.

**4.24 तदसंख्येयवासनाभिश्चित्रमपि परार्थं संहत्यकारित्वात् ।**

**tatasaṇkhyeyavāsanābhiścitramapi parārthaṁ saṁhatyakāritvāt**

모든 면에서 지각 주체에게 봉사하는 마음의 역할을 반복해서 말하고 있다.

서로 다른 유형의 여러 인상을 축적하고 있을지라도 마음은 항상 지각 주체의 수중에 놓여 있다. 왜냐하면 지각 주체의 힘 없이는 마음이 제 기능을 수행할 수 없기 때문이다.

마음은 자신만의 목적을 갖지 않으며 스스로 행동할 수도 없다(요가수트라 2.21을 보라).

4.25 **विशेषदर्शिन आत्मभावभावनानिवृत्तिः ।**
viśeadarśina ātmabhāvabhāvanānivṛtthiḥ

이제 파탄잘리는 최상의 투명 상태에 도달한 사람의 성질을 제시하고 있다.

탁월한 투명성을 지닌 사람은 지각 주체의 성질을 알려는 욕망으로부터 자유로운 사람이다.

지각 주체, 마음의 성질, "내가 어디에 있었고 무엇이 될 것인가?"에 대한 의문을 성찰할 호기심이 사라지는데 그 사람은 자신의 진정한 성질을 느꼈기 때문이다. 그런 사람은 장애물로부터 자유로운 수준에 도달한 셈인데(요가수트라 2.3) 장애물이 낳은 한 가지 부산물은 "나는 누구인가?"라는 질문이기 때문이다.

4.26 **तदा विवेकनिम्नं कैवल्यप्राग्भारं चित्तम् ।**
tadā vivekanimnaṁ kaivalyaprāgbhāraṁ cittam

그들의 투명성은 자신들의 유일한 관심사, 즉 자유 상태에 도달하고 거기에 머무는 상태로 데려간다.

4.27 **तच्छिद्रेषु प्रत्ययान्तराणि संस्कारेभ्यः ।**
tacchidreṣu pratyayāntarāṇi saṁskārebhyaḥ

그런 사람은 이제 퇴보하지 않을까?

이런 목적에서 벗어날 가능성은 없지만, 마음을 산란하게 만드는 과거 인상들이 표면으로 떠오를 수 있다.

우리의 행위는 그런 인상들의 영향을 받기 때문에 퇴보할 가능성이 없어 보일지라도 여전히 퇴보가 가능하다.

4.28 हानमेषां क्लेशवदुक्तम् ।

hānameṇām kleśavaduktam

작은 오류조차도 수용해서는 안 되는데 그것은 다섯 가지 장애물만큼이나 해롭기 때문이다.

그토록 순화된 존재 상태에 있다 해도 우리를 꿰뚫어 볼 수 있는 스승의 도움이 꼭 필요하다. 첫 장에서(요가수트라 1.30) 퇴보는 진보를 방해하는 한 가지 장애물로 생각되었으며 이는 질병과 의심만큼이나 심각하다.

4.29 प्रसंख्यानेऽप्यकुसीदस्य सर्वथा विवेकख्यातेर्धर्ममेघः समाधिः ।

prasaṅkhyāne 'pyakusīdasya sarvathā vivekakhyāter dharmameghaḥ samādhiḥ

마지막 장애물을 건너면,

언제나 모든 일에 대해 투명함으로 충만한 마음 상태가 일어난다. 그것은 마치 순수한 투명성이 비처럼 쏟아지는 것 같다.

삶은 만족으로 충만하고 비전이 결코 퇴색하지 않는다. 탁월한 능력은 결코 오용되는 일이 없다.

4.30 ततः क्लेशकर्मनिवृत्तिः ।

tataḥ kleśakarmanivṛttiḥ

이는 실로 다섯 가지 장애물에 근거한 행위로부터 해방된 상태다.

그러나 그것은 행위가 사라진 삶이 아니라 오류나 이기적인 관심사로부터 벗어난 삶이다.

4.31 तदा सर्वावरणमलापेतस्य ज्ञानस्यानन्त्याज्ज्ञेयमल्पम् ।
tadā sarvāraṇamalāpetasya
jñānasyānantyājjñeyamalpam

마음이 지각을 방해하는 구름에서 벗어나면 일체를 알게 되고 알 필요가 있는 건 아무것도 없다.

태양이 빛나고 모든 것이 분명해지며 인위적인 빛은 불필요하다.

4.32 ततः कृतार्थानां परिणामक्रमसमाप्तिर्गुणानाम् ।
tataḥ kṛtārthānāṁ pariṇāmakramasamāptirguṇānām

이런 최고 잠재력이 우리 수중에 있으면

세 가지 기본 성질은 고통과 쾌락을 반복하는 순서를 따르지 않는다.

높은 지성이 우리의 수중으로 들어오면 우리는 지각 대상을 통제할 수 있다. 세 가지 성질의 조합을 통한 그들의 변화는 더 이상 존재하지 않는다. 우리의 즉각적인 욕구를 충족시키기 위해 그들에게 영향을 미칠 수는 있지만 여기에서는 후회할 수 있는 행위를 만들거나 촉발하지 않는다. 마음, 감각, 신체에서의 변화가 더 이상 문제를 일으키지 않는다.

4.33 क्षणप्रतियोगी परिणामापरान्तनिर्ग्राह्यः क्रमः ।
kṣaṇapratiyogī pariṇāmāparāntanirgrāhyaḥ kramaḥ

순서란 무엇인가?

순서란 한 가지 특징이 그것에 뒤따르는 다른 특징들에 의해 대체되는 것이다. 이는 순간과 연결되어 있다. 특징의 대체는 또한 한순간의 근거가 된다.

시간의 기본 단위인 순간과 순서는 연결되어 있다. 대상의 특징에서 일어나는 변화가 그들의 공통된 근거이며 순서는 이런 변화로 인해 영향을 받는다. 따라서 시간이란 그것이 변화에 꼭 필요한 요소라는 점에서 근본적으로 상대적이다. 변화의 순서는 하나씩 따라오는 특징에서의 변화를 말한다(요가수트라 3.15와 3.52를 보라).

요가수트라 4.32의 맥락에서 보면 지각 대상에서 현재 일어나는 변화는 과거와는 다른 순서로 일어나는데, 과거에는 그 변화를 예측할 수 없었으며 후회를 가져오기도 쉬웠다. 이제 개인은 변화를 명령할 수 있다.

## 4.34 पुरुषार्थशून्यानां गुणानां प्रतिप्रसवः कैवल्यं स्वरूपप्रतिष्ठा वा चितिशक्तिरिति।

**puruṣārthaśunyānāṁ guṇānāṁ pratiprasavaḥ kaivalyaṁ svarūpapratiṣṭhā vā citiśaktiriti**

요가의 최종 상태는 무엇인가?

최상의 삶의 목표가 달성되었을 때 세 가지 기본 성질은 마음에 반응을 유발하지 않는다. 그것이 자유다. 다른 말로 표현하면 지각 주체는 더 이상 마음으로 인해 물들지 않는다.

그것은 행위뿐 아니라 비행위에 있어서의 평온이다. 책임을 떠맡든 거부하든 거기에는 어떤 의무감도 없다. 세 가지 성질이 결합해서 개인을 방해하는 일이 더 이상 일어나지 않는다. 그 사람은 자신의 순수한 투명 상태를 충분히 의식하며 살아가는 동안 내내 최고의 수준에 머문다. 마음은 주인인 지각 주체의 충실한 하인이 된다.

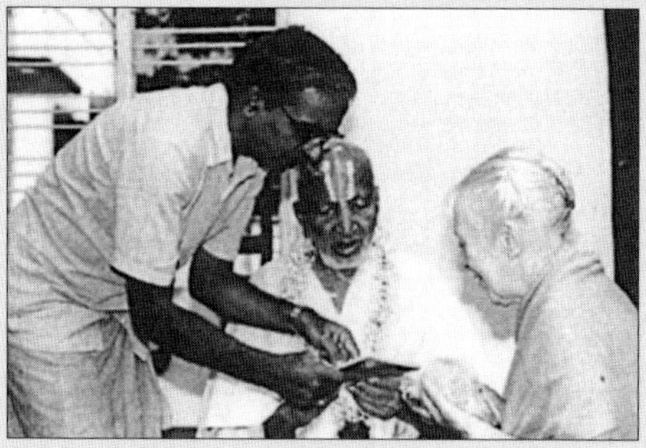

1988년 크리슈나마차리아의
백주년 기념행사에서의
크리슈나마차리와 인드라 데비

크리슈나마차리아를 기념하는 데시카차르 거주지에 있는 작은 사원인 산나디(Sannadhi), 즉 '현존'에서 데시카차르와 그의 친구들과 함께 있는 크리슈나마차리아(오른쪽)

1993년 크리슈나마차리아
요가 만디람을 방문한 상카라차리아
자엔드라 사라스와티 스와미
(Shankaracharya Jayendra
Sarawathi Swami) 성하와
그의 수행원들과 함께 있는
데시카차르

# 제4부

# 요가의 시

달라이 라마 성하와
함께하는
데시카차르

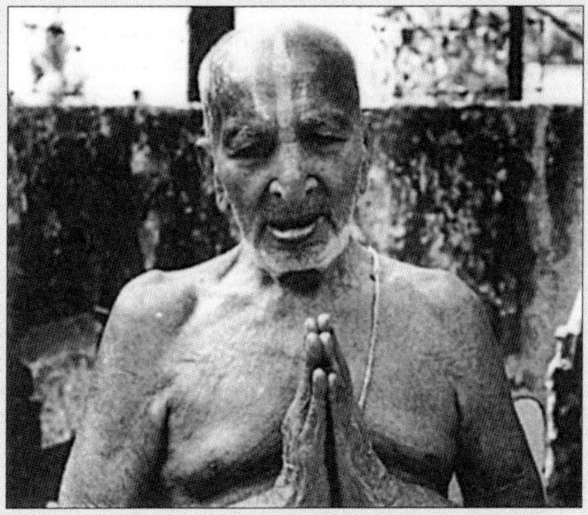

100세의
크리슈나마차리아

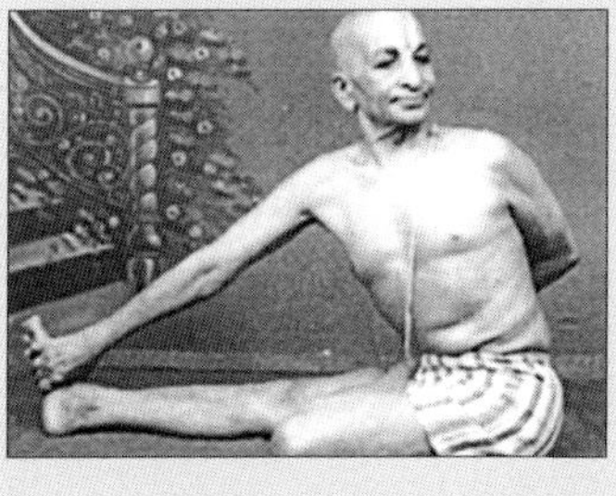

79세의
크리슈나마차리아

# 요가의 시

100세 인생을 사는 동안에 크리슈나마차리아는 요가를 통해서 인류에게 봉사했으며, 인도의 광범위한 유산을 망라하는 수많은 언어로 많은 저술을 남겼다. 다행히도 이런 필사본 중 일부가 오늘까지도 남아 있다.

여기에 제시된 요가의 시(Yogāñjalisāram)[1]는 그런 귀중한 필사본 중 하나다. 이런 운문(śloka, 슬로카)에는 요가의 가르침이 아름답게 제시되어 있다. 그것들을 통해 우리는 크리슈나마차리아의 전일적인 가르침을 집약하는 아이디어를 얻을 수 있다. 그에게 있어서 요가란 단순한 자세에 한정되지 않는 인간 삶의 모든 측면을 망라하는 것이다. 요가는 신체적, 정신적, 영적 문제들을 해결하는 수단이며, 궁극적으로는 신을 깨닫는 길로 안내한다. 크리슈나마차리아는 몸과 영(spirit)이 허약해지면 더 높은 힘 이외에 어떤 것도 도움이 될 수 없다고 믿었다. 더 높은 힘에 존경을 표하고 이 힘을 인정하는 태도로 그는 이 시들을 시작하고 있다.

– T. K. V. 데시카차르 –

1) 역자 주. 8세기에 유행했던 아디 상카라차리아에게 바치는 헌신의 시 “바자 고빈담(Bhaja Govindam)”의 시구에 영감을 받아 암송하고 기억하기 쉽게 지은 크리슈나마차리아의 시를 말한다.

### 슬로카 1

오, 잠자는 마음이여,
크리슈나 주님과 지식의 신을 칭송하라.
덕망 높은 스승에게 기도하라.
몸이 약해지고 고갈되면
오늘 배운 것이 당신을 구원할 수 없으리라.

### 슬로카 2

요가의 시가 주는 메시지를 끊임없이 성찰하고,
아사나를 하면서,
프라나야마를 통해 호흡을 조절하면서
영원한 것에 머물라.
심장에 거주하는 자비로운 자에 대해 명상하라.

### 슬로카 3

눈과 귀를 돌보고,
그다음으로 콧구멍, 입, 심장, 위,
배꼽, 자궁을 돌보라.
몸 구석구석을 돌보라.

## 슬로카 4

낮에는 잠들지 말라.
악과 거래하지 말라.
연꽃 눈을 가지신 주님을 생각하라.
황금빛 태양을 찬양하는 노래를 부르라.

## 슬로카 5

모든 대상이 영원하지 않음을 알고
그들과의 접촉이 그대를 눈멀게 하지 말라.
영원한 참자아를 의식할 것을
거듭거듭 다짐하라.

## 슬로카 6

요가에 순복하라.
진리를 알면 어디에 갈등이 있겠는가?
마음이 깨끗하면 어디에 병이 있겠는가?
호흡을 조절하면 어디에 죽음이 있단 말인가?

## 슬로카 7

나디가 만나는 곳에서 상승하고,

코샤 속에 성장하며,
서로 다른 관절에서 근육이 춤춘다.
요가로 질병이 사라지네.

### 슬로카 8

심장에 계신 신의 아름다움을 보라.
그분의 아내는 락슈미 여신.
우주를 지탱하시는 신이시여,
기쁨에 춤추는 요기는, 이런 비전 속에서 자취를 감추네.

### 슬로카 9

베다를 선창하지 않고
태양을 숭배하지 않는 사람은
다르마에 무례를 범하면서
이 성스러운 땅을 위험에 빠뜨리네.

### 슬로카 10

어릴 적에는 사물을 욕망하고,
젊을 때는 그것들을 즐기라.
중년에는 요가를 찾고,
나이 들면 초연함을 개발하라.

### 슬로카 11

몸, 마음, 아트마에 대한
요가 수행이 있다.
언제나 보람이 있으며, 수행을 통해 요가는 각자에게
그가 찾는 것을 준다네.

### 슬로카 12

구루의 가르침을 따르라.
신의 발에 대해 명상하라.
아쉬탕가 요가를 충실하게 수행하라.
그대가 선택한 대로 기쁨이나 해방을 실현하라.

### 슬로카 13

당신의 신이건, 나의 신이건 그건 중요하지 않다.
중요한 건 겸손하게 명상하는 것.
기쁨에 찬 신께서는 그대가 찾는 것을 주시고,
더 많은 것들을 행복하게 주시리니.

### 슬로카 14

세상은 변한다는 걸 알라.

몸은 쇠약해지고, 부(wealth)가 사라지면
형제도, 친구도, 아내도, 아들도 사라진다.
세상은 참으로 낯설지 않은가?

### 슬로카 15

부는 친구, 관대함, 이름, 명성을 가져온다.
그러나 부가 사라지면, 친구 또한 사라진다.
이런 이름과 명성이 어디로 갔는가?
이것이 세상의 경이로움이다.

### 슬로카 16

욕망은 질병의 근원.
욕망이 충족되면 질병이 퍼지네.
요가를 통해 욕망을 기르는 데서 멀어지네.

### 슬로카 17

부모를 공경하고, 악을 피하라.
항상 좋은 친구를 찾으며,
믿음을 갖고 신을 경배하라.

### 슬로카 18

빚을 지지 말라.
적 근처에서 살지 말라.
질병으로 몸을 궁지에 빠뜨리지 말라.
배우자와 함께 심장에 거주하는
신을 잊지 말라.

### 슬로카 19

그대는 카르마, 즈냐나, 박티를 따를 수 있다.
그러나 요가를 따르지 않는다면
이런 길은 그대를 어디로도 데려가지 않는다.
이것이 요가의 경이로움이다.

### 슬로카 20

크리슈나 신을 명상하기 위해서는
그분의 발부터 시작해서 위로 올라가
몸통과 심장까지 올라가라.
이제 그분의 아름다운 팔에 대해 명상하고
그런 다음 그분의 형상이 지닌 아름다움에 머물라.

### 슬로카 21

요가는 마음을 안정시키네.
신의 기도를 암송하면 에너지와 지성이 생기네.
명상은 경탄을 자아내고
만트라 자파를 통해 자기실현이 온다네.

### 슬로카 22

일출 전에 일어나서
동쪽을 보고 태양을 숭배하라.
프라나야마를 거듭 실천하면,
그대는 건강을 즐길 것이다.

### 슬로카 23

아나사를 수련하고, 절제해서 먹으며,
마음을 안정시키고, 신을 경배하면,
평화가 넘쳐흐르네.

### 슬로카 24

신과 스승의 발을 경배하면서
하루를 시작하라.

그런 다음 스승의 말씀을 기억하면서
아사나와 프라나야마를 실천하라.

### 슬로카 25

프라나야마를 주의 깊게 수행하라.
호흡이 길고 완만해지면
마음은 명상에 적절한 준비를 갖추나니.

### 슬로카 26

몸에서 불순물을 제거하라.
말은 진실되고 감미롭게 하라.
세상에 대해 우호감을 갖고
겸손함으로 부와 지식을 추구하라.

### 슬로카 27

아사나는 몸을 가볍게 한다.
프라나야마는 프라나를 강화한다.
다라나는 지성을 정화한다.
명상은 마음을 정화한다.

### 슬로카 28

크르타 시대(kṛta yuga)에는 즈냐나가 길이다.
트레타(treta)에는 카르마가 길이다
드바파라(dvāpara)에는 즈냐나와 카르마 모두가 길이다.
칼리(kali)에 기쁨과 해방을 주는 것은 요가다.[2)]

### 슬로카 29

음식을 맨 먼저 신께 봉양하라.
그런 다음 조용히 먹으라.
제때에 사트바가 우세한 음식을 먹으라.
신을 기억하면서
신선하고 잘 조리된 음식을 먹으라.
반만 먹으라.
순수하고 깨끗한 물을 마시면서 식사를 끝내라.

### 슬로카 30

맨 먼저 프라나야마에서 프라나를 경배하라.
신의 거주처에서
옴을 암송하면서 명상하라.

---

2) 역자 주. 요가에서는 시대의 순환을 4개의 단위로 나누며, 한 순환주기는 약 4,320,000년이 걸린다. 크르타 유가는 금의 시대, 트레타 유가는 은의 시대, 드바파라 유가는 동의 시대, 칼리 유가는 철의 시대다. 현대는 위선과 싸움이 난무하는 철의 시대, 즉 칼리 유가에 해당한다.

그러면 프라나는 확실히 조절되리니.

### 슬로카 31

결코 요가를 포기하지 말라.
과식이나 불건강한 음식을 먹지 말라.
항상 올바른 프라나야마를 수행하라.
거듭해서 신의 발을 간절히 바라라.

### 슬로카 32

호흡을 조절해서 행복하라.
마음을 그대 심장에 계신 주님과 연결하라.
이것이 요기 티루말라 크리슈나의 메시지다.

부록 1

# 이 책에서 언급된 경전

## 요가수트라

요가에 관한 가장 기본적인 경전이자 이 책의 제3부를 구성한다. 이 경전이 저술된 시기는 2세기에서 3세기 말쯤으로 거슬러 올라간다. 경전의 195개 구절(수트라)은 짧은 격언으로서 네 개의 장으로 묶여 있다. "삼매의 장"이라는 제목이 붙은 첫 장은 우리에게 저 유명한 요가의 정의[1)]를 제시하고 있으며, 요가와 요가 아닌 것에서의 마음 상태를 설명하고 있다. "수행의 장"이라는 제목이 붙은 두 번째 장은 요가를 하나의 수행으로 제시하고 있다. "성취의 장"이라는 제목의 세 번째 장은 요가를 수행하는 사람이 성취할 수 있는 결과를 논하고 있으며, 이런 변화의 위험성 또한 논하고 있다. "독존의 장"이라는 제목의 네 번째 장은 요가가 이끌어 갈 수 있는 자유에 관한 것이다.

매우 일찍부터 여러 학자가 **요가수트라**에 관한 주석서를 저술하였다. 오늘날에는 이 중 다섯 가지가 중요하다. 첫째, 5세기로 거슬러 올라가는 이 주석서는

---

1) Yoga citta vṛtti nirodahaḥ: 요가란 마음을 전적으로 한 대상에게 향하고 전혀 주의를 흩트리지 않고 그 방향을 유지하는 능력이다.

브야사[2]의 **바샤**(Bhāṣya)[3]다. 여기에는 셀 수 없이 많은 영어판이 나와 있다(이 주석서에 대해 수많은 부주석서도 존재한다). 둘째, **비브라나**(Vivrana)는 브야사 **바샤**의 부주석서로서 상카라차리아(Shankaracharya)[4]가 저술하였다. 셋째, 9세기에 바차스파티 미슈라(Vacaspati Mishra)[5]가 저술한 것이다. **타트바이샤라디**(Tattvaiśāradī)라는 명칭이 붙은 이 경전 또한 브야사의 주석서를 논하고 있다. 넷째, **라자마르트탄다**(Rājamārtaṇḍa)는 약 10세기 경 보자데바(Bhojadeva)[6]가 저술한 것이다. 보자데바는 음악과 무용에 대해서도 중요한 경전을 저술한 위대한 왕이다. 다섯째, 브야사의 **바샤**에 대한 주석도 담고 있는 잘 알려진 주석서는 16세기에 비즈냐나빅수(Vijñānabikṣu)[7]에 의해 저술되었다. 그것은 **요가바르티카**(Yogavārttika)[8]라는 제목으로 알려져 있다.

## 요가 야즈나발키야

2세기에서 4세기 사이로 거슬러 올라가는 이 경전은 프라나야마, 아사나, 특히 쿤달리니 개념에 관해서 언급한 가장 오래된 경전이다. 그곳에서 언급된 수행은 여타의 수많은 경전에서처럼 특정 계급이나 사회집단에 한정되지 않는다. 그렇기는커녕 경전에서 야즈나발키야는 요가 수행을 자신의 아내 가르기(Gargi)와 주변에 몰려든 몇 명의 현자들에게 설명하고 있다. 요가의 정화과정에서 쿤달리니가 수행하는 역할에 대해 저자가 말하고 있는 12장과 마지막 장은 특히 자신의 아내에게 설명하는 내용이다. 야즈나발키야는 그녀에게 요가의 '비밀'을 소개하고 있는데, 그래서 그 장의 제목이 "라하샤"가 되었다. **개별 씨앗**

2) 역자 주. 많은 힌두교 전통의 중심 인물로서 베다의 편찬자이자 마하바라타의 편찬자이기도 하다. 요가수트라에 대한 그의 주석서는 가장 권위 있는 주석서로 알려져 있다.

3) 역자 주. 고대 인도 문헌에서 일차 경전 또는 이차 경전에 대한 주석을 의미하는 산스크리트어이다.

4) 역자 주. 8세기 인도의 철학자이자 신학자로서 아드바이타 베단타를 체계화하였다.

5) 역자 주. 9세기 또는 10세기의 인도 철학자로서 9세기의 힌두철학 학파와 불교 및 차르바카에 관해 저술하였다.

6) 역자 주. 11세기 파라마라 왕조의 인도 왕이다.

7) 역자 주. 15~16세기에 살았던 인도 비하르 출신의 철학자이다.

8) 역자 주. '바르티카(vārttika)'라는 용어는 상세한 주석을 제시하기 위한 작업을 말한다.

(jivātma)과 최상의 힘(parātman) 간의 연결로 요가를 정의하고 있다.

**요가수트라**와 마찬가지로 **요가 야즈나발키야**는 요가의 8개 분지(aṅga)를 설명하고 있으며, 이 8개 분지의 발달로서의 요가 수행의 길을 설명하고 있다. 그러나 개별 분지의 일부는 파탄잘리 **요가수트라**에서 설명한 방식과는 약간 다르게 이해된다. 나스 요기(Nath yogi)[9]들의 전통에서 나온 하타요가에 관한 후기 작업과는 달리 요가의 특별한 정화훈련인 **샤트 카르마**(shat-karma)[10]에 대한 언급이 없다. 스리 프라마드 디반지(Śri Prabhad C. Divanji)[11]가 저술한 **요가 야즈나발키야**에 관한 결정판 하나가 존재한다.

## 요가 라하샤

아직 저술된 형태를 갖고 있지 않지만 여러 참고문헌이 그 존재를 가리키고 있는 경전은 나타무니의 **요가 라하샤**(요가의 비밀)다. 나타무니는 9세기에 남인도에서 살았던 현자로서, 인도의 수많은 스승과 마찬가지로 사원 전통에는 속하지 않고 가정의 삶에 온전히 몰입했던 분이다. 원래는 12개 장으로 구성되었다고 추정되는 그의 작업은 구전을 통해 전수되어 내려왔다. 이 중 네 개의 장은 스리 크리슈나마차리아를 통해 우리에게 알려지게 되었는데, 그는 자신의 아들이자 학생인 T. K. V. 데시카차르에게 그것들을 구술하였다.

나타무니에게 요가의 의미와 목표는 신 또는 더 높은 힘에의 헌신이다(박티). 자신의 경전에서 나타무니는 아쉬탕가 요가에 대해 매우 정확한 지시를 내리고 있는데, 이는 파탄잘리의 것들과 부분적으로 상응하며, 요가를 수행하는 사람들의 특정한 요구에 합당하도록 요가를 맞출 필요성을 강조하였다. 그 경전은 스

---

9) 역자 주. 시바신을 최상의 신으로 모시는 샤이비즘의 하부 전통으로서 불교, 샤이비즘, 요가의 혼합적 성격을 띤 요가를 수행하는 사람을 말한다.

10) 역자 주. 해탈을 목표로 삼는 요가 수행을 준비하기 위한 여섯 가지 정화법을 말한다. 하타요가 프라디피카에 언급되어 있으며, 네티(netī), 다우티(dhautī), 나울리(naulī), 바스티(basti), 카팔라바티(kapālabhātī), 트라타카(trāṭaka)가 여기에 포함된다.

11) 아시아 왕립회의 봄베이 지부 저널(Journal of the Bombay Branch of the Royal Asiatic Society)의 재판, 3, 1954.

승의 절대적인 필요성을 함축하고 있으며 이를 거듭거듭 반복하고 있다. 나타무니는 엄청난 수의 아사나와 프라나야마를 매우 정확하게 설명하고 있다. 그는 또한 요가로 질병을 치료하는 데 특별한 관심을 쏟았다.

나타무니는 **요가 라하샤**의 수많은 경구를 임산부를 위한 요가의 의미와 수련에 바쳤다. **요가 야즈나발키야**와 마찬가지로 그는 요가는 여성에게 의미 있고 가치 있다고 주장했으며, 따라서 모든 영적 수행에서 여성을 완전히 배제시키길 원했던 브라민의 가르침에 정면으로 반대하였다.

## 바가바드 기타

**바가바드 기타**(주님의 노래)는 인도의 신성한 경전이다. 그것은 요가에 관한 논문이기도 한 긴 시(詩) "**마하바라타**"라는 제목이 붙은 위대한 서사시 중 6번째 절 비스마 파르바(Bhīṣma Parva)[12)]다. 영웅 아르주나와 두 왕족 간의 대규모 전쟁에서 아르주나의 마부로 나타나는 크리슈나 간의 논쟁은 요가의 최상의 원리, 즉 행위의 철학(카르마), 분별의 표현, 지식 그리고 신에의 헌신(박티)을 다루고 있다.

## 하타요가 프라디피카

요기 스바트마라마(Svatmarama)가 저술한 하타요가 프라디피카 경전은 15세기로 거슬러 올라간다. 그것은 하타요가에 대해서 가장 중요하면서도 가장 포괄적인 경전 중 하나지만, 때로는 서로 모순되기도 한다. 그것은 4개의 장에서 순차적으로 하타요가의 기법, 즉 아사나, 프라나야마, 무드라, 나다(외적, 내적 소리)를 제시하고 있다.

---

12) 역자 주. "비스마의 서(書)"라는 의미로서 마하바라타의 18개 서 중 6번째에 속한다.

이 다섯 개 경전에 더해서 이 책에서 두 개의 경전이 언급되고 있는데, **게란다 상히타**(Gheraṇḍa Saṃhitā)와 **시바 상히타**(Śiva Saṁhitā)가 그것이다. 하타요가 프라디피카와 마찬가지로 이 두 경전은 요가 테크닉들을 다루고 있다.

## 부록 2

# 네 가지 일반 수련 순서

아사나 수련은 각 개인의 요구도에 따라서 계획해야만 한다. 사려 깊게 구성된 수련 순서의 다음 예들은 빈야사 크라마, 즉 몸, 호흡, 마음에 균형을 가져올 수 있는 단계별 진행의 원리를 따르고 있다. 이런 수련 순서는 요가에 대한 사전 경험이 없는 사람에게는 적합하지 않다. 당신의 배경이 어떻든 당신에게 가장 적합한 요가수련을 구성하는 데는 유능한 스승의 도움이 중요하다. 수련을 어떻게 계획할 수 있는지의 예로서 이 네 가지 순서를 보여 주었다. 개별적 요구도에 적합한 변형은 무한하다.

아사나 사이에 반드시 적절한 휴식을 취해서 심장박동과 호흡이 정상으로 돌아올 수 있도록 하자. 프라나야마를 시작하기 전과 프라나야마를 끝낼 때도 적절한 휴식이 있어야 한다.

이런 수련 순서에서 **호흡**이라는 말은 정적인 아사나 수련을 의미하고, **횟수**라는 말은 역동적인 수련을 의미한다. 호흡은 아사나 수련의 측정기임을 기억하자. 각 아사나를 수련할 때 몸의 움직임과 호흡의 움직임 간에 연결을 유지하도록 해야 한다. 들숨이나 날숨의 길이를 위험하게 하지 않고 들숨과 날숨 간에 적절한 휴식을 줄 수 있다. 당신의 수련이 발전할수록 이런 숨의 정지는 늘어날 수 있다. 몸과 호흡의 연결을 유지하는 가운데 아사나는 각 개인의 역량에 따라 몇 호흡 동안 유지된다. 적절한 노력을 함으로써 애쓰지 않으면서 호흡과 몸 간의 연결을 유지한다. 수련은 항상 당신의 기분이 더 나아지고 더 많은 평온함과 더 많은 에너지를 줄 수 있게 구성되어야만 한다.

애쓰지 않고 숨의 정지를 최대한으로 할 때까지 각 호흡 사이클에 숨의 정지를 점차 늘려 감으로써 프라나야마를 수련할 수 있다. 그 후에 숨의 정지를 다시 점차 줄여서 프라나야마를 완성한다. 마찬가지로 들숨이나 날숨의 길이를 점차 늘리고 줄이되 숨의 정지가 있을 수도 없을 수도 있다. 늘 그렇듯, 이런 변형은 한 개인의 요구도와 역량에 달려 있다. 유능한 스승의 안내를 받으면서 프라나야마를 수련하는 게 반드시 필요하다.

## 수련 1

1.
2.
8회
날숨
들숨
3.
왼쪽 오른쪽 교대로 움직이면서 12회
날숨
들숨
4.
6회
날숨
들숨
5.
휴식
6.
6회
들숨
날숨
7.
휴식
8.
4회
들숨
날숨
날숨
들숨
들숨
날숨
9.
양쪽 각각 12회 호흡
10.
날숨
들숨
4~6회
11.
6회
12.
프라나야마: 나디 쇼다나 12회

## 수련 2

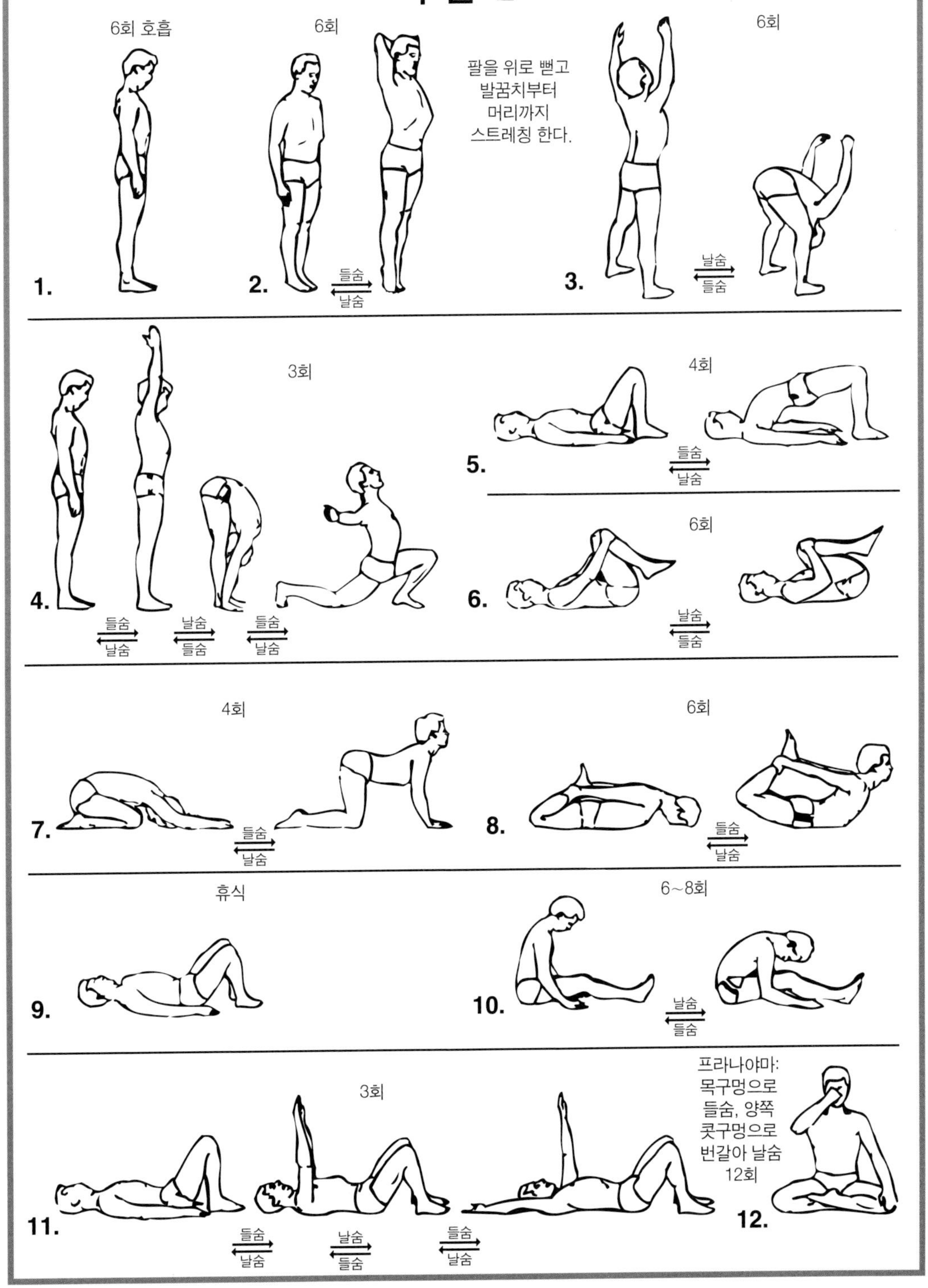
6회 호흡
1.
6회
2.
들숨
날숨
팔을 위로 뻗고
발꿈치부터
머리까지
스트레칭 한다.
6회
3.
날숨
들숨
3회
4.
들숨
날숨
날숨
들숨
들숨
날숨
4회
5.
들숨
날숨
6회
6.
날숨
들숨
4회
7.
들숨
날숨
6회
8.
들숨
날숨
휴식
9.
6~8회
10.
날숨
들숨
3회
11.
들숨
날숨
날숨
들숨
들숨
날숨
프라나야마:
목구멍으로
들숨, 양쪽
콧구멍으로
번갈아 날숨
12회
12.

## 수련 3

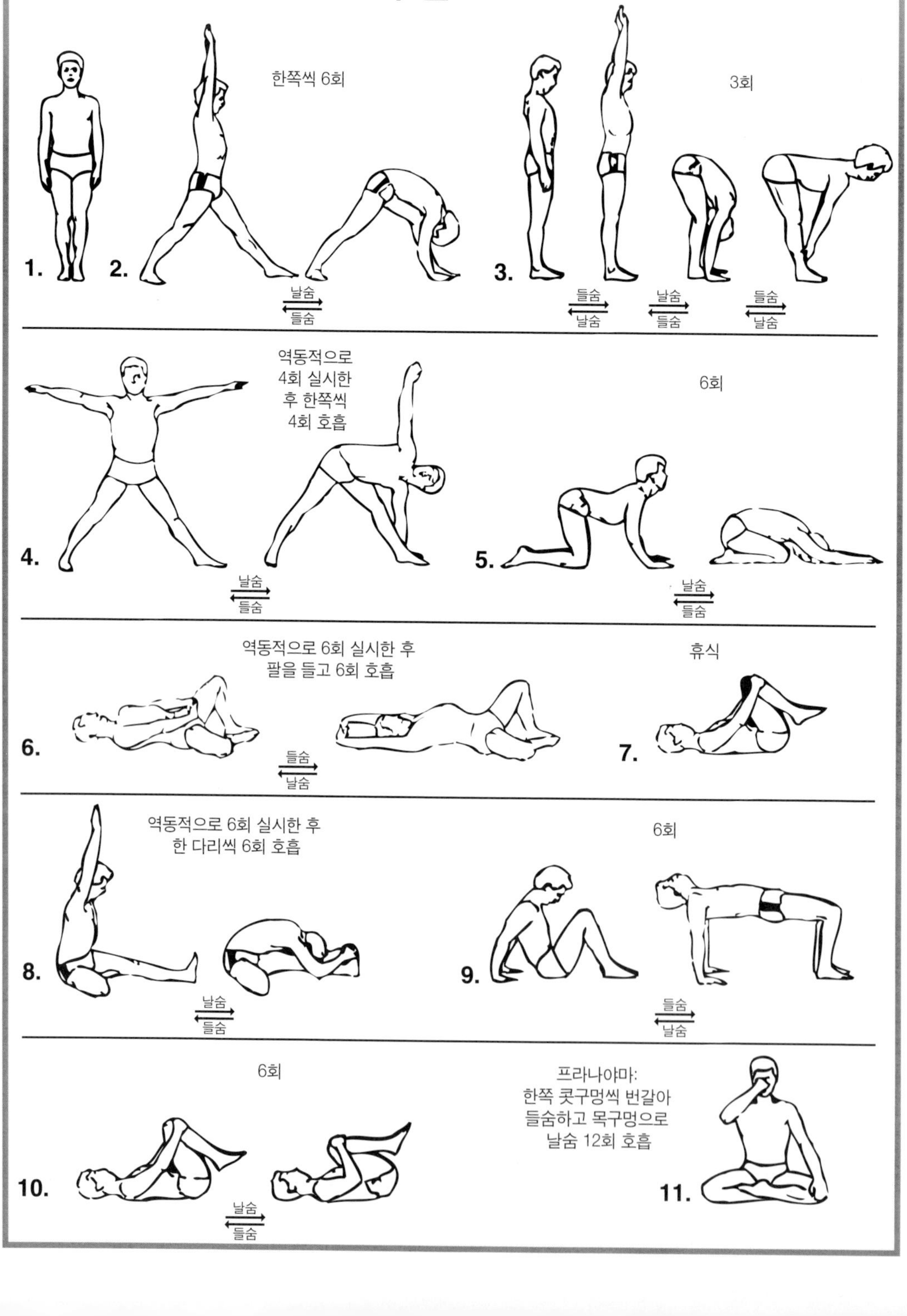
1.
2.
한쪽씩 6회
날숨
들숨
3.
3회
들숨
날숨
날숨
들숨
들숨
날숨
4.
역동적으로
4회 실시한
후 한쪽씩
4회 호흡
날숨
들숨
5.
6회
날숨
들숨
6.
역동적으로 6회 실시한 후
팔을 들고 6회 호흡
들숨
날숨
7.
휴식
8.
역동적으로 6회 실시한 후
한 다리씩 6회 호흡
날숨
들숨
9.
6회
들숨
날숨
10.
6회
날숨
들숨
11.
프라나야마:
한쪽 콧구멍씩 번갈아
들숨하고 목구멍으로
날숨 12회 호흡

# 수련 4

6회
역동적으로 6회 실시한 후
한쪽씩 6회 호흡
휴식
1.
날숨
들숨
2.
날숨
들숨
3.
6회
6회
휴식
4.
날숨
들숨
5.
들숨
날숨
6.
한쪽씩 6회
호흡
6회 호흡
7.
8.
날숨
들숨
6회
9.
들숨
날숨
한쪽씩 6회 호흡,
매 들숨마다 비틀기
정도를 늘림
6회
프라나야마:
나디 쇼다나 12회
10.
11.
날숨
들숨
12.

# KYM 방문기

오경숙[1)]

내가 KYM(Krishnamacharya Yoga Mandiram)을 처음 방문한 것은 2016년 겨울이었다. 어느새 4년이 흘렀다. 첫 방문 후 나는 KYM 전통방식에 따라 꾸준히 요가수련을 할 뿐만 아니라 지도와 보급에도 힘쓰고 있다. 그만큼 그곳에서 배운 요가가 요가지도 12년 경력을 가진 내게 매력적으로 다가왔기 때문이다.

KYM 전통방식의 요가는 다른 요가와 어떻게 다른가? KYM을 세우신 데시카차르 선생님은 "요가를 선생 수준에 맞추지 말고 학생 수준에 맞추어 가르치라."고 거듭 강조하셨다. 사람들은 저마다 몸과 마음의 상태, 각자가 처한 환경, 직업 등이 다르기 때문에 개개인에 맞춰서 요가수련, 특히 아사나와 호흡을 적용할 수 있도록 차별화를 두라는 말씀이다. 이를 위해서는 우선 아사나를 깊이 이해할 필요가 있다.

요가를 배우는 사람들은 일반적으로 "나 요가하고 있어. 요가를 하면 마음도 편해지고 모든 게 새로워. 많이 건강해지기도 했고, 요가를 하니 행복해."라고 말한다. 이들이 말하는 요가는 보통 아사나다. 일반 사람들에게 아사나는 진정 필요한 것임에 틀림없다. 아사나를 지속적으로 수련하는 사람들은 이완감, 성취감, 긍정적 사고를 경험할 뿐만 아니라 식이요법이 주는 효과까지도 경험한다. 아마도 이런 이유로 사람들이 아사나를 좋아하는 것 같다.

그렇다면 나는 왜 아사나를 하는 걸까? 전통적인 아쉬탕가 요가에서 세 번째

---

1) 서울불교대학원대학교에서 석사학위를 취득하였다. 아행가요가, 포레스트요가, 이완휴식요가 등 다수의 지도자격을 취득했으며, 코리아요가얼라이언스협회 이사로 활동하고 있다. 현재 자연의 섬 제주에서 "오경숙 자연치유센터"를 운영하고 있다.

단계에 속하는 아사나에 왜 그토록 비중을 두는 걸까? 인도와 서구에서 다양한 요가들이 쏟아져 나오면서 제각각 치유 효과를 언급하고 있지만, 각 아사나가 왜 치유 효과를 일으키는지에 대한 구체적인 설명이 없어서 나는 늘 답답하기만 했다. 아사나의 외적 형상이 잘 만들어지게끔 근육과 관절에 대해서는 자세하게 설명하지만, 전통적으로 내려오는 아사나의 진정한 의미와 의도는 잘 다가오지 않았다.

2016년 1월 2일 새해를 맞은 다음 날에 KYM에 처음 발을 디딘 나는 아사나에 대해 더 깊이 이해하게 되었다. 아사나가 주는 현존의 느낌, 그 에너지와 힘, 기능적인 움직임에 대한 이해와 더불어 '저항 없는 노력을 통한 이완'이 무엇인가를 비로소 알게 된 것이다. 편안한 애씀이 끝나고 자연스럽게 균형이 잡힐 때 무한한 환희가 일어나고 마침내 아사나가 완성되었다는 느낌이 밀려왔다. "몸의 반응과 아사나 수련을 구성하는 다양한 자세에 수반되는 호흡을 인식하고 관찰함으로써 이런 성질들(sthira and sukam, 안정감과 편안함)을 성취할 수 있다."(파탄잘리 요가수트라 2장 47절)는 구절을 제대로 이해하게 된 순간이었다.

요가를 지도할 때도 수련생을 관찰하며 테크닉을 변화시키는 것, 즉 아사나를 할 때는 강한 것에서 이완으로, 프라나야마에서는 거친체에서 정묘체로 단계별로 안내할 수 있도록 수련의 시퀀스를 짜야 한다. 그것이 곧 '스티라와 수캄'인 것이다. 드디어 그 정확한 의미를 알게 된 나는 기쁨으로 가득 찼다. KYM에서는 아사나 수련의 시퀀스를 짤 때(KYM에서는 이것을 '코스 플래닝'이라고 부른다) '스티라와 수캄'이라는 원리를 철저히 따르도록 가르친다. 이것이 곧 아힘사의 실천이 아닌가? 한국에서 함께 간 동료들은 아사나의 기본원리가 충실히 반영된 코스 플래닝에 푹 빠져들었다.

아사나 수련에서 우리는 자주 긴장도 하고 때로는 상해를 입기도 한다. KYM 방식의 코스 플래닝은 목표가 되는 최종 아사나를 위해 어떤 준비 작업이 필요한지 꼼꼼하게 서두르지 않고 진행된다. 매우 체계적이면서 정밀한 과정인 동시에 군더더기가 없이 깔끔하였다. 아사나를 분류하는 방식, 호흡의 활용, 만트라를 통해 호흡의 길이를 측정하는 일, 개인의 특성에 따라 테크닉을 적절하게 변형시켜 적용하는 것, 이들을 바탕으로 한 코스 플래닝은 본질적으로 고통에서 벗어나도록 사람들을 돕는 치료법이라고 느꼈다. 오랫동안 다양한 치유법에 관심을 가졌던 나로서는 참으로 소중한 시간들이었다. 그 후 이런 원칙에 맞추어 아사나를 직접 구성하고 수련생들에 맞게 변형자세를 적용하며 지도해 오고 있다. 이런 방식을 적용할 때 아사나로 인한 긴장감, 불편함, 피곤함이 전혀 없음을 스스로 확인할 수 있었다.

KYM에서 또 하나 인상 깊었던 점은 1:1 개인 세션이었다. 영어가 서툴러 세션 중에 당황하는 내게 테라피스트는 다정하게 웃으며 "천천히……괜찮아요." 라고 반복해서 말했다. 그 인내심과 친절함에 존경심이 저절로 우러나왔다. 치료 장면에서 어떤 요가 스타일을 쓸지를 크게 중시하지 않는 유연함은 나로 하여금 이런 방식을 한국에도 도입하고 싶은 마음이 들게 하였다. KYM에서 보낸 시간은 나의 요가 인생에 있어 가장 축복스러운 시간이었고, 그 방문 이후로 요가에 대한 열정과 신뢰가 더 커지고 있다.

일주일간의 연수는 빛보다 빠르게 지나간 것 같다. 인도는 영적인 나라라더니 나 자신의 영적 성장도 좀 더 이루어진 것 같았다. 이제 내 삶의 방향, 요가수련의 방향은 확고해졌다. 목표 지점이 명확해졌고 나는 매일매일 그 지점을 향해 한 걸음씩 나아가고 있다. 내 요가 인생에 이런 계기를 마련해 준 서울불교대학원대학교 교수님들께 무한한 감사를 보낸다.

KYM(Krishnamacharya Yoga Mandiram)은 크리슈나마차리아의 아들 T. K. V. 데시카차르와 그의 제자 A. G. 모한이 1976년 마드라스(현재 첸나이)에 세운 요가치료 클리닉이자 요가센터를 말한다. 비영리단체인 KYM은 데시카차르의 리더십 아래 아사나, 프라나야마, 명상, 요가철학, 베다 암송 등 요가의 다양한 테크닉을 가르치고 훈련하는 기관이자 1:1 맞춤식 요가를 제공하는 기관이기도 하다. 당뇨병, 천식 등 신체적 질환과 더불어 정신분열증, 불안, 우울 등 정신적 질환에 요가를 치료적으로 적용하는 데 선구적인 역할을 하였고, 이와 같은 활동은 데시카차르 사망 이후에도 계속되고 있다.

# 찾아보기

## / 저자 소개 /

**T. K. V. Desikachar(1938~2016)**

크리슈나마차리아의 아들이자 현대요가의 스승으로 알려져 있다. 마이소르에서 태어났지만 1960년대 초반에 지금의 첸나이인 마드라스로 이주하였다. 공학도로서 교육을 받고 활동하다가 아버지의 치유활동에 감명을 받아 요가를 배우고 가르치기 시작하였다. 1970년대 이후 세계 각국을 돌아다니면서 아버지로부터 배운 요가를 전세계에 보급하여 세계적으로 유명한 요가 스승이 되었다. 그는 요가의 다양한 테크닉은 개개인의 육체적 · 정신적 상태, 정서적 기질, 나이, 문화적 배경, 사회적 환경, 질병 유무 등에 따라 달리 적용되어야 한다고 강조하면서 자신의 요가를 비니요가(viniyoga)라고 칭하였다. 아버지로부터 약 30년 동안 여러 요가의 경전을 배우며 전통적인 요가의 가르침을 체화하면서 웰니스와 요가치료 분야에 선구적인 역할을 하였다. 또한 아버지의 업적을 기념하기 위해 1976년 비영리단체인 크리슈나마차리아 요가 만디람(Krishnamacharya Yoga Mandiram: KYM)을 세워 아버지의 요가를 통해 사람들을 치유하는 데 힘썼다.

## / 역자 소개 /

**조옥경(Cho ok-kyeong)**

고려대학교 대학원에서 심리학으로 박사학위를 받았다. 인도 뿌나 대학교에서 요가심리학을 수학하였고, 인도 아헹가 센터와 미국 히말라야 연구소에서 요가 수련을 하였다. 현재는 서울불교대학원대학교 심신통합치유학과 교수로 재직하고 있으며, 한국요가학회 회장, 한국명상학회 이사, 대한심신치의학회 부회장을 맡고 있다.

켄 윌버(Ken Wilber)의 통합사상을 대중에게 소개하는 주요 학자이기도 하다. 의식의 변용과 확장을 위해 요가 수행을 기반으로 몸-마음-영성의 통합적 건강 및 성장 패러다임을 연구하고, 지도하며, 임상적으로 적용하는 데 주로 관심을 기울이고 있다.

요가 관련 다수의 논문과 『요가 첫걸음』, 『마음챙김을 위한 요가』, 『웰니스를 위한 비니요가』, 『요가를 통한 심리치료』 등의 역서가 있다.

# 치유비니요가

The Heart of Yoga

2021년 3월 5일 1판 1쇄 인쇄
2021년 3월 10일 1판 1쇄 발행

지은이 • T. K. V. Desikachar
옮긴이 • 조옥경
펴낸이 • 김진환
펴낸곳 • (주) 학지사
04031 서울특별시 마포구 양화로 15길 20 마인드월드빌딩
대표전화 • 02)330-5114 팩스 • 02)324-2345
등록번호 • 제313-2006-000265호

홈페이지 • http://www.hakjisa.co.kr
페이스북 • https://www.facebook.com/hakjisa

ISBN 978-89-997-2352-0 03180

정가 20,000원

역자와의 협약으로 인지는 생략합니다.
파본은 구입처에서 교환해 드립니다.